Negócios Jurídicos

Negócios Jurídicos

ASPECTOS PÚBLICOS E PRIVADOS

2024

Coordenadores

Daniela Braga Paiano
Rita de Cássia Resquetti Tarifa Espolador
Arthur Lustosa Strozzi
Guilherme Augusto Girotto
Isabela Nabas Schiavon

ALMEDINA

NEGÓCIOS JURÍDICOS
ASPECTOS PÚBLICOS E PRIVADOS

COORDENADORES: Daniela Braga Paiano, Rita de Cássia Resquetti Tarifa Espolador, Arthur Lustosa Strozzi, Guilherme Augusto Girotto e Isabela Nabas Schiavon

DIRETOR ALMEDINA BRASIL: Rodrigo Mentz
EDITORA-CHEFE: Manuella Santos de Castro
EDITOR PLENO: Aurélio Cesar Nogueira
PRODUTORA EDITORIAL: Erika Alonso
ASSISTENTES EDITORIAIS: Laura Roberti, Tacila da Silva Souza e Patrícia Romero

DIAGRAMAÇÃO: Almedina

DESIGN DE CAPA: FBA

ISBN: 9788584937226
Maio, 2024

Dados Internacionais de Catalogação na Publicação (CIP)
(Câmara Brasileira do Livro, SP, Brasil)

Negócios jurídicos : aspectos públicos e privados
coordenação Daniela Braga Paiano... [et al.]
São Paulo : Almedina, 2024.

Outros coordenadores: Rita de Cássia Resquetti
Tarifa Espolador, Arthur Lustosa Strozzi, Guilherme
Augusto Girotto, Isabela Nabas Schiavon

ISBN 978-85-8493-722-6

1. Direito 2. Direito civil – Brasil 3. Negócio jurídico – Brasil I. Paiano, Daniela Braga.
II. Espolador, Rita de Cássia Resquetti Tarifa. III. Strozzi, Arthur Lustosa.
IV. Girotto, Guilherme Augusto. V. Schiavon, Isabela Nabas.

24-201628 CDU-347.13

Índices para catálogo sistemático:

1. Negócio jurídico : Direito civil 347.13

Eliane de Freitas Leite – Bibliotecária – CRB 8/8415

Este livro segue as regras do novo Acordo Ortográfico da Língua Portuguesa (1990).

EDITORA: Almedina Brasil
Rua José Maria Lisboa, 860, Conj. 131 e 132, Jardim Paulista | 01423-001 São Paulo | Brasil
www.almedina.com.br

COORDENADORES

Daniela Braga Paiano
Pós-doutora e Doutora em Direito Civil pela Faculdade de Direito da Universidade de São Paulo (USP). Professora do Departamento de Direito Privado e do Programa de Mestrado e Doutorado em Direito Negocial na Universidade Estadual de Londrina (UEL). Coordenadora da Pós-graduação de Direito de Família e Sucessões da Universidade Estadual de Londrina (UEL). Coordenadora do Projeto de Pesquisa "Contratualização das Relações Familiares e das Relações Sucessórias" (UEL), vinculado ao CNPq. E-mail: danielapaiano@hotmail.com

Rita de Cássia Resquetti Tarifa Espolador
Doutora em Direito Civil pela Universidade Federal do Paraná (UFPR). Mestre em Direito Negocial pela Universidade Estadual de Londrina (UEL). Especialista em Direito Civil e Processual Civil pela Universidade Estadual de Londrina (UEL). Professora do Curso de Direito na Graduação e no Programa de Mestrado e Doutorado em Direito Negocial da Universidade Estadual de Londrina (UEL). Coordenadora do projeto de pesquisa "Negócios Biojuridicos" (UEL). Membro da Comissão de Bioética e Biodireito da OAB/Londrina. Advogada. E-mail: rita.tarifa@uel.br

Arthur Lustosa Strozzi
Doutorando e Mestre em Direito Negocial pela Universidade Estadual de Londrina (UEL). Bolsista CAPES-PDPG-Consolidação no período do Doutoramento. Foi bolsista CAPES-DS no período do Mestrado.

Graduado em Direito pela Pontifícia Universidade Católica do Paraná. Especialista em Direito Empresarial pela Pós-Graduação LL.M. do Instituto Superior de Administração e Economia/Fundação Getúlio Vargas (ISAE/FGV). Especialista em Filosofia Política e Jurídica pela Universidade Estadual de Londrina (UEL). Membro do Instituto Brasileiro de Direito de Família (IBDFAM) – Seção Paraná. Conselheiro da Ordem dos Advogados do Brasil (OAB/PR) – Seção do Paraná – Subseção de Londrina. Advogado. Professor. E-mail: arthurstrz@gmail.com

Guilherme Augusto Girotto

Mestrando em Direito Negocial pela Universidade Estadual de Londrina (UEL). Especialista em Direito Civil e Processo Civil (UEL). Pós-graduando em Direito Aplicado pela Escola da Magistratura do Paraná (EMAP/PR). Graduado em Direito (UNOPAR). Pesquisador no Projeto de Pesquisa "Contratualização das Relações Familiares e das Relações Sucessórias" (UEL), vinculado ao CNPq. Pesquisador no Grupo de Pesquisa "Virada de Copérnico" (UFPR), vinculado ao CNPq. Assessor de Magistrado. E-mail: guilhermegirotto@live.com

Isabela Nabas Schiavon

Doutoranda e Mestre em Direito Negocial pela Universidade Estadual de Londrina (UEL). Especialista em Direito Civil e Processo Civil pela Universidade Estadual de Londrina (UEL). Especialista em Direito Aplicado pela Escola de Magistratura do Paraná (EMAP/PR). Graduada em Direito pela Universidade Estadual de Londrina (UEL). Advogada. E-mail: isabelanschiavon@hotmail.com

AUTORES

Ana Flávia Costa Sordi
Mestranda em Direito Negocial pela Universidade Estadual de Londrina (UEL). Especialista em Processo do Trabalho e em Direito do Trabalho pela CERS. Pós-graduanda em Direito Público e Administrativo pela Universidade Presbiteriana Mackenzie. Graduada pela Universidade Estadual de Maringá (UEM). Advogada. E-mail: anaflaviacsordi@gmail.com

Beatriz Ribeiro Lopes Barbon
Mestranda em Direito Negocial pela Universidade Estadual de Londrina (UEL). Especialista em Filosofia Política e Jurídica pela Universidade Estadual de Londrina (UEL). Graduada em Direito pela Universidade Estadual de Londrina (UEL). Advogada. E-mail: brlbarbon@gmail.com

Brenda Carolina Mugnol
Mestranda em Direito Negocial pela Universidade Estadual de Londrina (UEL). Especialista em Direito do Trabalho e Processo Trabalhista pela UNINTER. Especialista em Direito Previdenciário pela Universidade Estadual de Londrina (UEL). Especialista em Processo Civil pelo Centro Universitário Uniamérica. Graduada pela Pontifícia Universidade Católica do Paraná (Campus Londrina). Membro do Grupo de Pesquisa "Negócios Jurídicos Virtuais: Empresas, Tecnologia, Suas Relações E Interfaces" da Universidade Estadual de Londrina. Advogada. E-mail: brendamugnol.adv@outlook.com

Cassia Pimenta Meneguce
Mestranda em Direito Negocial pela Universidade Estadual de Londrina (UEL). Especialista em Direito Constitucional pela Faculdade Cristo Rei (2008). Graduada em Direito pela Faculdade Cristo Rei (2007). Vinculada aos Projetos de Pesquisa "Negócios Biojurídicos" da Universidade Estadual de Londrina (UEL) e "Contratualização da Relações Familiares e das Relações Sucessórias" da Universidade Estadual de Londrina (UEL). Servidora Pública do Tribunal de Justiça do Estado do Paraná. Professora de Direito Civil. E-mail: cassiapimenta@hotmail.com

Clarissa Gaspar Massi
Mestranda em Direito Negocial na Universidade Estadual de Londrina (UEL). Doutora em Geografia pela Universidade Estadual de Londrina (UEL). Especialista em Direito Ambiental pela Universidade Estadual de Londrina (UEL). Especialista em Direito Constitucional e Administrativo pela Universidade Estácio de Sá. Consultora ambiental. Professora. E-mail: claragmassi@gmail.com

Desirée Silva Nascimento
Mestranda em Direito Negocial pela Universidade Estadual de Londrina (UEL). Especialista em Teoria e Prática em Direito Empresarial pela Pontifícia Universidade Católica do Paraná. Especialista em Processo Civil e Direito Civil pelo Instituto de Direito Constitucional e Cidadania. Graduada pela Pontifícia Universidade Católica do Paraná (Campus Londrina). Advogada. E-mail: desireenascimento1995@hotmail.com

Eduardo Nunes de Souza
Doutor e mestre em Direito Civil pela Universidade do Estado do Rio de Janeiro (UERJ). Professor associado de Direito Civil da Faculdade de Direito da UERJ e professor permanente dos cursos de Mestrado e Doutorado em Direito Civil do Programa de Pós-Graduação em Direito da UERJ.

Eduardo Roberto dos Santos Beletato
Mestrando em Direito Negocial pela Universidade Estadual de Londrina – UEL. Especialista em Direito Previdenciário pela Universidade Estadual de Londrina – UEL. Pós-Graduado em Direito de Família e

Sucessões pela Anhanguera - UNIDERP. Pós-Graduado em Direito Notarial e Registral pela Anhanguera - UNIDERP. Pós-Graduado em Advocacia Tributária pela Escola Brasileira de Direito. Advogado. E-mail: eduardo.beletato@uel.br

Elizângela Abigail Sócio Ribeiro
Mestranda em Direito Negocial pela Universidade Estadual de Londrina (EU)L. Especialista em Direito de Família e Sucessões pela EPD- Escola Paulista de Direito e pela Universidade de Coimbra/ /Portugal, com formação técnica em Mediação e Práticas Colaborativas. Extensão em Alienação Parental pela PUC/RJ. Conselheira da OAB Londrina. Presidente do IBDFAM Núcleo Londrina. Advogada. E-mail: elizangela.abigail@uel.br

Estella Ananda Neves
Mestranda em Direito Negocial pela Universidade Estadual de Londrina (UEL). Especialista em Direito Civil e Processo Civil pela Universidade Estadual de Londrina (UEL). Graduada em Direito pela Universidade Estadual de Londrina (UEL). Advogada. E-mail: estella.anneves@uel.br

Francisco Tadeu Lima Garcia
Mestrando em Direito Negocial pela Universidade Estadual de Londrina (UEL). Mestre em Direito Político e Econômico pela Universidade Presbiteriana Mackenzie. Especialista em Direito Tributário pela Universidade de São Paulo (USP). Graduado em Direito pela Universidade de Araraquara. Graduado em Ciências Sociais pela Universidade Estadual Paulista Júlio de Mesquita Filho (UNESP). Advogado. francisco.garcia@uel.br

Gabriela Eduarda Marques Silva
Mestranda em Direito Negocial pela Universidade Estadual de Londrina (UEL). Especialista em Direito de Família e Sucessões pela Universidade Estadual de Londrina (UEL). Especialista em Prática Avançada Trabalhista (Damásio Educacional). Pesquisadora no Projeto de Pesquisa "Contratualização das relações familiares e sucessórias" (UEL), vinculado ao CNPq. E-mail: gabrielamarquesadv@hotmail.com.

Germano Matheus Codognotto da Cunha
Mestrando em Direito Negocial pela Universidade Estadual de Londrina (UEL). Bolsista CAPES. Vinculado ao Projeto de Pesquisa "Negócios Biojurídicos" da Universidade Estadual de Londrina (UEL). E-mail: germanocodognotto@gmail.com

Gisele Mara de Oliveira
Mestranda em Ciência Jurídica pelo Programa de Pós-Graduação da Universidade Estadual do Norte do Paraná. Especialista em Ciências Penais pela Universidade Estadual de Maringá. Graduada em Direito pela Universidade Estadual de Maringá. Membro do Grupo de Pesquisa em Direito Penal Econômico da Pontifícia Universidade Católica do Paraná, Campus Londrina. Membro do Grupo de Pesquisa em Democracia e Direitos Fundamentais da Universidade Estadual do Norte do Paraná. Membro do Grupo de Estudos Avançados em Justiça Penal Negociada do Instituto Brasileiro de Ciências Criminais. Associada ao Instituto Brasileiro de Ciências Criminais. Advogada. E-mail: giselem.oliveira@hotmail.com

Glorya Maria Oldemburg de Miranda
Mestranda em Direito Negocial pela Universidade Estadual de Londrina (UEL). Bolsista Capes. Especialista em Direito e Processo Civil pela Faculdade Legale (FALEG). Especialista em Direito do Estado pela Faculdade Legale (FALEG). Pós-graduanda em Direito de Família e Sucessões pela Universidade Estadual de Londrina (UEL). Pós-graduanda em Contratos, Execução Contratual e Responsabilidade Civil pela Faculdade Legale (FALEG). Graduada em Direito pela Universidade Positivo (UP). Pesquisadora no Projeto de Pesquisa "Contratualização das Relações Familiares e das Relações Sucessórias" (UEL), vinculado ao CNPQ. Advogada. E-mail. gloryaoldemburg@gmail.com

Guilherme Augusto Girotto
Mestrando em Direito Negocial pela Universidade Estadual de Londrina (UEL). Especialista em Direito Civil e Processo Civil (UEL). Pós-graduando em Direito Aplicado pela Escola da Magistratura do Paraná (EMAP/PR). Graduado em Direito (UNOPAR). Pesquisador no Projeto de Pesquisa "Contratualização das Relações Familiares e das Relações Sucessórias"

(UEL), vinculado ao CNPq. Pesquisador no Grupo de Pesquisa "Virada de Copérnico" (UFPR), vinculado ao CNPq. Assessor de Magistrado. E-mail: guilhermegirotto@live.com

Guilherme Henrique Giacomino Ferreira
Mestrando em Direito Negocial pela Universidade Estadual de Londrina (UEL). Bolsista CAPES. Especialista em Direito Civil, Processo Civil e Direito do Consumidor pelo IDCC/Londrina. Especialista em Direito Empresarial pela Escola Brasileira de Direito. Advogado. Juiz Leigo (TJPR). E-mail: guilherme.giacomino@uel.br

Henrique Pinho de Sousa Cruz
Mestrando em Direito Negocial pela Universidade Estadual de Londrina (UEL). Especialista em Filosofia Política e Jurídica (UEL). Especialista em Direito Constitucional Contemporâneo (IDCC). Graduado em Direito (Uninorte). Pesquisador vinculado aos projetos de pesquisa de Direito Constitucional (IDCC), Direito do Trabalho (UEL) e Direito Tributário (PUC/PR). Vice Coordenador da Comissão de Direito Constitucional da OAB Londrina/PR. Advogado. E-mail: henrique.pinho.sousa.cruz@gmail.com

Isabeau Lobo Muniz Santos Gomes
Mestranda em Direito Negocial pela Universidade Estadual de Londrina (UEL). E-mail: isabeau.lobo@gmail.com

Isabele Papafanurakis Ferreira Noronha
Aluna Especial na disciplina "Teoria dos Negócios Jurídicos" do Mestrado em Direito Negocial da Universidade Estadual de Londrina (UEL). Especialista em Criminologia, Política Criminal e Segurança Pública pela Universidade Anhanguera. Graduada em Direito pelo Centro Universitário de Rio Preto – UNIRP. Professora da Escola da Magistratura do Paraná. Juíza de Direito. E-mail: ipfe@tjpr.jus.br

João Antonio Sartori Júnior
Aluno Especial na disciplina "Teoria dos Negócios Jurídicos" do Mestrado em Direito Negocial da Universidade Estadual de Londrina (UEL). Mestrando em Relações Empresariais, Desenvolvimento e Demandas

Sociais pela Universidade de Marília (UNIMAR). Especialista em Direito Aplicado pela Escola da Magistratura do Estado do Paraná (2003). Especialista em Metodologia do Ensino Superior pela Universidade Norte do Paraná (2008). Graduado em Direito pela Faculdade Estadual do Norte Pioneiro (2002). Oficial de Registro Civil das Pessoas Naturais e Tabelião de Notas do Estado de São Paulo. Professor do curso de Direito Anhanguera – Campos de Bandeirantes – PR. E-mail: dr.sartori@hotmail.com

João Vitor Conti Parron
Mestrando em Direito Negocial pela Universidade Estadual de Londrina (UEL). E-mail: joao.parron@gmail.com

Josilaine Aleteia de Andrade
Mestranda Direito Negocial pela Universidade Estadual de Londrina (UEL). Promotora de Justiça. E-mail: josilaine.andrade@uel.br

Julia Mariana Cunha Perini
Mestranda em Direito Negocial pela Universidade Estadual de Londrina (UEL). Especialista em Direito Digital pelo Complexo de Ensino Renato Saraiva (CERS). Especialista em Direito Constitucional pela Academia Brasileira de Direito Constitucional (ABDConst). Pós-graduanda em Direito Processual Civil Aplicado pela Escola Brasileira de Direito (EBRADI). Graduada em Direito pela Universidade Estadual de Londrina (UEL). Pesquisadora no Projeto Pesquisa Contratualização das Relações Familiares e das Relações Sucessórias (UEL), vinculado ao CNPQ. E-mail: juliamarianaperini@gmail.com

Marlene Kempfer
Doutora em Direito do Estado pela Pontifícia Universidade Católica de São Paulo (2002). Mestre em Direito do Estado pela Pontifícia Universidade Católica de São Paulo (1995). Graduada em Direito pela Faculdade de Direito de Curitiba (1981). Professora AC-C na Universidade Estadual de Londrina, atuando na graduação, especialização e no mestrado e doutorado em Direito Negocial. E-mail: mkempferb@gmail.com

Natalia Branco Lopes Krawczun
Mestranda em Direito Negocial pela Universidade Estadual de Londrina (UEL). Mestre em Educação pela Universidade Estadual de Londrina (UEL). Especialista em Metodologia da Ação Docente pela Universidade Estadual de Londrina (UEL). Especialista em Direito do Estado pela Universidade Estadual de Londrina (UEL). Graduada em Direito pelo Centro Universitário Filadelfia (Unifil). Advogada. E-mail: nataliabrancoprof@hotmail.com

Otavio Augusto Reis Santos
Mestrando em Direito Negocial pela Universidade Estadual de Londrina. Especialista em Direito Imobiliário (Universidade Positivo). Especialista em Direito Notarial e Registral (Ibmec/Damásio). Graduado em Direito pela Universidade Estadual de Maringá. Advogado. E-mail: otavioaugusto.reis@gmail.com

Priscila Pereira
Mestranda em Direito Negocial pela Universidade Estadual de Londrina (UEL). Especialista em Gestão Pública Municipal pela Universidade Federal de Mato Grosso do Sul (UFMS). Especialista em Políticas Públicas com Ênfase em Gênero e Raça pela Universidade Federal de Mato Grosso do Sul (UFMS). Graduada em Direito pela Universidade do Oeste Paulista (UNOESTE). Vice-Presidente da Comissão dos Direitos da Pessoa com Deficiência da OAB de Presidente Prudente – SP. Presidente da Associação dos Deficientes Físicos de Presidente Prudente e Região (ADFPPR). Secretária da Associação de Defesa do Consumidor de Presidente Prudente – SP (ADECON). Advogada. E-mail: priindiana@hotmail.com

Raul Durizzo de Oliveira
Mestrando em Direito Negocial pela Universidade Estadual de Londrina (UEL). Especialista em Direito Empresarial (PUC-PR). Especialista em Ciências Humanas (PUC-RS). Graduado em Direito pela Universidade Estadual de Londrina (UEL). Advogado. E-mail rauldurizzo@gmail.com

Rita de Cássia Resquetti Tarifa Espolador
Doutora em Direito Civil pela Universidade Federal do Paraná (UFPR). Mestre em Direito Negocial pela Universidade Estadual de Londrina

(UEL). Especialista em Direito Civil e Processual Civil pela Universidade Estadual de Londrina (UEL). Professora do Curso de Direito na Graduação e no Programa de Mestrado e Doutorado em Direito Negocial da Universidade Estadual de Londrina (UEL). Coordenadora do projeto de pesquisa "Negócios Biojuridicos" (UEL). Membro da Comissão de Bioética e Biodireito da OAB/Londrina. Advogada. E-mail: rita.tarifa@uel.br

Robson Fernando Sebold
Mestrando em Direito Negocial pela Universidade Estadual de Londrina (UEL) (2022-2024). Especialista em Direito Tributário (IBET), em Direito Civil e Processo Civil (UEL) e em Direito Agrofinanceiro (Cesumar). MBA Executivo em Administração: Gestão de Cooperativas (FGV). Graduado em Direito pela Universidade Estadual de Maringá (UEM), com Láurea Acadêmica. Advogado. Sócio proprietário da Sebold, Cazon & Advogados Associados e da Égide Pró Proteção de Dados e Compliance. Professor de cursos de Pós-Graduação. E-mail: robson.fernando@uel.br

Simone Cristina Izaías Cunha
Mestranda em Direito Negocial pela Universidade Estadual de Londrina (UEL). Especialista em Direito Processo Civil pela (UNOPAR). Graduada em Direito pela Universidade Norte do Paraná (UNOPAR). E-mail: ssimone.izaias@gmail.com

Stella Maris Guergolet De Moura
Aluna Especial na disciplina "Teoria dos Negócios Jurídicos" do Mestrado em Direito Negocial da Universidade Estadual de Londrina (UEL). Professora titular de Direito e Processo Penal na Faculdade Norte Novo de Apucarana. E-mail: smgmoura@outlook.com

Sthéfany Beatriz Ferreira Bellan
Mestranda em Direito Negocial pela Universidade Estadual de Londrina (UEL). Email: sthefanybellan@gmail.com

Taynah Regina do Nascimento
Mestranda em Direito Negocial pela Universidade Estadual de Londrina (UEL). Especialista em Direito Constitucional pela FAVENI-FACULDADE VENDA NOVA DO IMIGRANTE. E-mail: taynah.regina.nascimento@uel.br

Thiago Ridolfi Ferreira
Mestrando em Direito Negocial pela Universidade Estadual de Londrina (UEL). Bolsista CAPES. Graduado em Direito pela Universidade Estadual de Londrina (UEL). Especialista em Direito Previdenciário e Filosofia Política e Jurídica pela Universidade Estadual de Londrina (UEL). Especialista em Direito Aplicado pela Escola da Magistratura do Estado do Paraná (EMAP/PR). Especialista em Direito Constitucional (IBMEC/ /DAMASIO). Graduado em Licenciatura em Música pela Universidade Estadual de Londrina. Advogado. Professor. Músico. E-mail: thiago.ridolfi@uel.br

Viviana Samara Yoko Matsui
Mestranda em Direito Negocial na Universidade Estadual de Londrina (UEL). Bolsista Capes. Especialista em Direito Ambiental e Urbanístico pela Faculdade de Direito de Ribeirão Preto da Universidade de São Paulo (FDRP/USP). Graduada em Direito pela Universidade Estadual de Londrina (UEL). E-mail: matsui.viviana@uel.br

PREFÁCIO

A categoria do negócio jurídico simboliza mais de uma tendência no direito civil. Do ponto de vista sistemático, representa, em larga medida, um modelo de codificação propagado a partir do Código Civil alemão – que, contrapondo-se ao *Code* francês, dividiu o arcabouço normativo civilista em uma Parte Geral (em cujo epicentro situou a teoria negocial) e uma Parte Especial. Traduz, nesse sentido, uma exasperação dos ideais de coerência e unidade inerentes à noção de codificação,[1] ao oferecer ao intérprete e ao próprio legislador superveniente categorias de alto grau de abstração, teoricamente concebidas para se adaptarem a qualquer matéria de que se pretenda tratar. Fornece, por isso mesmo, um instrumento de grande potencial para a construção dos novos setores do direito civil hodierno, particularmente aqueles pertencentes ao campo extrapatrimonial, seara em franco desenvolvimento nas últimas décadas[2] e para a qual o civilista conta, ainda hoje, com escassos subsídios técnicos, à exceção daquelas clássicas categorias que, como o negócio jurídico, afiguram-se suficientemente maleáveis para a tarefa.

[1] Sobre o ponto, amplamente conhecido, cf., por todos, a lição de BOBBIO, Norberto. **O positivismo jurídico**: lições de filosofia do direito. São Paulo: Ícone, 2006.

[2] A respeito do recente desenvolvimento do direito civil extrapatrimonial na experiência brasileira, cf. BODIN DE MORAES, Maria Celina. Ampliando os direitos da personalidade. **Na medida da pessoa humana**: estudos de direito civil-constitucional. Rio de Janeiro: Renovar, 2010.

Do ponto de vista ideológico, por outro lado, a figura do negócio jurídico é há muito criticada como mecanismo promotor de uma falsa neutralidade valorativa no direito civil, refúgio para o intérprete que pretenda ocultar a natureza eminentemente política do fenômeno jurídico sob a aparência das abstrações vazias.[3] Não por acaso, em tempos recentes, nos quais certo setor da doutrina privatista de viés marcadamente neoliberal volta a ganhar fôlego,[4] crescem novamente posições em defesa de uma "autonomia dogmática" do direito civil em face dos influxos, supostamente indevidos, do direito público. Em termos simples, uma tentativa de se resgatar o triunfo das categorias abstratas do direito civil, historicamente concebidas como instrumentos promotores dos interesses do mercado, sobre os valores constitucionais, de ordem personalista e solidarista, que vêm renovando os institutos civilísticos desde o advento da ordem constitucional de 1988.[5] Sob essa perspectiva, a defesa do negócio jurídico e de suas inúmeras categorizações equivaleria ao distanciamento da atividade hermenêutica das peculiaridades do caso concreto e das escolhas valorativas do intérprete por elas evidenciadas.

Logicamente, entre tais extremos é possível enquadrar uma miríade de tendências doutrinárias, dos mais variados matizes, nem todas plenamente conscientes do aspecto político traduzido pelas próprias escolhas metodológicas. A corrente designada como direito civil-constitucional é apenas uma dessas muitas tendências – a qual, contudo, mostra-se especialmente atenta ao papel do intérprete para a promoção dos valores albergados pela ordem constitucional brasileira, ao mesmo tempo em que presta profunda deferência à tradição dogmática do direito civil brasileiro. Se há, assim, uma corrente hermenêutica à qual interessa profundamente o estudo

[3] Cf., ao propósito, a crítica de TEPEDINO, Gustavo. Ativismo judicial e construção do direito civil: entre dogmática e práxis. **Novos Estudos Jurídicos**, v. 24, 2019, pp. 30 e ss.

[4] Por todos, cf. a análise crítica de TEPEDINO, Gustavo. A MP da Liberdade Econômica e o direito civil. **Revista Brasileira de Direito Civil**, vol. 20. Belo Horizonte: Fórum, abr.-jun./2019.

[5] Essencialmente, o contraste entre o solidarismo constitucional e um intuito libertário, como registrado em KONDER, Carlos Nelson; COBBETT, Lucas Goldfarb. A função social do contrato após a Lei de Liberdade Econômica. **Revista Brasileira de Direito Contratual**, a. II, n. 7. Porto Alegre: LexMagister, abr.-jun./2021. Permita-se, ainda, remeter à crítica desenvolvida em SOUZA, Eduardo Nunes de. Lei da Liberdade Econômica e seu desprestígio à autonomia privada no direito contratual brasileiro. **Migalhas**, 16.4.2020.

do negócio jurídico no momento atual, trata-se, certamente, do direito civil-constitucional: seja porque compreende a relevância das categorias dogmáticas tradicionais para a preservação da unidade lógica do sistema jurídico; seja porque constata o enorme potencial que tais categorias ostentam, tanto para a promoção da legalidade constitucional quanto, a depender do intérprete, para uma indevida substituição do império da norma constitucional pela *lex mercatoria*; seja, ainda, porque aparenta ser uma metodologia particularmente pronta para, funcionalizando o instrumental técnico do direito civil à axiologia do sistema, contribuir para a construção de uma civilística adequada a atender aos inusitados desafios da contemporaneidade.

Desenvolvida originalmente no âmbito do Programa de Pós-Graduação em Direito da Universidade do Estado do Rio de Janeiro, desde a década de 1990,[6] sob a influência da escola metodológica difundida, no direito italiano, pela obra de Pietro Perlingieri,[7] a chamada constitucionalização do direito civil propagou-se amplamente no direito brasileiro, encontrando acolhida na jurisprudência de nossas Cortes Superiores e a espontânea adesão de escolas acadêmicas em todo o País – as quais, se nem sempre conhecem ou compartilham integralmente seus pressupostos teóricos, ao menos dedicam-se à promoção do mesmo conjunto de valores, fundados na centralidade da dignidade humana em nossa ordem constitucional.[8] Fruto notável desse processo no cenário doutrinário brasileiro, destaca-se cada vez mais a produção acadêmica do núcleo de pesquisa em direito privado do Programa de Mestrado e Doutorado em Direito

[6] A respeito, cf. o primeiro artigo publicado na doutrina brasileira especificamente sobre a metodologia, de autoria de BODIN DE MORAES, Maria Celina. A caminho de um direito civil-constitucional. **Direito, Estado e Sociedade**, vol. I. Rio de Janeiro: PUC-Rio, 1991. Cf., ainda, o registro escrito da aula inaugural do ano letivo de 1992 da Faculdade de Direito da UERJ proferida por TEPEDINO, Gustavo. Premissas metodológicas para a constitucionalização do direito civil. **Revista da Faculdade de Direito da UERJ**, n. 5, 1997.

[7] As principais premissas do pensamento civil-constitucional encontram-se na obra, traduzida para o português, de PERLINGIERI, Pietro. **O direito civil na legalidade constitucional**. Trad. Maria Cristina de Cicco. Rio de Janeiro: Renovar, 2008.

[8] Sobre o desenvolvimento do pensamento civil-constitucional no País e as eventuais divergências entre escolas que afirmam adotar a metodologia, permita-se remeter às considerações desenvolvidas em SOUZA, Eduardo Nunes de. Índices da aderência do intérprete à metodologia do direito civil-constitucional. **Revista da Faculdade de Direito da UERJ**, n. 41, 2022.

Negocial da Universidade Estadual de Londrina (UEL), confirmando a atualidade daquele projeto e contribuindo decisivamente para o seu desenvolvimento.

A presente obra decorre dos estudos e debates realizados no âmbito da disciplina Teoria do Negócio Jurídico Contemporâneo, ministrada pela Profª. Daniela Braga Paiano aos alunos do Mestrado em Direito Negocial da UEL no ano de 2022. Tive a oportunidade de participar de uma das aulas naquele período e venho há muito acompanhando o desenvolvimento desse grupo de pesquisadores, no qual encontrei, com grata alegria, um itinerário formativo muito semelhante ao meu, o interesse no estudo daqueles pressupostos teóricos ensinados também pelos meus próprios professores e o compromisso com a difusão do mesmo método ao qual tenho dedicado grande parte da minha trajetória acadêmica. O encontro com esse valoroso núcleo de pesquisa, detentor de um longo e pioneiro histórico universitário e dedicado a alguns dos mais prementes dilemas da civilística contemporânea, oxigena o ainda jovem direito civil-constitucional[9] e faz prova da possibilidade de se construir, a muitas mãos, um direito civil tecnicamente rigoroso, axiologicamente coerente com nossa ordem jurídica e zelosamente aberto aos desafios do nosso tempo.

Esta coletânea reflete fielmente tal propósito, evidenciando o vigor da perspectiva civil-constitucional e o enorme potencial que a tradicional figura dos negócios jurídicos oferece, sob a ótica dessa metodologia, para o tratamento dos mais inovadores problemas. O leitor encontrará nas próximas páginas estudos sobre alguns dos modelos negociais mais relevantes do momento atual, tais como os acordos de não persecução criminal, os negócios jurídicos processuais, os contratos digitais, os negócios biojurídicos e os pactos de direito de família voltados à regulação das relações de conjugalidade e convivência. A esses trabalhos somam-se, ainda, reflexões sobre temas os mais tradicionais, a exemplo da conversão do negócio jurídico, da simulação, dos deveres de informação e da capacidade negocial, todos relidos em uma perspectiva renovada, capaz de demonstrar sua utilidade no cenário contemporâneo. Trata-se de contribuição significativa à doutrina brasileira, que encontrará nesta

[9] A expressão é de BODIN DE MORAES, Maria Celina. O jovem direito civil-constitucional. **Civilistica.com,** a. 1, n. 1, 2012.

obra não apenas importantes desenvolvimentos aos temas abordados, mas também o mérito maior do esforço coletivo em prol da construção de um direito civil preciso e atual, em consonância plena com a legalidade constitucional.

EDUARDO NUNES DE SOUZA
Doutor e mestre em Direito Civil pela Universidade do Estado do Rio de Janeiro (UERJ). Professor associado de Direito Civil da Faculdade de Direito da UERJ e professor permanente dos cursos de Mestrado e Doutorado em Direito Civil do Programa de Pós-Graduação em Direito da UERJ.

SUMÁRIO

1. O ACORDO DE NÃO PERSECUÇÃO PENAL COMO NEGÓCIO JURÍDICO: A AUSÊNCIA DE VÍCIO DE CONSENTIMENTO COMO CONDIÇÃO DE VALIDADE

Gisele Mara de Oliveira

Introdução

Os negócios jurídicos como manifestações da vontade humana direcionada à produção de determinados efeitos permeiam as relações interpessoais. Negociar, determinando o conteúdo e a forma de um contrato ou acordo, faz parte do cotidiano exercício da autonomia da vontade humana. Dissertar sobre negócio jurídico envolve, pois, compreender manifestações de vontade que não conformam os tradicionais negócios jurídicos privados em geral regulados pelo Código Civil (tais como compra e venda, locação, doação etc.)

No plano das relações entre Estado e indivíduo, o acordo de não persecução penal aportou no ordenamento jurídico brasileiro como forma pela qual Estado, por meio do Ministério Público, e indivíduo podem negociar pelo desfecho antecipado da persecução penal, em detrimento do regular processo judicial, atendendo à tendência de simplificação e diversificação dos modos de resolução dos conflitos, por meio de método autocompositivo alternativo à solução adjudicada, para assegurar maior adequação e justiça.

No processo penal, em geral, o ordenamento jurídico brasileiro tem expandido os espaços de solução negociada, com mecanismos de resolução pautados no ajuste de vontade das partes, tal como o acordo de não persecução penal instituído pela Lei Federal n.º 13.964, de 24 de dezembro de 2019, que, embora diretamente relacionado ao Direito Penal e ao Direito

Processual Penal, demanda um estudo interdisciplinar, inclusive sob a perspectiva do Direito Civil, mais especificamente do Direito Negocial, que permite determinar a natureza jurídica, e, conseguintemente, os critérios para aferição da validade do acordo de não persecução penal.

Nesse cenário, o presente estudo pretende compreender o acordo de não persecução penal sob a perspectiva dos negócios jurídicos, para o que propõe, primeiramente, analisá-lo e, em um segundo momento, determinar a respectiva natureza jurídica e as consequentes implicações.

1. 1. O acordo de não persecução penal

O acordo de não persecução penal foi introduzido no Código de Processo Penal por meio da Lei Federal n.º 13.964, de 24 de dezembro de 2019, que passou a permitir que Ministério Público e investigado acordem pelo encerramento da persecução criminal antes de iniciado o processo nos casos de crimes cometidos sem violência ou grave ameaça e pena mínima inferior a 4 (quatro) anos, o que, segundo a exposição de motivos da proposta legislativa originária (Projeto de Lei n.º 10.372/2018), seria uma alternativa ao encarceramento e providência necessária para que recursos financeiros e humanos fossem concentrados no necessário combate ao crime organizado e às infrações penais consideradas mais graves. Antes da conversão do projeto em lei, o acordo já estava previsto na Resolução n.º 181, de 7 de agosto de 2017, do Conselho Nacional do Ministério Público, inclusive com disciplina semelhante ao regramento contido na lei federal[1].

No acordo de não persecução penal, o Ministério Público sugere o cumprimento imediato de condições não privativas de liberdade que entende serem necessárias e suficientes para reprovação e prevenção do crime, em substituição ao ordinário oferecimento da ação penal. Em contrapartida, o possível autor da infração penal investigada deve confessar a prática do delito, além de renunciar ao direito ao processo,

[1] RIBEIRO, Leo Maciel Junqueira; COSTA, Victor Cezar Rodrigues da Silva. Acordo de não persecução penal: um caso de direito penal das consequências levado às últimas consequências. **Revista Brasileira de Ciências Criminais**, São Paulo, v. 27, n. 161, p. 249-276, nov. 2019. BEM, Leonardo Schmitt de; BEM, Viviane de Aquino de. Acordo de não persecução penal: análise crítica a partir de suas fontes normativas. In: BEM, Leonardo Schmitt de; MARTINELLI, João Paulo (orgs.). **Acordo de não persecução penal**. 2. ed. Belo Horizonte, São Paulo: D'Plácido, 2021, p. 75-118.

com todas as garantias processuais relacionadas, e assumir o compromisso de cumprir as obrigações sugeridas, sem que isso importe reincidência. A celebração do acordo de não persecução penal seguida da homologação judicial conduz ao encerramento precoce da persecução penal e dispensa a regular atividade probatória de apuração judicial do comportamento delitivo que compõe o devido processo legal[2].

A celebração do acordo de não persecução penal depende da iniciativa do Ministério Público, bem como da vontade do investigado, e por isso representa um espaço de autocomposição na justiça penal brasileira[3].

No Brasil, a Constituição da República Federativa do Brasil de 1988 legitimou a transação nos casos relativos às infrações de menor potencial ofensivo. A Lei Federal n.º 9.099/95, que regulamentou o processo e julgamento das contravenções e dos crimes de menor potencial ofensivo, instituiu a composição civil dos danos, a transação penal e a suspensão condicional do processo como mecanismos de resolução do conflito penal sem o regular desenvolvimento do processo e baseados no ajuste entre as partes. Mais tarde, por meio da Lei Federal n.º 12.850/2013, a colaboração premiada emergiu como manifestação da justiça negocial no plano da criminalidade econômica e dos casos mais complexos. Nesse cenário, a Lei Federal n.º 13.964, de 24 de dezembro de 2019, ao instituir o acordo de não persecução penal, expandiu a possibilidade de negociação entre as partes no âmbito da persecução penal[4].

Os requisitos, o conteúdo, a forma e os limites do acordo de não persecução penal estão previstos no art. 28-A do Código de Processo Penal,

[2] BADARÓ, Gustavo Henrique Righi Ivahy. **Processo penal**. 9. ed. São Paulo: Thomson Reuters Brasil, 2021.

[3] VASCONCELLOS, Vinicius Gomes de. **Acordo de não persecução penal**. São Paulo: Revista dos Tribunais, 2022.

[4] MOREIRA, Rômulo de Andrade. O acordo de não persecução penal. In: BEM, Leonardo Schmitt de; MARTINELLI, João Paulo (orgs.). **Acordo de não persecução penal**. 2. ed. Belo Horizonte, São Paulo: D'Plácido, 2021, p. 205-217. ZILLI, Marcos Alexandre Coelho. Pelo movimento antropofágico do processo penal: *to bargain or not to bargain*? eis a questão. In: MALAN, Diogo; BADARÓ, Gustavo; ZILLI, Marcos; MOURA, Maria Thereza Rocha de Assis; SAAD, Marta; MORAES, Maurício Zanoide de (orgs.). **Processo penal humanista**: escritos em homenagem a Antonio Magalhães Gomes Filho. Belo Horizonte, São Paulo: D'Plácido, 2020. FERNANDES, Antonio Scarance. **Processo penal constitucional**. 2. ed. São Paulo: Revista dos Tribunais, 2000.

que autoriza ao Ministério Público oferecê-lo desde que não seja caso de arquivamento da investigação, por ausência de justa causa ou inexistência de indícios suficientes de materialidade e de autoria do delito, e desde que seja necessário e suficiente para reprovação e prevenção do crime, o que representa uma exceção legal ao dever do Ministério Público de propor e sustentar a ação penal por todos os fatos puníveis e conhecidos (princípio da obrigatoriedade da ação penal pública), por critério político-criminal, utilitário e econômico[5].

Da maneira como está previsto no ordenamento jurídico brasileiro, o acordo de não persecução penal constitui mecanismo de simplificação e aceleração procedimental penal estruturado em tratativa que depende da manifestação de vontade das partes[6].

O acordo de não persecução penal foi inspirado no modelo de justiça penal negociada dos Estados Unidos da América, onde a maioria dos conflitos penais federais tem sido solucionada por meio do *plea bargaining*, que reúne múltiplos procedimentos de negociação entre as partes, em especial por meio daquele em que o investigado declara culpa (*guity plea*) e aceita cumprir a pena ajustada com o órgão acusador[7]. Apesar de os acordos não constituírem traço genético da justiça penal estadunidense[8], o interesse dos promotores de justiça, dos juízes e dos advogados de defesa pelo encerramento rápido e célere da persecução penal tem determinado

[5] SOARES, Rafael Junior; BORRI, Luiz Antonio; BATTINI, Lucas Andrey. Breves considerações sobre o acordo de não persecução penal. **Revista do Instituto de Ciências Penais**, São Paulo, v. 5, p. 213-231, dez./maio 2020. VASCONCELLOS, Vinicius Gomes de. **Barganha e justiça criminal negocial**: análise das tendências de expansão dos espaços de consenso no processo penal brasileiro. 2. ed. Belo Horizonte, São Paulo: D'Plácido, 2021.

[6] VASCONCELLOS, Vinicius Gomes de. **Acordo de não persecução penal**. São Paulo: Revista dos Tribunais, 2022.

[7] ZILLI, Marcos Alexandre Coelho. Pelo movimento antropofágico do processo penal: *to bargain or not to bargain*? eis a questão. In: MALAN, Diogo; BADARÓ, Gustavo; ZILLI, Marcos; MOURA, Maria Thereza Rocha de Assis; SAAD, Marta; MORAES, Maurício Zanoide de (orgs.). **Processo penal humanista**: escritos em homenagem a Antonio Magalhães Gomes Filho. Belo Horizonte, São Paulo: D'Plácido, 2020. RAMOS, João Gualberto Garcez. **Curso de processo penal norte-americano**. São Paulo: Revista dos Tribunais, 2006, p. 188-189.

[8] FEELEY, Malcolm M. *Plea bargaining* e a estrutura do processo criminal. In: GLOECKNER, Ricardo Jacobsen (org.). ***Plea bargaining***. 1. ed. São Paulo: Tirant to Blanch, 2019, p. 41-60. LANGBEIN, John H. Compreendendo a curta história do *plea bargaining*. In: GLOECKNER, Ricardo Jacobsen (org.). ***Plea bargaining***. 1. ed. São Paulo: Tirant to Blanch, 2019, p. 115-126.

o triunfo da justiça penal negociada, que se tornou "um instrumento a serviço dos interesses do poder, protegido e alimentado pelos atores do campo jurídico"[9].

No acordo de não persecução penal, diversamente do que ocorre no *guity plea* estadunidense, as partes não ajustam uma pena em sentido estrito, já que pena propriamente dita significa a sanção imposta na sentença penal condenatória. Mas as condições passíveis de oferecimento no acordo de não persecução penal – quais sejam, reparar o dano ou restituir a coisa à vítima, renunciar a bens e direitos considerados instrumentos, produtos ou proveitos do crime, prestar serviços voluntários, pagar prestação pecuniária, ou cumprir, por prazo determinado, outra condição – podem ser consideradas equivalentes funcionais à pena, pois também estão previstas enquanto penas restritivas de direitos no art. 43 do Código Penal. De qualquer modo, teoricamente, o Ministério Público propõe que o possível autor de uma infração penal assuma imediatamente obrigação mais branda do que aquela que pode ser imposta por sentença condenatória, o que atende ao anseio por um desfecho persecutório mais célere e baseado na convenção entre as partes.

2. O acordo de não persecução penal como negócio jurídico e os vícios de consentimento

A Teoria dos Negócios Jurídicos do âmbito do Direito Civil explica que negócio jurídico pode ser compreendido como a declaração de vontade subordinada aos mandamentos legais e projetada para a produção de determinados efeitos jurídicos[10]. De acordo com Antonio Junqueira de Azevedo, negócio jurídico constitui "uma declaração de vontade, isto é, uma manifestação de vontade cercada de certas circunstâncias, as circunstâncias negociais, que fazem com que ela seja vista socialmente como destinada a produzir efeitos jurídicos"[11]. Emílio Betti definiu o negócio jurídico como "o ato pelo qual o indivíduo regula, por si, os seus

[9] VASCONCELLOS, Vinicius Gomes de. **Barganha e justiça criminal negocial**: análise das tendências de expansão dos espaços de consenso no processo penal brasileiro. 2. ed. Belo Horizonte, São Paulo: D'Plácido, 2021, p. 159.

[10] PEREIRA, Caio Mário da Silva. **Instituições de Direito Civil**. v. I. 24. ed. Rio de Janeiro: Forense, 2011.

[11] AZEVEDO, Antonio Junqueira de. **Negócio jurídico**: existência, validade e eficácia. 4. ed. São Paulo: Saraiva, 2002, p. 16.

interesses, nas relações com outros"[12] representado por uma declaração ou comportamento que tenha "conteúdo preceptivo relativo a uma matéria de autonomia privada, e a respeito desse conteúdo assuma função constitutiva insubstituível, no sentido de que o preceito só por essa forma pode atingir os efeitos jurídicos correspondentes"[13]. A partir dessa perspectiva estrutural que considera aquilo que compõe o negócio jurídico, a vontade em conformidade com a norma legal e que visa a produção de efeitos jurídicos constitui elemento essencial do negócio jurídico e deve ser expressão de uma vontade verdadeiramente constitutiva de direito, ou seja, uma manifestação de vontade qualificada, não bastando ser apenas uma exteriorização comportamental[14].

Essa perspectiva teórica permite conceber o acordo de não persecução penal como um negócio jurídico, na medida em que depende da manifestação de vontade das partes para produção dos efeitos jurídicos específicos estabelecidos em lei, sendo essa harmonização entre Direito Civil e Direito Processual Penal autorizada pelo art. 3º do Código de Processo Penal, segundo o qual a lei processual penal deve admitir interpretação extensiva, aplicação analógica e suplemento pelos princípios gerais de direito, bem como pela interpretação sistemática das normas jurídicas.

A celebração do acordo de não persecução penal depende da convergência das vontades do Ministério Público, representado pelo Promotor de Justiça, e do investigado para que os efeitos previstos em lei incidam no caso concreto, sendo, pois, um típico negócio jurídico[15]. Mas mais que um negócio jurídico, o acordo de não persecução penal pode ser compreendido como um negócio jurídico processual, em razão dos efeitos processuais que produz, em especial por permitir às partes a supressão do processo judicial

[12] BETTI, Emílio. **Teoria geral do negócio jurídico**. Trad. Servanda Editora. São Paulo: Servanda Editora, 2008, p. 88.

[13] BETTI, Emílio. **Teoria geral do negócio jurídico**. Trad. Servanda Editora. São Paulo: Servanda Editora, 2008, p. 229.

[14] PEREIRA, Caio Mário da Silva. **Instituições de Direito Civil**. v. I. 24. ed. Rio de Janeiro: Forense, 2011. AZEVEDO, Antonio Junqueira de. **Negócio jurídico**: existência, validade e eficácia. 4. ed. São Paulo: Saraiva, 2002. THEODORO JÚNIOR, Humberto. Os efeitos do negócio jurídico no novo Código Civil. **Revista da Faculdade de Direito da Universidade Federal de Minas Gerais**, Belo Horizonte, ano 2001, n. 40, p. 91-123, 2001.

[15] VASCONCELLOS, Vinicius Gomes de. **Acordo de não persecução penal**. São Paulo: Revista dos Tribunais, 2022.

com a pretensão de que assim seja conferida a solução mais interessante para o caso concreto, o que está contido na ideia de convenção das partes sobre matéria processual para concretização da melhor solução ao conflito que caracteriza os negócios jurídicos processuais[16].

O negócio jurídico pressupõe uma declaração de vontade destinada a produzir efeitos permitidos em lei e desejados pelas partes[17]. Assim, segundo os planos da existência, validade e eficácia, o negócio jurídico existe com a declaração de vontade[18]. No entanto, o reconhecimento jurídico e a produção de todos os efeitos do negócio jurídico dependem da higidez da manifestação da vontade, ou seja, que a declaração de vontade seja autêntica e que corresponda ao comportamento determinado pela vontade livre e consciente do indivíduo[19]. Em outras palavras, a regular produção dos efeitos do negócio jurídico está subordinada à inexistência de influências exógenas que deformem a vontade a ponto de o comportamento externado pelo indivíduo ser diferente daquele para o

[16] GONTIJO, Maria Letícia Nascimento. **O acordo de não persecução penal como instrumento da justiça negocial penal**: análise dos mecanismos de controle à vontade do Ministério Público. 2021. 158 f. Dissertação (Mestrado em Direito Constitucional) – Instituto Brasiliense de Direito Público, Brasília, 2021. CUNHA, Leonardo Carneiro da. Negócios jurídicos processuais no processo civil brasileiro. In: **I Congresso Peru-Brasil de Direito Processual**. Lima: 2014. BOCALON, João Paulo. **Os negócios jurídicos processuais no Novo Código de Processo Civil brasileiro**. 2016. 241 f. Dissertação (Mestrado em Direito Processual Civil) – Pontifícia Universidade Católica de São Paulo, São Paulo, 2016.

[17] PEREIRA, Caio Mário da Silva. **Instituições de Direito Civil**. v. I. 24. ed. Rio de Janeiro: Forense, 2011.

[18] BUNAZAR, Maurício. **A invalidade do negócio jurídico**. 2. ed. São Paulo: Revista dos Tribunais, 2022. SCHMIDT, Jan Peter. Vida e obra de Pontes de Miranda a partir de uma perspectiva alemã: com especial referência à tricotomia "existência, validade e eficácia do negócio jurídico". **Revista Fórum de Direito Civil**, Belo Horizonte, ano 3, n. 5, p. 135-158, jan./abr. 2014. THEODORO JÚNIOR, Humberto. Os efeitos do negócio jurídico no novo Código Civil. **Revista da Faculdade de Direito da Universidade Federal de Minas Gerais**, Belo Horizonte, ano 2001, n. 40, p. 91-123, 2001.

[19] DEFEITOS do negócio jurídico. Aula proferida pelo Prof. Caio Mário da Silva Pereira na UERJ. Rio de Janeiro, 1996. 1 vídeo (61 min). **Instituto Brasileiro de Direito Civil**. Disponível em: <https://www.youtube.com/watch?v=OjNCFv_xbCU&ab_channel=InstitutoBrasileirodeDireitoCivil-IBDCivil>. Acesso em: 13 out. 2022. THEODORO JÚNIOR, Humberto. Os efeitos do negócio jurídico no novo Código Civil. **Revista da Faculdade de Direito da Universidade Federal de Minas Gerais**, Belo Horizonte, ano 2001, n. 40, p. 91-123, 2001.

qual a vontade livre e consciente o conduziria[20]. Nos termos do art. 171, II, do Código Civil, erro, dolo, coação e estado de perigo são vícios que deformam o consentimento, ou seja, são defeitos do negócio jurídico que afetam a manifestação de vontade enquanto elemento essencial, fazendo com que a declaração volitiva não represente o verdadeiro querer do sujeito que a declara, e que, por essa razão, podem conduzir à anulação do negócio jurídico. Erro, dolo, coação, estado de perigo e lesão são os vícios de consentimento que fazem com que a declaração volitiva seja emitida em desconformidade com a verdadeira vontade do indivíduo[21].

Especificamente, o erro ocorre quando o indivíduo declara a própria vontade mediante desconhecimento ou falso conhecimento das circunstâncias que envolvem a situação, agindo de um modo que não agiria caso conhecesse verdadeiramente as condições envolvidas, sem que a outra parte tenha concorrido de qualquer maneira para essa falsa percepção, conforme está disciplinado nos arts. 138 a 144 do Código Civil. Já o dolo pode ser representado pela prática ou manobra maliciosamente levada a efeito por uma das partes para da outra conseguir um proveito por meio da emissão de uma vontade que não seria manifestada de outra maneira, de acordo com os arts. 145 a 150 do Código Civil. Tanto no erro quanto no dolo há uma manifestação de vontade que não corresponde ao verdadeiro querer do indivíduo, contudo, enquanto o erro decorre de engano do próprio agente lesado, no dolo, uma manobra, um artifício ou um procedimento intencionalmente malicioso de outrem, por ação ou por omissão, determina o comportamento do sujeito, dando causa à declaração viciada de vontade[22].

[20] PEREIRA, Caio Mário da Silva. **Instituições de Direito Civil**. v. I. 24. ed. Rio de Janeiro: Forense, 2011.

[21] DEFEITOS do negócio jurídico. Aula proferida pelo Prof. Caio Mário da Silva Pereira na UERJ. Rio de Janeiro, 1996. 1 vídeo (61 min). **Instituto Brasileiro de Direito Civil**. Disponível em: <https://www.youtube.com/watch?v=OjNCFv_xbCU&ab_channel=InstitutoBrasileirodeDireitoCivil-IBDCivil>. Acesso em: 13 out. 2022. THEODORO JÚNIOR, Humberto. Os efeitos do negócio jurídico no novo Código Civil. **Revista da Faculdade de Direito da Universidade Federal de Minas Gerais**, Belo Horizonte, ano 2001, n. 40, p. 91-123, 2001.

[22] DEFEITOS do negócio jurídico. Aula proferida pelo Prof. Caio Mário da Silva Pereira na UERJ. Rio de Janeiro, 1996. 1 vídeo (61 min). **Instituto Brasileiro de Direito Civil**. Disponível em: <https://www.youtube.com/watch?v=OjNCFv_xbCU&ab_channel=Institu

A coação, que está disciplinada nos arts. 151 a 155 do Código Civil, constitui mais uma das circunstâncias que comprometem a autenticidade da vontade no negócio jurídico, na medida em que representa a intimidação, a pressão ou o constrangimento que alguém sofre para agir de determinada maneira. A coação ocorre quando um indivíduo determinantemente compele outro a celebrar determinado negócio jurídico, impondo a própria vontade mediante força física, que exclui por completo a vontade do coagido, ou por violência moral consubstanciada em ameaça séria e injusta que elimina a espontaneidade do querer sem aniquilar o consentimento, colocando o agente para escolher ou pelo mal iminente e por celebrar um negócio jurídico extorquido[23].

Igualmente, o estado de perigo vicia o consentimento e, assim, pode ensejar a anulação de negócio jurídico, na medida em que ocorre quando alguém assume obrigação excessivamente onerosa para salvar a si ou pessoa da própria família, conforme está previsto no art. 156 do Código Civil. Por fim, a lesão ou o estado de necessidade que também pode provocar a anulação do negócio jurídico por defeito de consentimento acontece quando alguém, sob premente necessidade ou por inexperiência, assume obrigação manifestamente desproporcional ao valor da prestação oposta, consoante está prescrito no art. 157 do Código Civil[24]. No estado de perigo e na lesão, há um "quadro de perigo enfrentado no momento do aperfeiçoamento do negócio que coloca a pessoa numa contingência

toBrasileirodeDireitoCivil-IBDCivil>. Acesso em: 13 out. 2022. PEREIRA, Caio Mário da Silva. **Instituições de Direito Civil**. v. I. 24. ed. Rio de Janeiro: Forense, 2011. THEODORO JÚNIOR, Humberto. Os efeitos do negócio jurídico no novo Código Civil. **Revista da Faculdade de Direito da Universidade Federal de Minas Gerais**, Belo Horizonte, ano 2001, n. 40, p. 91-123, 2001.

[23] DEFEITOS do negócio jurídico. Aula proferida pelo Prof. Caio Mário da Silva Pereira na UERJ. Rio de Janeiro, 1996. 1 vídeo (61 min). **Instituto Brasileiro de Direito Civil**. Disponível em: <https://www.youtube.com/watch?v=OjNCFv_xbCU&ab_channel=InstitutoBrasileirodeDireitoCivil-IBDCivil>. Acesso em: 13 out. 2022. PEREIRA, Caio Mário da Silva. **Instituições de Direito Civil**. v. I. 24. ed. Rio de Janeiro: Forense, 2011.

[24] PEREIRA, Caio Mário da Silva. **Instituições de Direito Civil**. v. I. 24. ed. Rio de Janeiro: Forense, 2011. THEODORO JÚNIOR, Humberto. Dos defeitos do negócio jurídico no novo Código Civil: fraude, estado de perigo e lesão. **Revista da EMERJ**, Rio de Janeiro, v. 5, n. 20, p. 51-78, 2002.

de necessidade premente de certo bem ou valor e, para obtê-lo, acaba ajustando preços e condições desequilibradas"[25].

Erro, dolo, coação, estado de perigo e lesão são vícios de consentimento que atingem o requisito da autenticidade da vontade e, com isso, comprometem a exigida formação do negócio jurídico em consonância com o verdadeiro e íntimo querer individual, motivo pelo qual, embora afetem elemento essencial alocado no plano de validade, acarretam, por opção legislativa, a anulabilidade do negócio jurídico[26].

Por constituir típico negócio jurídico, o acordo de não persecução penal atrai a disciplina dos vícios de consentimento, mesmo estando inserido no âmbito da persecução penal. Assim, a eficácia jurídica da negociação pressupõe a satisfação de todos os requisitos de validade, tal como a autenticidade da vontade, além daqueles próprios previstos na legislação processual penal pertinente. Nesse cenário, o acordo de não persecução penal válido deve ser expressão de vontade livre, esclarecida e consciente, o que significa que não deve resultar de equívocos provocados ou coações, senão pode ser anulado. Assim, a validade do acordo de não persecução penal depende do contexto da manifestação negocial.

O próprio processo penal representa uma forma de coação à liberdade individual, pois a possível resposta sancionatória pode importar restrição ou privação da liberdade de locomoção, sendo que o receio pela escassez da liberdade individual afeta o modo com que o sujeito manifesta a própria vontade durante a persecução penal, o que, porém, não a torna ilegal ou ilícita, mas apenas exige que tenha causa legítima, ou seja, que esteja alicerçada em elementos de Direito e de fato que a sustentem[27]. Considerando que a persecução penal deve ter legitimidade e que o acordo de não persecução penal tem proximidade com a sentença condenatória em termos de resposta sancionatória e afetação da liberdade individual, a validade do acordo de não persecução deve depender da existência de um lastro mínimo de prova de autoria e da existência material de uma conduta

[25] THEODORO JÚNIOR, Humberto. Dos defeitos do negócio jurídico no novo Código Civil: fraude, estado de perigo e lesão. **Revista da EMERJ**, Rio de Janeiro, v. 5, n. 20, p. 51-78, 2002, p. 69.

[26] THEODORO JÚNIOR, Humberto. Dos defeitos do negócio jurídico no novo Código Civil: fraude, estado de perigo e lesão. **Revista da EMERJ**, Rio de Janeiro, v. 5, n. 20, p. 51-78, 2002.

[27] MOURA, Maria Thereza Rocha de Assis. **Justa causa na ação penal**. São Paulo: Revista dos Tribunais, 2001.

penalmente relevante, para não representar uma indevida coação. Mas a validade do acordo de não persecução penal não depende apenas de um lastro mínimo de prova.

No acordo de não persecução penal, por imposição legal e por exigência do momento persecutório, a condição ofertada pelo Ministério Público deve representar menor restrição da liberdade individual do que aquela que eventualmente pode ser imposta por sentença condenatória, com a contrapartida de que o investigado renuncie ao que considera custoso, demorado e ineficaz processo judicial. O cenário conforma, pois, de um lado, um interesse pelo rápido e imediato encerramento da persecução penal e, do outro, uma vantagem decorrente da renúncia a um conjunto de direitos e garantias que moldam o processo penal judicial, o que pode resultar em propostas e aceitações apressadas e equivocadas. Para então evitar a ocorrência de qualquer dos vícios de consentimento, tal como a falsa percepção sobre o suposto benefício e sobre o significado do negócio jurídico em mesa, o investigado deve estar acompanhado de advogado ou Defensor Público que efetivamente o oriente sobre a acusação, a pena aplicável, as consequências e implicações do cumprimento e do descumprimento do acordo, os riscos do regular processo judicial e as possibilidades defensivas. Uma representação desidiosa, equivocada ou omissa pode não esclarecer a realidade suficientemente para permitir que a declaração volitiva seja emitida em conformidade com a verdadeira vontade do indivíduo, e, com isso, pode resultar numa indevida restrição da liberdade individual e numa equivocada renúncia a direitos processuais penais.

Além de um lastro mínimo de prova e de uma operante representação jurídica, a confiabilidade do sistema de administração da justiça também tem relevância no que tange à verificação da validade do acordo de não persecução penal. A oferta da vantagem própria do acordo de não persecução penal parte do reconhecimento de que o sistema de administração da justiça tem limitações e que precisa direcionar recursos humanos e financeiros ao combate de crimes considerados mais graves e, assim, mais merecedores de verificação por meio do processo judicial. Um cenário como esse sinaliza a falibilidade do sistema de administração da justiça, que, somada à inexistência de expectativas razoáveis da seriedade do processo, de que inocentes são absolvidos, de que condenações não agravam sobremaneira a pena e de que os atores processuais estarão empenhados em observar direitos e garantias processuais individuais, o ambiente negocial pode criar um quadro de inevitabilidade da aceitação da proposta de acordo de não persecução penal por inexistência de alternativa razoável[28], comprometendo a livre escolha individual pela celebração do negócio jurídico.

Conclusões

O acordo de não persecução penal tem natureza de negócio jurídico, de modo que a validade negocial depende da inexistência de situações que embaracem a autenticidade da manifestação de vontade, tais como erro, dolo, coação, estado de perigo ou lesão, sob pena de anulabilidade em razão de vício de consentimento. Dessa maneira, as circunstâncias que contornam a manifestação negocial e que podem influenciar a tomada da decisão individual são determinantes para a validade do acordo de não persecução penal, assim como o estudo da categoria do negócio jurídico pode contribuir para a análise da validade do acordo de não persecução penal.

Referências

AZEVEDO, Antonio Junqueira de. **Negócio jurídico**: existência, validade e eficácia. 4. ed. São Paulo: Saraiva, 2002.

BADARÓ, Gustavo Henrique Righi Ivahy. **Processo penal**. 9. ed. São Paulo: Thomson Reuters Brasil, 2021.

BEM, Leonardo Schmitt de; BEM, Viviane de Aquino de. Acordo de não persecução penal: análise crítica a partir de suas fontes normativas. In: BEM, Leonardo Schmitt de; MARTINELLI, João Paulo (orgs.). **Acordo de não persecução penal**. 2. ed. Belo Horizonte, São Paulo: D'Plácido, 2021, p. 75-118.

BETTI, Emílio. **Teoria geral do negócio jurídico**. Trad. Servanda Editora. São Paulo: Servanda Editora, 2008.

BOCALON, João Paulo. **Os negócios jurídicos processuais no Novo Código de Processo Civil brasileiro**. 2016. 241 f. Dissertação (Mestrado em Direito Processual Civil) – Pontifícia Universidade Católica de São Paulo, São Paulo, 2016.

BUNAZAR, Maurício. **A invalidade do negócio jurídico**. 2. ed. São Paulo: Revista dos Tribunais, 2022.

[28] WINTER, Lorena Bachmaier. Justiça negociada e coerção: reflexões à luz da jurisprudência do Tribunal Europeu de Direitos Humanos. In: GLOECKNER, Ricardo Jacobsen (org.). ***Plea bargaining***. 1. ed. São Paulo: Tirant to Blanch, 2019, p. 9-39.

CUNHA, Leonardo Carneiro da. Negócios jurídicos processuais no processo civil brasileiro. In: **I Congresso Peru-Brasil de Direito Processual**. Lima: 2014.

DEFEITOS do negócio jurídico. Aula proferida pelo Prof. Caio Mário da Silva Pereira na UERJ. Rio de Janeiro, 1996. 1 vídeo (61 min). **Instituto Brasileiro de Direito Civil**. Disponível em: <https://www.youtube.com/watch?v=OjNCFv_xbCU&ab_channel=InstitutoBrasileirodeDireitoCivil-IBDCivil>. Acesso em: 13 out. 2022.

FEELEY, Malcolm M. *Plea bargaining* e a estrutura do processo criminal. In: GLOECKNER, Ricardo Jacobsen (org.). ***Plea bargaining***. 1. ed. São Paulo: Tirant to Blanch, 2019, p. 41-60.

FERNANDES, Antonio Scarance. **Processo penal constitucional**. 2. ed. São Paulo: Revista dos Tribunais, 2000.

GONTIJO, Maria Letícia Nascimento. **O acordo de não persecução penal como instrumento da justiça negocial penal**: análise dos mecanismos de controle à vontade do Ministério Público. 2021. 158 f. Dissertação (Mestrado em Direito Constitucional) – Instituto Brasiliense de Direito Público, Brasília, 2021.

LANGBEIN, John H. Compreendendo a curta história do *plea bargaining*. In: GLOECKNER, Ricardo Jacobsen (org.). ***Plea bargaining***. 1. ed. São Paulo: Tirant to Blanch, 2019, p. 115-126.

MOREIRA, Rômulo de Andrade. O acordo de não persecução penal. In: BEM, Leonardo Schmitt de; MARTINELLI, João Paulo (orgs.). **Acordo de não persecução penal**. 2. ed. Belo Horizonte, São Paulo: D'Plácido, 2021, p. 205-217.

MOURA, Maria Thereza Rocha de Assis. **Justa causa na ação penal**. São Paulo: Revista dos Tribunais, 2001.

PEREIRA, Caio Mário da Silva. **Instituições de Direito Civil**. v. I. 24. ed. Rio de Janeiro: Forense, 2011.

RAMOS, João Gualberto Garcez. **Curso de processo penal norte-americano**. São Paulo: Revista dos Tribunais, 2006, p. 188-189.

RIBEIRO, Leo Maciel Junqueira; COSTA, Victor Cezar Rodrigues da Silva. Acordo de não persecução penal: um caso de direito penal das consequências levado às últimas consequências. **Revista Brasileira de Ciências Criminais**, São Paulo, v. 27, n. 161, p. 249-276, nov. 2019.

ROSA, Alexandre Morais da; SANT'ANA, Raquel Mazzuco. **Delação premiada como negócio jurídico**: a ausência de coação como requisito de validade. Florianópolis: Emais, 2019.

SCHMIDT, Jan Peter. Vida e obra de Pontes de Miranda a partir de uma perspectiva alemã: com especial referência à tricotomia "existência, validade e eficácia do negócio jurídico". **Revista Fórum de Direito Civil**, Belo Horizonte, ano 3, n. 5, p. 135-158, jan./abr. 2014.

SOARES, Rafael Junior; BORRI, Luiz Antonio; BATTINI, Lucas Andrey. Breves considerações sobre o acordo de não persecução penal. **Revista do Instituto de Ciências Penais**, São Paulo, v. 5, p. 213-231, dez./maio 2020.

THEODORO JÚNIOR, Humberto. Dos defeitos do negócio jurídico no novo Código Civil: fraude, estado de perigo e lesão. **Revista da EMERJ**, Rio de Janeiro, v. 5, n. 20, p. 51-78, 2002.

___. Os efeitos do negócio jurídico no novo Código Civil. **Revista da Faculdade de Direito da Universidade Federal de Minas Gerais**, Belo Horizonte, ano 2001, n. 40, p. 91-123, 2001.

VASCONCELLOS, Vinicius Gomes de. **Barganha e justiça criminal negocial**: análise das tendências de expansão dos espaços de consenso no processo penal brasileiro. 2. ed. Belo Horizonte, São Paulo: D'Plácido, 2021.

___. **Acordo de não persecução penal**. São Paulo: Revista dos Tribunais, 2022.

WINTER, Lorena Bachmaier. Justiça negociada e coerção: reflexões à luz da jurisprudência do Tribunal Europeu de Direitos Humanos. In: GLOECKNER, Ricardo Jacobsen (org.). ***Plea bargaining***. 1. ed. São Paulo: Tirant to Blanch, 2019, p. 9-39.

ZILLI, Marcos Alexandre Coelho. Pelo movimento antropofágico do processo penal: *to bargain or not to bargain*? eis a questão. In: MALAN, Diogo; BADARÓ, Gustavo; ZILLI, Marcos; MOURA, Maria Thereza Rocha de Assis; SAAD, Marta; MORAES, Maurício Zanoide de (orgs.). **Processo penal humanista**: escritos em homenagem a Antonio Magalhães Gomes Filho. Belo Horizonte, São Paulo: D'Plácido, 2020.

2. UMA NOVA PERSPECTIVA SOBRE A LEITURA FUNCIONAL DOS NEGÓCIOS JURÍDICOS EM BUSCA DA CONVERSÃO NEGOCIAL CONTEMPORÂNEA

Natalia Branco Lopes Krawczun
Thiago Ridolfi Ferreira

Introdução

A contemporaneidade trouxe uma nova perspectiva sobre compreensão do Direito, tanto em relação ao seu objeto de estudo, a norma e suas interpretações, como também em face das concepções e teorias jurídicas tradicionais. Nesse afã, o Direito Civil, dantes visto como uma seara estritamente privada, deveras estanque e rígida, passou a incorporar ditames do Direito Constitucional e do Direito Público, não se restringindo mais à apenas mecanismos estritamente ligados à tutela individual dos direitos.

Malgrado, os negócios jurídicos, cerne da estruturação jurídica civilista, também contemplaram uma nova onda de teorizações e frescor doutrinário, abraçando as concepções introduzidas pelo movimento de constitucionalização do direito que, em uma ampla medida, fez irradiarem os anseios principiológicos e valorativos insertos em nossa Carta Magna para o debate das relações privadas.

Sem embargo, a teoria do Direito Negocial precisou se atualizar, visto que a mera concepção objetiva do negócio jurídico passou a se revestir de caráter abstrato deontológico, restando ao jurista e aplicador do direito analisar a realidade fática a partir das premissas normativas sistêmicas cravadas em nosso ordenamento, com destaque aos conclames constitucionais formadores da hermenêutica contemporânea.

Nessa toada, teorias clássicas destinadas a estudar o direito a partir da concepção de uma hermenêutica ideal abstrata passaram a serem repensadas, não sem as conferir a importância histórica e acadêmica necessária, promovendo assim um verdadeiro giro teórico acerca de diferentes paradigmas de natureza civilista.

Uma dessas teorias, talvez a mais conhecida entre os estudiosos do Direito, é análise do negócio jurídico proposta por Pontes de Miranda. Nesta, reconhecidamente apresentada como *escala ponteana*, seria necessário analisar, em prima face, se os negócios jurídicos existem, ou seja, se contemplam elementos constitutivos essenciais para, somente posteriormente, analisar-se sua validade (aptidão para produzir efeitos a partir da observância de qualificadoras desses elementos), e desta forma, por fim, verificar sua eficácia, que seria, em linhas gerais, a ausência de barreiras para a produção dos efeitos negociais na vida prática.

De outra banda, se os negócios jurídicos possuíssem alguma mácula nesses planos analisados em estrutura ascendente e excludente de presença, em tese, não estariam aptos a produzirem seus efeitos na vida prática, devendo, em regra, serem extirpados da realidade normativa e fática.

Embora reconhecidamente importante e valorosa para o estudo jurídico, tal teorização vem sendo paulatinamente repensada pelos estudiosos e aplicadores do direito, mormente pela percepção da eficácia negocial sob o viés funcional do direito, em detrimento de considerações mais rígidas sobre a existência e validade dos mesmos a luz da teoria ponteana. Aliás é o que se percebe, inclusive, por parte das consentâneas orientações jurisprudenciais que se multiplicam na realidade jurídica prática.

Isto posto, o presente estudo se destina a pensar o Direito Civil, com especial destaque conferido ao negócio jurídico, a partir de um novo paradigma constitucional, mais distante da abstração exacerbada abraçada pela doutrina clássica, mormente de natureza patrimonialista.

Desta forma, lançar-se-á uma análise a partir do prisma funcional dos negócios jurídicos, em um primeiro momento se buscando teorizar sobre um novo modelo de pensamento de seus planos, em especial o da eficácia.

Ato contínuo, parte-se da concepção da função para qual se prestam tais negócios, observando a vontade das partes e toda carga normativa e principiológica de nosso ordenamento, para compreender se os negócios jurídicos vergastados podem, em que pese alguma mácula estrutural, produzirem seus efeitos em nosso mundo fático, dando cabo dos anseios dos contratantes presentes em sua gênese.

Por fim, almeja-se apontar como, a partir de referida perspectiva funcional do direito, é possível a conservação e conversão dos negócios jurídicos maculados, para que surtam seus efeitos e debelem a eficácia necessária à sociedade na realidade concreta, promovendo assim a função a qual se destinam em sua aurora constitutiva, bem como a vontade as partes envolvidas e a efetivação dos valores constitucionais postos em nosso ordenamento constitucional.

Para tal, esta pesquisa realizará um estudo mais detalhado do fenômeno da conversão negocial, tanto em linhas teóricas mais abstratas como em nossa realidade jurídica prática. Ao final, espera-se apontar como o Direito Negocial deve incorporar ditames de nossa Lei Maior, bem como observar sua funcionalidade enquanto ferramenta jurídica para a persecução de interesses maiores e mais efetivos, para além da mera realização objetiva de formas estruturantes, muito apontadas nas teorias civilistas clássicas de ordem patrimonial.

Esta análise contempla, em suma, a possibilidade de pensar a conversão dos negócios jurídicos como uma importante solução para o problema da efetivação da função negocial que encontra entraves na análise estrutural que se abstém do aspecto valorativo fundamental à compreensão fática do direito no âmbito das relações privadas.

Em suma, trata-se de uma nova concepção da própria teoria negocial, que vem ganhando relevo e densidade no mundo acadêmico e na realidade jurídica, vez que, cada vez mais, o direito tem se ocupado em existir em razão dos indivíduos, devendo ser esta sua função primordial, em uma análise constitucional e contemporânea da normatividade e das teorias por ele encampadas.

1. O direito civil constitucional como novo paradigma jurídico

A separação entre Direito Público e Privado sempre se mostrou como um paradigma didático do estudo jurídico. Mais do que isso, tal dicotomia endossou a formação de um especial pensar para cada uma dessas áreas ao longo do tempo.

Nesse sentido, o conteúdo valorativo e a análise sob a perspectiva funcional, em regra, se alinharam como ferramentas mais ligadas ao ramo público do direito, cabendo ao direito privado, historicamente, o envelopamento de cunho patrimonialista e a rigidez e objetividade das regras contratuais.

Tal perspectiva tem paulatinamente sido vencida – não que o patrimônio tenha deixado de ser uma importante realidade para as relações privadas – mas sim pelo fato de que o ser humano e sua vida digna ganharam brilho como força motriz da normatividade e de sua hermenêutica em todas as esferas do direito.

Desta forma, o critério de distinção entre Direito Público e Privado deixou de ser compreendido como uma fronteira clara, visto que se vive hodiernamente uma publicização das relações jurídicas privadas, ou ainda uma intervenção conjunta e harmônica das regras do Direito de maneira sistêmica, seja público ou privado, na realidade dos indivíduos e de suas relações negociais.[1]

Dessa sorte, é de se apontar também uma nova perspectiva acerca da própria teorização do Direito Civil, ou, em outra medida, uma atualização da visão rígida que albergou a doutrina civilista de idos passados. Isso não significa, frisa-se, que os clássicos devem ser deixados de lado pelo estudioso do direito, mas sim que é preciso compreender as relações privadas cada vez mais sob a égide constitucional e humana, privilegiando o escopo do direito enquanto ferramenta de harmonia e pacificação social

Nesse afã, historicamente a passagem do Estado Liberal para o Estado de Bem-estar Social trouxe mudanças também na relação estado-indivíduo--sujeito. O que se percebeu, em suma, foi uma maior intervenção do Estado e de ditames públicos regulatórios na autonomia privada, visando promover anseios constitucionais axiológicos.[2]

Em nosso país, assim como na maior parte dos Estados de Direito Constitucionais, viu-se uma importante transformação legislativa, em um primeiro momento atrelada à legislação especial e, posteriormente, uma revolução mais profunda, que se debelou com o escopo de efetivar uma tutela prioritária da pessoa humana, tal como aponta nossa Constituição Federal de 1988.[3]

[1] LARROUMET, Christian. **Introduction à l'étude du droit privé.** 4. ed. Paris: Economica, 2004, p. 45.

[2] SOUZA, Eduardo Nunes de. **De volta à causa contratual: aplicações da função negocial nas invalidades e nas vicissitudes supervenientes do contrato.** civilistica.com, v. 8, n. 2, p. 1-53, 17 set. 2019, p. 4.

[3] TEPEDINO, Gustavo. **O Código Civil, os chamados microssistemas e a Constituição. Problemas de direito civil-constitucional.** Rio de Janeiro: Renovar, 2001, p. 4.

Noutro giro, para além de questões legais e jurisprudenciais, a hermenêutica das relações negociais tomou novos contornos. A partir de tal esteio a análise funcional contratual ganhou relevo nas interpretações normativas, de maneira que a simples objetivação dos entornos estruturais do negócio jurídico, quando de seu confrontamento analítico, não mais se mostraram suficientes para uma contemporânea e consentânea fundamentação jurídica esperada.

1.1. A leitura funcional dos negócios jurídicos

As novas concepções acima descritas ecoaram em diferentes formas no estudo e na aplicação do direito. Isto posto, no âmbito hermenêutico foram desenvolvidas novas sendas cravadas a partir da principiologia funcional de cunho mais valorativo, inclusive no âmbito contratual, muito mais se atentando às partes e seus anseios em concreto, do que às questões estruturais:

> No que concerne à hermenêutica jurídica, a análise exclusivamente estrutural dos institutos (vinculada a um controle excepcional, dito externo, da autonomia privada) foi aos poucos precedida pela perspectiva funcional (atenta aos interesses envolvidos nesses mesmos institutos e aos valores que o constituinte e, em sua esteira, o legislador ordinário começavam a aportar para o interior do sistema). Em matéria contratual, essa mudança demandou inserir o contrato, como era então compreendido (estrutura formal, ato pontual na linha temporal da relação jurídica) em um contexto maior, que permitisse apreender a real dinâmica entre as partes. Quais efeitos o contrato se destina a produzir? Qual estado ideal de coisas as partes acordaram obter? Que interesses esse acordo tem a finalidade de tutelar? De que modo a eventual relação prévia entre as partes, as tratativas e demais comportamentos pré-contratuais e os próprios termos da avença permitem identificar esses efeitos pretendidos e interesses tutelados? De que modo o inteiro programa contratual, esse somatório de efeitos e interesses, coaduna-se (ou não) com os valores do ordenamento?[4]

[4] SOUZA, Eduardo Nunes de. De volta à causa contratual: aplicações da função negocial nas invalidades e nas vicissitudes supervenientes do contrato. **civilistica.com**, v. 8, n. 2, p. 1-53, 17 set. 2019, p. 5.

Importa dizer que a análise funcional não substitui, pura e simplesmente, a estrutural. Esta, por óbvio, continua a representar um importante instrumento de estudo prévio dos negócios jurídicos postos. E mais, mantem-se tal pensar como ponto de partida primevo do raciocínio do intérprete. Todavia, a visão sob o prisma funcional, por sua vez, pode condicionar o nível estrutural, não assumindo contornos de exclusividade, mas sim de prioridade no campo valorativo.[5]

Ainda no que concerne a essa seara, a identificação da função opera a partir da consideração de princípios e axiomas insertos no digesto legal que conferem valoração ao fato analisado. Ao fazê-lo, identifica-se a função do negócio jurídico, sendo permitida a construção da síntese global dos interesses que circundam a realidade fática das partes envolvidas.[6]

Percebe-se, pois, que o Direito Negocial tem caminhado para uma nova teorização da análise de seu elemento máximo, o negócio jurídico, indo para além do âmbito estrutural, que acaba por delimitar posturas estanques e dicotômicas no processo vergastado em prol da perspectiva funcional, que se alinha aos anseios valorativos de nosso ordenamento:

> De fato, em um momento avançado do processo acima descrito de migração da análise puramente estrutural do direito para uma perspectiva funcional, observou-se o fenômeno da assim denominada funcionalização dos institutos jurídicos. Trata-se, em síntese, de uma segunda postura hermenêutica, que não apenas reconhece que todo instituto jurídico deve ser analisado prioritariamente à luz de sua função (efeitos, interesses etc.), mas também que esta função deve ser compatível com os valores que justificam sua tutela jurídica pelo ordenamento.[7]

Esta leitura funcional acaba por influenciar todo o plexo normativo e teórico que alberga a discussão referente aos negócios jurídicos contemporâneos, de maneira que se faz necessário repensar a questão estrutural

[5] PERLINGIERI, Pietro. **O direito civil na legalidade constitucional**. Rio de Janeiro: Renovar, 2008, p. 642.

[6] Ibidem.

[7] SOUZA, Eduardo Nunes de. De volta à causa contratual: aplicações da função negocial nas invalidades e nas vicissitudes supervenientes do contrato. **civilistica.com**, v. 8, n. 2, p. 1-53, 17 set. 2019, p. 6.

em busca, não só da persecução da função negocial posta, como também da real produção dos efeitos desejados na vida prática da sociedade. É nessa senda que o debate da eficácia ganha relevo, em especial quando confrontado com os outros planos da clássica estrutura ponteana.

2. A busca pela eficácia negocial

Em que pese seja importante para o jurista ampliar a compreensão das teorias clássicas do direito, não podemos olvidar que estas prestam importante função para a própria evolução do pensamento jurídico, de maneira que é necessário as revisitarmos para podermos lançar uma teorização mais contemporânea e afinada aos anseios constitucionais hodiernos.

Nesse sentido, retomando a teoria ponteana, destaca-se como o aspecto dinâmico dessa teorização – o plano da eficácia – parece ser aquele que encontra mais negligência por parte dos estudiosos do direito. Mais do que isso, talvez seja nesse plano que repouse a maior dificuldade de análise funcional que se propõe. Dito isto, assim pontua Eduardo Nunes de Souza, *in verbis*:

> Uma das prováveis causas desse descompasso consiste na aparente impermeabilidade da teoria dos planos negociais à análise funcional dos institutos jurídicos – pressuposto metodológico do projeto de reunificação e reconstrução do direito civil à luz da tábua axiológica constitucional. Analisar qualquer categoria jurídica pelo prisma de sua função significa levar em consideração seu aspecto dinâmico, consubstanciado nos efeitos dela decorrentes e nos valores e interesses que justificam seu reconhecimento pelo ordenamento. Contraditoriamente, a matéria que tem ao menos um terço de sua teoria construída em torno da "eficácia" dos atos (portanto, em tese, seu aspecto dinâmico) parece não ter recebido ainda uma análise funcional mais detida.[8]

Esta leitura funcional acaba por influenciar todo o plexo normativo e teórico que alberga a discussão referente aos negócios jurídicos contemporâneos, de maneira que se faz necessário repensar o elemento

[8] SOUZA, Eduardo Nunes de. Uma releitura funcional das invalidades do negócio jurídico: proposta de modulação dos efeitos de atos nulos e anuláveis. **civilistica.com**, v. 6, n. 1, p. 1-48, 6 ago. 2017, p. 4.

estrutural, em busca não só da persecução da função negocial posta, como também da real produção dos efeitos desejados na vida prática da sociedade. É nessa senda que o debate da eficácia ganha relevo, em especial quando confrontado com os outros planos da clássica estrutura ponteana.

Isto posto, é perceptível que a análise dos planos do negócio jurídico acaba por ressaltar de maneira extremada uma destacada característica da teoria das nulidades, qual seja, sua natureza estática. Em uma perspectiva clássica, as invalidades estariam ligadas à estrutura do ato jurídico praticado.[9]

Ainda segundo a teoria clássica das nulidades, essas nasceriam em uma perspectiva de taxatividade legal, de maneira que surgiriam em razão da falta de certos requisitos referentes à vontade, ao objeto ou à forma. Nessa toada, não haveria de se falar em possibilidade de consideração de valores ou interesses pensados de maneira alinhada ao caso concreto. Em resumo, ou o negócio jurídico preenchia todos os requisitos de maneira clara e estava apto a produzir efeitos, ou faltava algum desses requisitos essenciais e não haveria de se falar em eficácia negocial.[10]

Malgrado, as nulidades acabam por encampar muito mais conteúdo valorativo do que de fato pensam as teorizações clássicas. *Ex positis,* a análise funcional do direito permitiu que referida teoria se libertasse de uma estrutura legal mais rígida, conferindo a força valorativa necessária para enfrentar o caso concreto a partir de uma normativa mais afinada com os valores do ordenamento jurídico, em face de situações em que a mera abstração do legislador não dava conta de gerar resultados desejados e satisfatórios.[11]

A partir de tal premissa, a própria doutrina tratou de observar casos em que a teoria das nulidades não se prestava de maneira totalmente eficaz para lidar com o caso em concreto, não explicando de maneira satisfatória os efeitos esperados pelas partes e que deveriam ser debelados no mundo

[9] PEREIRA, Caio Mário da Silva. **Instituições de direito civil**. Vols. I, III e VI. Rio de Janeiro: GEN, 2014, p. 540.

[10] SOUZA, Eduardo Nunes de. Uma releitura funcional das invalidades do negócio jurídico: proposta de modulação dos efeitos de atos nulos e anuláveis. **civilistica.com**, v. 6, n. 1, p. 1-48, 6 ago. 2017, p. 5.

[11] Idem, p. 6.

fático, sob pena de resultarem em injustiças até mesmo maiores do que aquelas a serem protegidas pela análise estrutural.[12]

Nesse diapasão, a nova compreensão lançada permitiu que vários negócios nulos e anuláveis pudessem ter eficácia no seio social, preservando a função que se prestavam, bem como a vontade das partes e os anseios constitucionais. Trata-se de uma atualização de nossa teoria negocial, em especial acerca da teoria das nulidades e da busca pela justiça concreta.

Segundo o estudioso do tema, Eduardo Nunes de Souza:

> Em outras palavras, a identificação dos parâmetros de valoração da eficácia negocial pode conduzir à reordenação sistemática das invalidades sob o prisma funcional, oferecendo critérios ao julgador para a modulação dos efeitos negociais e restabelecendo a segurança jurídica perdida com o tratamento casuístico e fragmentado que se tem conferido ao tema. Cabe, portanto, à doutrina cumprir seu papel de orientação e sistematização do trabalho jurisprudencial,28 arejando o tratamento estruturalista que ainda domina o tema.29 Cumpre, assim, partindo-se dos casos de invalidade previstos em lei como indicadores iniciais desse juízo sobre os efeitos negociais, construir um sistema coerente e unitário, capaz de abarcar também os casos de eficácia que não se encaixam nos moldes rígidos da teoria tradicional – não como exceções, mas como parte de um mesmo conjunto de valores.[13]

Tem-se, pois, que, em busca da preservação das vontades das partes e conservação do negócio jurídico, em que pese a existência de elementos que apontam para a teoria das invalidades, alinham-se com a perspectiva funcional negocial, sendo, dessa forma, um paradigma possível para que se debele a eficácia dos negócios jurídicos, podendo estes permanecerem no mundo normativo, bem como surtirem seus efeitos em plena eficácia.

Diante do apresentado, uma das mais importantes ferramentas negociais que se afinam com a perspectiva funcional lançada, preservando as vontades das partes e afinando os contratos com o direito civil constitucional, é a conversão dos negócios jurídicos. É o que melhor esmiúça adiante.

[12] Idem.

[13] SOUZA, Eduardo Nunes de. Uma releitura funcional das invalidades do negócio jurídico: proposta de modulação dos efeitos de atos nulos e anuláveis. **civilistica.com**, v. 6, n. 1, p. 1-48, 6 ago. 2017, p. 8.

3. A conversão do negócio jurídico no brasil: aspectos práticos e doutrinários

Importa no presente momento desse estudo delimitar como, vencida a perspectiva estritamente estrutural da análise dos negócios jurídicos, apontar como a busca pela função negocial encontra respaldo na observância do plano da eficácia, preservando a vontade das partes e efetivando anseios e valores estruturantes de nossa normatividade constitucional.

Nesse sentido, apontar-se-á a importância do instituto da conversão dos negócios jurídicos como ferramenta efetivadora do aspecto funcional negocial, bem como sua construção enquanto fenômeno jurídico que ganha relevo diante da perspectiva constitucional das relações privadas e passa a irradiar efeitos por todo ordenamento jurídico.

Nesse alamiré, o significado da palavra conversão, de acordo com o dicionário da língua portuguesa Michaelis, remete à "mudança de forma ou natureza; transmutação, transformação"[14]. No âmbito jurídico, mais precisamente dos negócios jurídicos, a doutrina civilista muito bem elegeu e abraçou esta palavra, visto que, a conversão do negócio jurídico implica exatamente em um processo de transmutação de um negócio nulo, anulável ou ineficaz, em válido, de forma a produzir, ainda que parcialmente, alguns dos efeitos que as partes assim desejaram.

Antônio Junqueira de Azevedo ao definir a conversão do negócio jurídico assevera que:

> Conversão do negócio jurídico (conversão substancial) é o ato pelo qual a lei ou o juiz consideram um negócio que nulo, anulável ou ineficaz, como sendo do tipo diferente do efetivamente realizado, a fim de que, através desse artifício, ele seja considerado válido e possam se produzir pelo menos alguns dos efeitos manifestados pelas partes como queridos.[15]

É interessante mencionar que o autor compreende que a vontade das partes constitui característica primária do negócio jurídico, de maneira

[14] Michaelis dicionário da língua portuguesa. Disponível em: https://michaelis.uol.com.br/busca?id=wklw acesso em fev. 2023.

[15] AZEVEDO, Antônio Junqueira de. **A conversão dos negócios jurídicos**. Disponível em: https://edisciplinas.usp.br/pluginfile.php/4420286/mod_resource/content/0/PROFESSOR%20JUNQUEIRA%20-20A%20CONVERS%C3%83O%20DOS%20NEG%C3%93CIOS%20JUR%C3%8DDICOS.pdf Acesso em out. 2022.

que suas circunstâncias fazem com que ele próprio seja visto, em uma perspectiva social, como algo destinado a produzir efeitos jurídicos.

No que diz respeito à sua característica secundária, observa-se que Azevedo, tomando por base um prisma social, atribui a declaração dos efeitos que foram manifestados pelas partes como queridos e fundantes, conferindo a ela, efeitos constitutivos de direito.

Ou seja, o negócio não é o ato de vontade do agente, - não seria, pois, "o que o agente quer" - mas sim um ato que em si já é socialmente visto como uma manifestação de vontade destinada a produzir seus efeitos. Inclusive no âmbito legislativo, de acordo com Azevedo[16], poucos são os ordenamentos que fazem uma tratativa adequada ao tema, sendo essa - a relação da declaração das vontades e dos efeitos almejados e produzidos - uma celeuma reconhecida no âmbito hermenêutico.

Pontes de Miranda, por sua vez, conceitua a conversão do negócio jurídico como "aproveitamento do suporte fático, que não bastou a um negócio jurídico, razão da sua nulidade, ou anulabilidade, para outro negócio jurídico, ao qual é suficiente"[17]. Sendo assim, para o autor "na determinação das categorias, se atende ao mínimo suficiente e, na interpretação da vontade negocial, se lhe salva o máximo possível".[18]

Nesta mesma linha, destacam-se os apontamentos de Frederico de Castro y Bravo, em sede de direito comparado, que ao mencionar a conversão do negócio jurídico nulo, aponta que:

> La figura de la conversión. — Se ha venido denominando conversión, el remedio para evitar la nulidad de aquel negocio que sería considerado nulo, tal y como aparece conformado por el o los declarantes, y que consiste en tenerse en cuenta que resultará válido, al considerarlo conforme a otro tipo de negocio jurídico.[19]

[16] AZEVEDO, Antônio Junqueira de. Obra citada.

[17] MIRANDA, Francisco Cavalcante Pontes de. **Tratado de direito privado**. Tomos I a V, LXI, LXVIII e XIX. São Paulo: Revista dos Tribunais, 2012. p. 63.

[18] PONTES DE MIRANDA, Francisco Cavalcanti. Obra citada, p. 62

[19] "[...]conversão é o remédio para evitar a nulidade daquele negócio que seria considerado nulo, tal como aparece conformado pelos declarantes, e ter-se em conta que resultará válido, ao considerá-lo conforme um outro tipo de negócio jurídico" - tradução nossa. CATRO Y BRAVO, Federico de. **El negocio jurídico. Madrid**: editorial civitas S.A,1985, p. 486.

Seguindo as mesmas perspectivas doutrinárias anteriormente abordadas, o mesmo Frederico de Castro y Bravo compreende que a conversão do negócio jurídico é condição *sine qua non* para que se evite a nulidade do negócio jurídico em prol da manutenção da vontade das partes.

Na doutrina portuguesa, por outro lado, preciosas são as contribuições de Teresa Luso Soares ao definir a conversão do negócio jurídico como "[...] o meio jurídico em virtude do qual, verificados certos requisitos, se transforma noutro um negócio jurídico inválido, para salvaguardar, na medida do possível, o resultado prático que as partes visavam alcançar com aquele."[20]

Diante de todo o exposto, resta evidente a existência de perspectivas doutrinárias muito próximas no que diz respeito a conceituação da conversão do negócio jurídico, inclusive entre autores de diferentes nacionalidades, o que denota a consentânea importância de tal instituto no âmbito das relações negociais.

3.1. A conversão do negócio jurídico e sua correspondência com o princípio da conservação

Oportunamente, e até mesmo de modo a complementar às considerações anteriormente tecidas, cumpre destacar a estreita correspondência da conversão dos negócios jurídicos com o princípio da conservação, cujos esforços devem se voltar a manutenção dos efeitos queridos pelas partes, sempre que possível.

Azevedo aponta que o legislador, bem como o intérprete, deve procurar conservar, nos planos da existência, validade e eficácia, o máximo possível do negócio realizado pelas partes. Trata-se da salvaguarda do negócio jurídico inválido, mediante a superação do defeito que teria potencial de aniquilá-lo.

Malgrado, no ordenamento jurídico brasileiro, em especial, é possível identificar dispositivos que são corolários do princípio da conservação. A título exemplificativo, destaca-se o §2º do artigo 51 do Código de Defesa do Consumidor, que traz em seu bojo a seguinte redação:

> Art. 51. São nulas de pleno direito, entre outras, as cláusulas contratuais relativas ao fornecimento de produtos e serviços que:

[20] SOARES, Teresa Luso. **A conversão do negócio jurídico**. Coimbra, Almedina, 1986, p. 14-15.

> § 2º A nulidade de uma cláusula contratual abusiva não invalida o contrato, exceto quando de sua ausência, apesar dos esforços de integração, decorrer ônus excessivo a qualquer das partes.[21]

A partir da leitura do texto legal acima exposto, verifica-se a tutela especial conferida pelo legislador no que diz respeito ao princípio da conservação, ao estabelecer que apenas a cláusula nula deverá ser considerada inválida e não o negócio como um todo.

Seguindo esta mesma linha interpretativa, o acórdão que segue na sequência reitera a aplicabilidade do indigitado princípio na ordem jurídica brasileira:

> [...] O Código de Defesa do Consumidor prevê a possibilidade de declaração de nulidade das cláusulas contratuais abusivas (art. 51, inciso IV). Ainda segundo o CDC (§ 2º, art. 510), em homenagem ao princípio da conservação dos contratos, o magistrado pode invalidar a cláusula abusiva (nulidade absoluta) como realizar a revisão do seu conteúdo (nulidade relativa), mantendo-se os efeitos jurídicos das demais disposições contratuais.[22]

Cumpre destacar, a título exemplificativo, também o artigo 184 do código civil, grande aporte normativo do Direito Civil, que preleciona que:

> Respeitada a intenção das partes, a invalidade parcial de um negócio jurídico não o prejudicará na parte válida, se esta for separável; a invalidade da obrigação principal implica a das obrigações acessórias, mas a destas não induz a da obrigação principal.[23].

Por fim, cita-se o artigo 170 da mesma lei supracitada, que aponta que "[...] se, porém, o negócio jurídico nulo contiver os requisitos de outro,

[21] BRASIL. **Lei nº. 8.078, de 11 de setembro de 1990**. Código de Defesa do Consumidor. Dispõe sobre a proteção do consumidor e dá outras providências. Disponível em: http://www.planalto.gov.br/ccivil_03/Leis/L8078.htm. Acesso em fev, 2023.

[22] BRASIL.**Tribunal de Justiça do Distrito Federal**. Acórdão 1172526070906485 20188070003, Relatora: NÍDIA CORRÊA LIMA, Oitava Turma Cível, data de julgamento: 15/5/2019, publicado no PJe: 28/5/2019. Disponível em: https://www.tjdft.jus.br/consultas/jurisprudencia/jurisprudencia-em-temas/cdc-na-visao-do-tjdft-1/principios-do cdc/principio-da-conservacao-do-contrato. Acesso em fev. 2023.

[23] BRASIL. Lei nº 10.406 de 10 de janeiro de 2002. Código Civil Brasileiro.

subsistirá este quando o fim a que visavam as partes permitir supor que o teriam querido, se houvessem previsto a nulidade."[24]

Desse modo, é certo que o princípio da conservação norteia a busca pela salvaguarda do negócio jurídico inválido, seja ele nulo ou anulável. Assim, nos casos de invalidade, por exemplo, o ato poderá produzir seus efeitos, caso não haja oposição do interessado.

Novamente como exemplo, citam-se as hipóteses em que se verifica a ocorrência de vício redibitório e evicção parcial, a lei não impõe a ineficácia, mas permite que o interessado promova a retificação do negócio, a fim de que este continue a produzir os seus efeitos.[25]

Percebe-se, pois, que a conservação negocial é instrumento já deveras debatido na doutrina civilista, constituindo importante ferramenta para a persecução dos interesses das partes e guarda estreita correlação com o aspecto funcional dos negócios jurídicos, afinando-se com os conclames contemporâneos valorativos do Direito Civil Constitucional.

Isto posto, uma vez compreendidos os aspectos conceituais da conversão do negócio jurídico, bem como sua relação com o princípio da conservação, cumpri abordar as espécies de conversão do negócio jurídico, em âmbito teórico, para propor uma melhor compreensão de seu alcance no mundo fático.

3.1.1. Espécies de conversão do negócio jurídico

Neste momento e, a partir das contribuições da doutrina nacional e comparada, este trabalho se dedica a propor a abordagem classificatória e exemplificativa das três diferentes espécies de conversão do negócio jurídico. Como desdobramento, estas breves reflexões buscam desvelar as diferentes formas nas quais a conversão negocial se manifesta na prática jurídica brasileira. Acredita-se que a realização do cotejo entre as diferentes modalidades é útil para o entendimento do tema da conversão, de modo geral, conferindo maior alcance e compreensão desse importante instrumento no que tange o âmbito funcional dos negócios jurídicos.

[24] BRASIL. Lei nº 10.406 de 10 de janeiro de 2002. Código Civil Brasileiro.

[25] AZEVEDO, Antônio Junqueira de. **A conversão dos negócios jurídicos: seu interesse teórico e prático**. Revista dos Tribunais, ano 63, v.468, 1974, p.17-18.

3.1.2. Conversão substancial

A conversão substancial, como a própria nomenclatura denota, é aquela que recai sobre o conteúdo propriamente dito, no qual verifica-se uma mudança de categoria no ato jurídico e, por isso, também recebe o nome de conversão material, uma vez que recai sobre a matéria e sobre o conteúdo.

Nesta modalidade de conversão, conforme bem ilustra Teresa Luso Soares, um negócio, em princípio inválido, se converte num negócio de conteúdo com diferentes requisitos formais ou até mesmo substanciais, em circunstâncias em que as partes teriam querido a sua manutenção caso soubessem da invalidade.[26]

Azevedo compreende que, nas hipóteses em que há conversão substancial, reside o que ele denomina como um "fenômeno de alteração da qualificação categorial do negócio", no qual:

> As partes realizam um negócio de tipo X e, como dentro dessa categoria X, esse negócio é nulo, anulável ou ineficaz, a lei ou o juiz determinam uma alteração da qualificação categorial, de forma que o negócio, considerando dentro da categoria Y, possa produzir pelo menos alguns dos efeitos que as partes queriam.[27]

A título exemplificativo, é possível citar o caso em que é nula a constituição de usufruto, no entanto, podendo vir a valer com a cessão do direito de exercício sobre o bem. Ou ainda, a transferência irregular de um título à ordem, podendo se fazer valer na realidade prática por meio da cessão de crédito[28].

Exemplos como estes demonstram que a discussão temática não se restringe ao campo teórico, mas possui aplicabilidade direta nas relações interpessoais cotidianas, fato este que salienta a relevância não apenas abstrata, mas também prática da conversão, bem como seu afinamento com a carga valorativa do direito.

[26] SOARES, Tereza Luso. Obra citada, p. 21.

[27] AZEVEDO, Antônio Junqueira de. **A conversão dos negócios jurídicos: seu interesse teórico e prático**. p. 183.

[28] Pontes de Miranda. Obra Citada, tomo IV, p. 67

3.1.3. Conversão formal

De outra banda, vale mencionar que a conversão formal não é matéria exclusiva do mundo contemporâneo, havendo relatos ligados ao Direito Romano referentes ao caso de um soldado que, podendo fazer uso do testamento militar, em tese instituto mais afinado formalmente com sua realidade fática, o fez com base no direito comum, tendo morrido sem completar o testamento pela forma oficial prevista, mas já manifestando sua vontade, de modo que o ato seria válido como testamento de natureza militar. Sendo Ulpiano, importante jurista romano, questionado acerca da possibilidade de considerar como se testamento militar fosse, respondeu que sim.[29]

Longe de ser um assunto recente, mas destacadamente importante para o direito patrimonial, sua relevância atravessou séculos, pois era, e ainda é razoável, quando possível, que os elementos materiais de um negócio jurídico nulo ou anulável possam ser convertidos em outro negócio válido e de fins lícitos, se estiver destacadamente de acordo com a vontade das partes e denotar a função para qual foi celebrado.

É importante observar que na conversão forma o negócio continua o mesmo, no entanto, a forma é modificada. Para melhor ilustrar o afirmado, destacam-se dois exemplos: (I) a possibilidade de o testamento cerrado nulo se converter em testamento particular; (II) o fato do contrato de locação ou de compra-e-venda de bem móvel, contratado por escritura pública eivada de nulidade, subsistir como locação ou contrato de compra-e-venda por escrito particular[30].

Nesta mesma linha, Frederico de Castro y Bravo compreende que:

> se llama conversión formal, la que resulta de que el docuemento en que conste el negocio, que carece de algún requisito necessario para la validez de la forma documental elegida. Llegará a valer conforme a otra forma de documento cuyos requisitos reúne[31].

[29] AZEVEDO, Antônio Junqueira de. A conversão dos negócios jurídicos. Disponível em: https://edisciplinas.usp.br/pluginfile.php/4420286/mod_resource/content/0/PROFESSOR%20JUNQUEIRA%20-20A%20CONVERS%C3%83O%20DOS%20NEG%C3%93CIOS%20JUR%C3%8DDICOS.pdf Acesso em out. 2022.

[30] MELLO, Marcos Bernardes de. **Teoria do fato jurídico: plano da validade.** São Paulo, Saraiva, 2008, p. 260.

[31] Chama-se conversão formal, aquela que resulta do documento em que se inscreve o negócio, que carece de qualquer requisito necessário à validade da forma documental

Observa-se, pois, que, no campo da conversão formal, não há mudança alguma quanto à matéria (substância ou conteúdo), mas tão somente sobre a forma originalmente utilizada. Situação esta que pode ser verificada em outro exemplo abordado por Azevedo, referente a uma promessa de compra e venda, no caso de um contrato que não exija escritura pública, mas que as partes resolvem seguir tal formalidade. Na hipótese de a escritura pública ser considerada como nula porque quem a lavrou não tinha fé pública, ainda sim o negócio persistirá. Por fim, conclui o autor, "que na conversão formal, há uma alteração da forma documental escolhida".[32]

Novamente o afã constitucional, funcional e valorativo se destaca na relação negocial, fazendo-se a normatividade valer do instituto da conversão com o intuito de fazer permanecer válido e eficaz o negócio jurídico celebrado na realidade social percebida.

Por fim, na sequência, será abordada a última, porém, não menos importante, espécie de conversão do negócio jurídico.

3.1.4. Conversão legal

A discussão acerca da conversão legal perpassa por algumas controvérsias doutrinárias interessantes[33], que acabam por impactar na natureza do instituto propriamente dito. No entanto, verifica-se uma certa coesão conceitual dentre os doutrinadores que seguem tal ideário.

Nesta esteira, sobre a conversão legal ou judicial, Azevedo a define como aquela que é feita pela lei ou pelo juiz. Exemplifica o instituto apontando a novação subjetiva (com mudança do devedor), feita quando o este já está em mora, em que, sendo a novação nula, poderá o juiz fazê-la valer como renúncia do credor às vantagens para ele advindas da mora.[34]

escolhida. Passará a valer de acordo com outra forma de documento cujos requisitos atendam. (tradução nossa). CASTRO Y BRAVO, Frederico de. **El negócio Juridico**. Madrid: Civitas, 1985 p. 487.

[32] AZEVEDO, Antônio Junqueira de. **A conversão dos negócios jurídicos**. Disponível em: https://edisciplinas.usp.br/pluginfile.php/4420286/mod_resource/content/0/PROFESSOR%20JUNQUEIRA%20-20A%20CONVERS%C3%83O%20DOS%20NEG%C3%93CIOS%20JUR%C3%8DDICOS.pdf Acesso em out. 2022, p. 184.

[33] MIRANDA, Pontes de. Tratado de Direito Privado. Tomo IV. São Paulo: Revista dos Tribunais, 1983, p. 69.

[34] AZEVEDO, Antônio Junqueira de. **A conversão dos negócios jurídicos**. Disponível em: https://edisciplinas.usp.br/pluginfile.php/4420286/mod_resource/content/0/

Outro exemplo destacado pelo autor é a redação constante no artigo 242 do Código Penal[35], que reputa como crime a falsa declaração de paternidade ou maternidade, mas que é possível de ser convertida em legitimação adotiva.

Teresa Luso Soares explica que na conversão legal a lei "atribui a um negócio jurídico nulo, através de uma norma inderrogável, os efeitos de um outro negócio do mesmo gênero e de objeto mais restrito", indicando a título exemplificativo o artigo 431 do Código Civil brasileiro, que, sobre a formação dos contratos, preleciona que "a aceitação fora do prazo, com adições, restrições, ou modificações, importará nova proposta"[36]

No mesmo sentido, Frederico de Castro y Bravo, compreende a conversão legal como aquela imposta expressamente pela lei.[37] Noutro giro, Marcos Bernardes de Mello acrescenta que, neste caso, a própria lei determina que certos atos praticados sejam aproveitados em detrimento de outros, caso falte algum elemento essencial.[38]

Contrapondo os conceitos acima apresentados, Pontes de Miranda apresenta um interessante questionamento de cunho ontológico acerca da conversão legal:

> Quando a lei sem considerar a hipotética vontade dos contraentes, substitui o que eles queriam pelo que a ela pareceu melhor, não converte, – verte: na conversão, é preciso que se tenham, pelo menos, dois negócios, um dos quais se venha juridicizar, porque o outro é inválido; na substituição, a lei põe o negócio B, em vez do negócio A, ainda que não possa alegar ou provar qualquer vontade do agente nesse sentido. Não existe, pois, conversão legal.[39]

PROFESSOR%20JUNQUEIRA%20%20A%20CONVERS%C3%83O%20DOS%20NEG%C3%93CIOS%20JUR%C3%8DDICOS.pdf Acesso em out, 2022.p. 10

[35] Art. 242 do Código Penal – "Dar parto alheio como próprio; registrar como seu o filho de outrem; ocultar recém-nascido ou substituí-lo, suprimindo ou alterando direito inerente ao estado civil: Pena – reclusão, de dois a seis anos".

[36] **LEI Nº 10.406, DE 10 DE JANEIRO DE 2002.** Código Civil. Institui o Código Civil. Disponível em: https://www.planalto.gov.br/ccivil_03/leis/2002/l10406compilada.htm. Acesso em fev, 2023.

[37] CASTRO Y BRAVO, Frederico de. **El negócio Juridico**. Madrid: Civitas, 1985 p. 487.

[38] MELLO, Marcos Bernardes de. Teoria do fato jurídico: plano da validade. São Paulo, Saraiva: 2008, p. 40.

[39] MIRANDA, Pontes de. **Tratado de Direito Privado**. Tomo IV. São Paulo: Revista dos Tribunais, 2012, p. 69.

Ou seja, conforme assevera o clássico autor, a conversão legal pode, ao deixar de considerar a vontade das partes, substituindo o que eles queriam por algo que a lei entendeu ser a melhor solução, paradoxalmente, deixa de realizar a conversão e se distanciar do escopo funcional negocial.

Isso apenas ressalta a necessidade de observância da realidade fática em detrimento da abstração teórica normativa, impondo ao jurista que, quando da análise do negócio jurídico sob o prisma funcional, dedique-se a buscar compreender, tanto quanto possível, o desejo das partes celebrantes do contrato.

4. A conversão do negócio jurídico no direito brasileiro e a busca histórica por um novo paradigma negocial

A relevância teórica, e sobretudo prática, da conversão é incontestável, no entanto, cumpre ressaltar algumas críticas históricas de Antônio Junqueira de Azevedo no que diz respeito ao trato deste instituto pelo direito brasileiro, em especial, no tocante à omissão de nossas leis prévias ao Código Civil de 2002 em sua tratativa, bem como a prevalência da concepção voluntarista em detrimento da perspectiva social e a inutilidade do uso da presunção de vontade em detrimento da declaração de vontade.

Nesse sentido, em que pesem as atualizações realizadas em nosso digesto legal e jurisprudencial, muito desses pensamentos ainda restam referenciados na teorização negocial, de maneira que a busca conceitual aqui proposta almeja justamente superar tais conclames restritivos.

No tocante a omissão em nossa seara jurídica, Azevedo aponta que, em contraposição aos códigos italiano, português e espanhol, o Código Civil brasileiro não trazia em seu bojo de maneira expressa a referência a este instituto, ao menos até o Código Civil de 2002, compreendendo ele como injustificável tal silêncio, vez que partilhamos tradições normativas com vários países de natureza romano-germânica, que de maneira enfática conceituam a conversão em suas codificações. É notório, pois, que a letargia em inserir tal instituto em nosso código apenas denota o quão presos estávamos – e ainda podemos estar – à visão estruturalista e patrimonialista no que concerne aos negócios jurídicos.[40]

[40] AZEVEDO, Antônio Junqueira de. **A conversão dos negócios jurídicos**. Disponível em:https://edisciplinas.usp.br/pluginfile.php/4420286/mod_resource/content/0/PROFESSOR%20JUNQUEIRA%20-20A%20CONVERS%C3%83O%20DOS%20NEG%C3%93CIOS%20JUR%C3%8DDICOS.pdf Acesso em out. 2022, p. 10.

Azevedo explica que o interesse teórico em relação ao tema se dá pelo fato de "facilitar a revisão que a concepção do negócio jurídico, como ato de vontade deve sofrer", devendo todo o ordenamento buscar regular tal debate normativo.[41]

Em relação à prevalência da concepção voluntarista em detrimento da perspectiva social, o a citado autor também pondera que a primeira envolve uma "perspectiva psicológica do negócio que não condiz com a índole social do direito", visto que privilegia a vontade de alguém e não aquilo que a sociedade considera como sendo o ato de vontade de alguém, contrariando a "índole social do direito".

De acordo com a perspectiva do pensador, "o negócio, não é, no nosso modo de entender, propriamente o ato de vontade de alguém, mas sim o que a sociedade vê como sendo o ato de vontade de alguém".[42]

Assim, ao intérprete não caberia cuidar do que é de foro íntimo do agente; "deverá, antes, atender às circunstâncias que rodeiam o negócio e que socialmente lhe fixam os contornos, isto é, com aquilo que aos outros, parece ser o que o agente queria".[43]

Por último, no tocante à inutilidade do uso da presunção de vontade em detrimento da declaração de vontade, Azevedo pondera que os autores voluntaristas guiam-se por uma "ilógica vontade presumida das partes", devendo o intérprete "supor o que as partes teriam querido", raciocinando sob falsas bases que, "além de inútil, é inconveniente".[44]

De acordo com a análise proposta por Azevedo, que aqui é filiada, o objetivo máximo da conversão enquanto instituto funcional a serviço do direito, reside na busca pela finalidade do negócio jurídico celebrado, superando inclusive a própria declaração das partes quando esta não se pactuar diretamente com a funcionalidade do negócio celebrado.

Desta forma, se superaria a necessidade de imaginar qual seria a vontade dos contratantes, caso houvesse previsto a invalidade ou ineficácia, "bastando que o fim que resulta o novo negócio, não seja contrário ao que as partes declaram querer". Para o autor, esta seria uma solução que

[41] Idem.

[42] Idem, p. 6.

[43] Idem.

[44] Idem p. 8.

promoveria a intersecção de todos os fatores necessários à realização da conversão, tanto em observância à função e ao valor da normatividade jurídica.

Dessa monta, a partir dessa importante análise histórica do doutrinador citado, é possível determinar que a conversão é um instituto lançado a serviço do prisma funcional do direito, e se afina com a visão consentânea delimitada nesse estudo, que, para além de aspectos estruturais, deseja incutir no direito o invólucro de ferramenta a serviço da sociedade, e não um fim em si mesmo, ponderando que a eficácia negocial deve ter caráter dinâmico, e caminhar para que os negócios surtam seus efeitos desejados e funcionais, para além de elementos taxativos que se apeguem às formalidades e questões estruturais abstratas.

Tal premissa se coaduna com a perspectiva constitucional do Direito Civil, e confere força normativa ao prisma funcional negocial, sendo, pois, o novo paradigma que se defende que seja buscado pelo jurista que compreende a função que os institutos jurídicos devem desempenhar na vida humana em sociedade.

Conclusões

O presente estudou se dedicou a estudar e propor uma nova perspectiva acerca dos negócios jurídicos insertos no mundo negocial contemporâneo. Para tal, observou-se como a constitucionalização do Direito Civil tem se mostrado como uma realidade consentânea, que visa conferir carga valorativa e humana às questões patrimoniais.

Em outra medida, bem se apontou que a análise estrutural dos negócios jurídicos, bem como as teorias clássicas que se afinam com tal preposição, são por vezes incipientes para a resolução de celeumas negociais na realidade prática, carecendo, pois, de amparo de outras formas de pensar o direito, destacando-se a análise funcional do direito como importante ferramenta para a persecução dos interesses das partes, bem como a efetivação dos ditames constitucionais e valorativos.

Ademais, é justamente no plano da eficácia, parcela dinâmica dos negócios jurídicos, que reside a maior importância de averiguação de valores, razão pela qual tal plano merece maior atenção por parte do intérprete da norma, verificando-se que, para muito além da teoria tradicional das nulidades, é preciso se atentar à primordial função que os negócios jurídicos ocupam na vida prática social.

Nesse sentido, este artigo buscou demonstrar a importância de pensar o direito a partir de sua premissa funcional, albergando assim os ditames da consentânea orientação da constitucionalização do direito civil, fazendo-se valer, pois, de mecanismos que debelem tal compreensão no Direito Negocial.

Isto posto, o instituto da conversão dos negócios jurídicos resplandece como interessante forma de, a partir de uma premissa funcional, fazer valer a vontade das partes e imputar valor ao bojo dos negócios jurídicos, permitindo, desta forma, a eficácia negocial para além de uma análise estanque e rígida da estrutura negocial, desprezando o real escopo daquele ato.

Em linhas gerais, trata-se de uma orientação já disseminada em nosso ordenamento, e por isso conhecida, mas que ainda necessita de maior atenção por parte dos juristas, a fim de elevar a proposta principiológica e dinâmica que parece tenderem os estudos contemporâneos em âmbito negocial.

Referências

AZEVEDO, Antônio Junqueira de. **A conversão dos negócios jurídicos**. Disponível em: https://edisciplinas.usp.br/pluginfile.php/4420286/mod_resource/content/0/PROFESSOR%20JUNQUEIRA%20%20A%20CONVERS%C3%83O%20DOS%20NEG%C3%93CIOS%20JUR%C3%8DDICOS.pdf Acesso em out, 2022.

____. **A conversão dos negócios jurídicos: seu interesse teórico e prático**. Revista dos Tribunais, ano 63, v.468.

BETTI, Emílio. **Teoria Geral do Negócio Jurídico**. Campinas: LZM, 2003.

BRASIL. **Tribunal de Justiça do Distrito Federal**. Acódão 1172526070906 48520188070003, Relatora: NÍDIA CORRÊA LIMA, Oitava Turma Cível, data de julgamento: 15/5/2019, publicado no PJe: 28/5/2019. Disponível em: https://www.tjdft.jus.br/consultas/jurisprudencia/jurisprudencia-em-temas/cdc-na-visao-do-tjdft-1/principios-do-cdc/principio-da-conservacao-do-contrato. Acesso em fev, 2023.

____. **Lei nº. 8.078, de 11 de setembro de 1990**. Código de Defesa do Consumidor. Dispõe sobre a proteção do consumidor e dá outras providências. Disponível em: http://www.planalto.gov.br/ccivil_03/Leis/L8078.htm . Acesso em fev, 2023.

____. **Lei nº. 10.406, de 10 de janeiro de 2022. Código** Civil. Institui o Código Civil. Disponível em: https://www.planalto.gov.br/ccivil_03/leis/2002/l10406compilada.htm . Acesso em fev, 2023.

CASTRO Y BRAVO, frederico de. **El negócio Juridico**. Madrid: Civitas, 1985.

LARROUMET, Christian. **Introduction à l'étude du droit privé**. 4. ed. Paris: Economica, 2004.

MELLO, Marcos Bernardes de. **Teoria do fato jurídico**: plano da validade. São Paulo, Saraiva: 2008.

MIRANDA, Francisco Cavalcanti Pontes de. **Tratado de direito privado**. Tomos IV e V. São Paulo: Revista dos Tribunais, 2012.

PEREIRA, Caio Mário da Silva. **Instituições de direito civil**. Vols. I, III e VI. Rio de Janeiro: GEN, 2014.

PERLINGIERI, Pietro. **O direito civil na legalidade constitucional**. Rio de Janeiro: Renovar, 2008.

SOARES, Teresa Luso. **A conversão do negócio jurídico**. Coimbra, Almedina, 1986.

SOUZA, Eduardo Nunes de. De volta à causa contratual: aplicações da função negocial nas invalidades e nas vicissitudes supervenientes do contrato. **civilistica.com**, v. 8, n. 2, p. 1-53, 17 set. 2019.

SOUZA, Eduardo Nunes de. Uma releitura funcional das invalidades do negócio jurídico: proposta de modulação dos efeitos de atos nulos e anuláveis. **civilistica.com**, v. 6, n. 1, p. 1-48, 6 ago. 2017.

TEPEDINO, Gustavo. **O Código Civil, os chamados microssistemas e a Constituição. Problemas de direito civil-constitucional**. Rio de Janeiro: Renovar, 2001.

3. PACTO ANTENUPCIAL E A POSSIBILIDADE DE CLÁUSULAS EXTRAPATRIMONIAIS

Eduardo Roberto dos Santos Beletato
Elizângela Abigail Sócio Ribeiro

Introdução

O casamento traz mudanças significativas nas vidas dos nubentes, que vão desde questões relacionadas ao patrimônio, questões financeiras, até a forma de conviver, de planejar o futuro, como ter filho ou não, sendo uma das formas de constituir família.

Mas a sociedade tem evoluído e consequentemente a forma de se estabelecer família, que antes era apenas pelo casamento entre um homem e uma mulher, passou a ser mais livre onde o cidadão pode escolher como quer se relacionar, como quer formar família e como quer viver em família, ou seja, pactuar quais as regras ele quer, dentro dos limites legais, que vigorem no seu relacionamento.

As relações matrimoniais também possuem natureza patrimonial, e nos tempos atuais tomou um rumo de ordem econômica, a compreender tanto a propriedade como uma série de direitos reais sobre o patrimônio de cada cônjuge ou do casal, incluindo a ainda a prática dos atos de administração e disposição dos bens próprios ou comuns, e rendimentos de cada um, tudo de acordo com a comunhão plena de vida estabelecida pelo casamento, respeitada a igualdade de direitos e deveres dos cônjuges, nos termos legais.

Portanto, surge o pacto antenupcial como um instrumento previsto no nosso ordenamento jurídico, que permite aos noivos escolherem qual o regime de bens que melhor lhes atendem, podendo escolher um dos regimes previstos no Código Civil, como também criar suas próprias regras através de um regime misto.

Porém, diante dos novos relacionamentos e evolução da sociedade, busca-se cada vez mais usar da autonomia privada, a dúvida que surge, é se o pacto antenupcial deve ser usado apenas para questões patrimoniais, escolha de regime de bens, ou pode ser utilizado pelos nubentes para estabelecer outras regras para o relacionamento, inclusive de cunho extrapatrimonial.

Para enfrentar a questão levantada o presente artigo utilizará o método dedutivo, e será necessário valer-se-á de ampla pesquisa bibliográfica, introduzindo alguns conceitos sobre temas pertinentes à discussão e variados entendimentos doutrinários sobre a natureza jurídica e conceito do pacto antenupcial, e depois a importância do princípio da autonomia privada no tocante ao pacto antenupcial.

Na sequência será realizado um profundo estudo sobre o conteúdo do pacto antenupcial, e enfrentando o problema proposto pela presente pesquisa, ou seja, a possibilidade de se estabelecer cláusulas de cunho extrapatrimonial. Essa abordagem se dará por meio do método explicativo-compreensivo reforçada por pesquisa jurisprudencial, a qual buscará demonstrar que a jurisprudência pátria vem aceitando a inclusão de cláusulas em razão da autonomia das partes para dispor do conteúdo do pacto.

1. Natureza jurídica e conceito do pacto antenupcial

A doutrina diverge sobre a natureza jurídica do pacto antenupcial, mas a origem e ligação ao direito de família é inegável, muitos tratam como se a natureza fosse exclusivamente contratual, tanto que para Caio Mário da Silva Pereira "A natureza jurídica do pacto antenupcial é inequivocadamente contratual, e obrigatoriamente há de ser efetivado antes do casamento".[1]

Porém, existe uma parte da doutrina que alega não possuir somente a natureza contratual, pois o pacto antenupcial existe para resolver questões patrimoniais e extrapatrimoniais, as quais terão início somente após o casamento, com o início da entidade familiar.

Para Débora Gozzo, o pacto antenupcial é negócio jurídico de direito de família, ele é ato jurídico (*lato sensu*) pessoal, é formal, sendo indispensável

[1] PEREIRA. Caio Mário da Silva. **Instituições de Direito Civil**. Volume 5. Rio de Janeiro: Forense, 2011. P. 218.

a escritura pública, nominado, pois é previsto em lei e legítimo, pois os nubentes não podem estabelecer regras que contrariam as normas jurídicas, têm eles a autonomia privada limitada por lei.[2]

Enquanto para Rolf Madaleno a natureza do pacto antenupcial é híbrida, tratada como contratual e institucional, em função do casal poder aderir e, em especial, dar sua feição própria ao pacto, desde que respeitados os limites legais oriundos das regras do regime primário de bens. Por fim, reforça o caráter de instituição ao escrever sobre a necessidade de intervenção judicial para uma eventual modificação posterior ao casamento e de a dissolução somente ocorrer com a ruptura da sociedade conjugal.[3]

Ainda, de acordo com Zeno Veloso o pacto antenupcial é:

> A convenção pré-matrimonial é um negócio jurídico. Um negócio jurídico integrante do direito patrimonial de família. Pela convenção ou contrato antenupcial, os nubentes formalizam a sua escolha e determinam qual o regime de bens que vai vigorar depois da celebração de seu casamento.[4]

Em arremate Maria Berenice Dias entende que "[...] nada mais é do que um contrato conjugal".[5] Ele traz consigo a noção de negócio jurídico bilateral, onde as prestações e contraprestações devem ser equivalentes, não pode haver qualquer prejuízo para qualquer um dos nubentes, não se pode admitir qualquer disposição que venha a contrariar direito fundamentais ou da personalidade, sob pena de ser declarado nulo.[6]

O pacto antenupcial está regulamentado no Capítulo II, nos artigos 1.653 a 1.657 do Código Civil/2002, mas a norma que autoriza a sua

[2] GOZZO. Débora. **Pacto Antenupcial**. São Paulo: Saraiva, 1992, p. 34.

[3] MADALENO. Rolf. Madaleno. **Novos Horizontes no Direito de Família**. Rio de Janeiro: Forense, 2010. P. 04-05.

[4] VELOSO. ZENO. **Regimes Matrimoniais de Bens**. Disponível em: <https://www.direitodefamilia.adv.br/2020/wp-content/uploads/2020/07/zeno-veloso-regime-matrimon.pdf>. Acesso em: 10.fev.2023.

[5] DIAS. Maria Berenice. **Manual de Direito das Famílias.** Salvador: Editora JusPodivm, 2022, p.710.

[6] TEPEDINO. Gustavo. **Controvérsias sobre o Regime de Bens no Novo Código Civil.** Disponível em: < https://ibdfam.org.br/assets/upload/anais/186.pdf >. Acesso em: 11 fev. 2023.

celebração está prevista nas disposições gerais do regime de bens no artigo 1.639 do Código Civil.

Via de regra deve ser lavrado durante o processo de habilitação do casamento com previsão nos artigos 1.525 a 1.532 do CC, momento em que os nubentes podem livremente optar pelo regime de bens nos termos do §único do artigo 1.640 do CC, com exceção da imposição legal do regime obrigatório da separação de bens.

A condição de validade do pacto antenupcial está prevista no artigo 1.653 CC, devendo ser realizado por escritura pública, e sua eficácia está vinculada ao casamento, conforme previsão no artigo 1.639, §1º, e 1.653 do Código Civil, restringindo-se apenas aos efeitos patrimoniais do casamento.

Em relação ao conceito do pacto antenupcial, em entendimento restritivo à legislação, pode ser é considerado um instrumento jurídico pelo qual os nubentes poderão instituir as regras que deverão reger o patrimônio durante a constância do casamento, e em caso de rompimento conjugal, quando optarem por regime diverso da parcial de bens, ou da separação obrigatória.

É possível perceber que o conceito base se mantém em razão do pacto antenupcial possuir características inerentes ao negócio jurídico, e o Código Civil apenas aduz sobre a sua forma, momento e conteúdo, por isso a necessidade de complementação do conceito pela doutrina.

A doutrina clássica, a exemplo Pontes de Miranda classifica o pacto antenupcial como "uma figura que fica entre o contrato de direito das obrigações, isto é, o contrato de sociedade, e o casamento mesmo, como irradiador de efeitos. Não se assimila, porém, a qualquer deles [...]. São atos jurídicos complexos, em verdade de direito de família e em parte de direito das obrigações".[7]

Silvio Rodrigues assevera tratar-se de: "contrato solene, realizado antes do casamento, por meio do qual as partes dispõem sobre o regime de bens que vigorará entre elas, durante o matrimônio"[8]·entendimento seguido por Maria Helena Diniz.[9]

[7] MIRANDA, Pontes de. **Tratado de Direito Privado.** Rio de Janeiro: Aide, 1996, p. 41

[8] RODRIGUES. Silvio. Direito Civil. **Direito de Família**. São Paulo: Saraiva, 2004. p. 137

[9] DINIZ. Maria Helena. Curso de Direito Civil. **Direito de Família**. São Paulo: Saraiva, 2007. p. 152

Continuando, a doutrina contemporânea, não diverge muito do que fora exposto, para Paulo Lôbo conceitua pacto antenupcial, como "negócio jurídico bilateral de direito de família mediante o qual os nubentes têm autonomia para estruturarem, antes do casamento, o regime de bens distinto do regime da comunhão parcial." Sendo que a autonomia de escolha não se limita a escolha dos regimes previstos em lei, mas têm a liberdade de regular suas relações patrimoniais, desde que não fraude a lei, podendo fundir tipos de regime, modificar regime previsto em lei ou criar novo regime.[10]

Portanto, o pacto antenupcial é um negócio jurídico bilateral utilizado no âmbito do direito de família, e um instrumento eficaz para o planejamento patrimonial onde é possível pactuar sobre a administração de bens dos nubentes, sendo que além dos regimes de bens convencionais, as partes têm liberdade para mesclá-los ou adotar outros que melhor se ajustes às suas necessidades.

2. Autonomia privada no pacto antenupcial

Com a evolução da sociedade, deixando para traz o modelo patriarcal, no qual o homem tinha o controle dos bens, era o chefe da família, o provedor, enquanto a mulher era a cuidadora dos filhos e responsável pelos serviços domésticos, houve um reflexo no campo da autonomia privada dos entes familiares, ou seja, no interesse de autorregularem suas relações.

Principalmente com o advento da Constituição Federal de 1988, que estabeleceu a igualdade entre homens e mulheres, inclusive no âmbito familiar, artigo 226 §5º. do referido diploma constitucional e artigo 1.511 do Código Civil, que estabelece igualdade de direitos e deveres entre os cônjuges, os indivíduos passaram a querer estabelecer regras de como querem viver em família.

Dentre os negócios jurídicos existente no direito de família, como conceituado anteriormente, temos o pacto antenupcial, através do qual as partes, usando do princípio da autonomia privada, podem estabelecer regras que melhor se adequem aos seus interesses.

Com base na autonomia privada, as partes podem estabelecer regras, mas este princípio, principalmente dentro do Direito de Família, não é

[10] LÔBO. Paulo. **Direito Civil.** v. 5, 11. ed. São Paulo: Saraiva, 2021, p. 357.

absoluto, sofrendo limitações de normas superiores, que visam a proteção da família, inclusive direitos indisponíveis e a igualdade entre os cônjuges.

O próprio artigo 1.655 do Código Civil, impõe uma limitação expressa ao pacto, ao estabelecer que será nula a cláusula que seja contrária à disposição legal.

Quanto a esta limitação de estabelecer regras, Pablo Stolze Gagliano e Rodolfo Pamplona, ressaltam que "como corolário da liberdade individual no campo negocial, a liberdade contratual foi erigida realmente ao patamar de princípio, mas que, por sua vez, não pode ser interpretado de forma absoluta."[11]

Cristiano Chaves de Farias e Nelson Rosenvald, ao falar sobre a autonomia privada nos pactos, expõe que ela possui limitações claras, não podendo ir contra normas de ordem pública, podendo ser estabelecido cláusulas que não violem a comunhão plena de vida ou direitos e garantias individuais.[12]

Fabiana Domingues Cardoso, em sua obra Regime de Bens e Pacto Antenupcial, coloca que embora os nubentes tenham liberdade de pactuar, essa liberdade tem limites:

> A essa liberdade são impostos limites para que a ordem seja mantida, bem como a harmonia das regras coexistam, o bem-estar social e a segurança jurídica prevaleçam sobre a vontade de cada indivíduo. Nesse aspecto, a autonomia privada se revela importante, pois, ao mesmo tempo em que se é livre para convencionar regras patrimoniais a vigorar no casamento, há limites que devem ser observados.[13]

Assim, temos que embora a proteção da família seja de interesse e responsabilidade do Estado, também deve ser respeitado o direito de liberdade dos nubentes de pactuarem regras para regerem seu relacionamento conjugal, ou seja, a autonomia privada do indivíduo.

[11] GAGLIANO. Pablo Stolze; FILHO. Rodolfo Pamplona. **Manual de Direito de Civil.** 2. ed. São Paulo: Saraiva, 2018, p. 424.

[12] FARIAS. Cristiano Chaves; ROSENVALD. Nelson. **Curso de Direito Civil. Vol. 6.** 10. ed. Salvador: Juspodivm, 2018, p. 356.

[13] CARDOSO. Fabiana Domingues. **Regime de Bens e Pacto Antenupcial.** Rio de Janeiro: Método, 2010, p. 133.

Não se pode confundir, entretanto, a tutela do Estado, de proteção e fiscalização, como restrição a autonomia privada do indivíduo, limitando a vontade e liberdade dos nubentes ao pactuarem, muito menos permitir que esta proteção eleve o Direito de Família à categoria de Direito Público, sendo que esta delimitação é importante para servir de freio à liberdade do Estado para intervir nas relações familiares.[14]

Os pactos devem respeitar a autonomia privada das partes, mas não podem os nubentes estabelecer o que bem entenderem, sem respeitar as regras de ordem pública, direitos fundamentais e indisponíveis, devem respeitar os limites do ordenamento jurídico.

3. Limites do conteúdo do pacto antenupcial

A lei dá liberdade aos nubentes de pactuarem, mas impões limite, ou seja, as convenções pactuadas não poderão ferir preceitos legais, bons costumes, a ordem pública, bem como a boa-fé deverá estar presente, sob pena de invalidade do ato.[15]

Importante ressaltar que nos termos do artigo 1.655 do Código Civil, que diz: "É nula a convenção ou cláusula que dela contravenha disposição absoluta de lei"[16], ou seja, o pacto não é nulo como um todo e sim a cláusula que for contrária ao ordenamento jurídico.

Neste sentido cita-se Cristiano Chaves de Faria e Nelson Rosenvald:

> Ademais, palmilhando o caminho cimentado pelo artigo 184 do Codex, que disciplina a redução parcial do negócio jurídico, é de se lembrar que a mácula (invalidade) que incide sobre uma cláusula do pacto antenupcial não contamina a convenção como um todo, devendo serem aproveitadas as demais cláusulas avençadas.[17]

Com o mesmo entendimento se posiciona Caio Mário: "Se a cláusula for contrária ao que se seja permitido convencionar, somente ela se anula

[14] PEREIRA. Rodrigo da Cunha. **Princípios Fundamentais Norteadores do Direito de Família**. 3. ed. São Paulo, 2016, p. 183-184.

[15] CARDOSO. Fabiana Domingues. **Regime de Bens e Pacto Antenupcial.** Rio de Janeiro: Método, 2010, p. 157.

[16] **Código Civil Brasileiro**. Brasília, DF: Disponível em: < https://www.planalto.gov.br/ccivil_03/_ato2015-2018/2015/lei/l13105.htm > Acesso em 19 jan. 2023.

[17] FARIAS. Cristiano Chaves; ROSENVALD. Nelson. **Curso de Direito Civil. Vol. 6.** 10. ed. Salvador: Juspodivm, 2018, p. 357.

ou se tem por não escrita, prevalecendo no mais o restante do pacto – *utile per inutile no vitiatur.*"[18]

Para Débora Gozzo, o pacto deve estar em conformidade com a lei, o que significa "estar conforme o ordenamento jurídico vigente no país. Aquilo que é proibido por lei, como o casamento entre ascendente e descendente, por exemplo, é contrário ao ordenamento jurídico".[19]

O conteúdo do pacto pode ser simples, se limitando a escolha de um dos regimes previsto em lei, ou mais complexo, onde misturas regras dos regimes previsto na legislação, estabelecendo assim um regime híbrido ou misto.

Este conteúdo patrimonial é essencial dos pactos e não há qualquer divergência, principalmente em razão dos dispositivos legais que regem o pacto antenupcial no nosso Código Civil.

Mas diante da falta de vedação da possibilidade de se incluir cláusulas não patrimoniais, há posicionamento no nosso ordenamento jurídico, que admitem a possibilidade de cláusulas extrapatrimoniais nos pactos antenupciais, embora seja uma questão com bastante divergência.

A favor da possibilidade de ser estipulado cláusulas extrapatrimoniais, cita-se alguns juristas tais como, Maria Berenice Dias, Débora Gozzo, Cristiano Chaves de Farias, Nelson Rosenvald, Fabiana Domingues Cardoso, Gustavo Tepedino e Ana Carolina Teixeira, com posição contrária temos Carvalho Santos, Silvio Rodrigues, Luiz Edson Fachin e Débora Vanessa Caús Brandão.

Quanto aos que não admitem a possibilidade de ser incluído no pacto questões extrapatrimoniais, traz-se o entendimento de Luiz Edson Fachin, citado por Fabiana Domingues Cardoso: "O pacto tem um conteúdo eminentemente patrimonial. Recaindo sobre o patrimônio, não apenas deve constar a escolha do regime, como pode também conter outras disposições patrimoniais [...]"[20]

[18] PEREIRA. Caio Mário da Silva. **Instituições de Direito Civil.** v. 5. 26.ed. Rio de Janeiro: Forense. 2018, p. 249.

[19] GOZZO. Débora. **Pacto Antenupcial**. São Paulo: Saraiva, 1992, p. 60

[20] FACHIN. Luiz Edson. Direito de Família a Luz do Código Civil Brasileiro. LIRA. Ricardo Pereira (Cood.). Rio de Janeiro: Renovar, 1999, p. 187. apud. CARDOSO. Fabiana Domingues. **Regime de Bens e Pacto Antenupcial.** Rio de Janeiro: Método, 2010, p. 162.

Ou seja, ainda que tenham os que defendem a possibilidade de ser incluído no pacto antenupcial apenas cláusulas de conteúdo patrimonial, não se limita a escolha do regime de bens, podendo ser tratados outras questões relacionadas ao patrimônio do casal.

Outra importante colocação quanto ao conteúdo do pacto, é feita por Débora Gozzo, quando coloca que, para que se possa cogitar na possibilidade de celebração do pacto antenupcial, se faz necessário a escolha do regime de bens:

> Ora, para que se possa cogitar da possibilidade de celebração deste pacto antenupcial, é necessário que os nubentes desejem regular a disposição do seu patrimônio, de maneira diversa daquela determinada em lei. Sem isto não há necessidade de pacto, porque na maioria das vezes, as demais cláusulas que podem integrá-lo, como o reconhecimento de filho, por exemplo, são passíveis de existência própria individual, independentemente deste." [21]

Mas há posição mais restrita quanto ao conteúdo do pacto antenupcial, como a do jurista Orlando Gomes, trazida por Fabiana Domingues Cardoso: "É o negócio dispositivo, cujo conteúdo não comporta senão cláusulas relativas a relações patrimoniais. Não se admitem estipulações a respeito de relações pessoais dos cônjuges, nem mesmo as de caráter patrimonial que não digam respeito exclusivamente aos regimes de bens"[22]

A favor da possibilidade de cláusulas extrapatrimoniais no pacto antenupcial, Cristiano Chaves de Faria e Nelson Rosenvald, defendem que com base na autonomia privada, os noivos podem estabelecer cláusulas diversas, de diferentes origens e finalidades, disciplinando questões privadas, relativas à família, desde que não sejam contrárias aos direitos e garantias fundamentais da pessoa humana.[23]

E neste sentido é o Enunciado 635, da VIII Jornada de Direito Civil, do Conselho Federal de Justiça, assim estabelece: *"O pacto antenupcial e o*

[21] GOZZO. Débora. **Pacto Antenupcial**. São Paulo: Saraiva, 1992, p. 59.

[22] GOMES. Orlando. **Direito de Família**. 7.ed. Rio de Janeiro: Forense, 1987. p. 167-169. apud. CARDOSO. Fabiana Domingues. **Regime de Bens e Pacto Antenupcial.** Rio de Janeiro: Método, 2010, p. 164.

[23] FARIAS. Cristiano Chaves; ROSENVALD. Nelson. **Curso de Direito Civil. Vol. 6.** 10. ed. Salvador: Juspodivm, 2018, p. 356.

contrato de convivência podem conter cláusulas existenciais, desde que estas não violem os princípios da dignidade da pessoa humana, da igualdade entre os cônjuges e da solidariedade familiar."[24]

Caio Mário também se posiciona a favor da possibilidade de se estabelecer cláusulas extrapatrimoniais, pertinentes a vida conjugal, desde que dentro dos limites legais, ou seja, não podem estabelecer regras que vão contra a lei proibitiva ou imperativa, considerando cláusulas inválidas as que suprimam direitos que a lei assegura a ambos os cônjuges.[25]

A título exemplificativo, Conrado Paulino da Rosa reforça a possibilidade de estabelecer cláusulas existenciais:

> [...] não vislumbramos impedimento de, quando da realização do pacto, o casal já estabelecer, de forma antecipada, a quantificação dos alimentos em caso de afastamento do mercado de trabalho ou diminuição da força de trabalho em decorrência com os cuidados com a prole (ou por outros ajustes realizados pelo casal, como, por exemplo, mudança de município).
>
> [...] o casal pode usar o pacto antenupcial para a determinação da rotina do casal, como, por exemplo, quem será o responsável por realizar as compras do supermercado (que são prazerosas para alguns e torturantes para outros), quem ficará responsável para descer o lixo e, considerando "trauma social" ocasionado pelo COVID-19, até mesmo poderão definir a obrigatoriedade de trocar os calçados na entrada do lar.[26]

Gustavo Tepedino e Ana Carolina Teixeira, sustentam inexistir óbice para pactuação de cláusula extrapatrimonial, embora reconheçam a existência de polêmica sobre a matéria:

> Contudo não se pode deixar de enfrentar, nos dias que passam, a realidade dos arranjos afetivos e as numerosas modalidades, sérias e estáveis, de constituição de entidades familiares aptas à realização da pessoa e a expressar suas

[24] Conselho da Justiça Federal. Disponível em: <https://www.cjf.jus.br/enunciados/enunciado/1174>. Acesso em: 10.fev.2023.

[25] PEREIRA. Caio Mário da Silva. **Instituições de Direito Civil**. v. 5. 26.ed. Rio de Janeiro: Forense. 2018, p. 249.

[26] ROSA. Conrado Paulino da. **Direito de Família Contemporâneo.** São Paulo: Juspodivm, 2022. p. 255-256.

próprias escolhas existenciais, cuja tutela e promoção encontram fundamento nos princípios da isonomia, da solidariedade social e da democracia.[27]

Fabiana Cardoso Domingues, entende ser possível a ampliação do conteúdo do pacto antenupcial, mas se posiciona no sentido de não ser possível algumas disposições puramente extrapatrimoniais em seu conteúdo, entendendo ser o pacto antenupcial um relevante instrumento de prevenção de conflitos entre os cônjuges, seja na constância do casamento, seja em eventual rompimento.[28]

Por ser o pacto antenupcial um negócio jurídico é totalmente possível que ele tenha por conteúdo uma relação patrimonial, mas não serve somente para este fim, podendo-se clausular outras matérias além de questões relacionas a bens.[29]

Desta forma, registra-se, que embora exista divergências quanto a possibilidade de inclusão de cláusulas extrapatrimoniais em pactos antenupciais, os que entendem ser possível, consideram necessária a obediência as regras legais, princípios e normas, bem como aos bons costumes e boa-fé, não podendo o pacto antenupcial ser usado, seja para questões patrimoniais, seja existenciais, para ferir direitos garantidos para ambos os nubentes.

3.1. Pacto antenupcial e seu conteúdo extrapatrimonial

Como observado no tópico anterior, o pacto antenupcial pode ter conteúdo exclusivamente patrimonial, e neste sentido, apenas a escolha do regime de bens, como também estabelecer regras que ainda de cunho patrimonial estão relacionadas a detalhes referente aos bens do casal, podendo ainda ser estipulado cláusulas de cunho existencial, extrapatrimonial.

No tocante a questões patrimoniais além da escolha do regime de bens, temos questões relacionadas a alimentos, manutenção das despesas da casa, doações entre cônjuges, uso do imóvel familiar diante do rompimento, direito sucessório, dentre outros.

[27] TEIXEIRA. Ana Carolina e TEPEDIDO. Gustavo. **Fundamentos do Direito Civil**. v. 6. Rio de Janeiro: Forense. 2020, p. 101-102.

[28] CARDOSO. Fabiana Domingues. **Regime de Bens e Pacto Antenupcial.** Rio de Janeiro: Método, 2010, p. 161.

[29] GOZZO. Débora. **Pacto Antenupcial**. São Paulo: Saraiva, 1992, p. 35

Neste estudo, o foco são as cláusulas extrapatrimoniais, que sem esgotar o tema, serão abordadas neste tópico as referentes a vivência conjugal e a possibilidade de se estabelecer indenização pela violação do dever conjugal de fidelidade.

Várias são as questões extrapatrimoniais que os nubentes querem incluir no pacto antenupcial, como uma forma de já ficar estabelecido regras entre eles, a vigorarem durante o casamento e no caso de um eventual rompimento, sendo algumas já admitidas de forma mais tranquila pela doutrina e jurisprudência e outras um tanto polêmicas.

Fabiana Domingues Cardoso, defende que os litígios familiares causam muitos desgastes emocionais e patrimoniais para as partes envolvidas, portanto, um pacto que permita um conteúdo mais amplo de questões relacionados ao casamento e a vida em família, permitirá que ele seja um instrumento de prevenção de litígio ou ao menos um facilitador de resolução de desavenças.

A mesma autora, entende ser adequado o debate a respeito de cláusula pactícia sobre questões não patrimoniais, permitindo que os nubentes estabeleçam as "regras do jogo", posto que o casamento é um "jogo", que envolve questão patrimonial, pessoal e doméstico-familiar, assim tem relevância social e jurídica.[30]

A possibilidade de colocar no pacto antenupcial cláusula referente a questão da fidelidade, convivência e coabitação, previstas como deveres do casamento no artigo 1.566, inciso I e II do Código Civil, é uma das mais polêmicas, mas já existindo posicionamento quanto à possibilidade.

Os que defendem a impossibilidade, tem como fundamento a ilegalidade de se pactuar cláusulas que afastem os deveres conjugais previstos no artigo 1.566 do Código Civil, seriam cláusulas vedadas

Já os que defendem a possibilidade, tem como um dos principais fundamentos a autonomia privada das partes, de poder decidir sobre regras de foro íntimo do casal e da convivência família, não podendo o Estado intervir e obrigar regras a forma de convivência familiar, princípio da intervenção mínima do Estado, bem como aos princípios da liberdade e da dignidade da pessoa humana.

[30] CARDOSO. Fabiana Domingues. **Regime de Bens e Pacto Antenupcial.** Rio de Janeiro: Método, 2010, p. 198

Neste sentido, em favor da corrente que admite cláusulas extrapatrimoniais vinculadas a intimidade e convivência do casal, com base na mínima intervenção do Estado, assim discorre Rodrigo da Cunha Pereira:

> No seio da família, são os seus integrantes que devem ditar o regramento próprio da convivência. Dessa órbita interna surgem disposições que farão com que a sociedade e o Estado respeitem e reconheçam tanto a família, enquanto unidade, como os seus membros individualizadamente.[31]

Da análise do Código Civil, o que se verifica é a vedação a qualquer tipo de interferência externa à família, artigo 1513 do referido diploma, assim não pode o Estado intervir na forma dos indivíduos se relacionarem como família, impondo forma de convívio e outras questões de foro íntimo.

Quanto a validade das cláusulas, formadas por iniciativa das partes, seja no âmbito do casamento ou pactos atinentes a outras formações familiares, deve-se levar em consideração a função da família na formação do ser humano, sendo merecedora de validade as cláusulas que promovam a solidariedade e igualdade entre os integrantes da família.[32]

Atualmente muitos casais não querem viver sobre o mesmo teto, querem casar mas cada um continuar vivendo na sua casa, um projeto familiar, que não fere nenhum dos direitos dos cônjuges, portanto um interesse que deve ser respeitado com base liberdade dos entes familiares.

A matéria é polêmica, mas não se pode negar que a forma de se constituir família e de se relacionar no seio familiar evolui a cada dia, e que com base no princípio da autonomia privada, mínima intervenção do Estado e análise do caso concreto, para que não seja ferido o princípio da isonomia e da dignidade humana, já se tem admitido que as partes, em um pacto antenupcial estabeleça regras de foro íntimo e convivência familiar.

Quanto a possibilidade de incluir cláusula prevendo indenização por violação de dever conjugal, ainda temos divergência na doutrina, tribunais e resistência por tabeliões, embora tenha sido cada vez mais requisitadas nos pactos antenupciais.

[31] PEREIRA. Rodrigo da Cunha. **Princípios Fundamentais Norteadores do Direito de Família**. 3. ed. São Paulo, 2016, p. 185.

[32] TEIXEIRA. Ana Carolina e TEPEDIDO. Gustavo. **Fundamentos do Direito Civil**. v. 6. Rio de Janeiro: Forense.2020, p. 101.

No tocante ao judiciário, recentemente foi noticiado pelo Tribunal de Justiça de Minas Gerais, que a Juíza da Vara de Registro Públicos de Belo Horizonte, validou um pacto antenupcial, feito por um casal, que estabeleceu multa de R$ 180.000.00 (cento e oitenta mil reais) em caso de traição.

A Juíza, Maria Luiza de Andrade Rangel Pires, na sentença proferia, considerou que a decisão do casal de incluir cláusula de indenização por traição, "é fruto da liberdade que eles têm de regular como vai se dar a relação deles". Ponderou ainda que os nubentes "têm autonomia para decidir o conteúdo do pacto antenupcial, desde que não violem os princípios da dignidade humana, da igualdade entre os cônjuges e da solidariedade familiar."[33]

A decisão foi proferida, ao ser suscitada Dúvida Registral por um casal, que ficou inconformado com a negativa de lavratura de pacto antenupcial, com inclusão de cláusula prevendo multa por traição.

Na doutrina, Gustavo Tepedino e Ana Carolina Teixeira se posicionam no sentido da validade de cláusula que estabeleça indenização no caso de infidelidade:

> Também aqui não parece persistir impedimento legal apriorístico para tal ajuste, como observado em doutrina. Convém verificar, no caso concreto, o merecimento de tutela da avença, evitando-se evidentemente qualquer tipo de precificação da liberdade existencial ou submissão dessa à remuneração pecuniária.[34]

A indenização pela infidelidade, que uma é uma forma de compensar eventuais danos, prejuízos ou decepção sofridos por um dos cônjuges em razão da traição, assim ao ser estipulado cláusula no pacto antenupcial prevendo esta indenização, não será necessário buscar no judiciário este direito de ser indenizado na ocorrência do fato.

[33] TJ/MG. Disponível em:< https://www.tjmg.jus.br/portal-tjmg/noticias/justica-autoriza-pacto-antenupcial-com-multa-de-r-180-mil-em-caso-de-infidelidade.htm#.Y-WwvRzMI2w>. Acesso em: 10.fev.2023.

[34] TEIXEIRA. Ana Carolina e TEPEDIDO. Gustavo. **Fundamentos do Direito Civil**. v. 6. Rio de Janeiro: Forense.2020, p. 100.

Defendendo a possibilidade de cláusula que estipule indenização por traição, Cristiano Chaves de Farias e Nelson Rosenvald, "não vislumbramos óbice ao estabelecimento de tais disposições ressarcitórias, por meio das quais as partes contemplem eventual cabimento ressarcitório em favor de uma delas."[35]

O que não pode ser admitido são convenções que tenham por objetivo indenizações ou vantagem patrimonial que visam desavenças familiares ou o fim da relação, o que distorceria completamente a finalidade do casamento e a comunhão plena de vida inerente à relação conjugal e à família.[36]

No mesmo sentido, Anderson Schreiber afirma não existir em nossa ordem legal, qualquer impedimento para fixação de indenização por violação ao dever de fidelidade, devendo ser analisado "o merecimento de tutela de cada disposição diante das circunstâncias concretas, levando-se em consideração a função instrumental da família no desenvolvimento da pessoa humana e a necessidade de proteção do livre exercício da sua autonomia existencial."[37]

Portanto, não se encontra proibição no nosso ordenamento jurídico, para inclusão no pacto antenupcial de cláusula que estabeleça multa por infidelidade, não podendo ser consideradas nulas, sendo um exercício dos nubentes decorrente da liberdade de contratar e da autonomia privada, embora exista divergência sobre a matéria, devendo sempre ser respeitado direitos garantidos aos cônjuges, respeitado a isonomia entre eles e a dignidade da pessoa humana.

Conclusões

Sendo a família o meio onde o indivíduo cresce, se desenvolve e se realiza, deve ter ele a liberdade para criar regras que melhor atendem seus interesses, tendo o Estado uma função importante de proteção, para que direitos garantidos não sejam desrespeitados, mas não pode intervir

[35] FARIAS. Cristiano Chaves; ROSENVALD. Nelson. **Curso de Direito Civil. Vol. 6.** 10. ed. Salvador: Juspodivm, 2018, p. 357.

[36] CARDOSO. Fabiana Domingues. **Regime de Bens e Pacto Antenupcial.** Rio de Janeiro: Método, 2010, p. 204.

[37] SCHREIBER, Anderson. **Manual de Direito Civil Contemporâneo.** São Paulo: Saraiva, 2018, p. 897.

dentro da liberdade dos integrantes de família de se autorregular dentro dos limites legais.

O pacto antenupcial é um negócio jurídico no qual os nubentes podem estabelecer regras para vigerem sua vida em família. Tem o pacto inicialmente o objetivo da escolha do regime de bens, entretanto, o pacto antenupcial pode servir de instrumento para regular além do patrimônio da vida do casal, sendo possível estabelecer regras de conteúdo extrapatrimonial, desde que não vá contra o ordenamento jurídico.

Verificou-se que é possível se estabelecer cláusulas além da escolha do regime de bens, ou seja, regras referentes ao patrimônio do casal e a questões existenciais, dentre outras previsões, pode-se estabelecer a forma de convivência que o casal quer ter, bem como a previsão de multa por pelo descumprimento do dever de fidelidade, reforçando um dos deveres conjugais previstos no artigo 1.566 do Código Civil Brasileiro.

Esta possibilidade de inclusão de cláusulas extrapatrimoniais é decorrente da autonomia privada das partes, e consequentemente da mínima intervenção do Estado na família, permitindo inclusive que o pacto antenupcial seja um instrumento de prevenção de futuros litígios familiares, por permitir que os nubentes já criem regras com base em valores que são importantes para eles.

Um dos grandes desafios do Direito de Família na atualidade é permitir que o indivíduo se relacione e forme família da forma que melhor atenda seus interesses, intervindo o Estado o mínimo possível, mas sem deixar de proteger os entes que compõe a família, impedindo desigualdades, desrespeito a direitos garantidos e tudo aquilo que vai contra a dignidade da pessoa humana, encontrar o equilíbrio do uso da autônima privada, com todas as demais regras do nosso ordenamento jurídico, e neste contexto, está o pacto antenupcial, um negócio jurídico que deve ser usado de forma que possibilite o bem estar dos nubentes, permita realização dos seus interesses sem ferir regras legais.

Referências

BRASIL. **Código de Processo Civil**. Brasília, DF: Disponível em: < https://www.planalto.gov.br/ccivil_03/_ato2015-2018/2015/lei/l13105.htm > Acesso em 19 jan. 2023.

BRASIL. **Código Civil Brasileiro**. Brasília, DF: Disponível em: < https://www.planalto.gov.br/ccivil_03/_ato2015-2018/2015/lei/l13105.htm > Acesso em 19 jan. 2023.

DIAS. Maria Berenice. **Manual de Direito das Famílias.** 15. ed. ver. ampl. e atual. Salvador: Editora JusPodivm, 2022.

DINIZ. Maria Helena. Curso de Direito Civil. **Direito de Família**. v. 5. São Paulo: Saraiva, 2007. p. 152.

CARDOSO. Fabiana Domingues. **Regime de Bens e Pacto Antenupcial**. Rio de Janeiro: Método, 2010.

Conselho da Justiça Federal. Disponível em: <https://www.cjf.jus.br/enunciados/enunciado/1174>. Acesso em: 10.fev.2023.

FARIAS. Cristiano Chaves; ROSENVALD. Nelson. **Curso de Direito Civil.** Vol. 6. 10. ed. Salvador: JusPodivm, 2018.

GAGLIANO. Pablo Stolze; FILHO. Rodolfo Pamplona. **Manual de Direito de Civil.** 2. ed. São Paulo: Saraiva, 2018.

GOZZO. Débora. **Pacto Antenupcial**. São Paulo: Saraiva, 1992, p.59.

GUSTAVO, Tepedino. **Controvérsias sobre Regime de Bens no Novo Código Civil**. Disponível em: <https://ibdfam.org.br/assets/upload/anais/186.pdf> Acesso em: 11 fev. 2023.

LÔBO. Paulo. **Direito Civil.** v. 5, 11. ed. São Paulo: Saraiva, 2021.

MADALENO. Rolf. **Novos Horizontes no Direito de Família**. Rio de Janeiro: Forense, 2010.

MADALENO. Rolf. **Curso de Direito de Família**. 6. ed. rev. atual. e ampl. Rio de Janeiro: Forense, 2015.

MIRANDA, Pontes de. **Tratado de Direito Privado.** Rio de Janeiro: Aide, 1996, p.41

PEREIRA. Caio Mário da Silva**. Instituições de Direito Civil**. v. 5. 26. ed. Rio de Janeiro: Forense. 2018.

PEREIRA. Rodrigo da Cunha. **Princípios Fundamentais Norteadores do Direito de Família**. 3. ed. São Paulo, 2016.

PEREIRA, Caio Mário da Silva. **Instituições de Direito Civil**. Volume 5. Rio de Janeiro: Forense, 2011. P. 218.

RODRIGUES. Silvio. Direito Civil. **Direito de Família**. 28. ed. v. 6. atual. por Francisco José Cahali. São Paulo: Saraiva, 2004.

ROSA. Conrado Paulino da. **Direito de Família Contemporâneo.** 9. ed. rev., ampl. e atual. São Paulo: Juspodivm, 2022.

SCHREIBER, Anderson. **Manual de Direito Civil Contemporâneo**. São Paulo: Saraiva, 2018.

TEIXEIRA. Ana Carolina e TEPEDIDO. Gustavo. **Fundamentos do Direito Civil**. v.6. Rio de Janeiro: Forense.2020.

TJ/MG. Disponível em: <https://www.tjmg.jus.br/portal-tjmg/noticias/justica-autoriza-pacto-antenupcial-com-multa-de-r-180-mil-em-caso-de-infidelidade.htm#.Y-WwvRzMI2w>. Acesso em: 10.fev.2023.

VELOSO. ZENO. **Regimes Matrimoniais de Bens**. Disponível em: <https://www.direitodefamilia.adv.br/2020/wp-content/uploads/2020/07/zeno-veloso-regime--matrimon.pdf>. Acesso em: 10.fev.2023.

4. A CAPACIDADE JURÍDICA DA PESSOA COM DEFICIÊNCIA INTELECTUAL: UMA ANÁLISE DOS NEGÓCIOS JURÍDICOS FIRMADOS

Ana Flávia Costa Sordi

Glorya Maria Oldemburg de Miranda

Introdução

A Convenção Internacional sobre os Direitos das Pessoas com Deficiência, também conhecida como Convenção de Nova Iorque, foi realizada pela ONU (Organização das Nações Unidas) em 13 de dezembro de 2006, buscando uma perspectiva igualitária e de assegurar, em nível mundial, a promoção da dignidade humana inerente às pessoas portadoras de deficiência. Com o apoio de cento e vinte e seis países signatários, incluindo o Brasil, os chefes de Estado assumiram o compromisso de garantir o exercício de direitos e garantias fundamentais para as pessoas portadoras de deficiência em pé de igualdade com os demais.

A mencionada convenção foi introduzida no ordenamento jurídico brasileiro por meio do Decreto Legislativo 186/2008 e posteriormente promulgada pelo Decreto Lei n. 6.949/2009, recebendo o *status* de emenda constitucional pela sua matéria ser relativa à direitos humanos e votada pelo procedimento previsto pelo artigo 5º, § 3º, da Constituição Federal.

Durante o processo de criação da Lei n. 13.416/2015, comumente conhecida por Estatuto da Pessoa com Deficiência, não se pensou apenas na inclusão legislativa da pessoa com deficiência, mas também na tutela e promoção das condições de igualdade no exercício de direitos e liberdades individuais e fundamentais, visando sempre a inserção cidadã das pessoas portadoras de deficiência, em especial as intelectuais.

O Estatuto da Pessoa com Deficiência objetiva assegurar a igualdade formal e material da pessoa portadora de deficiência em perfeita combinação com o artigo 5º, *caput*, da Constituição Federal, a efetivação da igualdade da pessoa com deficiência se torna latente a partir da alteração do regime das capacidades previsto no Código Civil que aponta reflexos diretos para a teoria do negócio jurídico.

Em sentido amplo, o presente trabalho tem como objetivo analisar a validade dos negócios jurídicos firmados pelas pessoas portadoras de deficiência intelectual e se a classificação da doença mental é impeditiva para o exercício pleno da capacidade civil nos termos do artigo 84 do Estatuto da Pessoa com Deficiência.

O enfoque científico conferido no presente trabalho é de extrema importância para os dias contemporâneos porque a tendência legislativa era proteger o patrimônio da pessoa portadora de deficiência intelectual e restringir o exercício da autonomia da vontade, impossibilitando a celebração de negócios jurídicos sem a interferência de terceiros. Nesse diapasão, a teoria do negócio jurídico precisa repensar e reestruturar os institutos da anulabilidade e da nulidade para proteger os negócios jurídicos firmados por pessoas portadoras de deficiência intelectual.

O trabalho é divido em três seções e se inicia abordando a evolução histórica do conceito de deficiência no Direito Brasileiro, indicando a importância das ações afirmativas introduzidas pelo Estatuto da Pessoa com Deficiência para o IBGE (Instituto Brasileiro de Geografia e Estatísticas) mapear o percentual de pessoas portadoras com deficiência intelectual no Brasil, o que acontecia de forma muito tímida nos primeiros sensos.

Na segunda parte, há um estudo pormenorizado e sistematizado da capacidade civil das pessoas com deficiência e a partir da literatura ora apresentada é possível compreender que a sistemática adotada pelo Estatuto da Pessoa com Deficiência, no sentido de reconhecer as pessoas portadoras de deficiência como capazes de praticar os atos da vida civil, é o primeiro passo rumo à evolução de uma sociedade igualitária que se livra de episódios de capacitismo.

Por derradeiro, a última seção expõe que após a modificação da teoria das capacidades as pessoas portadoras de deficiência intelectual são absolutamente capazes para praticarem os atos da vida civil, incluindo-se a plena manifestação da autonomia privada para celebração de negócios jurídicos que haverá presunção *iuris tantum* de validade, fazendo com que instrumentos legislativos como a tomada de decisão apoiada sirva tão somente para aconselhar a pessoa com deficiência e não interferir na existência do negócio jurídico.

Para que fosse tornar o resultado inicialmente pretendido, isto é, defender a validade dos negócios jurídicos firmados por pessoa portadora de deficiência intelectual a pesquisa científica se orientou pelo método dedutivo, exteriorizada pela consulta bibliográfica em doutrinas e trabalhos acadêmicos que aludem sobre a temática, assim como na análise do Estatuto da Pessoa com Deficiência e legislações correlatas, na Constituição Federal de 1988, no Código Civil de 2002 e na legislação internacional como forma de oportunizar o diálogo entre o reconhecimento da capacidade da pessoa com deficiência e indicar os avanços e retrocessos legislativos.

Ao final, serão apresentadas as conclusões da presente pesquisa, onde espera-se que estas possam contribuir para uma reflexão a respeito do tema, assim como para estimular novos debates sobre o tema.

1. Conceito de pessoa com deficiência

Em momento anterior à realização da Convenção Internacional sobre os Direitos das Pessoas com Deficiência, o Brasil já legislava sobre direitos das pessoas com deficiência e apontava no texto legal qual o seu conceito.

O texto original da Constituição Federal de 1988 foi silente ao mencionar o conceito de pessoa com deficiência, garantindo-lhes no artigo 203, inciso V, apenas benefícios sociais e previdenciários à pessoa portadora de deficiência que comprovasse não possuir meios de prover à própria manutenção ou de tê-la provida por sua família, a qual seria posteriormente regulamentada pela Lei de Assistência Social.[1]

> Art. 203. A assistência social será prestada a quem dela necessitar, independentemente de contribuição à seguridade social, e tem por objetivos:
>
> V – A garantia de um salário mínimo de benefício mensal à pessoa portadora de deficiência e ao idoso que comprovem não possuir meios de

[1] PEREIRA, Jaqueline Lopes. **Tomada de Decisão Apoiada**: a ampliação das liberdades da pessoa com deficiência psíquica ou intelectual em escolhas que geram efeitos jurídicos. 1. ed. Curitiba: Juruá. p. 37.

prover à própria manutenção ou de tê-la provida por sua família, conforme dispuser a lei.[2]

Nesse sentido, o art. 20, § 2º, da Lei Orgânica de Assistência Social (Lei n. 8.742/1993) conceitua como pessoa portadora de deficiência a que apresentasse incapacidade para o desempenho das atividades laborais e de gerir sua vida de forma independente, fazendo jus ao recebimento do benefício de prestação continuada de um salário mínimo vigente no território nacional mensalmente.[3]

> Art. 20. O benefício de prestação continuada é a garantia de 1 (um) salário mínimo mensal à pessoa portadora de deficiência e ao idoso com 70 (setenta) anos ou mais e que comprovem não possuir meios de prover a própria manutenção e nem de tê-la provida por sua família.
>
> § 2º Para efeito de concessão deste benefício, a pessoa portadora de deficiência é aquela incapacitada para a vida independente e para o trabalho.

Com o advento da Política Nacional da Integração da Pessoa Portadora de Deficiência, instituído por intermédio do Decreto n. 3.298/1998, determinou-se a criação de um conjunto de orientações normativas cujo objetivo era assegurar o pleno exercício dos direitos individuais e sociais das pessoas portadoras com deficiência (art. 1º).[4]

Tratando-se de uma legislação voltada para reger direitos de pessoas com deficiência, o art. 3º, inciso I, se encarregou de apresentar o conceito de deficiência, definindo-a como toda perda ou anormalidade de uma estrutura psicológica, fisiológica ou anatômica capaz de gerar incapacidade

[2] BRASIL. **Constituição da República Federativa do Brasil de 1988**. Brasília, Distrito Federal: Senado Federal, 2023. Disponível em: <https://shorturl.at/dJO47>. Acesso em 19 jan. 2023.

[3] BRASIL. Lei Orgânica de Assistência Social (1993). **Lei n. 8.742/1993**. Brasília, Distrito Federal: Senado Federal, 2023. Disponível em: <https://shorturl.at/aL018 >. Acesso em 19 jan. 2023.

[4] BRASIL. Política nacional da integração da pessoa portadora de deficiência (1998). **Decreto n. 3.298/1998**. Brasília, Distrito Federal: Senado Federal, 2023. Disponível em: <https://shorturl.at/eHJM1>. Acesso em 19 jan. 2023.

para o desempenho das atividades, dentro do padrão normal para o ser humano médio.[5]

> Art. 3º. Para os efeitos deste Decreto, considera-se:
> I – Deficiência – toda perda ou anormalidade de uma estrutura ou função psicológica, fisiológica ou anatômica que gere incapacidade para o desempenho de atividade, dentro do padrão considerado normal para o ser humano;

Influenciado pelo disposto no preâmbulo, *alínea* "e" da Convenção Internacional sobre os Direitos das Pessoas com Deficiência[6], o artigo 2º do Estatuto da Pessoa com Deficiência passou a conceituar deficiência como o impedimento de longo prazo de natureza física, mental, intelectual ou sensorial, que de qualquer forma, obstrui a participação plena e efetiva na sociedade em condições com as demais pessoas.

> Art. 2º Considera-se pessoa com deficiência aquela que tem impedimento de longo prazo de natureza física, mental, intelectual ou sensorial, o qual, em interação com uma ou mais barreiras, pode obstruir sua participação plena e efetiva na sociedade em igualdade de condições com as demais pessoas.[7]

A aliança entre a Convenção Internacional sobre os Direitos das Pessoas com Deficiência e o Estatuto da Pessoa com Deficiência rompeu com a compreensão médico de deficiência que por anos vigorou na sistemática brasileira, reconhecendo como deficiência um conceito estático em constante evolução que merece ser visto e revisto com o passar dos anos, bem como considerou relevantes os aspectos sociais que a pessoa se encontra

[5] *Ibidem.*

[6] e) reconhecendo que a deficiência é um conceito em evolução e que a deficiência resulta da interação entre pessoas com deficiência e as barreiras devidas às atitudes e ao ambiente que impedem a plena e efetiva participação dessas pessoas na sociedade em igualdade de oportunidades com as demais pessoas. BRASIL. Conveção internacional sobre os direitos das pessoas com deficiência e seu protocolo facultativo (2009). **Decreto 6.949/2009**. Brasília, Distrito Federal: Senado Federal, 2023. Disponível em: <https://shorturl.at/ghjNO>. Acesso em 19 jan. 2023.

[7] BRASIL. Estatuto da pessoa com deficiência (2015). **Lei n. 13.146/2015**. Brasília, Distrito Federal: Senado Federal, 2023. Disponível em: < shorturl.at/dfzGP>. Acesso em 19 jan. 2023.

inserida e das barreiras que impedem a efetiva participação da pessoa com deficiência em sociedade.

Para Gabrielle Sales e Ingo Sarlet a compreensão de deficiência tem como principal mérito onde a "abordagem coletiva que se projeta para a pluralidade, para a igualdade, para a tolerância e para a diversidade"[8], sendo que cerca de aproximadamente 10% (dez por cento) da população mundial é portadora de deficiência intelectual, sensorial, visual ou psicossocial[9], enquanto os dados colhidos pelo IBGE (Instituto Brasileiro de Geografia e Estatística) até 25/12/2022 apontam que 8,4% (oito vírgula quatro por cento) da população voluntariamente se declarar pessoa portadora de deficiência[10].

Em 2010 o IBGE incluiu no mapeamento do censo a existência de pessoas portadoras de deficiência e as suas particularidades, sendo que aproximadamente 6,2% (seis vírgula dois por cento) da população brasileira voluntariamente se declarou portador de deficiência intelectual, sensorial, visual ou psicossocial, dentre os perfis dos pesquisados a deficiência mental apontou o menor índice.[11]

[8] SALES, Gabrielle Bezerra; SARLET, Ingo Wolfgang. O princípio da igualdade na Constituição Federal de 1988 e sua aplicação à luz da Convenção Internacional e do Estatuto da Pessoa com Deficiência. *In*: MENEZES, Joyceane Bezerra de. (Org). **Direito das pessoas com deficiência psíquica e intelectual nas relações privadas**: convenção sobre os direitos da pessoa com deficiência e Lei Brasileira de Inclusão. Rio de Janeiro: Processo, 2016. p. 151.

[9] FERREIRA, Vandir da Silva; OLIVEIRA, Lilia Novais de. Convenção sobre os direitos das pessoas com deficiência. **Revista Reviva**, Brasília, n. 4, 2007, p. 1. Disponível em: <https://shorturl.at/tvl46>. Acesso em: 19 jan. 2023.

[10] INSTITUTO BRASILEIRO DE GEOGRAFIA E ESTATÍSTICA (IBGE). **Pessoas com deficiência e as desigualdades sociais no brasil.** *In:* Estudos e Pesquisas: informação demográfica e socioeconômica. n. 47. Disponível em: < https://shorturl.at/pJ259>. Acesso em: 19 jan. 2023.

[11] INSTITUTO BRASILEIRO DE GEOGRAFIA E ESTATÍSTICA (IBGE). **Pesquisa Nacional de Saúde 2013**: ciclos de vida, vol. 3. Disponível em: <https://shorturl.at/dsyBF>. Acesso em: 19 jan. 2023.

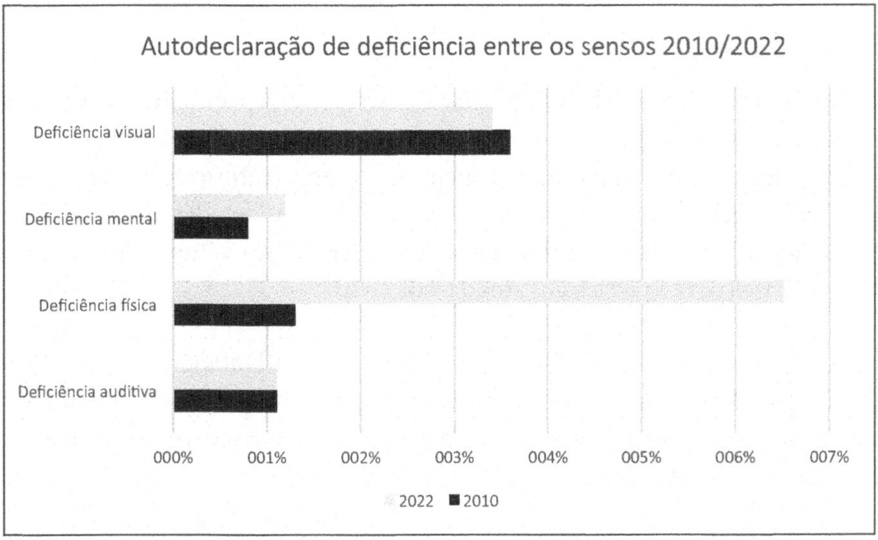

Fonte: IBGE.

Contudo, as pesquisas realizadas em 2022 apontaram a crescente de 0,80% (zero vírgula oitenta por cento) das pessoas que se declararam portadoras de deficiência mental, indicativo que as políticas públicas implementadas a partir do Estatuto da Pessoa com Deficiência estão auxiliando no reconhecimento dessas pessoas na sociedade e facilitando colocá-las em pé de igualdade com as demais pessoas.

2. A capacidade civil da pessoa com deficiência intelectual

Álvaro Villaça Azevedo ensina que a capacidade é elemento intrínseco à personalidade, somente a pessoa é quem poderá ser sujeito de direitos e deveres na ordem jurídica, o que não ocorre com os demais seres vivos, à exemplo dos animais.[12]

Embora a capacidade seja elemento natural do indivíduo ante a sua condição de ser humano, a capacidade é exercida dentro dos limites estabelecidos pelo Código Civil, que diferencia as pessoas em: capazes, relativamente incapazes e absolutamente incapazes, pelo critério de discernimento necessário para o exercício de atos na vida civil.

[12] AZEVEDO, Álvaro Villaça. **Curso de direito civil**: teoria geral do direito civil parte geral. 2ª ed. São Paulo: Saraiva. 2019. vol. I. p. 31.

Nesse sentido, Joyceane Bezerra de Menezes explica que:

> É comum o legislador graduar a restrição à capacidade, conforme a intensidade das limitações do sujeito para discernir os efeitos das suas escolhas ou manifestar escorreitamente a sua vontade. No exemplo do Código Civil Brasileiro, o art. 3º arrola os que não são considerados absolutamente incapazes e o art. 4º aponta aqueles que identifica como relativamente incapazes para a prática dos atos da vida civil.[13]

Outrora a vigência do Estatuto da Pessoa com Deficiência, o Código Civil considerava como absolutamente incapazes os que, por enfermidade ou deficiência mental, não tiverem o necessário discernimento para a prática desses atos (art. 3º, inc. II).[14]

Pietro Perlingieri rechaçou a hipótese de o Código Civil Italiano considerar como absolutamente incapazes de praticar os atos da vida civil pessoas portadoras de deficiências psíquicas (ou mental), demonstrando retrocesso legislativo em não reconhecer a gradação da deficiência e os limites do desempenho da vida civil, fator que auxiliou, por tempos, na marginalização das pessoas com deficiência do pleno convívio social e reforçava os estigmas e capacitismo contra eles. Nas exatas palavras do autor:

> O estado pessoal patológico ainda que permanente da pessoa, que não seja absoluto ou total, mas graduado e parcial, não se pode traduzir em uma série estereotipada de limitações, proibições e exclusões que, no caso concreto, isto é, levando em conta o grau e a qualidade do *déficit* psíquico, não se justificam e acabam por representar camisas-de-força totalmente desproporcionais e, principalmente, em contraste com a realização do pleno desenvolvimento da pessoa[15]

[13] MENEZES, Joyceane Bezerra de. A capacidade dos incapazes: o diálogo entre a convenção da ONU sobre os direitos das pessoas com deficiência e o Código Civil Brasileiro. *In*: TEPEDINO, Gustavo; FACHIN, Luiz Edson; LÔBO, Paulo. (Org). **Direito civil constitucional**: a ressignificação dos institutos fundamentais do direito civil contemporâneo e suas consequências. 1. ed. Florianópolis: Conceito, 2014. cap. 5, p. 58.

[14] BRASIL. **Código Civil (2002)**. Brasília. Distrito Federal: Senado Federal, 2023. Disponível em: <https://shorturl.at/gwGN7>. Acesso em 19 jan. 2023.

[15] PERLINGIERI, Pietro. **O direito civil na legalidade constitucional**. 1ª ed. Rio de Janeiro: Renovar. 2008. p. 781.

Essa circunstância reforçava o estereótipo que de que os portadores de deficiência intelectual não estavam habilitados para levar uma vida normal, o preconceito velado, por vezes, relutava para aceitá-los no seio do convívio social e negava-lhes não apenas o exercício de direitos negociais, mas também afetivos e reprodutivos, indo na contramão do princípio da dignidade da pessoa humana e da igualdade.

Eduardo Nunes de Souza explica que "não bastasse a invisibilidade política e a marginalização social que, lamentavelmente, acompanham as deficiências da mente, do ponto de vista jurídico a técnica das incapacidades permanece alheia, até relativamente pouco tempo, à própria evolução da ciência".[16]

Pablo Stolze Gagliano explica que objetivando cessar com episódios de capacitismo o Estatuto da Pessoa com Deficiência passou a considerar as pessoas com deficiência plenamente capazes de exercer os atos da vida civil, havendo uma desconstrução ideológica em relação à perspectiva igualitária, mesmo havendo a necessidade da pessoa com deficiência intelectual se utilizar os institutos protetivos instituídos pela lei.[17]

Para que se tornasse possível acompanhar as novidades introduzidas pelo artigo 84, *caput*, do Estatuto da Pessoa com Deficiência[18], o Código Civil necessitou de alterar o regime das incapacidades e passou a considerar como relativamente incapazes apenas aqueles que, por causa transitória ou permanente, não puderem exprimir sua vontade (art. 4º, inc. III), deixando de lado o emprego da palavra "deficiente" no bojo do texto legal.[19]

[16] SOUZA, Eduardo Nunes de. Estatuto da pessoa com deficiência e aspectos da proteção ao deficiente intelectual ou psíquico no direito contratual. *In*: TEIXEIRA, Ana Carolina Brochado; RODRIGUES, Renata de Lima. (Org). **Contratos, família e sucessões**. 1. ed. Indaiatuba: Foco, 2020. cap. 19, p. 354.

[17] GAGLIANO, Pablo Stolze. O estatuto da pessoa com deficiência e o sistema jurídico brasileiro de incapacidade civil. **IBDFAM: Instituto Brasileiro de Direito de Família**, Belo Horizonte, p. 2, 2016. Disponível em: < shorturl.at/egpQ0>. Acesso em: 20 jan. 2023..

[18] BRASIL. Estatuto da pessoa com deficiência (2015). **Lei n. 13.146/2015**. Brasília, Distrito Federal: Senado Federal, 2023. Disponível em: < shorturl.at/dfzGP>. Acesso em 19 jan. 2023.

[19] BRASIL. **Código Civil (2002)**. Brasília. Distrito Federal: Senado Federal, 2023. Disponível em: <https://shorturl.at/gwGN7>. Acesso em 19 jan. 2023.

Os dispositivos legais que tratavam acerca da incapacidade das pessoas portadoras de deficiência intelectual foram revogados, tendo o mesmo entendimento aplicado aos excepcionais sem desenvolvimento completo, restando apenas a previsão legal àqueles que de certa forma não conseguem exprimir suas vontades, considerados relativamente incapazes[20]. Em outras palavras, a pessoa portadora de deficiência intelectual apenas poderá ser considerada relativamente incapaz se comprovado a impossibilidade de exprimir sua vontade, passando por uma análise subjetiva e não mais objetiva.

Ademais, é mister destacar que as alterações do Estatuto da Pessoa com Deficiência não se restringem à seara negocial, mas também passou a permitir que os portadores de deficiência intelectual contraírem matrimônio e exercessem direitos afetivos e reprodutivos sem a intervenção do Estado ou de terceiros, oportunizando o exercício da autonomia privada na órbita familiar.[21]

Esses pormenores deveriam ter sido revistos e alterados quando da reforma legislativa do Código Civil em 2002, porque a distinção abstrata da capacidade civil realizada somente na condição objetiva da pessoa portadora de deficiência intelectual sem qualquer critério de análise subjetiva vai em contramão com o princípio da dignidade da pessoa humana. Para o jurista italiano Francesco Prosperi:

> Superare astrattamente la distinzione tra capacità giuridica e capacità di agire in relazione alle scelte esistenziali: ogni limitazione al loro diretto esercizio deve ritenersi costituzionalmente illegittima se è di ostacolo alla piena espressione dei valori che la persona porta.[22]

[20] D'ALBUQUERQUE, Teila Rocha Lins. **O estatuto da pessoa com deficiência e as novas perspectivas em torno da mudança da capacidade civil**. 2017. Dissertação (Mestrado). Faculdade de Direito da Universidade Federal da Bahia. Salvador, 2017. p. 61. Disponível em: < https://shorturl.at/ejswX>. Acesso em 20 jan. 2023.

[21] BRASIL. Estatuto da pessoa com deficiência (2015). **Lei n. 13.146/2015**. Brasília, Distrito Federal: Senado Federal, 2023. Disponível em: < shorturl.at/dfzGP>. Acesso em 19 jan. 2023.

[22] Para superar a distinção abstratamente a capacidade jurídica e a capacidade de agir em relação às escolhas existenciais: cada limitação ao seu exercício direto deve ser considerada constitucionalmente ilegítima se for um obstáculo à plena expressão dos valores de que a pessoa é portadora. (Tradução nossa). PROSPERI, Francesco. Rilevanza della persona e

Contudo, ordenamentos jurídicos como o Paraguai preferem se manter tímidos ao legislarem a respeito dos direitos das pessoas com deficiência e manteve no artigo 37, *alínea* "c"[23], do Código Civil, os portadores de deficiência intelectual como absolutamente incapazes e necessitando de representantes necessários para adquirir ou contrair direitos na forma do art. 56[24], demonstrando que mesmo em processo de evolução legislativa o Brasil tem muito a ensinar aos países vizinhos para que eles consigam trilhar um caminho rumo à promoção da igualdade.

Por sua vez, o Código Civil Alemão (BGB) passou por uma alteração legislativa em 1990 que fez desaparecer os institutos jurídicos da tutela (*'vormundschaft'*) e da curatela (*'treuhänder'*) do seu ordenamento jurídico, com isso a pessoa com deficiência passou a ser considerada capaz para a prática dos atos da vida civil, desde que exista prova da reduzida capacidade cognitiva ou psíquica (§ 104, *'alínea'* 2).

> § 104 Geschäftsunfähigkeit
> Geschäftsunfähig ist:
> 1. wer nicht das siebente Lebensjahr vollendet hat,
> 2. wer sich in einem die freie Willensbestimmung ausschließenden Zustand krankhafter Störung der Geistestätigkeit befindet, sofern nicht der Zustand seiner Natur nach ein vorübergehender ist.[25]

O sistema alemão adotou o regime da flexibilidade das incapacidades, onde todos são capazes para a prática dos atos da vida civil,

nozione di status. **Civilistica**, Rio de Janeiro, a. 2, n. 4, 2013, p. 31. Disponível em: <https://shorturl.at/qxF06>. Acesso em: 20 jan. 2023.

[23] "Art.37.- Son absolutamente incapaces de hecho: a) las personas por nacer; b) los menores de catorce años de edad; c) los enfermos mentales; y d) los sordomudos que no saben darse a entender por escrito o por otros médios" PARAGUAI. Código Civil (1985). **Lei n. 1183/1985**. Disponível em: <https://shorturl.at/dirz5>. Acesso em 20 jan. 2023.

[24] "Art. 56.- Los incapaces pueden, sin embargo, adquirir derechos o contraer obligaciones por medio de los representantes necesarios que les da la ley". Ibidem.

[25] Seção 104 Incapacidade para contratar: Está incapacitado: 1. Quem não completou o sétimo ano de vida, 2. Quem se encontre em estado de perturbação patológica da atividade psíquica que exclua a livre determinação da vontade, desde que o estado não seja de natureza temporária. (Tradução livre). ALEMANHA. **Bürgerliches Gesetzbuch (BGB)**. Disponível em: <https://shorturl.at/ftwzP>. Acesso em: 20 jan. 2024.

excluindo-se a celebração de negócios jurídicos por parte da pessoa cuja deficiência intelectual impeça a livre determinação da vontade, enquanto as demais são capazes para contraírem direitos e obrigações pela via contratual.[26]

O BGB adota a figura do representante legal (*'vertreter'*) que comporta semelhanças com o instituto da tomada de decisão apoiada (que será exposto e trabalhado na próxima seção), sendo que o representante legal atua em favor dos incapazes na forma da seção 104, *'alínea'* 2, auxiliando na adoção de decisões na sua vida civil (não se restringindo tão somente aos atos negociais).

Por derradeiro, é importante compreender que o artigo 84, *caput*, do Estatuto da Pessoa com deficiência prevê que "a pessoa com deficiência tem assegurado o direito ao exercício de sua capacidade legal em igualdade de condições com as demais pessoas", não havendo limitação no que tange a celebração de negócios jurídicos, conforme será exposto adiante.[27]

3. A validade dos negócios jurídicos firmados pela pessoa com deficiência intelectual e a tomada de decisão apoiada

Como visto na sessão anterior, o Estatuto da Pessoa com Deficiência foi responsável por introduzir diversas mudanças no ordenamento jurídico brasileiro com a finalidade de romper com os antigos padrões que apontavam, principalmente, para o preconceito e o retrocesso social.

Uma das principais alterações inseridas pela Lei n. 13.146/2015 foi considerar a pessoa portadora de deficiência intelectual plenamente capaz de praticar os atos da vida civil e mesmo com o auxílio da tomada de decisão apoiada a sua capacidade continua inalterada, diferentemente do que acontecia com os institutos da curatela e da interdição.

Pela nova sistemática, o artigo 166, inciso I, do Código Civil, prevê como causa de invalidade do negócio jurídico quando celebrado por pessoa absolutamente incapaz, nada mencionando acerca da invalidade daqueles negócios firmados por pessoa portadora de deficiência sem o auxílio ou intervenção do apoiador, já que pela nova sistemática a pessoa portadora de

[26] PEREIRA. *Op. cit.* p. 98.

[27] BRASIL. Estatuto da pessoa com deficiência (2015). **Lei n. 13.146/2015.** Brasília, Distrito Federal: Senado Federal, 2023. Disponível em: < shorturl.at/dfzGP>. Acesso em 19 jan. 2023.

deficiência intelectual é livre para firmar negócios jurídicos sem necessitar da intervenção de terceiros.[28]

A possibilidade jurídica de invalidade dos negócios jurídicos firmados por pessoa com deficiência aponta para a perspectiva protecionista e patrimonialista do Estado perante às pessoas portadoras de deficiência intelectual, que por vezes restringe o exercício da autonomia privada nas relações puramente cotidiana e vai em desencontro com o princípio da dignidade da pessoa humana e da igualdade substancial assegurados pela Constituição Federal.

> Observa-se, contudo, que essa possibilidade de invalidação dos negócios jurídicos praticados pelos incapazes remonta o viés patrimonialista da restrição à capacidade (art. 166, inc. I, CC). Visa proteger o patrimônio daquele ato negocial mal elaborado, mal avaliado pela ausência de discernimento. Considerando a Convenção sob exame, até no aspecto patrimonial, tocante à administração de seus bens e se suas finanças, é possível reconhecer a capacidade legal da pessoa com deficiência.[29]

No entendimento de Perlingieri, a capacidade civil se associa ao plano de existência do ser humano e compõe a estrutura das relações jurídicas subjetivas que se revela como uma das facetas dos direitos da personalidade obstando que o direito restrinja o exercício dos atos da vida civil da pessoa portadora de deficiência intelectual apenas com esteio no diagnóstico médico.[30]

Após a realização da Convenção Internacional sobre os Direitos das Pessoas com Deficiência tornou-se pacífico que a restrição da capacidade civil baseada tão somente na condição da pessoa portadora de deficiência intelectual revela "prejuízos graves aos direitos de personalidade e à dignidade da pessoa, na medida que afeta a liberdade para a condução da vida e as escolhas de cunho existencial".[31]

[28] BRASIL. **Código Civil (2002)**. Brasília. Distrito Federal: Senado Federal, 2023. Disponível em: <https://shorturl.at/gwGN7>. Acesso em 19 jan. 2023.

[29] BEZERRA. *Op. cit.* p. 66.

[30] PERLINGIERI, Pietro. **Perfis do direito civil**: introdução ao direito civil constitucional. 2ª ed. Rio de Janeiro: Renovar. 2002. p. 115.

[31] BEZERRA. *Op. cit.* p. 66.

Deste modo, Eduardo Nunes de Souza reconhece que o direito brasileiro procurou tutelar à higidez do ato jurídico e da vontade negocial emanada por agente incapaz do que a proteção propriamente dita da pessoa portadora de deficiência intelectual, o qual se tornou inoficioso a partir da introdução de institutos como a tomada de decisão apoiada.

A tomada de decisão apoiada foi introduzida no ordenamento jurídico brasileiro com o Estatuto da Pessoa com Deficiência, tendo como objetivo manter a capacidade da pessoa com deficiência e viabilizar a realização de negócios jurídicos com o auxílio de duas ou mais pessoas da rede de confiança da pessoa com deficiência. A sua previsão é o primeiro passo para a efetividade de uma rede de apoio que garanta maior liberdade e autonomia da pessoa com deficiência.[32]

O procedimento para aplicação da tomada da tomada de decisão apoiada encontra previsão no Código Civil e no Estatuto da Pessoa com Deficiência, segundo Paulo Lôbo a sua aplicação é uma faculdade concedida à pessoa com deficiência e que objetiva resguardar a capacidade civil plena e o exercício da autonomia privada, escolhendo duas pessoas consideradas idôneas e que gozem de sua confiança, para lhe aconselhar, orientar e apoiar na celebração de negócio jurídico.[33]

A tendência é que institutos de proteção à pessoa com deficiência como a curatela e a interdição caiam em desuso, uma vez que a tomada de decisão apoiada não retira ou limita a capacidade legal da pessoa com deficiência, tendo como único objetivo assegurar a validade dos negócios jurídicos por ela celebrados frente a si mesmo e a terceiros.

Nada obstante, os terceiros celebrantes do negócio jurídico poderão solicitar (nunca exigir) que os apoiadores assinem o negócio jurídico ao lado da pessoa com deficiência, sendo uma conduta meramente assistencial e para reforçar a segurança do negócio realizado, mas a providência não exigida pela lei e a sua ausência não macula a eficácia do negócio jurídico.[34]

É inequívoco que a estrutura jurídica da tomada de decisão apoiada seja revestida pelo viés contratual, a lei prevê a exigência dos elementos que deverão compor o termo de apoio juntamente com os limites que serão estabelecidos pela parte que optar por esse suporte, contendo sempre a

[32] PEREIRA. *Op cit.* p. 12.

[33] LOBO, Paulo. **Direito Civil**: famílias. 11ª ed. São Paulo: Saraiva. 2021. v. 5. p. 461.

[34] *Ibidem.* p. 462.

concordância dos respectivos apoiadores que exercerão suas funções nos limites previsto no instrumento de tomada de decisão apoiada.[35]

Para Bezerra:

> Mesmo sob a lente da teoria estruturalista proposta por Antônio Junqueira de Azevedo, a TDA continua a assumir contornos negociais. Constitui um fato jurídico correspondente à declaração da vontade a que o ordenamento jurídico reconhece determinados efeitos como desejados, uma vez que respeitadas os pressupostos de existência, validade e eficácia.[36]

O requerimento da tomada de decisão apoiada deverá atender, obrigatoriamente, as exigências previstas no artigo 1783-A, § 1º do Código Civil, devendo a constar a indicação dos apoiadores, o apoio que será oferecido, o compromisso dos apoiadores e o prazo de vigência, devendo haver limitações dos interesses tutelados e da interferência na autonomia privada da pessoa com deficiência, essa delimitação se mostra importante para assegurar a força negocial da pessoa com deficiência.[37]

Conclusões

A discussão proposta pelo presente artigo gira em torno da validade dos negócios jurídicos celebrados por pessoas portados de deficiência intelectual após a vigência do Estatuto da Pessoa com Deficiência no ordenamento jurídico brasileiro.

Durante o processo de pesquisa para elaboração deste trabalho identificou que a existência de direitos voltados para tutelar a pessoa portadora de deficiência no Direito Brasileiro é recente e por muito pouco não foi introduzida em paralelo com a Convenção Internacional

[35] MENEZES, Joyceane Bezerra de. Aspectos contratuais da tomada de decisão apoiada. In: TEIXEIRA, Ana Carolina Brochado; RODRIGUES, Renata de Lima. (Org). **Contratos, família e sucessões.** 1. ed. Indaiatuba: Foco, 2020. cap. 20, p. 389.

[36] *Ibidem.*

[37] Art. 1783-A – § 1 °para formular pedido de tomada de decisão apoiada, a pessoa com deficiência e os apoiadores devem apresentar termo em que constem os limites do apoio a ser oferecido e os compromissos dos apoiadores, inclusive o prazo de vigência do acordo e o respeito à vontade, aos direitos e aos interesses da pessoa que devem apoiar. BRASIL. **Código Civil (2002).** Brasília. Distrito Federal: Senado Federal, 2023. Disponível em: <https://shorturl.at/gwGN7>. Acesso em 19 jan. 2023.

sobre os Direitos das Pessoas com Deficiência, de forma muito tímida o Brasil limitava o conceito de deficiência para a concessão de benefício de prestação continuada (BPC) pelo Instituto Nacional do Seguro Social (INSS). A partir dessa informação infere-se a invisibilidade das pessoas portadoras de deficiência na sociedade brasileira que apenas passaram a ser individualizadas, reconhecidas e mapeadas em razão da sua condição em 2010 pelo senso do Instituto Brasileiro de Estatística e Geografia (IBGE).

Em primeiro momento, se propôs a identificar a evolução legislativa do conceito de deficiência passando pelo artigo 203, inciso V, da Constituição Federal de 1988, até o artigo 2º do Estatuto da Pessoa com Deficiência que compreende a definição de deficiência como um contexto histórico-social que carece de revisão ao passar dos anos, projetando que as ações afirmativas são necessárias para continuar o mapeamento honesto e transparente das pessoas portadoras com deficiência intelectual na sociedade brasileira.

Se extrai da vigente redação do artigo 84 do Estatuto da Pessoa com Deficiência que a pessoa portadora de deficiência tem assegurado o direito ao exercício de sua capacidade legal em igualdade de condições com as demais pessoas, alterando assim o regime das capacidades previstos pelo Código Civil.

Pautado pela perspectiva igualitária e ideológica, a pessoa portadora de deficiência passa a ser plenamente capaz para exercer os atos da vida civil sem que haja impedimentos ou restrições legais impostas pelos artigos 3º e 4º do Código Civil, possibilitando a autogerencia do projeto de vida da pessoa portadora de deficiência sem a intervenção de terceiros, fazendo com que a tomada de decisão apoiada seja apenas um recurso de aconselhamento e orientação previsto em prol da pessoa portadora de deficiência intelectual.

Com base na diversidade bibliográfica apresentada no decorrer do presente trabalho se constata que a alteração da capacidade civil da pessoa portadora de deficiência é o primeiro passo para se alcançar uma sociedade igualitária que compreende o exercício da autonomia privada como corolário do princípio da dignidade da pessoa humana previsto no artigo 1º, inciso III, da Constituição Federal.

Portanto, se conclui que a possibilidade jurídica das pessoas portadoras de deficiência intelectual celebrarem negócios jurídicos sem a intervenção de terceiros é essencial para a promoção da igualdade na sociedade brasileira porque será a porta de entrada para o exercício de outros direitos previstos no Código Civil e legislações correlatas, não havendo mais o que se falar em nulidade absoluta como ocorria antes de 2015.

Referências

ALEMANHA. **Bürgerliches Gesetzbuch (BGB)**. Disponível em: <https://shorturl.at/ftwzP>. Acesso em: 20 jan. 2024.

AZEVEDO, Álvaro Villaça. **Curso de direito civil**: teoria geral do direito civil parte geral. 2ª ed. São Paulo: Saraiva. 2019. vol. I.

BRASIL. **Código Civil (2002)**. Brasília. Distrito Federal: Senado Federal, 2023. Disponível em: <https://shorturl.at/gwGN7>. Acesso em 19 jan. 2023.

BRASIL. Constituição (1988). **Constituição da República Federativa do Brasil de 1988**. Brasília, Distrito Federal: Senado Federal, 2023. Disponível em: <https://shorturl.at/dJO47>. Acesso em 19 jan. 2023.

BRASIL. Estatuto da pessoa com deficiência (2015). **Lei n. 13.146/2015**. Brasília, Distrito Federal: Senado Federal, 2023. Disponível em: < shorturl.at/dfzGP>. Acesso em 19 jan. 2023.

BRASIL. Lei Orgânica de Assistência Social (1993). **Lei n. 8.742/1993**. Brasília, Distrito Federal: Senado Federal, 2023. Disponível em: <https://shorturl.at/aL018 >. Acesso em 19 jan. 2023.

BRASIL. Política Nacional da Integração da Pessoa Portadora de Deficiência (1998). **Decreto n. 3.298/1998**. Brasília, Distrito Federal: Senado Federal, 2023. Disponível em: <https://shorturl.at/eHJM1>. Acesso em 19 jan. 2023.

BRASIL. Convenção internacional sobre os direitos das pessoas com deficiência e seu protocolo facultativo (2009). **Decreto n. 6.949/2009**. Brasília, Distrito Federal: Senado Federal, 2023. Disponível em: <https://shorturl.at/ghjNO>. Acesso em 19 jan. 2023.

D'ALBUQUERQUE, Teila Rocha Lins. **O estatuto da pessoa com deficiência e as novas perspectivas em torno da mudança da capacidade civil**. 2017. Dissertação (Mestrado). Faculdade de Direito da Universidade Federal da Bahia. Salvador, 2017. Disponível em: < https://shorturl.at/ejswX>. Acesso em 20 jan. 2023.

FERREIRA, Vandir da Silva; OLIVEIRA, Lilia Novais de. Convenção sobre os direitos das pessoas com deficiência. **Revista Reviva**, Brasília, n. 4, 2007, p. 1. Disponível em: <https://shorturl.at/tv146>. Acesso em: 19 jan. 2023.

GAGLIANO, Pablo Stolze. O estatuto da pessoa com deficiência e o sistema jurídico brasileiro de incapacidade civil. **IBDFAM: Instituto Brasileiro de Direito de Família**, Belo Horizonte, p. 1-5, 2016. Disponível em: < shorturl.at/egpQ0>. Acesso em: 20 jan. 2023.

INSTITUTO BRASILEIRO DE GEOGRAFIA E ESTATÍSTICA (IBGE). **Pessoas com deficiência e as desigualdades sociais no brasil.** *In:* Estudos e Pesquisas: informação demográfica e socioeconômica. 47. Disponível em: < https://shorturl.at/pJ259>. Acesso em: 19 jan. 2023.

INSTITUTO BRASILEIRO DE GEOGRAFIA E ESTATÍSTICA (IBGE). **Pesquisa nacional de saúde 2013**: ciclos de vida, vol. 3. Disponível em: <https://shorturl.at/dsyBF>. Acesso em: 19 jan. 2023.

LOBO, Paulo. **Direito Civil**: famílias. 11ª ed. São Paulo: Saraiva. 2021. v. 5.

MENEZES, Joyceane Bezerra de. Aspectos contratuais da tomada de decisão apoiada. *In*: TEIXEIRA, Ana Carolina Brochado; RODRIGUES, Renata de Lima. (Org). **Contratos, família e sucessões**. 1. ed. Indaiatuba: Foco, 2020. cap. 20, p. 385-398.

____. A capacidade dos incapazes: o diálogo entre a convenção da ONU sobre os direitos das pessoas com deficiência e o Código Civil Brasileiro. In: TEPEDINO, Gustavo; FACHIN, Luiz Edson; LÔBO, Paulo. (Org). **Direito civil constitucional**: a ressignificação dos institutos fundamentais do direito civil contemporâneo e suas consequências. 1. ed. Florianópolis: Conceito, 2014. cap. 5, p. 51-74.

PARAGUAI. Código Civil (1985). **Lei n. 1183/1985**. Disponível em: <https://shorturl.at/dirz5>. Acesso em 20 jan. 2023.

PEREIRA, Jaqueline Lopes. **Tomada de decisão apoiada**: a ampliação das liberdades da pessoa com deficiência psíquica ou intelectual em escolhas que geram efeitos jurídicos. 1. ed. Curitiba: Juruá.

PERLINGIERI, Pietro. **O direito civil na legalidade constitucional**. 1ª ed. Rio de Janeiro: Renovar. 2008.

____. **Perfis do direito civil**: introdução ao direito civil constitucional. 2ª ed. Rio de Janeiro: Renovar. 2002.

PROSPERI, Francesco. Rilevanza della persona e nozione di status. **Civilistica**, Rio de Janeiro, a. 2, n. 4, 2013, p. 1-33. Disponível em: <https://shorturl.at/qxF06>. Acesso em: 19 jan. 2023.

SALES, Gabrielle Bezerra; SARLET, Ingo Wolfgang. O princípio da igualdade na Constituição Federal de 1988 e sua aplicação à luz da Convenção Internacional e do Estatuto da Pessoa com Deficiência. *In*: MENEZES, Joyceane Bezerra de. (Org). **Direito das pessoas com deficiência psíquica e intelectual nas relações privadas**: convenção sobre os direitos da pessoa com deficiência e Lei Brasileira de Inclusão. Rio de Janeiro: Processo, 2016.

SOUZA, Eduardo Nunes de. Estatuto da pessoa com deficiência e aspectos da proteção ao deficiente intelectual ou psíquico no direito contratual. *In*: TEIXEIRA, Ana Carolina Brochado; RODRIGUES, Renata de Lima. (Org). **Contratos, família e sucessões**. 1. ed. Indaiatuba: Foco, 2020. cap. 19, p. 351-383.

5. A FUNÇÃO SOCIAL DA PROPRIEDADE COMO DEFENSORA DA PRESERVAÇÃO AMBIENTAL NOS NEGÓCIOS JURÍDICOS CONTEMPORÂNEOS

Clarissa Gaspar Massi
Taynah Regina do Nascimento
Viviana Samara Yoko Matsui

Introdução

O direito de propriedade é um dos pilares fundamentais do sistema jurídico contemporâneo, garantindo a proteção de bens e patrimônios particulares. Ele assegura aos indivíduos o direito de possuir, utilizar e dispor de bens e recursos, e é considerado um direito humano fundamental. No entanto, apesar de sua importância, o direito de propriedade é frequentemente objeto de controvérsias e debates no mundo jurídico, especialmente no contexto de uma sociedade em constante evolução.

A evolução social e econômica das últimas décadas trouxe à tona a necessidade de reavaliar a função social da propriedade. Assim, houve a limitação do direito de propriedade, já que impõe ao proprietário obrigações de ordem social, econômica e ambiental que limitam o exercício pleno de seu direito. A ordem jurídica reclamou mudanças na forma como o proprietário utiliza sua propriedade, para não ignorar os interesses coletivos da sociedade.

A Constituição Federal de 1988 prevê a função social da propriedade em seu artigo 5º, inciso XXIII, que determina que a propriedade deve atender a sua função social. Além disso, a Lei nº 10.257/2001, conhecida como Estatuto da Cidade, estabelece diretrizes para o cumprimento da função social da propriedade urbana. Estas foram disposições jurídicas que advieram do movimento do Direito Civil Contemporâneo, onde o enfoque do direito privado deixar de ser tutela do individual para tutelar também o coletivo de maneira a garantir os direitos constitucionais num movimento vertical e horizontal.

Nesse contexto, o presente artigo tem como objetivo discutir a importância do direito de propriedade no direito civil contemporâneo, levando em consideração a sua função social e a responsabilidade do proprietário em relação à coletividade. Serão apresentados conceitos e fundamentos jurídicos, a evolução do direito de propriedade no direito civil contemporâneo, suas principais características e questões relevantes.

1. O direito e os valores: os caminhos do direito civil constitucional

Uma das características marcantes das sociedades *pós-modernas* são as intensas transformações sociais fruto das novas formas de celebração dos negócios jurídicos[1], vez que em um cenário tecnológico, marcado pelo surgimento de invenções humanas a cada segundo, há sempre algo inédito à espera de ser descoberto e tutelado pelo Direito.

Neste sentido, para Amaral, o Direito e a formação das sociedades, são compreendidos como grandezas diretamente proporcionais, tendo em vista que não há de se falar em história, na luta por interesses sociais, sem descortinar o olhar para o Direito e, não há de se falar em Direito sem a vivência humana, de forma que "onde houver a sociedade, lá estará o direito *ubis societas, ubi ius)* que, reciprocamente, também a pressupõem *(ubis ius, ibi societas)*, sendo inconcebível uma regra jurídica que não a tenha como referência"[2].

Por tais razões, pode-se considerar que o homem e o Direito se relacionam e se influenciam mutualmente, de modo que as vicissitudes da palavra "Direito" acompanham a história humana e dão a ela (palavra "Direito") múltiplos entendimentos[3], isto é, o Direito, enquanto parte

[1] AMARAL, Ana Cláudia Corrêa Zuin Mattos do; HATOUM, Nilda Saleh; HORITA, Marcos Massashi. **O Paradigma Pós-Moderno do Negócio Jurídico e a Necessidade de uma nova concepção na contemporaneidade**. Scietia Iuris, Londrina, v. 21, n. 2, p-261-297, jul. 2017. p. 264

[2] AMARAL, Francisco. **Direito civil:** introdução. 10. ed. revista e modificada – São Paulo: Saraiva Educação, 2018, p. 47.

[3] REALE, Miguel. **Filosofia do Direito**, 20. ed. São Paulo: Editora Saraiva, 2013, p. 479-480.

integrante da sociedade, se subordina ao recorte temporal dos sujeitos, de forma que a interpretação dos valores máximos constitucionais da sociedade encontra-se em constante transformação. São valores que ora são construídos, ora são descontruídos, fazendo-os navegar nas ondas incertas do destino humano.

De tal sorte, a "multiplicidade de acepções" que o "Direito" traz consigo é um desafio a ser superado por cada sociedade, vez que, diferentemente, das ciências exatas com respostas objetivas para a resolução de problemas, as palavras nas ciências humanas e/ou sociais, ganham maior grau de abstração e se tornam contraditórias. Bergueson, citado por Reale, afirma que as palavras, imersas em um cenário de constante transformação, ao mesmo tempo em que convidam à reflexão e construção de novos conceitos, tornam-se "prisões capazes de receber múltiplos conteúdos" [4].

De igual modo, na ciência jurídica a falta de um denominador comum na conceituação tanto do Direito quanto dos valores sociais também se torna um problema, vez que a liberdade, a igualdade e a justiça, são valores cuja conceituação varia de tempos em tempos. Exemplo disso é tratado por Reale:

> É fácil perceber a extrema complexidade, por exemplo, da palavra *liberdade*, assim como do termo *igualdad*e, porquanto, através do tempo, esses vocábulos têm sido usados em sentidos diversos e, muitas vezes, conflitantes [...] em suma, todas as aporias da existência humana, em uma incessante experiência de estimativas, as "palavras cardeais" da cultura e da civilização (liberdade, justiça, igualdade etc.), todas elas não comportam a univocidade peculiar às coisas neutras para o mundo dos valores.[5]

Torna-se evidente que não só os valores sociais, mas também o Direito percorre o tempo, de forma a constantemente adotarem novos significados, assim, não se torna incorreto o raciocínio de que ambos complementam e são complementados pelo homem. Em uma maior perspectiva, se analisados os valores sociais e o Direito nos Estados Liberais, Estados Sociais e/ou Estados Democráticos podem ser observados pontos divergentes

[4] *Ibid.*, p. 479.

[5] *Ibid.*, p. 479-480.

geradores de paradigmas jurídicos, os quais envolvem o Direito Civil que é foco do presente trabalho.

A liberdade sob a ótica dos negócios jurídicos nos Estados Liberais pode ser compreendida como a plena liberdade contratual entre as partes, na qual a intervenção estatal ocorre de forma mínima em detrimento do princípio da autonomia da vontade, portanto, é neste momento de menor intervenção estatal nas questões contratualistas, que ao Estado é atribuída legitimidade para regulamentação dos negócios jurídicos, fiscalizando somente questões estruturais do Direito a exemplo da igualdade formal presente nos contratos[6].

Já nos Estados Sociais, a liberdade é remodelada pelo processo de constitucionalização do Direito Privado e se subordina aos princípios da dignidade humana, boa-fé objetiva e função social de modo que o princípio da autonomia da vontade cede espaço para a autonomia privada[7].

Lôbo manifesta-se no sentido de que o Estado Social do século XX, caracteriza-se por uma maior atuação estatal nos negócios jurídicos celebrados entre particulares, tornando notória "a redução do espaço da autonomia privada para a garantia da tutela jurídica dos mais fracos"[8]. Aproxima-se deste raciocínio as explicações de Moraes sobre as novas feições do Direito Civil moderno, cuja principal novidade se encontra com a substituição do individualismo contido no Código Civil em detrimento da imposição de regras voltadas a "disciplinar as atividades da vida social, idôneas a satisfazer o interesse dos indivíduos"[9], ou seja, para a autora:

> Afastou-se do campo do direito civil (propriamente dito) aquilo que era a sua real nota sonante, isto é, a defesa da posição do indivíduo frente ao Estado (hoje matéria constitucional), alcançável através da predisposição de um elenco de poderes jurídicos que assegurava absoluta liberdade para o exercício da atividade econômica[10].

[6] AMARAL; HATOUM; HORITA, op. cit., 2017. p. 264-270.

[7] Id., 2017, p. 270.

[8] LÔBO, Paulo Netto. **Constitucionalização do Direito Civil.** Revista de informação legislativa, Brasília, n. 141, p. 99-109, 1999, p. 100.

[9] MORAES, Maria Celina B. **A Caminhada de um Direito Civil Constitucional.** 1991, p. 2.

[10] Id., 1991, p. 2-3.

Constata-se que é "diante de um Estado intervencionista e regulamentador, que dita as regras do jogo", que "o direito civil viu modificadas as suas funções e não pode mais ser estimado segundo os moldes do direito individualista dos séculos anteriores"[11]. Desenvolve esta linha de raciocínio, Sarmento, o qual se posiciona no sentido de que no Estado Liberal, a Constituição não interferia nas relações privadas, de maneira a gravitar em torno dos interesses da burguesia, já o Estado Social trouxe inúmeras hipóteses de intervenção estatal, assim como previu normas de ordem pública para limitar a autonomia dos sujeitos, projetando na ordem civil valores solidarísticos[12].

Os avanços e conquistas sociais a exemplo da proteção da dignidade humana e a função social da propriedade buscam por meio da ação intervencionista do Estado a proteção do homem em todos os seus aspectos ontológicos[13], desaguando-se na contemporaneidade no fenômeno da constitucionalização do Direito Civil.

Schreiber, inspirado pelas lições de Perlingiere, conceitua a constitucionalização do Direito Privado como uma forma metodológica interpretativa do Código Civil a partir da Constituição. Para o autor, é esse o "único caminho para a realização do projeto de sociedade traçado pela Constituição de 1988", afirmando ainda que na contemporaneidade "o que importa é a máxima realização dos valores constitucionais no campo das relações privadas", pois "o Direito Civil não pode ser compreendido como um mundo à parte, uma realidade paralela à Constituição" que em momento algum deve se mover por "valores ou princípios autônomos"[14].

Para Tepedino, é com a constitucionalização do Direito Civil que há um intenso processo transformação axiológica dos princípios civilistas, a exemplo do princípio da autonomia privada que passa a ser remodelado por "valores não patrimoniais, de cunho existencial, inseridos na noção de

[11] Id., 1991, p. 2-3.

[12] SARMENTO, Daniel. **A normalização da Constituição e a Constitucionalização do Direito Privado.** Rio de Janeiro: Revista da EMERJ, v. 6, n. 23, 2003, p. 272.

[13] SCHREIBER, Anderson. Direito civil e constituição. *In:* SCHREIBER, Anderson; KONDER, CARLOS NELSON (org.) **Direito Civil constitucional.** São Paulo: Atlas, 2016. p. 1-23, [livro eletrônico] p. 6.

[14] Id., p. 1-6.

ordem pública constitucional", consequentemente, aos institutos do Direito Privado, é exigido a realização da dignidade da pessoa humana[15].

Assim, é por meio da leitura do preâmbulo da Constituição, que os "direitos sociais e individuais, a liberdade, a segurança, o bem-estar, o desenvolvimento, a igualdade e a justiça" passam a ser compreendidos como valores máximos do Estado de Direito Democrático brasileiro[16] e, por isso devem se materializar por todo o ordenamento jurídico nacional, de modo que ao Estado, na contemporaneidade, é dado o papel de promotor das justiças sociais[17]. Função que também se aplica ao Direito Civil, mais especificamente, aos negócios jurídicos atuais, os quais pautados nos axiomas constitucionais devem a todo custo promover a igualdade material e a justiça social, ideias basilares do Estado Democrático de Direito.

2. A propriedade privada no ordenamento jurídico brasileiro

Na esfera de uma vasta matriz econômica e social, a disciplina da propriedade foi consideravelmente transformada pela Constituição Federal de 1988, de inclinação nitidamente personalista e solidarista. O texto trouxe inovação de maneira nunca antes vista no tratamento do exercício do direito de propriedade, gerando sua funcionalização aos valores sociais e existenciais, quase quinze anos antes que Código Civil de 2002 também viesse a fazê-lo[18].

A propriedade é um bem, é coisa encontrado na natureza do qual o homem se apropria principalmente para satisfazer suas necessidades e desejos. Assim, o homem passa a controlá-la, criando assim uma relação entre o homem e o bem. Orlando Gomes conceitua a propriedade a partir de três requisitos: o sintético, o analítico e o descritivo:

> Sinteticamente, é de se defini-lo, com Windscheid, como a submissão de uma coisa, em todas as suas relações, a uma pessoa. Analiticamente, o direito

[15] TEPEDINO. Gustavo. **O princípio da função social no direito civil contemporâneo.** Revista do Ministério Público do Rio de Janeiro: MPRJ, nº 54 out/dez.2014, p. 141.

[16] BRASIL. [Constituição (1988)]. **Constituição da República Federativa do Brasil de 1988**. Brasília, DF: Presidente da República. Disponível em: http://www.planalto.gov.br/ccivil_03/constituicao/constituicao.htm. Acesso em 02 fev. 2023.

[17] SILVA, José Afonso da., **Curso de direito constitucional positivo.** 39. ed., rev. e atual. São Paulo: Malheiros, 2016, p. 122.

[18] TEPEDINO, *op. cit.*, p. 151.

de usar, fruir, e dispor de um bem, e de reavê-lo de quem injustamente o possua. Descritivamente, o direito complexo, absoluto, perpétuo e exclusivo, pelo qual uma coisa fica submetida á vontade de uma pessoa, com as limitações da lei[19].

Observa-se que o conceito adotado, descreve a propriedade como um bem sujeito quase que exclusivamente à vontade de seu proprietário, que é livre para dispor ou deixar de dispor da propriedade e, por mais que o autor lide com as características básicas do conceito de propriedade, sua resposta se torna incompleta na atualidade, pois não foram levadas em consideração as atribuições inerentes à propriedade, isto é, ao cumprimento de sua função social.

Maria Helena Diniz conceitua a propriedade como um "direito que a pessoa física ou jurídica tem, dentro dos limites normativos, de usar, gozar, dispor de um bem corpóreo ou incorpóreo, bem como de reivindicá-lo de quem injustamente o detenha" [20]. Deste modo, o Direito, como ordem do comportamento humano, também conduz a relação entre o homem e os bens suscetíveis à apropriação.

O direito de propriedade, conforme assevera Washington de Barros Monteiro, representa "o mais importante e o mais sólido de todos os direitos subjetivos, o direito real por excelência, o eixo em torno do qual gravita o direito das coisas" [21]. De maneira breve, a propriedade se refere a qualquer relação jurídica que detém de certo bem corpóreo ou incorpóreo. O direito de propriedade ainda pode receber a especial indicação de domínio quando se declarar, especialmente, a coisas corpóreas.

Para Georges Humbert o direito de propriedade se refere à tutela jurídica, à forma pela qual o direito regula, ao tratamento jurídico incidente sobre este fato social que, nesses termos, ante o contorno legal que lhe

[19] GOMES, Orlando. **Introdução ao direito civil.** 11. ed. Rio de Janeiro: Forense, 1995. 2012, p. 103

[20] DINIZ, Maria Helena. **Curso de Direito Civil Brasileiro.** vol. 4: direito das coisas. 27. ed. São Paulo: Saraiva, 2012, p. 129

[21] MONTEIRO, Washington de Barros. **Curso de Direito Civil.** Atualizada por Carlos Alberto Dabus Maluf, 37. ed., São Paulo: Saraiva, 2003, v. 3. p. 83

é examinado, passa a ser um fato jurídico, um interesse juridicamente protegido[22].

O sujeito de direitos pode ser qualquer brasileiro ou estrangeiro residente no país, aos quais é garantido constitucionalmente o direito de propriedade. Encontra-se previsto no artigo 5º da Constituição Federal de 1988 que "todos são iguais perante a lei, sem distinção de qualquer natureza, garantindo-se aos brasileiros e aos estrangeiros residentes no País a inviolabilidade do direito à vida, à liberdade, à igualdade, à segurança e à propriedade, nos termos seguintes". Posteriormente, no inciso XXII do mesmo artigo, que "é garantido o direito de propriedade"[23].

Tal direito não é somente garantido pela Constituição Federal de 1988, também, encontra-se previsto no Código Civil em 2002, que assegura, nos artigos 1.228 e seguintes, o exercício do direito de propriedade, que confere ao seu detentor a faculdade de usar, gozar e dispor da coisa, além de poder reavê-la do poder de quem de maneira injusta a detenha[24].

Para Vladimir da Rocha França, o regime jurídico da propriedade não se limita às normas do direito civil, mas abrange normas ambientais, administrativas, urbanísticas, empresariais, e, claramente as normas do direito civil, baseadas em normas constitucionais. A regulamentação das relações civis decorrentes dos direitos de propriedade é tarefa da lei civil[25]. A Constituição Federal de 1988 atribui um conceito mais amplo à propriedade, define juridicamente a sua limitação positiva (até onde se estende o conteúdo) e a sua limitação negativa (até onde vêm ou podem vir as incursões dos outros), procurando direcioná-la como um instrumento de bem estar social.

Verifica-se que o instituto da propriedade sempre foi tratado pelo Direito Civil, sob o aspecto do direito privado, classificando-a como direito real por excelência. Hodiernamente, porém, os direitos de propriedade

[22] HUMBERT, Georges Louis Hage. **Direito urbanístico e função socioambiental da propriedade imóvel urbana.** Belo Horizonte: Fórum, 2008

[23] BRASIL, 1988, *op. cit.*

[24] BRASIL. Lei nº 10.406, de 10 de janeiro de 2002. **Institui o Código Civil**. Brasília, DF: Presidente da República. Disponível em: https://www.planalto.gov.br/ccivil_03/leis/2002/l10406compilada.htm. Acesso em 02 fev. 2023

[25] FRANÇA, Vladimir da Rocha. **Função social da propriedade na Constituição Federal.** Revista Jurídica In Verbis, Curso de Direito da UFRN, Natal, 1995.

não podem ser tratados simplesmente como um mero direito real, como um instituto de direito privado.

O Código Civil prevê no § 1° do artigo 1.228, de maneira explícita que o uso da propriedade depende do cumprimento de suas finalidades econômicas e sociais[26]. Por isso, a relevância da propriedade também para o direito público, e por que deve ser amparada por ele. Em outros termos, o direito de propriedade é direito subjetivo adaptado pelas faculdades do detentor de poder usar, gozar e dispor do bem sobre o qual incide este direito.

Diante o cenário, o direito de propriedade é limitado, inclusive, pelo Direito administrativo, especialmente no que diz respeito ao instituto da desapropriação. Deste modo, o direito de propriedade, principal instituto jurídico do capitalismo, embora seja um direito ilimitado e absoluto, garantido por lei, é limitável, proporcional aos interesses gerais da sociedade, que devem prevalecer sobre o interesse específico de cada indivíduo.

3. Função social e ambiental da propriedade

De acordo com o artigo 5º, inciso XXIII, da Constituição Federal, "a propriedade atenderá a sua função social". Ainda em outra passagem (artigo 170, incisos II e III) a Constituição afirmou a instituição da propriedade privada e a sua função social como princípios da ordem econômica. Logo em seguida é referida como norma fundamental da política urbana (art. 182, §2º) e da política agrícola e fundiária (artigos 184 e 186)[27]. Como assevera Guilherme José Purvin de Figueiredo: "Foi a necessidade de superar as noções individualistas do direito privado, onde o homem se encontra isolado – destacado de seus semelhantes –, que levou à consagração do conceito de função social da propriedade"[28]. É importante ressaltar que o conceito de função social provocou grandes mudanças na interpretação jurídica de valores como a liberdade e a propriedade.

Segundo a teoria da função social, cada pessoa tem o dever social de realizar determinada atividade, para desenvolver da melhor maneira

[26] BRASIL, 2002, *op. cit.*

[27] BRASIL, 1988, *op. cit.*

[28] FIGUEIREDO, Guilherme José Purvin de. **A propriedade no direito ambiental.** Revista, atualizada e ampliada, 3. ed., São Paulo: Revista dos Tribunais, 2008, p. 83.

possível sua individualidade física, intelectual e moral, a fim de cumprir da melhor maneira sua função social.

Quando capturada a função social para o instituto da propriedade privada, acrescenta-se um elemento interna que compõe seu interior. Nas palavras de Stefano Rodota: "se presenta con una expresión elíptica, que unifica los presupuestos de la calificación jurídica de modo tal que identifica el contenido mismo de la situación de pertenencia"[29].

Quanto ao campo patrimonial, Duguit defende que a propriedade não tem mais um caráter absoluto e intangível. Ele rejeita o conceito de propriedade como um direito subjetivo, não para negar a existência da propriedade privada, mas para explicar que ela não é um poder absoluto, mas um poder jurídico que deve satisfazer necessidades individuais ou coletivas[30]. Segundo Orlando Gomes, "a função social da propriedade deve-se entender como uma complexa situação jurídica subjetiva, ativa e passiva, que transforma o direito subjetivo de propriedade, sem se converter, entretanto, em simples interesse legítimo"[31].

No mesmo sentido também Stefano Rodota, ao distinguir função social dos bens com a função social da instituição:

> La propiedad llamada a desarrollar una función social no es la propiedad-derecho subjetivo, o sea, en cuanto derecho subjetivo, es la propiedad como institución jurídica. Para ilegar a esta conclusión es necesario seguir concibiendo los límites como algo que está fuera de la situación de propiedad. Y esto comporta, ante todo, el planteamiento de un contenido esencial de la propiedad como algo a priori respecto de las modificaciones o de las limitaciones, y en segundo lugar, la referencia al concepto de institución, sobre el cual se puede formular alguna reserva por las incertidumbres a que da lugar y la duplicación que introduce[32].

[29] RODOTA, Stefano. **El terrible derecho**: estúdios sobre la propiedad privada. Madri: Editorial Civitas, 1987, p. 239.

[30] DUGUIT, Léon. **Les transformations générales du droit privé depuis le code Napoleón.** 2. ed. rev. Paris: F. Alcan, 1920, p. 147-178.

[31] GOMES, Orlando. **Introdução ao direito civil.** 11. ed. Rio de Janeiro: Forense, 1995, p. 107.

[32] RODOTA, *op. cit.*, p. 240.

Analisando os princípios do direito ambiental, Guilherme José Purvin de Figueiredo discorre longamente sobre o princípio da função social da propriedade, que não é exclusivo do direito ambiental em sua natureza, e procura responder aos fins sociais a que se dirige às exigências do bem comum, pairando no ordenamento jurídico, na verdade, como um mega princípio, abrangendo os princípios da propriedade privada e da proteção ambiental[33].

De acordo com o autor, o princípio da função social da propriedade é atingir o objetivo final de toda ordem jurídica democrática, ou seja, a valorização da dignidade humana, que de acordo com as normas ambientais é alcançada por meio de regras que promovam uma vida saudável e um ambiente natural e cultural que permita o desenvolvimento do potencial criativo do ser humano[34].

O entendimento do Supremo Tribunal Federal é de que a garantia de que todos têm direito ao meio ambiente ecologicamente equilibrado é um típico direito de terceira geração que auxilia toda a humanidade pertencente ao país e a própria comunidade tem o dever especial de proteger e preservar para o benefício das gerações presentes e futuras esta propriedade coletiva e de todos os índios[35]. O cumprimento desse dever seria irreversível, pois evitaria que a comunidade vivesse grandes conflitos intergeracionais caracterizados pelo descumprimento do dever de solidariedade na proteção desse bem essencial de uso comum pessoas em geral.

Portanto, se o ordenamento jurídico brasileiro reconhece que o exercício dos direitos inerentes à propriedade não pode ser tutelado apenas para assegurar a satisfação dos interesses do proprietário, a função da propriedade passa a ser social, o que acarreta certas consequências, como indicou Guilherme José Purvin de Figueiredo justifica-se a proibição do titular no exercício de determinados poderes; a) legitima-se a vedação ao proprietário do exercício de determinadas faculdades; b) "cria-se

[33] FIGUEIREDO, *op. cit.*, p. 83.

[34] *Id.*

[35] BRASIL. Supremo Tribunal Federal (Pleno). Mandado de segurança 22164/SP. Impetrante: Antonio de Andrade Ribeiro Junqueira. Impetrado: Presidente da República. **Diário de Justiça**, Brasília, 30 out. 1995. Disponível em: https://redir.stf.jus.br/paginadorpub/paginador.jsp?docTP=AC&docID=85691. Acesso em 02 fev. 2023

um conjunto de circunstâncias para que o titular exerça o seu poder"; c) o proprietário fica obrigado a exercer certos direitos elementares do domínio. A Constituição brasileira regulamenta a questão da função social da propriedade, distinguindo-a conforme se trate de propriedade urbana ou rural[36].

Conforme previsto no artigo 182 § 2°, do texto constitucional "a propriedade urbana cumpre sua função social quando atende às exigências fundamentais de ordenação da cidade expressas no plano diretor"[37], já o Plano Diretor, previsto nos artigos 39 e seguintes da Lei nº 10.257/2001 (conhecido como Estatuto da Cidade), é obrigatório para municípios com mais de 20.000 habitantes ou mesmo para aqueles com interesse especial, conforme expressamente previsto na lei[38]. Assim, é o principal instrumento da política de desenvolvimento e expansão urbana, e os requisitos nele apresentados visam assegurar a satisfação das necessidades dos cidadãos em matéria de qualidade de vida, justiça social e desenvolvimento da atividade econômica.

Pelo cumprimento da função social da propriedade urbana, que visa atingir os interesses gerais da coletividade, e não dos particulares, os recursos minerais cumprem sua função social de acordo com o artigo 186, da Constituição Federal de 1988, cumpre sua função social quando atende, simultaneamente, segundo critérios e graus de exigência estabelecidos em lei, aos seguintes requisitos:

> I – aproveitamento racional e adequado;
>
> II – utilização adequada dos recursos naturais disponíveis e preservação do meio ambiente;
>
> III – observância das disposições que regulam as relações de trabalho;
>
> IV – exploração que favoreça o bem-estar dos proprietários e dos trabalhadores[39].

[36] FIGUEIREDO, *op. cit.*, p. 93-94.

[37] BRASIL, 1988, *op. cit.*

[38] BRASIL. Lei nº 10.257, de 10 de julho de 2001. **Regulamenta os arts. 182 e 183 da Constituição Federal, estabelece diretrizes gerais da política urbana e dá outras providências**. Brasília, DF: Presidente da República. Disponível em: https://www.planalto.gov.br/ccivil_03/leis/leis_2001/l10257.htm. Acesso em 02 fev. 2023

[39] BRASIL, 1988, *op. cit.*

Assim, verifica-se que uma das condições para cumprir a função social da propriedade rural é o respeito e preservação do meio ambiente, bem comum do povo e essencial à sadia qualidade de vida.

Destaca-se que o cumprimento da tarefa social da propriedade e da proteção do meio ambiente não pode ser dissociado de forma alguma, porque o primeiro decorre logicamente do segundo. Também não se pode argumentar que existe um conflito entre direitos de propriedade e proteção legal do meio ambiente, de modo que "a essência da ordem econômica, a sua finalidade máxima, está em assegurar a todos existência digna" [40]. Ademais, a liberdade como direito fundamental ambiental está intrinsicamente relacionada com o princípio da liberdade de iniciativa, vez que:

> A liberdade de empreender e a liberdade das presentes e futuras gerações de desfrutarem de um ambiente ecologicamente equilibrado estão unidas no modo de produção constitucionalmente apresentado, e a análise de uma deve ter em vista seu reflexo na outra, procurando uma compatibilização do exercício de ambas[41].

De tal sorte, a função ambiental da propriedade rural vai caracterizar a imposição de deveres ao proprietário diretamente direcionados e vinculados à proteção do meio ambiente, o que interessa à coletividade, quanto ao próprio proprietário[42].

A função ambiental da propriedade possui dupla finalidade: (a) de proteger os interesses difusos de defesa do meio ambiente, e (b) a de defender o proprietário contra seus próprios abusos. A primeira está intimamente ligada ao dispositivo constitucional que garante o direito de todos ao meio ambiente ecologicamente equilibrado como forma de garantir a continuidade do próprio uso agrícola, como evitar o uso de

[40] DERANI, Cristiane. **Direito Ambiental Econômico.** 3. ed. São Paulo: Saraiva, 2008, p. 221.

[41] *Ibid.*, p. 220.

[42] GONÇALVES, Albenir Itaboraí Querubini. Estudo sobre a função ambiental da propriedade rural no ordenamento jurídico brasileiro. **Revista Brasileira de Direito do Agronegócio** – RBD Agro. Ano 4/5. N. 6, 9 e 10 – Jan./Jun. 2012 – Jul/ Dez 2012 – Jan/Jun. 2013 – São Gotardo: MG, 2015.

técnicas que causem a desertificação do solo ou a perda da fertilidade do solo[43].

Os direitos de propriedade e o direito ao meio ambiente ecológico devem ser conciliados. Nas palavras de Paulo Affonso Leme Machado, reconhecer a função social da propriedade não significa concebê-la como vítima da sociedade ou entidade distinta, em verdade, há uma união de elementos que a compõe: enquanto o proprietário exerce a fruição de seu imóvel, aferindo até mesmo lucro, deve se abster da emissão de poluentes, pois seu exercício pleno somente é limitado por fatores sociais ou ambientais[44].

Assim, a função social da propriedade é um instrumento do equilíbrio do direito de propriedade com a necessidade de garantir o interesse coletivo da sociedade. O proprietário deve utilizar sua propriedade de forma consciente e responsável, de modo a contribuir para o desenvolvimento social, econômico e ambiental da comunidade.

3.1. Limitações ao direito de propriedade

A função social da propriedade não é simplesmente a ingerência no exercício dos direitos. Ele define uma propriedade e limita seu conteúdo. Portanto, o detentor do direito não pode fazer com sua propriedade o que bem entender. Em vez disso, os interesses da sociedade devem ser considerados interesse da coletividade, mas isso não significa violar o direito subjetivo do proprietário ou suprimi-lo de qualquer forma. O que se procura é impor um sentido à atividade do proprietário, para evitar que a satisfação dos seus interesses pessoais colida com os interesses da coletividade, e que ambos se orientem tanto quanto possível para o mesmo fim.

Em conformidade com o elucidado, leciona Tepedino que o panorama contemporâneo superou a antiga concepção da propriedade restrita aos interesses do proprietário, para tornar-se instrumento de proteção da pessoa humana, e assim, há um critério de valoração da titularidade onde

[43] BORGES, Roxana Cardoso Brasileiro. **Função ambiental da propriedade rural.** São Paulo: LTr, 1999, p. 99.

[44] MACHADO, Paulo Affonso Leme. **Direito Ambiental Brasileiro.** Revista, atualizada e ampliada, 17. ed., São Paulo: Malheiros, 2009, p. 127.

passa a ser exigido do titular atuações positivas para que seu exercício se adeque ao que se espera na sociedade[45].

Diante desse contexto, surge a possibilidade da Administração Pública intervir na propriedade privada, como ocorre com o instituto da desapropriação, de modo que o próprio texto constitucional prevê que, caso a propriedade descumpra sua função social, poderá ela ser desapropriada pelo Poder Público, ressarcindo-se o proprietário com o pagamento de títulos da dívida pública ou da dívida agrária, conforme se trate de imóvel urbano ou rural, respectivamente.

A Constituição brasileira estabelece que se a propriedade não cumprir sua função social, o poder público desapropriá-la, sendo o proprietário indenizado com o pagamento respectivamente de títulos da dívida pública ou dívida agrária, conforme se trate de imóvel urbano ou rural e, conforme previsto no artigo 182, § 4° do texto constitucional o Poder Público, poderá exigir do proprietário de terrenos urbanos não edificados, ou não utilizados, sucessivamente, o parcelamento ou edificação compulsórios, IPTU progressivo ou, por fim, a desapropriação, com pagamento de títulos da dívida pública[46].

De acordo com o artigo 184 da Constituição Federal de 1988, o imóvel rural que não cumpre sua função social, será desapropriado por interesse social, para fins de reforma agrária. Como já mencionado, a propriedade cumpre sua função social quando proteger a flora, a fauna, as belezas naturais, o equilíbrio ecológico, o patrimônio histórico e artístico, bem como quando evita a poluição do ar e das águas, conforme previsto no artigo 1228 inciso § 1 do Código Civil[47]. E isso porque não há um direito de propriedade no Brasil que permita ao seu titular usar o que lhe pertence de forma que viole os princípios do art. 5º; 170, inciso VI; 184, § 2; 186, inciso II e 225, todos da Constituição Federal.

Assim, a propriedade privada, definitivamente abandona sua estrutura essencialmente individualista para ingressar em uma nova fase, mais civilizada e mensurável, onde está sujeita a uma ordem pública de proteção do meio ambiente: é consequência da proteção geral do meio ambiente na ordem das referidas disposições constitucionais. Portanto, o Estado pode

[45] TEPEDINO, *op. cit.*, p. 151.

[46] BRASIL, 1988, *op. cit.*

[47] *Id.*

e deve cumprir seu dever constitucional de limitar o uso da propriedade, impondo a interdição de atividades e a destruição ou desmonte de obras que violem as normas ambientais, sem a obrigação de indenizar o proprietário-infrator.

Uma pintura real e exposta dessa realidade é o exemplo de alguém que possuam uma propriedade localizada em área de preservação permanente deve abster-se de alterá-la. As intervenções ocorridas por atividade humana nas áreas protegidas apresentam sérios riscos para toda a coletividade, uma vez que, estes locais são necessários para preservar os recursos e as paisagens naturais e para assegurar um equilíbrio ecológico, que garanta consequentemente a sadia qualidade de vida, como objetivo da Constituição

4. A responsabilidade do proprietário

Do exposto, pode-se constatar que a finalidade da lei e da sociedade como um todo é a preservação do meio ambiente, mas, infelizmente, esse fim e valor máximo constitucional nem sempre é alcançado e as áreas protegidas são severamente utilizadas e danificadas. Nessas situações, a lei prevê a responsabilidade do causador da reparação do dano, conforme previsto no artigo 225, § 3º da Constituição Federal, cuja penalidade ocorre tanto na esfera criminal, como civil e administrativa[48].

A responsabilidade civil por dano ambiental é objetiva e, não depende da demonstração de culpa. Para que surja a obrigação de indenizar, basta provar a existência de um nexo de causalidade entre o dano e a existência do nexo causal que ligue ao causador.

É esse o conteúdo do artigo 14, § 1º, da Lei nº 6.938/81, *in verbis*:

> § 1º Sem obstar a aplicação das penalidades previstas neste artigo, é o poluidor obrigado, *independentemente da existência de culpa*, a indenizar ou reparar os danos causados ao meio ambiente e a terceiros, afetados por sua atividade. O Ministério Público da União e dos Estados terá legitimidade para propor ação de responsabilidade civil e criminal, por danos causados ao meio ambiente[49].

[48] BRASIL, 1988, *op. cit.*

[49] BRASIL, 1981, *op. cit.*

A responsabilidade civil objetiva do causador do dano ambiental fundamenta-se na Teoria do Risco[50]. Com efeito, respondem pelos danos causados pelo risco quem desenvolve atividades potencialmente poluidoras ou que representam perigo para alguém. Deste modo, está previsto no artigo 927 do Código Civil de 2002, em seu parágrafo único, expressamente aludiu à responsabilidade, independente de culpa, "quando a atividade normalmente desenvolvida pelo autor do dano implicar, por sua natureza, risco para os direitos de outrem"[51].

Dispõe Édis Milaré que:

> Segundo a ótica objetivista, para tornar efetiva a responsabilização, basta a prova da ocorrência do dano e do vínculo causal deste com o desenvolvimento – ou mesmo a mera existência – de uma determinada atividade humana. Trata-se, a bem ver, de uma tese puramente negativista. Não cogita de indagar como ou porque ocorreu o dano. É suficiente apurar se houve o dano, vinculando a um fato qualquer, para assegurar à vítima uma indenização[52].

No que diz respeito à definição de dano ambiental, não é mencionada no ordenamento jurídico pátrio. Tão somente na Lei nº 6.938/81 há a definição daquilo que seria degradação ambiental e poluição (artigo 3º, incisos II e III, respectivamente). Neste patamar, a legislação ambiental oferece somente noções indicativas do que seria dano ambiental, deixando sua definição à cargo de estudos doutrinários e jurisprudenciais.

Édis Milaré caracteriza o dano ambiental como sendo "a lesão aos recursos ambientais, com a consequente degradação – alteração adversa ou

50 Trata-se do reconhecimento da responsabilidade sem culpa, segundo o prisma da teoria do risco criado, como diz Maria Helena Diniz (2005, p. 594) a Teria do Risco, Sua culpa nem sempre poderia ser demonstrada, a Lei n. 6.938/81, art. 14, § 1º, e a jurisprudência têm-se firmado pela responsabilidade objetiva baseada no risco, ante a fatalidade da sujeição dos lesados ao dano ecológico, sendo irrelevante a discussão sobre a culpa do lesante, que somente poderá alegar em sua defesa: negação da atividade poluidora e inexistência do dano. Assim, a empresa privada deverá reparar todas as vítimas pelo prejuízo decorrente de seu funcionamento, desde que haja, obviamente, liame de causalidade entre o dano e a atividade do sujeito passivo da obrigação ressarcitória.

51 BRASIL, 2002, *op. cit.*

52 MILARÉ, Edis. **Direito do Ambiente**. São Paulo: Editora Revista dos Tribunais, 2007, p. 897.

in pejus – do equilíbrio ecológico e da qualidade ambiental"[53]. Observa-se, portanto, que o conceito de dano ambiental, é aberto, e deve ser preenchido casuisticamente, de acordo como a realidade concreta se apresente ao intérprete.

Sob a ótica de Paulo de Bessa Antunes, o dano ambiental consiste em:

> Dano implica em alteração de uma situação jurídica, material ou moral, cuja titularidade não possa ser atribuída àquele que, voluntária ou involuntariamente, tenha dado origem à mencionada alteração. (...) É a variação, moral ou material, negativa que deverá ser, na medida do possível, mensurada de forma que se possa efetivar o ressarcimento. (...) Dano ambiental é dano ao meio ambiente[54].

É verdade, porém, que a lei parte do pressuposto de que o dano ambiental é causado simplesmente pela ausência de vegetação em uma área onde deveria estar, porque, por algum motivo, é uma área que merece proteção especial. Assim, o dano ambiental ocorre quando a vegetação é suprimida e não restaurada, quando obras artificiais são implantadas na área, e essa situação é mantida por ação antrópica. Finalmente, qualquer atividade humana em uma área que necessita de proteção é caracterizada por danos ambientais.

Em regra, as consequências das lesões ambientais são irreversíveis, e seus efeitos podem se estender para além das fronteiras territoriais de um Estado. Além disso, limitar seu alcance e determinar o valor da indenização é tarefa complexa e árdua justamente em função do caráter difuso e irreversível dos danos ambientais. De tal sorte que se comprovada a ocorrência do dano e o nexo de causalidade, surge a obrigação de reparar definitivamente o dano causado ao meio ambiente, a fim de tentar restaurá-lo o mais próximo possível ao seu *status quo*.

4.1. Reparação do dano ambiental

Quando ocorrer dano ambiental, é dever repará-lo integralmente. O objetivo da indenização é recompor o que foi destruído, quando possível.

[53] *Ibid,*, p. 116.

[54] ANTUNES, Paulo de Bessa. **Direito ambiental**. 2. ed. Rio de Janeiro: Lumen Juris, 2010, p. 247.

Porém, a reparação nem sempre é possível, ante a irreversibilidade de alguns danos. Por esse motivo, a prevenção é medida mais efetiva que a repressão posterior, que, ainda que possível, pode ficar inacabada e não atingir o *status quo*.

Diante o cenário, a reparação do dano ambiental deve sempre, na medida do possível, restaurar o meio ambiente ao mesmo estado do qual ele se beneficiaria se o dano não tivesse sido causado e, ao mesmo tempo, deve compensar o meio ambiente, ainda, os impactos ambientais que se mostrarem irreversíveis ao meio ambiente. Daí decorre o princípio da reparação integral dos danos[55].

A reparação integral do dano ambiental inclui não só o dano causado ao bem ou recurso ambiental diretamente afetado, mas também o dano causado por aquele que prejudica a qualidade do meio ambiente em sua totalidade incluindo: efeitos ambientais da agressão inicial sobre um específico bem ambiental no mesmo lugar na cadeia causal (por exemplo, a destruição de habitats e ecossistemas ligados ao ambiente afetado; a contribuição da degradação causada pelo aquecimento global); deterioração da qualidade do meio ambiente, ocorrida entre a ocorrência do dano e a efetiva restauração do meio ambiente degradado; dano ambiental futuro que pareça como certos; danos irreversíveis causados à qualidade do meio ambiente, que devam ser indenizados de alguma forma; dano moral coletivo decorrentes do atentado contra certo bem ambiental[56].

Deste modo, para as situações em que o dano venha a ocorrer, é previsto o dever de repará-lo. Dispõe a Lei 6.938/81, que trata da Política Nacional do Meio Ambiente, em seu artigo 4º:

> Art. 4º A Política Nacional do Meio Ambiente visará:
> (...)
> VI – à preservação e restauração dos recursos ambientais com vistas à sua utilização racional e disponibilidade permanente, concorrendo para a manutenção do equilíbrio ecológico propício à vida;

[55] MIRRA, Álvaro Luiz Valery. **Ação civil pública e a reparação do dano ao meio ambiente**. 2. ed. rev. e ampl. Imprenta: São Paulo, 2004, p. 314-324.

[56] *Ibid.*, p. 315.

> VII – à imposição, ao poluidor e ao predador, da obrigação de recuperar e/ou indenizar os danos causados pela utilização de recursos ambientais com fins econômicos[57].

Não obstante, a Constituição Federal de 1988, no artigo 225, § 2°, também estabelece que "aquele que explorar recursos minerais fica obrigado a recuperar o meio ambiente degradado"[58]. Destaca-se, deste modo, que a obrigação de reparar o dano ambiental está prevista no sistema normativo pátrio, que estabelece duas modalidades de indenização do dano ambiental: a primeira, tem por finalidade reparar ou substituir bens ambientais degradados; em segundo lugar, uma compensação monetária à vítima através do pagamento de uma indenização pecuniária, que funcione como uma compensação ecológica.

De acordo com Édis Milaré, a reparação ao dano ambiental é a reconstituição do meio ambiente agredido, cessando-se a atividade lesiva e revertendo-se a degradação ambiental[59]. Apenas quando essa recuperação não for viável é que se admite indenização em dinheiro. Existem várias maneiras de reparar os danos ambientais. Primeiramente deve-se ser tentar a restauração ecológica. Nas situações em que isso seja inviável, a lei determina que seja realizada a composição ecológica, que versa na substituição do bem danificado por outro semelhante, desde que o patrimônio natural permaneça qualitativa e quantitativamente inalterado. A reparação do dano deve ser realizada pela pessoa que o causou. Na hipótese de ocorrer o dano em propriedade particular, o proprietário é responsável por danos causados à propriedade privada.

Tal obrigação vincula-se permanentemente à coisa, independentemente de quem a possua. Isso é o que acordou em denominar de obrigação *propter rem*. Deve ser compreendida como acessória ao direito real e, portanto, como um dever do proprietário. Por tal motivo, quem adquire uma propriedade que tenha sofrido dano ambiental, ainda que não seja o causador direto desse dano, não pode se livrar ao cumprimento da legislação ambiental e também é responsável por sua reparação, pois de uma maneira ou de outra, colabora para a conservação da situação de

[57] BRASIL, 1981, *op. cit.*
[58] BRASIL, 1988, *op. cit.*
[59] MILARÉ, *op. cit.*

desequilíbrio ambiental. Assim, o ideal é a prevenção, a fim de que o dano seja evitado. Não sendo possível evitá-lo, no entanto, a ninguém é dado eximir-se da obrigação de reparação, e, uma vez provado o dano e o nexo de causalidade que o liga ao agente, nasce a responsabilidade nas esferas civil, penal e administrativa, e o causador responderá pelos prejuízos que causar.

Conclusões

Do exposto, pode-se constatar que em um Estado Democrático de Direito pautado nas ideias de justiça social e promoção de igualdade material a preservação do meio ambiente se torna peça fundamental para a proteção e desenvolvimento humano em todos os seus aspectos, tendo em vista que não há de se falar em desenvolvimento físico e psíquico e garantia da dignidade humana sem a conservação ambiental. Evidencia-se, assim, a urgência de tutela dos negócios jurídicos contemporâneo nas questões ambientais, de modo que às presentes e futuras gerações sejam assegurados o equilíbrio natural.

Não obstante, em um cenário de constante transformação, o Direito se depara com a complexidade das palavras, as quais promovem mudanças profundas no ordenamento jurídico a exemplo da constitucionalização do Direito Civil, responsável por remodelar a forma pela qual o Direito Privado operava, se antes os negócios jurídicos encontravam-se amparados por uma liberdade contratual plena.

Como resultado de um aperfeiçoamento do Direito aos valores sociais vigentes, o Direito Civil Contemporâneo, a partir de uma perspectiva constitucional, passou a regular a liberdade a partir de uma redução da autonomia da vontade para resguardar valores como a boa-fé objetiva e a função social, de modo a compatibilizar o ordenamento jurídico privado com os valores solidarísticos previstos na Constituição Federal. Desta forma, ao conceber ao direito de propriedade uma visão voltada à justiça social, estar-se-á fortalecendo o próprio Estado Democrático de Direito.

Este efeito de incidência das normas constitucionais ainda continua a operar nas relações privadas, pois mesmo após adquirir a propriedade e lhe dar a função social cabível, o proprietário possui responsabilidade com o equilíbrio ecológico, sendo que o usufruto de seu bem deve observar as normas ambientais. Ademais, o proprietário é responsável pelos danos ambientais que ocorram em sua própria propriedade, devendo restaurar, na medida do possível, todo o impacto ambiental que causou.

Assim, na contemporaneidade, o direito de propriedade deve respeitar a dignidade humana, a função social da propriedade, a igualdade a liberdade e a preservação ambiental, que embora não esteja prevista no rol de direitos fundamentais da Constituição é compreendida como tal e por isso deve ser a todo custo imposta por todo ordenamento jurídico, desde os negócios jurídicos celebrados entre os particulares até às relações indivíduo-Estado.

Referências

AMARAL, Ana Cláudia Corrêa Zuin Mattos do; HATOUM, Nilda Saleh; HORITA, Marcos Massashi. **O Paradigma Pós-Moderno do Negócio Jurídico e a Necessidade de uma nova concepção na contemporaneidade**. Scietia Iuris, Londrina, v. 21, n. 2, p-261-297, jul. 2017.

AMARAL, Francisco. **Direito civil:** introdução. 10. ed. revista e modificada – São Paulo: Saraiva Educação, 2018.

ANTUNES, Paulo de Bessa. **Direito ambiental**. 2. ed. Rio de Janeiro: Lumen Juris, 2010

BRASIL. Lei nº 6.938, de 31 de agosto de 1981. **Dispõe sobre a Política Nacional do Meio Ambiente, seus fins e mecanismos de formulação e aplicação, e dá outras providências.** Brasília, DF: Presidente da República. Disponível em: https://www.planalto.gov.br/ccivil_03/leis/l6938.htm. Acesso em 02 fev. 2023

BRASIL. [Constituição (1988)]. **Constituição da República Federativa do Brasil de 1988.** Brasília, DF: Presidente da República. Disponível em: http://www.planalto.gov.br/ccivil_03/constituicao/constituicao.htm. Acesso em 02 fev. 2023

BRASIL. Lei nº 10.406, de 10 de janeiro de 2002. **Institui o Código Civil**. Brasília, DF: Presidente da República. Disponível em: https://www.planalto.gov.br/ccivil_03/leis/2002/l10406compilada.htm. Acesso em 02 fev. 2023

BRASIL. Lei nº 10.257, de 10 de julho de 2001. **Regulamenta os arts. 182 e 183 da Constituição Federal, estabelece diretrizes gerais da política urbana e dá outras providências**. Brasília, DF: Presidente da República. Disponível em: https://www.planalto.gov.br/ccivil_03/leis/leis_2001/l10257.htm. Acesso em 02 fev. 2023

BRASIL. Supremo Tribunal Federal (Pleno). Mandado de segurança 22164/SP. Impetrante: Antonio de Andrade Ribeiro Junqueira. Impetrado: Presidente da República. **Diário de Justiça**, Brasília, 30 out. 1995. Disponível em: https://redir.stf.jus.br/paginadorpub/paginador.jsp?docTP=AC&docID=85691. Acesso em 02 fev. 2023

BORGES, Roxana Cardoso Brasileiro. **Função ambiental da propriedade rural.** São Paulo: LTr, 1999.

DINIZ, Maria Helena. **Curso de Direito Civil Brasileiro.** vol. 4: direito das coisas. 27.ed. São Paulo: Saraiva, 2012.

DERANI, Cristiane. **Direito Ambiental Econômico.** 3. ed. São Paulo: Saraiva, 2008

DUGUIT, Léon. **Les transformations générales du droit privé depuis le code Napoleón.** 2. ed. rev. Paris: F. Alcan, 1920.

FIGUEIREDO, Guilherme José Purvin de. **A Propriedade no Direito Ambiental.** Revista, atualizada e ampliada, 3. ed., São Paulo: Revista dos Tribunais, 2008.

FRANÇA, Vladimir da Rocha. **Função social da propriedade na Constituição Federal.** Revista Jurídica In Verbis, Curso de Direito da UFRN, Natal, 1995.

GOMES, Orlando. **Direitos Reais.** Atualizada e notas de Humberto Theodoro Júnior, Rio de Janeiro: Forense, 1999.

GOMES, Orlando. **Introdução ao direito civil.** 11. ed. Rio de Janeiro: Forense, 1995.

GONÇALVES, Albenir Itaboraí Querubini. Estudo sobre a função ambiental da propriedade rural no ordenamento jurídico brasileiro. **Revista Brasileira de Direito do Agronegócio** – RBD Agro. Ano 4/5. N. 6, 9 e 10 – Jan./Jun. 2012 – Jul/ Dez 2012 – Jan/Jun. 2013 – São Gotardo: MG, 2015.

HUMBERT, Georges Louis Hage. **Direito urbanístico e função socioambiental da propriedade imóvel urbana.** Belo Horizonte: Fórum, 2008

LÔBO, Paulo Netto. **Constitucionalização do Direito Civil.** Revista de informação legislativa, Brasília, n. 141, p. 99-109, 1999

MACHADO, Paulo Affonso Leme. **Direito Ambiental Brasileiro.** Revista, atualizada e ampliada, 17ª ed., São Paulo: Malheiros, 2009.

MILARÉ, Edis. **Direito do Ambiente**. São Paulo: Editora Revista dos Tribunais, 2007.

MIRRA, Álvaro Luiz Valery. ***Ação civil pública e a reparação do dano ao meio ambiente,*** 2ª ed. São Paulo: Juarez de Oliveira, 2004.

MONTEIRO, Washington de Barros. **Curso de Direito Civil.** Atualizada por Carlos Alberto Dabus Maluf, 37. ed, v. 3, São Paulo: Saraiva, 2003.

MORAES, Maria Celina B. **A Caminhada de um Direito Civil Constitucional.** 1991.

REALE, Miguel. **Filosofia do Direito**, 20. ed. São Paulo: Editora Saraiva, 2013

RODOTA, Stefano. **El terrible derecho**: estúdios sobre la propiedad privada. Madri: Editorial Civitas, 1987, p. 239.

SARMENTO, Daniel. **A normalização da Constituição e a Constitucionalização do Direito Privado.** Rio de Janeiro: Revista da EMERJ, v. 6, n. 23, 2003.

SCHREIBER, Anderson. Direito civil e constituição. *In:* SCHREIBER, Anderson; KONDER, CARLOS NELSON (org.) **Direito Civil constitucional.** São Paulo: Atlas, 2016, p. 1-23.

SILVA, José Afonso da, **Curso de direito constitucional positivo.** 39. ed., rev. e atual. São Paulo: Malheiros, 2016.

TEPEDINO. Gustavo. **O princípio da função social no direito civil contemporâneo.** Revista do Ministério Público do Rio de Janeiro: MPRJ, nº 54 out/dez.2014, p. 141.

6. CONTRATUALIZAÇÃO DA INSEMINAÇÃO CASEIRA: ANÁLISE SOB A PERSPECTIVA DO PLANO DE VALIDADE DOS NEGÓCIOS JURÍDICOS

CASSIA PIMENTA MENEGUCE
DANIELA BRAGA PAIANO
JOÃO ANTONIO SARTORI JÚNIOR
RITA DE CÁSSIA RESQUETTI TARIFA ESPOLADOR

Introdução

A comunidade jurídica mostra-se cada vez mais sensível aos novos modelos familiares que vem sendo construídos ao longo dos tempos, considerando as suas múltiplas formas, fundamentado na dignidade da pessoa humana e prezando os valores sociais que devem regulamentar a vida em sociedade, que está em constante transformação.

Neste contexto, foram surgindo novos arranjos familiares com a finalidade de atender as necessidades de cada indivíduo e, aos poucos, o modelo conservador foi cedendo espaço para esses novos modelos democráticos.

Como exemplo, dentre tantos outros, cite-se a inseminação caseira como uma forma contemporânea de constituir família, que se apresenta como uma realidade na sociedade brasileira em razão, principalmente, do seu baixo ou quase nenhum custo. Mas o uso dessa técnica informal e não recomendada pela comunidade médica pode provocar consequências irreparáveis, tanto no que se refere às questões relacionadas a saúde quanto nas questões jurídicas em relação a todos os envolvidos no projeto parental, com reflexo, inclusive, na criança que será gerada.

Esse artigo tem como objetivo geral demonstrar os efeitos da inseminação caseira especificamente no âmbito jurídico, a partir da análise da validade de negócios jurídicos celebrados entre os envolvidos, que repercutam na esfera da vida privada da criança eventualmente gerada. Os objetivos específicos a serem perseguidos são: a) analisar a possibilidade de celebração de negócio jurídico existencial; b) destacar as condições de possibilidade de conscientização da população acerca das consequências jurídicas da inseminação caseira e, por fim, c) afirmar a importância dos princípios previstos na Constituição Federal, no Direito de Família e no Estatuto da Criança e do Adolescente, os quais visam orientar e prevenir litígios, auxiliando nas regularizações de direitos e na resolução de conflitos familiares.

Para levar a cabo esses objetivos, a pesquisa é guiada por questionamentos acerca da validade de negócios jurídicos envolvendo direitos existenciais que tenham como objeto a inseminação caseira, prevendo em suas cláusulas a preservação do sigilo do doador do material genético. Busca-se responder o questionamento se o filho a ser gerado por inseminação caseira tem assegurado o direito de investigar sua origem biológica com todas as repercussões do direito de família e sucessório daí advindos. Será investigado, ainda, se os envolvidos na inseminação caseira podem pactuar sobre o registro da criança por meio de instrumento público formalizado em serventia de notas e se esse documento seria dotado de validade jurídica.

A hipótese levantada, que se buscará confirmar ao final, é que em todas as situações acima elencadas, eventual negócio jurídico estaria eivado de nulidade, em razão da indisponibilidade do direito negociado, da ilicitude de seu objeto e, também, por ser contrário à disposição legal, além de ferir o princípio da dignidade da pessoa humana e o princípio da integral proteção à criança e ao adolescente.

Ressalta-se que as crianças e os adolescentes são hipossuficientes e por essa razão devem ter a proteção jurídica estatal, na forma do artigo 227, caput da Constituição Federal de 1988, sendo dever da família, da sociedade e do Estado assegurar a criança e ao jovem com absoluta prioridade, o direito à vida, saúde, alimentação, educação, lazer, profissionalização, cultura, dignidade, respeito e a convivência familiar e comunitária.

1. Da possibilidade de celebração de negócios jurídicos existenciais

Antes de discorrer sobre os negócios jurídicos existenciais, é importante fazer uma breve análise acerca da teoria dos negócios jurídicos, prevista a partir do artigo 104 do Código Civil brasileiro. Para Antônio Junqueira de Azevedo o "negócio jurídico é todo fato jurídico consistente em declaração de vontade, a que o ordenamento jurídico atribui os efeitos designados como queridos"[1].

Para que o negócio jurídico seja válido, o Código Civil exige a presença de alguns elementos[2] e, dentre eles, a declaração de vontade livre de quaisquer vícios de consentimento, que se existentes podem macular o negócio jurídico. Essa declaração de vontade, segundo SCHREIBER[3] deve ser:

> [...] apta a produzir efeitos jurídicos. O negócio jurídico estrutura-se todo em torno da vontade do indivíduo, que passa a ser a pedra de toque da disciplina normativa dos negócios jurídicos. Nessa perspectiva, a vontade individual não é apenas suficiente para constituir obrigações, mas é também o elemento que legitima o vínculo obrigacional.

Deste modo, é possível concluir que para que haja negócio jurídico válido é indispensável a livre manifestação de vontade das partes envolvidas, com fundamento na autonomia privada, decorrente da liberdade negocial relativamente aos interesses que estejam relacionados aos bens patrimoniais, que é o cerne dos negócios jurídicos.

Ocorre que a autonomia para celebração de negócios jurídicos passou por uma evolução ao longo dos anos, sendo possível afirmar que a autonomia da vontade tal como inicialmente concebida dava ampla margem de liberdade para celebração de negócios jurídicos patrimoniais, num período em que prevalecia o liberalismo comercial, ocasião em que o Estado deveria se abster de interferir nessas relações. É nesse sentido que SCHREIBER[4] esclarece que:

[1] AZEVEDO, Antônio Junqueira de. **Negócio jurídico: existência, validade e eficácia**, 4. ed., São Paulo: Saraiva: 2002, p. 16

[2] Art. 104, CC. A validade do negócio jurídico requer: I – agente capaz; II – objeto lícito, possível, determinado ou determinável; III – forma prescrita ou não defesa em lei.

[3] SCHREIBER, Anderson. **Manual de direito civil contemporâneo**. – 3. ed. –São Paulo: Saraiva Educação, 2020. p. 333

[4] SCHREIBER, Anderson. **Manual de direito civil contemporâneo**. – 3. ed. –São Paulo: Saraiva Educação, 2020. P. 335.

> Na concepção oitocentista, forjou-se o conceito de autonomia privada como um espaço privilegiado de liberdade individual, um círculo de perseguições dos interesses privados, que – coerentemente com isso – eram definidos por exclusão, como aqueles interesses estranhos ao Estado. A autonomia privada nesse contexto, identificava-se com a autonomia da vontade, isto é, com a livre expressão do intuito individual de cada sujeito.

Com a evolução da sociedade e com a necessidade de criação de mecanismos de controle da atuação econômica deliberada, surge a necessidade de imposição de limitações à autonomia da vontade, que passou então, a ser denominada de autonomia privada. Dessa forma, a autonomia contratual passa a se submeter a regras e limites e, em razão disso, passa a ser denominada de autonomia privada.

Importante esclarecer que a regra continua sendo a ampla liberdade do indivíduo para celebração de negócios jurídicos, porém, com observância às limitações impostas pelo ordenamento jurídico, como exemplo, as normas de ordem pública, a moral, os bons costumes, à boa-fé contratual e a função social dos contratos.

Ao tratar da autonomia privada, PERLINGIERI[5] explica que "pode-se entender por autonomia privada, em geral, o poder, reconhecido ou concedido pelo ordenamento estatal a um indivíduo ou a um grupo, de determinar vicissitudes jurídicas como consequência de comportamentos(...)". Assim, atualmente a autonomia privada comporta uma nova interpretação, dissociada da autonomia da vontade, sendo possível seu reconhecimento em toda relação jurídica negocial, inclusive àquelas de caráter existencial.

Dentro desse contexto é possível afirmar que o ordenamento jurídico brasileiro admite que o indivíduo se autorregule de acordo com seus interesses individuais, sem se olvidar que deverá respeitar os limites impostos pelo próprio Estado e também os limites que se encontram na esfera de liberdade dos outros indivíduos que convivem na mesma sociedade.

Importante destacar que a partir da Constituição Federal de 1988 a pessoa humana foi elevada ao centro do Estado Democrático de Direito e questões que digam respeito ao seu projeto de vida, ligados à sua

[5] PERLINGIERI, Pietro. Perfis do Direito Civil. Tradução de: Maria Cristina de Cicco. 2. Ed. Rio de Janeiro: Renovar, 2002. P. 17.

intimidade e privacidade devem ser decididas dentro de sua parcela de liberdade, em observância ao princípio da dignidade da pessoa humana.

Ultrapassada essa fase inicial acerca da autonomia privada e liberdade negocial voltada especialmente aos negócios jurídicos patrimoniais, passa-se a analisar a possibilidade de celebração de negócios jurídicos existenciais, portanto, de cunho extrapatrimonial que são aqueles que envolvem os direitos da personalidade da pessoa humana, dentre os quais se incluem, por exemplo, a inseminação caseira, objeto deste estudo. Uma vez constatada tal possibilidade, importa investigar quais seriam os limites à autonomia privada a serem observados para que eventual pactuação seja considerada válida.

Para tanto, buscar-se-á investigar questionamentos que surgem em relação a eventual negócio jurídico envolvendo à inseminação caseira, como exemplo: a) se seria possível a celebração de negócio jurídico visando a exclusão do doador do material genético do assento de nascimento da criança que irá nascer; b) a validade do negócio jurídico que proíba o filho de ingressar com medida judicial perante o Poder Judiciário visando o reconhecimento da paternidade em face do doador do material genético; c) a validade da pactuação estabelecendo que o registro de nascimento do filho advindo da inseminação caseira será feito apenas pelas mães homoafetivas com exclusão do doador do material genético, e, por fim, d) se seria válido contrato excluindo o filho dos direitos familiares e sucessórios em relação ao pai biológico.

Para responder aos questionamentos acima, levar-se-á em consideração o entendimento doutrinário, segundo o qual o negócio jurídico deve ser analisado em três planos: de existência, de validade e de eficácia[6]. Neste artigo interessa a análise do segundo degrau da clássica escada ponteana, que é o plano de validade dos negócios jurídicos.

Para que o negócio jurídico seja válido, o Código Civil prevê em seu artigo 104 quais elementos essenciais devem estar presentes no momento da sua celebração. Dentre esses elementos, além da declaração de vontade, que é a exteriorização da autonomia privada, tratada anteriormente, está a previsão de que objeto deve ser lícito, pois uma vez reconhecida sua ilicitude o negócio jurídico restará eivado de nulidade.

[6] AZEVEDO, Antônio Junqueira de, Negócio jurídico: existência, validade e eficácia, p. 117.

Um dos argumentos para sustentar a impossibilidade de celebração de negócios jurídicos envolvendo direitos existenciais é justamente o fato de os direitos da personalidade serem indisponíveis, irrenunciáveis e inalienáveis[7], o que leva a conclusão de que pactos envolvendo tais direitos estariam acometidos de invalidade em razão da ilicitude de seu objeto. Nesse caso, seria impossível a celebração de negócios jurídicos existenciais, quando o objeto do negócio fosse a personalidade do sujeito de direito.

Imannuel Kant já defendia que a partir do momento em que o indivíduo passa a ser visto como um meio para atingir determinada finalidade e deixa de ser o fim em si mesmo, há uma violação à sua dignidade. Para KANT[8]:

> O homem, e, duma maneira geral, todo o ser racional, existe como fim em si mesmo, não só como meio para o uso arbitrário desta ou daquela vontade. Pelo contrário, em todas as suas ações, tanto nas que se dirigem a ele mesmo como nas que se dirigem a outros seres racionais, ele tem sempre de ter considerado simultaneamente como fim. Todos os objectos das inclinações têm somente um valor condicional, pois, se não existissem as inclinações e as necessidades que nelas se baseiam, o seu objecto seria sem valor. As próprias inclinações, porém, como fontes das necessidades, estão tão longe de ter um valor absoluto que as torne desejáveis em si mesmas, que, muito pelo contrário, o desejo universal de todos os seres racionais deve ser o de se libertar totalmente delas.

A título de exemplo de vedação de usar o ser humano como objeto de relações jurídicas, cita-se o caso amplamente conhecido como o "arremesso de anões", em que o prefeito de Morsang-sur-Orge, na França, promoveu a interdição de um estabelecimento que permitia a prática de arremesso de anões – com o consentimento destes. O fundamento da vedação foi que referida prática ofendia a dignidade da pessoa humana em razão de sua objetificação, conforme colacionado abaixo:

[7] Código Civil, Art. 11. Com exceção dos casos previstos em lei, os direitos da personalidade são intransmissíveis e irrenunciáveis, não podendo o seu exercício sofrer limitação voluntária.

[8] KANT, Immanuel. **Fundamentação da Metafísica dos Costumes**. Tradução de Paulo Quintela – Lisboa: Edições 70, 2007. p. 68.

> Considerando que a atração de arremesso de anão que consiste em ter um anão arremessado por espectadores leva ao uso como projétil de uma pessoa portadora de deficiência física e apresentada como tal; que, por seu próprio objeto, tal atração mina a dignidade da pessoa humana; que a autoridade investida do poder de polícia municipal poderia, portanto, proibi-la mesmo na ausência de circunstâncias locais particulares e mesmo quando medidas de proteção tivessem sido tomadas para garantir a segurança da pessoa em questão e que esse cidadão se prestasse livremente a esta exposição, mediante remuneração; [...][9]

Assim, percebe-se que a autonomia privada não é absoluta e encontra limitação ainda quando se refira à disposição do próprio corpo, cujos limites devem ser respeitados, sob pena de violação da dignidade da pessoa humana.

Porém, é importante dizer que em determinadas situações a disposição dos direitos da personalidade podem ser relativizadas, e com a evolução da sociedade cada vez mais são admitidas novas formas de contratualização envolvendo os direitos existenciais, podendo ser citados como exemplos no campo do direito de família os contratos de convivência e o contrato de namoro, contratos de regulação de guarda entre filhos e também em outras searas, como contratos de uso da imagem da pessoa, dentre outros.

Outro ponto importante está relacionado com o avanço da biotecnologia e do biodireito, em razão do qual surge uma nova classificação de negócio jurídico, denominada de negócios biojurídicos, expressão cunhada por Rose Melo Vencelau Meireles[10] para se referir aos negócios jurídicos envolvendo o próprio corpo da pessoa humana. Ao tratar sobre a possibilidade de realização de negócios biojurídicos, ESPOLADOR, GÓIS E PAVÃO[11], afirmam que:

[9] LOPES, Sarila Hali Kloster. o direito de liberdade de trabalho e a dignidade da pessoa humana: um conflito inexistente – o caso do lançamento dos anões. Diponível em: https://periodicos.unoesc.edu.br/espacojuridico/article/view/2270 Acesso em 11.02.2023

[10] MEIRELES, Rose Melo Vencelau. Negócios biojurídicos. In: PONA, Éverton Willian; AMARAL, Ana Cláudia Corrêa Zuin Mattos do; MARTINS, Priscila Machado (Coord.). Negócio jurídico e liberdades individuais: autonomia privada e situações jurídicas existenciais. Curitiba: Juruá, 2016. P. 57

[11] PAVÃO, Juliana C; GÓIS, Paula B. de; ESPOLADOR, Rita de Cássia R. Tarifa. Revista da Faculdade de Direito do Sul de Minas, Pouso Alegre, v. 35, n. 1: 289-315, jan./jun. 2019.

> [...] os negócios jurídicos também foram expandidos, logo, não é mais possível tratar apenas de negócios jurídicos patrimoniais, existindo hoje o negócio biojurídico. Os negócios jurídicos estão regulamentados na parte geral do Código Civil Brasileiro, sendo formados com base na autonomia privada das partes. Diante disso, considerando que o negócio jurídico, como está expresso no texto legal, é apenas categoria geral, ele pode atuar em qualquer situação subjetiva, tanto patrimonial como extrapatrimonial.

Assim, é possível concluir que o ordenamento jurídico brasileiro admite a celebração de negócio biojurídico que envolve os direitos ao próprio corpo, dos quais são exemplos os contratos de clínicas de reprodução humana assistida para doação gratuita de material genético, diretivas de vontade antecipadas, doação de órgãos *post mortem*, autorização para utilização de material genético *post mortem*, dentre outros, desde que observados os elementos de formação dos negócios jurídicos, à boa fé, e que não seja contrários à lei e a ordem pública.

Identificada tal possibilidade, passa-se a analisar no tópico seguinte, a validade dos negócios biojurídicos envolvendo a inseminação caseira, técnica que vem aumentando consideravelmente no Brasil, o que exige estudo e atenção tanto da comunidade médica, quanto do poder público e, especialmente, dos juristas em razão do aumento de demandas envolvendo o tema perante o Poder Judiciário.

1.2. Da inseminação caseira

Antes de tratar da inseminação caseira propriamente dita, importante relembrar que cada vez mais vão surgindo novos arranjos familiares, podendo ser citado como exemplo a família coparental. Ao conceituar a coparentalidade ou famílias coparentais, Rodrigo da Cunha Pereira explica que são aquelas famílias constituídas entre indivíduos que não pretendem estabelecer uma conjugalidade ou qualquer relacionamento amoroso e talvez nem mesmo relação sexual, mas "apenas se encontram movidas pelo interesse de fazer uma parceria de paternidade/maternidade"[12].

[12] PEREIRA, Rodrigo da Cunha. Coparentalidade Abre Novas Formas de Estrutura Familiar. Disponível em < https://www.conjur.com.br/2017-ago-13/processo-familiar--coparentalidade-abre-novas-formas-estrutura-familiar>. Acesso em 10 fev. 2023.

No que se refere à inseminação caseira, esta pode ocorrer tanto dentro do modelo coparental acima descrito, como também por pessoas que não pretendem constituir qualquer vínculo de paternidade, sendo que o homem pretende apenas ser o doador do material genético para que outras pessoas possam realizar o sonho de construir família.

Nesse contexto, percebe-se que a família tem uma função primordial na sociedade, recebendo, em razão disso, proteção especial do Estado, na forma do artigo 226, caput, da Constituição Federal de 1988. Nesse diapasão, GONÇALVES aponta que o termo "família tem uma dimensão que abrange todas as pessoas que tem um vínculo comum, sanguíneo, bem como que mantém um vínculo afetivo"[13].

Na lição de Rizzardo[14], a família como um campo de incidência de situações anormalizadas, que progressivamente aumenta na medida em que se tornam mais complexas as relações interindividuais, nas quais se dissipam os princípios éticos e morais de fidelidade e união, e crescem as dificuldades econômicas de subsistência.

Desta forma, a família seria uma realidade sociológica na qual constitui a base estatal, como um núcleo fundamental em que repousa toda a organização social, de forma que, o âmbito familiar consiste num elemento básico por seres com proximidades em comum ou uma relação de laços afetivos. Atualmente, a família consiste no lugar de proteção, amor, lealdade, ou seja, um agrupamento que possui afinidade por convivência contínua e duradoura e com alterações sociais, conceito que vem modificando a cada dia, trazendo novas ideias e novas configurações, transformando o defasado pátrio poder, no revitalizado poder familiar, com direitos e deveres atribuídos a todos os integrantes do núcleo familiar.

A Constituição Federal de 1988 prioriza a família admitindo novas formas de sua constituição, estabelecendo novos valores sociais a partir da valorização da pessoa humana, assegurando um tratamento prioritário às crianças e aos adolescentes fundamentado no melhor interesse destes.

Ao longo do tempo, ocorreram várias mudanças nas estruturas familiares, de forma que, ainda hoje existe a família do modelo convencional, ou seja, homem e mulher unidos pelo casamento tradicional, porém, o perfil

[13] GONÇALVES, Carlos Roberto. **Direito civil brasileiro: direito de família**. 15 ed. volume 6. São Paulo: Saraiva Educação, 2018. p. 08.

[14] Rizzardo, Arnaldo. **Direitos de Família**. – 10. ed. – Rio de Janeiro: Forense, 2019. P.36.

contemporâneo se apresenta com uma completa reformulação estrutural, onde o elemento que coloca sob o manto da juridicidade familiar é o vínculo afetivo. Ao tratar das profundas transformações no conceito de família, SCHREIBER explica que:

> Poucas instituições sofreram transformações tão profundas nos últimos cem anos quanto a família. [...] A autonomia feminina permitiu o desenvolvimento de uma concepção mais democrática do fenômeno familiar, com iguais direitos e responsabilidades. [...] para atender a essa nova função, a própria estrutura da família se transforma. Se, antes, vinha identificada com um modelo único e exclusivo de convivência, centrado no vínculo matrimonial, a família passa por um gradativo e saudável processo de desintegração. Novos arranjos familiares são reconhecidos como merecedores de proteção. [...] A doutrina já reconhece que o rol dos arranjos familiares é aberto. [...] Todos parecem querer uma família para si[15].

Nesta conjuntura, as alterações pertinentes no direito de família demonstram a função social da família no direito brasileiro, de forma que, as inovações mencionadas dão uma visão panorâmica das profundas modificações familiares.

As alterações sociais vêm trazendo novas estruturas familiares, conforme explica Maria Berenice Dias[16], e essas estruturas possuem objetivos de um conjunto de sentimentos e comportamentos carinhosos, como de lealdade, dependência recíproca, confiança, respeito, carinho e amor. Assim, os novos modelos de famílias são pautados no sentimento puro e sincero das pessoas, principalmente no afeto, caracterizando a família contemporânea.

Desta forma, pode-se afirmar que a convivência familiar corresponde a verdadeiro direito fundamental da criança e adolescente e está inserida no conceito de família pós-moderna em qualquer dos arranjos em que se afigure.

Nesta condição, do ponto de vista emocional, a criança ou adolescente, embora inseridos em diversos modelos familiares, têm direito de ver

[15] SCHREIBER, Anderson. Manual de direito civil contemporâneo. – 3. ed. –São Paulo: Saraiva Educação, 2020. p.230

[16] DIAS, Maria Berenice. **Manual de direito das famílias.** 11ª Edição, São Paulo: Editora Revista dos Tribunais, 2016. P. 105

resguardada e respeitada a convivência familiar de forma saudável e digna, conforme determinado pelo Estatuto da Criança e do Adolescente[17].

Contudo, justamente em razão das mudanças no modo de constituição familiar, em determinada situações há uma crescente preocupação com a possibilidade de violação das garantias primordiais das crianças e adolescentes, especialmente no que se refere ao dever proteção integral. Uma das causas que vem gerando essa preocupação é o acelerado aumento da geração de filho por meio da inseminação caseira.

A inseminação caseira, assim como as demais técnicas de reprodução humana assistida (TRHA), carecem de regulamentação jurídica específica, já que no Brasil inexiste lei formal que trate do tema, sendo que o Conselho Federal de Medicina regulamenta a prática de reprodução humana assistida realizada em clínica especializada.

A grande preocupação com o uso indiscriminado e sem acompanhamento especializado diz respeito aos riscos que a inseminação caseira pode trazer a saúde da gestante, do filho a ser gerado e também da necessidade de judicialização de medidas em razão de litígios que podem surgir entre os envolvidos.

A inseminação caseira consiste num método informal utilizado por aqueles que pretendem gerar um filho, sem qualquer supervisão médica ou de profissional da saúde. Segundo CABRAL, SILVA e MOREIRA, é possível conceituar a inseminação caseira:

> [...] como técnica de reprodução informal, pouco onerosa e desburocratizada, realizada por pessoas não especializadas, em âmbito domiciliar, mediante a qual é implantado na mulher material genético (sêmen), de doador cuja identidade é conhecida pelas partes[18].

De acordo com a ANVISA – Agência Nacional de Vigilância Sanitária, o procedimento da inseminação caseira é a forma simplificada de implantação do material genético no corpo da mulher: o sémen (do doador) é

[17] Lei nº8.072. Art. 1º Esta Lei dispõe sobre a proteção integral à criança e ao adolescente.

[18] CABRAL, Hildeniza Lacerda Tinoco Boechat; SILVA, Karla de Mello; MOREIRA, Raquel Veggi. Inseminación domiciliaria, la bioética y efectos jurídicos. In: TINANT, Eduardo Luis (director). Anuario de Bioética y Derechos Humanos 2021. Instituto Internacional de Derechos Humanos Capítulo para las Amercias, [s.l], 2021. p.96

coletado em um recipiente e aspirado numa seringa ou cateter, por meio do qual é introduzido na vagina da mulher (receptora), realizada por pessoas leigas e em ambientes domésticos ou hotéis, totalmente sem assistência de um profissional da saúde.[19]

Desta forma, por se tratar de procedimento realizado de maneira informal, sem observância dos procedimentos médicos regulamentados pelo Conselho Federal de Medicina surgem alguns problemas que devem ser enfrentados, especialmente no âmbito jurídico.

O primeiro problema identificado é no que se refere ao assento de nascimento da criança gerada pela inseminação caseira. Algumas pessoas que recorrem à essa técnica acreditam que podem pactuar entre si a exclusão do genitor do assento de nascimento da criança por mero acordo entre elas, assim como o doador também acredita que terá sua identidade biológica preservada pelo sigilo tal como ocorre com a utilização de técnicas de reprodução humana realizada em clínica de reprodução especializada.

Ocorre que nos termos do Provimento 63/2017 do CNJ, em especial a partir do seu artigo 16, o assento de nascimento de filho havido por técnicas de reprodução assistida realizada em clínica especializada será inscrito no Livro A, independentemente de prévia autorização judicial e observada a legislação em vigor no que for pertinente, mediante o comparecimento de ambos os pais, com a apresentação dos documentos exigidos pela lei, em especial da declaração, com firma reconhecida, do diretor técnico da clínica, centro ou serviço de reprodução humana em que foi realizada a reprodução assistida, indicando que a criança foi gerada por reprodução assistida heteróloga, assim como o nome dos beneficiários.

Destarte, se constatada que a inseminação caseira ou autoinseminação não se amolda ao procedimento regulamentado pelo Provimento 63/2017 do CNJ, nem nas recentes Resoluções do Conselho Federal de Medicina – CFM[20], restará impossibilitada a lavratura do assento de nascimento dire-

[19] Disponível em: http://antigo.anvisa.gov.br/resltadodebusca?p_p_id=101&p_p_lifecycle=0&p_p_state=maximized&p_p_mode=view&p_p_col_id=column-1&p_p_col_count=1&_101_struts_action=%2Fasset_publisher%2Fview_content&_101_assetEntryId=4265364&_101_type=content&_101_groupId=219201&_101_urlTitle=inseminacao-artificial-caseira-riscos-e-cuidados&inheritRedirect=true.

[20] A mais recente é a Resolução n. 2.320/2022. (CFM)

tamente pelas serventias extrajudiciais quando, por exemplo se tratar de casal homoafetivo feminino, sendo necessário recorrer ao Poder Judiciário para reconhecê-la, o que vem provocando um aumento no número de casos no já abarrotado Poder Judiciário brasileiro.

O Provimento 63/2017 do Conselho Nacional de Justiça (CNJ) regulamenta o registro de nascimento e emissão da respectiva certidão dos filhos havidos por reprodução assistida[21], a ser confeccionado pelas Serventias Extrajudiciais, quando realizados por meio de clínicas especializadas.

Deste modo, fica evidente que os assentos de nascimentos decorrentes da inseminação caseira não podem ser realizados pelos Oficiais de Registros Civis das Pessoas Naturais, de forma administrativa sem intervenção do Poder Judiciário, especialmente quando se tratar de casal homoafetivo feminino nos casos em que o doador do material genético não tem a intenção de participar do projeto parental. Ao discorrer sobre o assunto, Daniela Braga Paiano[22], explica que:

> A dificuldade para o registro surgirá aqui: a técnica tem sido muito utilizada, também por casais homoafetivos femininos, que usam de material genético de uma terceira pessoal. Quando o doador do material genético faz parte do projeto de parentalidade, pode surgir uma multiparentalidade – a criança será registrada no nome de três pessoas, duas mães e um pai. Porém, quando o doador não fizer parte desse projeto, a criança será registrada em nome das duas mães. Essas duas situações terão a dificuldade para o registro para inclusão da mãe não parturiente, já que, por não ter sido utilizada uma clínica de reprodução assistida, não há previsão legal autorizando o registro (art. 8º do Provimento n. 63/2017 CNJ).

[21] Art. 17. Será indispensável, para fins de registro e de emissão da certidão de nascimento, a apresentação dos seguintes documentos: II – declaração, com firma reconhecida, do diretor técnico da clínica, centro ou serviço de reprodução humana em que foi realizada a reprodução assistida, indicando que a criança foi gerada por reprodução assistida heteróloga, assim como o nome dos beneficiários;

[22] PAIANO, Daniela Braga. Reprodução assistida: autoinseminação e suas implicações jurídicas e as alterações trazidas pela Resolução n. 2294/2021 do Conselho Federal de Medicina. Civilistica.com. Rio de Janeiro, a. 11, n. 1, 2022. Disponível em: <http://civilistica.com/reproducao-assistida-autoinseminacao/>. Data de acesso em 11 fev.2023

Em caso análogo, decorrente de reprodução assistida com cessão temporária de útero, um dos pretendentes requereu a renúncia à paternidade, alegando que não tinha intenção de participar do projeto de parentalidade, contribuindo tão somente com a doação do material genético. A 2ª Vara de Registros Públicos do Tribunal de Justiça do Estado de São Paulo, se manifestou pela impossibilidade da renúncia, com a irrevogabilidade da paternidade por ter o doador anuído com o negócio jurídico e participado de todos os atos da gestação, conforme ementa que se reproduz:

> RCPN. Reprodução assistida heteróloga. Filiação. Renúncia. Irrevogabilidade. União estável homoafetiva – fertilização heteróloga. RCPN. 2VRPSP – Processo: 1010250-76.2017.8.26.0100 Localidade: São Paulo Data de Julgamento: 07/04/2017 Data DJ: 12/04/2017 Relator: Marcelo Benacchio.[23]

Deste modo, ainda que os envolvidos na inseminação caseira – autores do projeto parental e doador do material genético – pactuem desincumbindo o doador de qualquer responsabilidade acerca do registro de nascimento da criança, esse negócio jurídico estará eivado de nulidade, já que será contrário à regulamentação expressa da matéria que trata dos assentos de nascimento.

Outros problemas a serem enfrentados dizem respeito à validade de negócio jurídico que preveja a exclusão de responsabilidades paterna do doador do material genético com a criança que irá nascer, ou que preveja a proibição do filho ingressar com medida judicial perante o Poder Judiciário visando o reconhecimento da paternidade em face do doador do material genético e, ainda, a exclusão do filho de direitos decorrentes do vínculo biológico como o direito aos alimentos, dentre outros direitos decorrentes do poder familiar e direitos sucessórios.

Quando se trata de reprodução humana assistida realizada em clínica especializada há a previsão expressa do resguardo do sigilo da identidade do doador do material genético bem como a inexistência de qualquer direito advindo do vínculo biológico entre doador e a criança gerada[24].

[23] https://extrajudicial.tjsp.jus.br/pexPtl/visualizarDetalhesPublicacao.do?cdTipopublicacao=5&nuSeqpublicacao=6108

[24] Resolução nº2230/2022 do Conselho Federal de Medicina.

Nesses casos, há uma ponderação de princípios e o direito à busca pelo conhecimento da verdade biológica fica suplantado pelo direito ao sigilo do doador do material genético.

A mesma garantida não pode ser invocada em casos de inseminação caseira, que carece que previsão legal ou mesmo de regulamentação administrativa pelos órgãos competentes, sendo inclusive, uma técnica realizada de maneira informal, não recomendada pela comunidade médica diante dos riscos que apresenta à saúde da gestante e da criança que poderá ser gerada.

Neste diapasão, ante a intensa divulgação deste método nas redes sociais somada ao baixo custo, mesmo diante dos inúmeros riscos existentes, a inseminação caseira se mostra uma realidade nos novos núcleos familiares, com repercussão das demandas perante o Poder Judiciário, dada a complexidade dessas relações jurídicas.

Nas redes sociais, é ampla a divulgação da aplicação dos métodos informais e a doação do material genético da inseminação caseira, em especial pelo Facebook, que apresenta um Grupo denominado Inseminação Caseira – Tentadores e Doadores, com 46 mil membros e outro denominado Inseminação Caseira – Tentadores Doadores – Doação de Esperma, com 30 mil membros[25].

Desta forma, qualquer negócio jurídico celebrado entre os envolvidos que preveja em suas cláusulas o resguardo do sigilo do doador do material genético em prejuízo do filho, poderá ter sua invalidade judicialmente declarada e o filho poderá ingressar com ação de investigação de paternidade em face do doador de sêmen para realização da inseminação caseira, com todos os direitos daí advindos, sejam no âmbito do direito familiar ou sucessório.

Importante destacar também que a inseminação caseira conflita com as recentes alterações legislativas que ressaltam a importância da desjudicialização, assegurando direitos e resolvendo conflitos dos cidadãos diretamente pelos serviços notariais e registrais, sem qualquer provocação do Poder Judiciário, em busca da pacificação social.

25 https://www.facebook.com/groups/352244381619368; https://www.facebook.com/groups/165062034072952 e https://www.facebook.com/groups/301342397164426. Acesso em 10 fev. 2023.

No que tange a necessidade de judicialização de questões envolvendo a inseminação caseira, a 2ª Vara de Registros Públicos do Tribunal de Justiça do Estado de São Paulo já enfrentou a questão:

> RCPN. DUPLA MATERNIDADE – RECONHECIMENTO. INSEMINAÇÃO ARTIFICIAL CASEIRA AUTO INSEMINAÇÃO. PEDIDO DE PROVIDÊNCIAS: 1060041-12.2020.8.26.0002. LOCALIDADE: São Paulo. DATA DE JULGAMENTO: 31/03/2021 DATA DJ: 31/03/2021 RELATOR: Marcelo Benacchio JURISPRUDÊNCIA: Indefinido LEI: CC2002 – Código Civil de 2002 – 10.406/2002 ART: 1.597 ESPECIALIDADES: Registro Civil de Pessoas Naturais RCPN. Dupla maternidade – reconhecimento. Inseminação artificial "caseira". Autoinseminação. Competência jurisdicional[26].

É notório que a demora na resolução dos conflitos envolvendo as relações familiares faz com que haja um aumento nas contendas, de forma que, a resolução rápida e eficaz, proporciona uma prevenção de litígios e dá segurança jurídica aos envolvidos, podendo proporcionar, inclusive, a resolução ou divergência dos próprios pretendentes da autoinseminação.

Nesse ponto, importante destacar a decisão da 4ª Câmara de Direito Privado do Tribunal de Justiça de São Paulo, nos Autos 1055550-93.2019.8.26.0002 no qual analisou se os pretendentes da inseminação caseira e o doador do material genético poderiam buscar nas Serventias Extrajudiciais, em especial nos Tabelionatos de Notas, a formalização de escritura ou declaração pública do negócio jurídico, com declaração expressa da ausência de qualquer envolvimento emocional do doador genético com os pretendentes e com o filho gerado pela autoinseminação, com a finalidade de desvincular o terceiro doador do material genético do negócio jurídico contemporâneo. A questão debatida é se o referido negócio seria dotado de validade jurídica.

A 4ª Câmara de Direito Privado do Tribunal de Justiça de São Paulo entendeu pela possibilidade de lavratura da escritura pública, porém, caso o genitor biológico ou o filho gerado desejassem, no futuro, o

[26] https://www.jusbrasil.com.br/diarios/documentos/1165972863/andamento-do-processo-n-1060041-1220208260002-procedimento-comum-civel-uniao-homoafetiva-11-02-2021-do-tjsp.

reconhecimento de paternidade não estariam impedidos de fazê-lo, podendo buscar as vias adequadas para tanto, sendo certo a admissão pelo ordenamento pátrio da multiparentalidade, conforme seguinte ementa:

> ação de reconhecimento de paternidade – ação de procedência – insurgência do ministério público em recurso de apelação – união homoafetiva – criança concebida através de INSEMINAÇÃO artificial heteróloga "caseira". Demonstração da doação de material genético por terceiro, que declarou a ausência de vínculo afetivo com as autoras e com a criança – Comprovação da parentalidade socioafetiva que possibilita a declaração de maternidade – Sentença mantida – Nega-se provimento ao recurso.[27]

Portanto, o doador do material genético poderia a qualquer tempo ter reconhecida a paternidade decorrente da inseminação caseira pelos meios jurídicos e legais, em observância ao melhor interesse da criança, cujo princípio tem sede constitucional e está previsto no artigo 227 da CF/88 e também nos artigos 4º e 5º do Estatuto da Criança e do Adolescente.

Deste modo, a inseminação caseira é uma prática que vem crescendo cada vez mais e, na mesma proporção, surgem questões que muitas vezes somente podem ser solucionadas perante o Poder Judiciário.

A sociedade talvez ainda não esteja suficientemente esclarecida sobre os riscos e consequências da inseminação caseira, tanto na área da saúde quanto no âmbito jurídico. Um dos maiores equívocos é muitas pessoas acreditarem que o doador de sêmen estará isento de qualquer vínculo com a criança a ser gerada.

Nesses casos não há se falar em sigilo do doador. Desta forma, se o filho pretender ingressar com ação de investigação de paternidade, o doador não poderá suscitar em seu benefício, eventual negócio jurídico que tenha celebrado com a genitora da criança visando excluir direitos indisponíveis da criança gerada, pois neste caso o negócio jurídico estaria eivado de nulidade em razão da ilicitude de seu objeto.

Conclusões

Diante do estudo ora desenvolvido, percebe-se que há um imenso desconhecimento pela sociedade, de modo geral, das consequências jurídicas e

[27] https://www.jusbrasil.com.br/jurisprudencia/tj-sp/1357221445

também dos riscos à saúde que poderão advir da prática da inseminação caseira. Essa falta de informação pode ser extremamente danosa, não apenas no que se refere à saúde da mulher, que fica vulnerável e entregue à própria sorte, mas também no que se refere à vida da criança que poderá ser gerada.

No caso de inseminação caseira – diferentemente do que ocorre quando a inseminação artificial é realizada em clínica especializada – a criança tem o direito resguardado de buscar conhecer sua verdade biológica e, caso queira, poderá reivindicar todos os direitos decorrentes do vínculo de filiação, seja no campo do direito de família ou direito sucessório, e para isso, muitas vezes precisará recorrer ao Poder Judiciário para a resolução desse conflito.

Além disso, os serviços notariais e registrais, em especial os Oficiais de Registro Civil das Pessoas Naturais, encontrariam óbices para promover o registro do assento de nascimento da criança advinda da inseminação caseira quando realizada por casais homoafetivos feminino, o que inviabiliza a atuação as serventias de forma extrajudicial sem necessidade de intervenção do Poder Judiciário.

De mais a mais, pode-se confirmar, a partir do estudo refletido neste artigo, a hipótese inicialmente suscitada, pois ainda que os interessados na inseminação caseira celebrem negócios jurídicos estabelecendo cláusulas, criando direitos ou obrigações, esse contrato poderá ter sua invalidade declarada judicialmente caso o pacto seja contrário à disposição legal, como no caso que estabeleça garantia de que o doador do material genético terá seu sigilo biológico resguardado, que trate de questões sobre o registro ou, ainda, de direito de família e sucessório. Isso porque tais cláusulas, além de contrárias à lei, estariam ferindo os princípios, normas de ordem pública, costumes e, especialmente, a dignidade da pessoa humana da criança, a quem o ordenamento jurídico garante a proteção absoluta e integral.

Referências

AZEVEDO, Antônio Junqueira de. Negócio jurídico: existência, validade e eficácia, 4. ed., São Paulo: Saraiva: 2002, p. 16.

BRASIL. **Constituição Da República Federativa Do Brasil.** Disponível em: http://www.planalto.gov.br/ccivil_03/constituicao/constituicao.htm. Acesso em 20/04/2022.

BRASIL. **Estatuto da Criança e do Adolescente**. Lei nº 12.010/09. Disponível em: http://www.planalto.gov.br/ccivil_03/_Ato2007-2010/2009/Lei/L12010.htm. Acesso em: 01/05/2022.

BRASIL. **Tribunal de Justiça do Estado de São Paulo.** Processo nº 1010250-76.2017.8.26.0100. In: https://extrajudicial.tjsp.jus.br/pexPtl/visualizarDetalhesPublicacao.do?cdTipopublicacao=5&nuSeqpublicacao=6108. Data de acesso em 13 fev.2023.

CABRAL, Hildeniza Lacerda Tinoco Boechat; SILVA, Karla de Mello; MOREIRA, Raquel Veggi. **Inseminación domiciliaria, la bioética y efectos jurídicos.** In: TINANT, Eduardo Luis (director). Anuario de Bioética y Derechos Humanos 2021. Instituto Internacional de Derechos Humanos Capítulo para las Amercias, [s.l], 2021.

CABRAL, Hildeliza Lacerda Tinoco Boechat; RIBEIRO, Patrícia Damasceno; ALMEIDA , João Carlos de Aquino. **Inseminação caseira: múltiplas faces**: volume 2 – Campos dos Goytacazes, RJ: Encontrografia Editora, 2022.

DIAS, Maria Berenice. **Manual de direito das famílias**. 11ª Edição, São Paulo: Editora Revista dos Tribunais, 2016.

DINIZ, Maria Helena. **Curso de direito civil brasileiro**: *direito de família*. Volume 5. 27ª. ed. São Paulo: Saraiva, 2012.

GONÇALVES, Carlos Roberto. **Direito civil brasileiro: direito de família**. 15 ed. volume 6. São Paulo: Saraiva Educação, 2018.

JusBrasil. 2021. Disponível em: https://www.jusbrasil.com.br/diarios/documentos/1165972863/andamento-do-processo-n-1060041-1220208260002-procedimento-comum-civel-uniao-homoafetiva-11-02-2021-do-tjsp. Data de acesso em 13 fev.2023.

JusBrasil. 2022. Disponível em: https://www.jusbrasil.com.br/jurisprudencia/tj-sp/1357221445. Data de acesso em 13 fev.2023.

KANT, Immanuel. **Fundamentação da Metafísica dos Costumes**. Tradução de Paulo Quintela – Lisboa: Edições 70, 2007.

LÔBO, Paulo Luiz Netto. Entidades Familiares Constitucionalizadas: Para Além do Numerus Clausus. Disponível em: https://ibdfam.org.br/artigos/128/Entidades+familiares+constitucionalizadas:+para+al%C3%A9m+do+numerus+clausus. Acesso: 01/10/2022

LOPES, Sarila Hali Kloster. **O direito de liberdade de trabalho e a dignidade da pessoa humana: um conflito inexistente – o caso do lançamento dos anões**. Disponível em: https://periodicos.unoesc.edu.br/espacojuridico/article/view/2270 Acesso em 11.02.2023

MEIRELES, Rose Melo Vencelau. **Negócios biojurídicos**. In: PONA, Éverton Willian; AMARAL, Ana Cláudia Corrêa Zuin Mattos do; MARTINS, Priscila Machado (Coord.). Negócio jurídico e liberdades individuais: autonomia privada e situações jurídicas existenciais. Curitiba: Juruá, 2016.

PAIANO, Daniela Braga. Reprodução assistida: autoinseminação e suas implicações jurídicas e as alterações trazidas pela Resolução n. 2294/2021 do Conselho Federal de Medicina. Civilistica.com. Rio de Janeiro, a. 11, n. 1, 2022. Disponível em: <http://civilistica.com/reproducao-assistida-autoinseminacao/>. Data de acesso em 11 fev.2023.

PAIS AMIGOS. Disponível em: https://paisamigos.com/ Acesso em: 02.11.2022.

PAVÃO, Juliana C; GÓIS, Paula B. de; ESPOLADOR, Rita de Cássia R. Tarifa. Revista da Faculdade de Direito do Sul de Minas, Pouso Alegre, v. 35, n. 1: 289-315, jan./jun. 2019.

PEREIRA, Rodrigo da Cunha. **Coparentalidade Abre Novas Formas de Estrutura Familiar.** Disponível em < https://www.conjur.com.br/2017-ago-13/processo--familiar-coparentalidade-abre-novas-formas-estrutura-familiar>. Acesso em 10 fev. 2023.

PERLINGIERI, Pietro. **Perfis do Direito Civil**. Tradução de: Maria Cristina de Cicco. 2. Ed. Rio de Janeiro: Renovar, 2002.

REVISTA SUPER INTERESSANTE. Disponível em: https://www.rodrigodacunha.adv.br/revista-super-interessante-aborda-coparentalidade/ Acesso em 05/05/2022

RIZZARDO, Arnaldo. **Direitos de Família**. – 10. ed. – Rio de Janeiro: Forense, 2019.

SCHREIBER, Anderson. **Manual de direito civil contemporâneo**. – 3. ed. –São Paulo: Saraiva Educação, 2020.

7. INOVAÇÕES NOS NEGÓCIOS JURÍDICOS ADMINISTRATIVOS: NOVAS PERSPECTIVAS SOBRE A AUTONOMIA DA VONTADE

Beatriz Ribeiro Lopes Barbon
Estella Ananda Neves

Introdução

A administração pública possui prerrogativas e sujeições em razão de suas atribuições voltadas ao atendimento do interesse público. Assim, aqueles que agem em seu nome são obrigados a atender esse fim em todos os seus atos, respeitando ainda os princípios administrativos constitucionais. Diante dessas exigências legais, que engessam a amplitude dos atos da administração para a proteção dos administrados e do interesse público, existe uma margem de discricionariedade para agir. É nessa margem que se encontra a autonomia da vontade da administração pública.

Dado isso, a premissa de que a administração pública tem autonomia plena de vontade, com ampla liberdade deve ser analisada com cautela. De início, é possível afirmar que a obrigatoriedade de procedimento licitatório, na maior parte das contratações públicas, já atenua a existência do elemento vontade como formador dos seus contratos. Ainda existe discussão na doutrina sobre até onde vai essa autonomia e se pode ser ampliada para inclusive atender o interesse público.

A possibilidade de ampliação da autonomia é um ponto sensível no Direito Administrativo, mesmo porque, a autonomia facilita o bom desenvolvimento da celebração de contratos administrativos e demonstra maior eficiência na atividade administrativa. Apesar das vantagens apontadas, a consecução do interesse público deve nortear a celebração dos contratos administrativos e demais atividades da Administração. A autonomia ilimitada tem efeito contrário, prejudica e resulta na arbitrariedade, a qual é totalmente contrária a supremacia do interesse público.

Sendo assim, evidente que existem fortes diferenças entre a autonomia da vontade no direito civil e a autonomia no direito administrativo, porque neste último, a conduta do particular apenas servirá para criar os requisitos legais o exercício do poder pela Administração ou a externalização dos seus efeitos jurídicos são contidos em ato administrativo ou na lei.

Então, a liberdade sem previsão legal para a administração pode ocasionar arbítrios, proporcionando ampla discricionariedade, que pode não coincidir com o interesse público, mas com o interesse do administrador, o que não pode ocorrer.

1. O problema da autonomia da vontade nos negócios jurídicos administrativos

O Estado é conduzido politicamente pelo governo, mas para que o primeiro exerça suas funções, preste serviços e obtenha resultados úteis à coletividade, é necessário organização e racionalização das atividades, exercida pela administração pública. Como bem define Alexandre de Moraes[1], a administração pública atua na consecução do interesse público através de órgãos e pessoas jurídicas atribuídas por lei para o exercício da função administrativa. Nesse sentido, a administração pública possui atribuições estabelecidas por lei, que devem ser exercidas respeitando princípios constitucionais específicos (legalidade, imparcialidade, moralidade, publicidade e eficiência).

Bandeira de Mello explica que a administração pública age conforme o interesse público, que é supremo, por isso possui as chamadas prerrogativas e sujeições[2]. No entanto, estas últimas não podem ser exercidas com a mesma autonomia e liberdade que os particulares, pois a administração exerce a função administrativa. Portanto, os administradores têm o dever de satisfazer os interesses da coletividade, manejando os poderes requeridos para tanto[3].

[1] MORAES, Alexandre de. **Direito Constitucional**. 34ª ed. São Paulo: Atlas, 2018, p. 668.

[2] MELLO, Celso Antonio Bandeira de. **Curso de Direito Administrativo**. 30ª ed. São Paulo: Malheiros, 2013, p. 72.

[3] MELLO, op. cit., p. 72.

A administração pública ocupa então uma posição singular no mundo jurídico, em vista de que ao mesmo tempo que tem sua liberdade de agir cerceada pela lei e pelo interesse público, possui certos privilégios e poderes que podem ser exercidos por estes mesmos preceitos. Por isso, pode impor coações aos particulares, obrigando-os sem a necessidade de sua autorização. Assim, busca efetivar seus objetivos, pois todos os seus atos possuem finalidade.

Dado isso, a atividade da administração é bastante diversa dos particulares, utilizando-se de regime próprio, seguindo princípios e regras próprios. Os particulares agem conforme sua vontade, sendo livres para exercer aquilo que não é proibido por lei; já a administração só pode fazer aquilo que é prescrito pela lei.

Conforme Cretella Junior[4], o direito civil, que rege os particulares, é tradicionalmente baseado na autonomia da vontade. Esse princípio fundamenta as relações contratuais e está diretamente ligado à manifestação de vontade do indivíduo, a fim de desencadear ou não efeitos jurídicos, mas adstrito pelos limites impostos pela lei.

No entanto, quando se estuda os negócios jurídicos administrativos, é comum que se faça a transposição desse instituto do direito civil para o direito administrativo. Cretella Júnior ressalta que essa "transposição" só pode ser realizada quando o negócio jurídico for definido como categoria jurídica fundacional, isto é, genérica e abstrata, própria da teoria do negócio jurídico[5].

Os negócios jurídicos são sempre produzidos com a intenção de produzir efeitos jurídicos, diferentemente dos atos jurídicos, que apesar de poderem produzir efeitos jurídicos, não são praticados especificamente para tanto. Quando se fala em atos e negócios administrativos, também existe uma distinção, mas não da mesma maneira que no direito civil.

Na doutrina, encontram-se diversos conceitos de ato administrativo, que adotam critérios parecidos com os atos jurídicos civis, como manifestação de vontade, licitude e produção de efeitos jurídicos; outros que adotam critérios de direito público, com enfoque na função administrativa e nas prerrogativas e sujeições do poder público. Di Pietro conceitua o ato

[4] CRETELLA JÚNIOR, José. Negócio jurídico administrativo. **Revista de Direito Administrativo**, Rio de Janeiro, v. 164, fev. 1986, p. 30.

[5] CRETELLA JÚNIOR, op. cit., p. 31.

administrativo combinando critérios, oferecendo uma conceituação abrangente, a qual dispõe: "a declaração do Estado ou de quem o represente, que produz efeitos jurídicos imediatos, com observância da lei, sob regime jurídico de direito público e sujeita a controle pelo Poder Judiciário"[6]. Portanto, quando se fala em atos administrativos, estão sujeitos ao regime jurídico administrativo, não abrangendo atos de direito privado que eventualmente são praticados pelo Estado. É de se destacar também que nesse caso, a administração está se utilizando de suas prerrogativas e sujeições, constituindo verdadeira declaração de vontade do Estado.

Quando se fala em negócios jurídicos administrativos, Silvio Trentin *apud* Cretella Júnior[7] defende que existe vontade para a administração pública, não na forma particular, mas na forma de vontade pública. Portanto, considera que o negócio jurídico de direito público constitui espécie de uma categoria, que inclui os negócios jurídicos privados.

Os negócios jurídicos administrativos podem ser aqueles oferecidos à coletividade sem necessitar de anuência daqueles a que se dirige, com fundamento no poder de império do Estado, podendo ser classificados como negócios jurídicos unilaterais. Atos de autoridade também podem ser negócios jurídicos administrativos, assim como atos que contenham declarações de vontade da administração pública[8]. Não se pode olvidar ainda dos atos que são genuinamente negociais, isto é, todos os atos contratuais que o ente público celebra da mesma forma que particulares, como vendas, empréstimos, etc., e que não são atos administrativos.

Portanto, os negócios jurídicos administrativos são aqueles em que a administração pública é parte ou incidem em relações em que faz parte e pratica atos que produzem alterações nas condições jurídicas existentes, isto é, fazer nascer, modificar ou extinguir relação jurídica. Para Fragola citado por Cretella Júnior[9], é indispensável ainda que o negócio administrativo busque a consecução da finalidade estabelecida. Assim, pode-se afirmar que a administração pública possui vontade e a manifesta

[6] DI PIETRO, Maria Sylvia Zanella. **Direito Administrativo**. 32ª ed. Rio de Janeiro: Forense, 2019, p. 456.

[7] CRETELLA JÚNIOR, José. Negócio jurídico administrativo. **Revista de Direito Administrativo**, Rio de Janeiro, v. 164, fev. 1986, p. 33.

[8] SANTI ROMANO *apud* CRETELLA JÚNIOR, op. cit., p. 34.

[9] CRETELLA JÚNIOR, op. cit., p. 37.

através de negócios administrativos. Essa vontade, no entanto, está sempre direcionada para a concretização de uma finalidade e deve ser de acordo com o interesse público.

Importante ainda ressaltar que a discricionariedade administrativa não corresponde à autonomia privada. Na esfera administrativa, tudo é regido e limitado por lei, portanto a discricionariedade trata-se de certa margem de liberdade de decisão diante do caso concreto, de forma que a autoridade detém certo poder de escolha dentre várias soluções possíveis, todas juridicamente válidas, mas limitado também à adoção de critérios de oportunidade, conveniência, justiça e equidade[10]. Na autonomia privada, o particular não tem obrigação de seguir determinados critérios para exercer sua liberdade e regular suas relações jurídicas, enquanto a administração pública o tem mesmo quando da celebração de contratos particulares.

Diante disso, percebe-se que o elemento volitivo é crucial para distinguir os negócios administrativos dos demais atos da administração. No entanto, reside controvérsia se a administração possui autonomia da vontade, uma margem de liberdade em determinados negócios jurídicos, ainda que engessada pelo regime jurídico administrativo.

A doutrina mais tradicional e predominante afirma que a administração pública não detém autonomia da vontade em nenhum grau, dada a sua vinculação com a lei, a indisponibilidade do interesse público e a ausência de liberdade plena para contratar.

Nessa vertente, encontra-se Humberto Ávila[11] e Maria Sylvia Di Pietro[12], os quais defendem que o poder público não possui autonomia da vontade, pois este é fundamento do direito privado e não do direito público. A administração pública está sempre obrigada a cumprir o disposto em lei, submetendo-se ao regime jurídico administrativo. Portanto, a competência, a forma, o procedimento e a finalidade dos contratos administrativos são sempre vinculados ao interesse público.

[10] DI PIETRO, Maria Sylvia Zanella. **Direito Administrativo**. 32ª ed. Rio de Janeiro: Forense, 2019, p. 482.

[11] ÁVILA, Humberto. Repensando o "Princípio da Supremacia do Interesse Público Sobre o Particular". **Revista Eletrônica Sobre a Reforma do Estado**, n. 11, set. out. nov. 2007, p. 2.

[12] DI PIETRO, Maria Sylvia Zanella. **Direito Administrativo**. 32ª ed. Rio de Janeiro: Forense, 2019, p. 482.

Além disso, Carvalho e Sousa[13] destaca ainda o argumento de alguns autores jusnaturalistas de que a autonomia da vontade não é uma criação do direito, mas um dado natural, resultante da liberdade humana, portanto, anterior ao próprio direito. Dessa forma, a vontade da administração é somente a que a lei lhe concede, independente do regime jurídico estabelecido.

Como bem recorda Cretella Júnior, a autonomia da vontade no direito civil está ligada a ideia de disponibilidade, em função do *dominus* exercido pelo proprietário[14]. No direito administrativo essa ideia não pode existir, pois a figura do administrador é fiscal da coisa pública e deve se pautar pela impessoalidade e pela objetividade. O interesse público sempre deve predominar nos atos e negócios administrativos.

É fato que a administração pública possui princípios, prerrogativas, sujeições, limitações diferentes daquelas predominantes no direito civil. Em vista disso, é consenso afirmar que não possui autonomia da vontade nos mesmos moldes dos particulares.

Os autores precursores da reestruturação da teoria dos negócios jurídicos administrativos foram Cretella Júnior e Edmir Netto de Araújo, ao apresentarem reflexões, com base no direito estrangeiro, acerca da vontade da administração pública e da classificação de seus atos como negócios jurídicos. Contemporaneamente, temos Accioli Filho, ao defender acordos administrativos com base na teoria dos negócios jurídicos administrativos.

Acontece que, para se aprofundar no tema, é necessário socorrer-se da teoria do negócio jurídico no âmbito da administração pública. Entretanto, como bem destaca Accioli Filho[15], no Brasil tem-se a ideia que negócio jurídico administrativo é sinônimo de contrato administrativo, o que causa graves problemas no desenvolvimento da teoria do negócio jurídico público. A dogmática, tal qual posta na atualidade, como dito,

[13] CARVALHO E SOUSA, Guilherme. A liberdade de contratar para a administração pública: a autonomia da vontade no contrato administrativo. Revista **de Direito Administrativo**, Rio de Janeiro, v. 260, mai. ago. 2012, p. 193.

[14] CRETELLA JÚNIOR, José. Fundamentos do Direito Administrativo. **Revista da Faculdade de Direito**, Universidade de São Paulo, n. 72, vol. 1, 1977, p. 309.

[15] ACCIOLI FILHO, Wilson de Barros. **Acordos administrativos no âmbito dos Precatórios Requisitórios Judiciais: um estudo dos modelos adotados por entes federados à luz do consensualismo.** Dissertação (Mestrado em Direito) Faculdade de Direito, Universidade de São Paulo, São Paulo, 2019, p. 82.

impede o surgimento de novas espécies do gênero negócio jurídico administrativo[16].

A ideia de autonomia da administração pública parte da premissa de esta possui liberdade, porém mitigada, pois é exercida nos limites dos princípios da legalidade e da indisponibilidade do interesse público. Como lembra Carvalho e Sousa[17], a contratação realizada pela administração pública está sempre vinculada a proposições próprias e ao interesse público, valendo-se de proposições objetivas. O elemento volitivo na contratação pela administração pública deve priorizar, assim como nos atos administrativos, a competência e a finalidade[18]. Ademais, seus atos declaratórios são sempre motivados e pressupõem certos elementos para que seja considerado válido.

Accioli Filho, partindo dessa ideia de reestruturação, traz ainda a viabilização da mediação no âmbito administrativo interno, a fim de que o conflito não chegue no judiciário. As estruturas jurídicas tradicionais possuem sua importância, mas não podem configurar entraves injustificados à melhoria da atuação administrativa. A própria solução de conflitos é de interesse público.

Portanto, acompanhando o entendimento de que a administração pública possui autonomia da vontade mitigada, isto é, uma forma de autonomia própria, diversa e desvinculada da autonomia privada. Isso porque possui prerrogativas, sujeições e tem de atender finalidades próprias, vinculada à lei. Em função disso, sua autonomia é exercida de maneira limitada pelo interesse público e sua vontade é estritamente ligada a este. Assim, na licitação, a vontade da administração é limitada, não para retirar-lhe o poder de escolha, mas para diminuir-lhe, na tentativa de evitar arbitrariedade, ao impor uma atuação conforme a moralidade exige.

A administração pública necessita realizar determinados negócios jurídicos a fim de cumprir com suas funções inerentes. Em determinados casos, pode manter sua posição privilegiada, mas em outros pode estar em pé de igualdade com o particular a depender do regime jurídico adotado, como se discorrerá no tópico seguinte.

[16] ACCIOLI FILHO, op. cit., p. 82.

[17] CARVALHO E SOUSA, Guilherme. A liberdade de contratar para a administração pública: a autonomia da vontade no contrato administrativo. Revista **de Direito Administrativo**, Rio de Janeiro, v. 260, mai. ago. 2012, p. 189.

[18] CARVALHO E SOUSA, op. cit., p. 193.

2. Regime jurídico da administração pública e os contratos administrativos

Os atos administrativos submetem-se ao regime jurídico de direito público. De fato, os atos administrativos são provenientes dos agentes da Administração e estão diretamente relacionados ao atendimento do interesse público. Ou seja, não podem ser completamente regulamentados pelo direito privado. Carvalho Filho[19] relembra que existem regras e princípios jurídicos específicos destinados para os atos administrativos, os quais não incidem sobre atos privados. Até mesmo porque, os atos administrativos devem ser dotados de prerrogativas especiais. Ter-se-á como exemplo, as normas relativas aos requisitos de validade dos atos administrativos, ou os princípios da legalidade estrita, princípio da autoexecutoriedade e da presunção da legitimidade dos atos administrativos.

De acordo com Di Pietro[20], a administração pública pode estar submetida ao regime jurídico de direito público e também ao regime jurídico de direito privado. Em regra, a escolha por um regime ou outro é feita pela Constituição Federal ou até mesmo por lei. No entanto, importante destacar, a Administração nunca se submete completamente ao direito privado; às vezes ela equipara ao particular, eis que não exerce sobre ele qualquer prerrogativa de Poder Público, porém nunca deixa de utilizar alguns privilégios, ter-se-á como exemplo o juízo privativo, a prescrição quinquenal, o processo especial de execução, entre outros privilégios. O Direito Administrativo deve conferir proteção aos direitos individuais diante do Estado, trata-se do fundamento ao princípio da legalidade e de outro lado, a necessidade de satisfação dos interesses coletivos, direciona ao cumprimento das prerrogativas e privilégios para a administração pública, quer para restringir o exercício dos direitos individuais em prol do bem estar coletivo, quer para a prestação de serviços públicos. A bipolaridade é nítida, liberdade e autoridade, restrições e prerrogativas. Para a consecução da liberdade a Administração deve agir com observância ao ordenamento jurídico.

[19] CARVALHO FILHO, José dos Santos. **Manual de Direito Administrativo**. 28ª ed. São Paulo: Atlas, 2015, p. 102-103.

[20] DI PIETRO, Maria Sylvia Zanella. **Direito Administrativo**. 24ª ed. São Paulo: Atlas, 2011, p. 60.

No que diz respeito a nomenclatura, Di Pietro[21] afirma, a expressão regime jurídico da administração pública é utilizada para remeter (de maneira ampla) aos regimes de direito público e também de direito privado, aos quais a Administração pode se submeter. Em contrapartida, a expressão regime jurídico administrativo é utilizada somente para fazer referência ao conjunto de traços e de características que dizem respeito ao Direito Administrativo, de maneira a situar a Administração em uma posição de privilégio, de verticalidade. As prerrogativas da Administração são desconhecidas no mundo do Direito Privado, para assegurar o cumprimento do interesse público, a Administração exerce poderes específicos como, autotutela, poder de expropriar, requisitar bens e serviços, ocupar temporariamente o imóvel alheio, até mesmo instituir servidão, aplicar sanções administrativas, alterar ou rescindir contratos de maneira unilateral, impor medidas de polícia. Além disso, a Administração também possui privilégios como imunidade tributária, dilatação de prazos em juízo, juízo privativo, processo especial de execução, bem como presunção de veracidade de seus atos.

De acordo com Otero[22], o regime jurídico administrativo é caracterizado por prerrogativas que conferem poderes a Administração, com o intuito de destacar a supremacia da Administração perante os particulares, mediante por cláusulas exorbitantes por exemplo, bem como por sujeições, impostas diante dos limites à atuação administrativa, existentes para garantir a observância as finalidades públicas e aos direitos dos indivíduos que compõem a sociedade. Ou seja, a Administração está sempre conectada a essas sujeições, tanto no momento da celebração de contratos administrativos como também nos contratos privados. Em razão disso, existe a necessidade de ter atenção as exigências legais de forma, procedimento, competência, bem como finalidade, importante lembrar, a finalidade deverá ser sempre pública.

21 DI PIETRO, Maria Sylvia Zanella. **Direito Administrativo**. 24ª ed. São Paulo: Atlas, 2011, p. 61-62.

22 OTERO, Cleber Sanfelici; PINHEIRO, Vanessa Morzelle. A função social dos contratos administrativos e privados e sua importância para os direitos da personalidade. **Revista Jurídica Cesumar – Mestrado**, v.12, n.2, 2012, p.402-403.

Ainda sobre regime administrativo, Di Pietro[23] destaca duas palavras: prerrogativas e sujeições. Para garantir autoridade a Administração, é necessário assegurar à consecução de seus fins. Por essa razão permite-se a utilização de prerrogativas e privilégios, os quais permitem assegurar a supremacia do interesse público sobre o particular. Um dos meios eficazes de garantir à consecução dos fins da Administração, é mediante os contratos administrativos, importante destacar, a Administração celebra contratos com muita frequência, ela obedece a um contrato-padrão. A expressão contrato administrativo é utilizada para fazer referência somente aos ajustes que a Administração Pública celebra com pessoas físicas ou jurídicas, públicas ou privadas, para realização de fins públicos, conforme os ditames do regime jurídico de direito público.

Em outras palavras, nos contratos administrativos a consecução dos fins da Administração é um dos maiores objetivos. Para Amorim,[24] a Administração participa com autoridade e privilégio administrativo, o que resulta na possibilidade na utilização de cláusulas exorbitantes. Como já mencionado, os contratos administrativos são regulamentados pelas cláusulas e preceitos do Direito Público, a eles aplicam-se de maneira supletiva os princípios da teoria geral dos contratos, bem como as disposições de Direito Privado.

De acordo com Amorim[25], os contratos devem apresentar de forma precisa e nítida as condições para sua devida execução, tais condições devem ser expressas em cláusulas que demonstrem os direitos, as obrigações e as responsabilidades das partes, de acordo com os termos do objeto contratual e das condições características do contrato celebrado. Também é importante destacar, a necessidade que os contratos da Administração celebrados com pessoas físicas ou jurídicas, aqui também incluídas as pessoas físicas/jurídicas domiciliadas no exterior, incluam cláusula específica para declarar competente o foro da sede da Administração para dirimir qualquer questão contratual.

[23] DI PIETRO, Maria Sylvia Zanella. **Direito Administrativo**. 32ª ed. Rio de Janeiro: Forense, 2019, p. 254-256.

[24] AMORIM, Victor Aguiar Jardim de. **Licitações e Contratos administrativos**: teoria e jurisprudência. 4ª ed. Brasília, DF: Senado Federal, Coordenação de Edições Técnicas, 2021, p. 233.

[25] AMORIM, op. cit., p. 233.

Para Floriano Marques[26], os contratos da Administração não são apenas mecanismos para o exercício da atividade meio estatal (aquisição de bens e serviços utilizados nas funções públicas), os contratos administrativos são instrumentos para a consecução das próprias atividades finais da administração pública. Ter-se- à como exemplo, a atividade de polícia, na qual utiliza-se os termos de ajuste de conduta. Além disso, no campo dos serviços públicos, os contratos de gestão com organizações sociais são recorrentemente utilizados e também as parcerias público-privadas. Os contratos de incentivo, os contratos de inovação, os consórcios de desenvolvimento de pesquisas, ou ainda os contratos de condomínio em parques ou clusters tecnológicos, são amplamente utilizados na função de fomento.

Conforme o entendimento de Floriano Marques[27], nas atividades de regulação também se verifica as contratações híbridas e os modelos contratuais de regulação positiva, no qual o denominado regulado obtém acessos a mercados mediante o atendimento de metas de atendimento a grupos sociais. Com relação a intervenção a economia, os contratos de consórcio empresariais ou até mesmo as parcerias institucionais, nas quais o Poder Público participa como minoritário de uma sociedade. Além disso, há também os contratos de gestão federativa, como os consórcios públicos, ou os contratos de programa e os contratos de rateio, bem como os contratos de gestão com entidades da Administração Indireta. De fato, recentemente mudanças relevantes foram percebidas na Administração, o inegável aumento na complexidade das modalidades contratuais e das partes contratantes, apenas aumentam a busca por soluções. A busca por arranjos contratuais criativos e de inovação, resultam na procura por novas formas de relações contratuais.

O avanço tecnológico, a necessidade de novas formas de negociação, geram carência de novos modelos contratuais na administração pública, eis que o desenvolvimento da sociedade está diretamente atrelado ao crescimento tecnológico e de certa forma trata-se também do interesse público.

[26] MARQUES, Floriano Peixoto de Azevedo Neto. Do contrato administrativo à administração contratual. **Revista de Direito Administrativo e Infraestrutura**. v.3., 2019, p. 8.
[27] MARQUES, Floriano Peixoto de Azevedo Neto. op. cit., p. 8.

Apesar disso, a criação de novos modelos, bem como a alteração de modelos contratuais já existentes deve ter como observância a consecução do interesse público, entre outros preceitos da administração pública. Não há o que se falar em desenvolvimento social sem que se respeito os princípios e parâmetros administrativos e constitucionais. Em razão disso, a autonomia na Administração deve ser exercida com cautela, os limites são essenciais ao respeito a supremacia do interesse público.

Para Horbach[28], falar em contrato administrativo significa dizer que a Administração deve necessariamente figurar como parte contratante, no entanto a administração pública participa da relação contratual demonstrando autoridade, poder de império e as prerrogativas da Administração Pública são regulamentadas pelo regime de direito público e além de tudo isso, o contrato administrativo tem como intuito a realização de um interesse público imediato.

Para Dourado[29], do interesse público resultam três aspectos essenciais do regime jurídico do contrato administrativo. Trata-se da mutabilidade do contrato administrativo, o contratante particular compreendido como colaborador da Administração e o exercício de prerrogativas de autoridade. No que diz respeito as prerrogativas da Administração relacionadas aos contratos administrativos, três categorias principais chamam mais atenção: a interpretação do contrato, imposição de sanções e alteração ou extinção contratual.

De acordo com Otero[30], o contrato administrativo é regido por diversos princípios em observância com as disposições constitucionais e os preceitos legais de direito público referentes aos contratos administrativos. De maneira subsidiária aplica-se os princípios da teoria geral dos contratos e as normas do direito privado. Ademais os contratos devem cumprir os requisitos legais para cumprir sua função social. De modo que, as partes

[28] HORBATCH, Carlos Bastide. Contratos Administrativos: conceito e critérios distintivos. **Revista Brasileira Políticas Públicas**. v.6, n.1, 2016, p. 57.

[29] DOURADO, Pablo Zuniga. O debate atual sobre o conceito de contrato administrativo e a administração dos riscos nos contratos de concessão (PPP). **Revista Tribunal Regional Federal 1ª Região**. n.1, 2020, p.89.

[30] OTERO, Cleber Sanfelici; PINHEIRO, Vanessa Morzelle. A função social dos contratos administrativos e privados e sua importância para os direitos da personalidade. **Revista Jurídica Cesumar – Mestrado**. v.12, n.2, 2012, p. 407.

contratantes devem ter como observância os princípios constitucionalmente previstos, conforme a justiça social e a livre iniciativa.

A função social do contrato administrativo está diretamente relacionada ao interesse público, para determinado contrato da Administração cumprir com a esperada função, deve haver respeito ao interesse público e demais preceitos constitucionais e administrativos.

O elemento vontade, essencial nos contratos do Direito Privado, também pode ser percebido nos contratos administrativos. De fato, a vontade deve existir para relação contratual ter início. Ocorre que, essa vontade deve ser condicionada ao interesse público e demais preceitos do ordenamento jurídico.

Em outras palavras, o contrato também está relacionado ao elemento vontade, mesmo porque, a máxima de que não existe contrato sem vontade é real. A vontade é o início, a relação contratual é fundada na disposição de vontade das partes. Não obstante as imposições normativas, os contratos de massa, a crise do contrato e a teoria da imprevisão o elemento vontade continua exercendo grande importância nos contratos em geral e também nos contratos administrativos.

Sousa[31] assevera, a autonomia da vontade também pode ser compreendida como um dos elementos da liberdade de contratar. Ainda que em pequeno volume, a liberdade e a autonomia estão presentes no momento da celebração de um contrato. No que diz respeito a liberdade de contratar, pode-se apontar grandes diferenças entre a autonomia da vontade no direito civil e no direito administrativo. A vontade da administração não demonstra tanta soberania, porque os contratos administrativos devem estar relacionados com os atributos dos atos administrativos, ou seja, a finalidade deve ser essencialmente pública e de interesse público. De certo modo, a finalidade pública limita a declaração de vontade. Nos dias atuais, por várias razões, a liberdade de contratar encontra maiores dificuldades, em comparação com as épocas de ideias liberais, restringindo o poder que antes a autonomia da vontade ocupou.

[31] SOUSA, Guilherme Carvalho. A liberdade de contratar para a administração pública: a autonomia da vontade no contrato administrativo. **Revista de Direito Administrativo**. v.260, 2012, p. 193-195.

Nesse mesmo sentido, Sousa[32] destaca que a autonomia da vontade encontra variadas limitações, como já mencionado anteriormente, o elemento autonomia da vontade, o qual foi norte de toda a legislação que foi influenciada pelos ideais liberais, atualmente vem sofrendo limitações, originando a denominada crise no contrato, na qual os reflexos podem ser percebidos pela intervenção do Estado na vontade das partes.

No entanto, para Sousa[33], a liberdade de contratar no âmbito da administração pública é exercida com observância aos limites da competência administrativa e a finalidade pública deve ser respeitada sempre. O elemento vontade (o ato de querer no âmbito administrativo) é apenas um complemento de um interesse público anterior (fixado em lei). Sendo assim, a liberdade está fundamentada nesse simples querer administrativo. Importante mencionar, o contrato administrativo deve conter os imprescindíveis elementos, quais sejam: subjetivo, conteúdo-objeto, motivação e finalidade. Quando esses elementos não estão presentes a validade e a eficácia são prejudicadas. Por essa razão, quando a vontade existe, deve estar a finalidade da administração pública, o interesse público. A vontade da Administração encontra impedimentos na limitação criada por lei de ordem pública. Desse modo, a vontade na formação do contrato administrativo, não significa dizer liberdade de ação administrativa. O maior exemplo disso é a obrigatoriedade da licitação.

Sousa[34] afirma, na administração pública a liberdade de contratar deve ser mitigada, eis que deve ser norteada pelos princípios e elementos do direito administrativo, especialmente pela finalidade do interesse público. Pode-se dizer que existe uma vontade administrativa, a qual é calcada na lei, no interesse público e nos preceitos do direito administrativo.

3. Reestruturação dos negócios jurídicos administrativos

O Direito Administrativo nasceu junto ao Constitucionalismo e ao Estado de Direito, em que este último passou a se submeter à ordem jurídica, assim como cidadãos e governantes. A administração pública recebeu a

[32] SOUSA, Guilherme Carvalho. **A liberdade de contratar para a administração pública: a autonomia da vontade no contrato administrativo**. Revista de Direito Administrativo. v.260, 2012, p. 195-197.

[33] SOUSA, op. cit., p. 198.

[34] SOUSA, op. cit., p. 198.

função de atuar visando o interesse público, e não mais os interesses do rei ou de um grupo de indivíduos.

Diante dos abusos cometidos pela administração pública até o desenvolvimento do Estado de Direito, sua atuação foi limitada pelo princípio da legalidade, resultando em uma atuação extremamente vinculada e burocrática. Essa concepção foi se modificando junto aos modelos de Estado e à constitucionalização das esferas do Direito, fazendo com que o direito administrativo se tornasse mais humanizado, democratizado e menos autoritário[35].

Em face dessas transformações estatais, políticas, sociais e jurídicas, o direito administrativo e a administração pública se tornaram mais práticos, priorizando o interesse público, mas também o indivíduo, no sentido de oferecer-lhe a melhor prestação devida possível. A lei mantém sua importância e vinculação, mas procura preceituar princípios e critérios para que se atenda com mais eficiência o caso concreto. A Constituição se torna protagonista, para vincular a própria função administrativa aos seus objetivos, finalidades e princípios.

A relativa liberdade conferida pela lei ao administrador se justifica por sua atuação direta na ordem social. Só este pode estabelecer com precisão o que é necessário em determinadas circunstâncias, a conveniência e melhor oportunidade para a prática de determinados atos. É impossível que o legislador preveja todas as situações cotidianas da administração pública, sendo apenas os órgãos executivos capazes de decidir o que convém e o que não convém em face do interesse público.

Além desta postura da administração, não se pode olvidar da postura dos administrados, que além de direitos, são vinculados a deveres para com a coisa pública. Como destaca Di Pietro, "o Direito Administrativo foi enriquecido pelos ideais de centralidade e dignidade da pessoa humana, de participação, de transparência, de exigência de motivação, de processualização, de controle social"[36].

No entanto, a Administração Pública é envolvida por uma cultura eminentemente burocrática e verticalizada que não é adaptada a agilidade e a consensualidade que vem em ascendência na atualidade. A atual

[35] DI PIETRO, Maria Sylvia Zanella. **Direito Administrativo**. 32ª ed. Rio de Janeiro: Forense, 2019, p. 66.

[36] DI PIETRO, op. cit., p. 64-65.

complexidade social e econômica exige uma reestruturação da teoria dos negócios jurídicos administrativos, principalmente para atender melhor às necessidades da administração e da sociedade. Então, em função do desenvolvimento da tecnologia da informação, o aumento da importância da consensualidade no direito, principalmente em face da multiplicidade e profundidade de conflitos, é interessante repensar alguns aspectos do direito administrativo.

Ainda em relação a essa questão de autonomia e arbitrariedade, surgiram novas questões na doutrina.

Conclusões

A Administração Pública compreende as atividades exercidas pelas pessoas jurídicas, órgãos e agentes públicos incumbidos de atender de maneira prática às necessidades pertinentes ao interesse público, sob o regime predominantemente público. Para tanto, a Administração possui prerrogativas e sujeições para viabilizar da melhor forma possível a consecução do interesse da sociedade.

De certo modo, as sujeições e demais exigências legais dificultam a realização dos atos administrativos, a burocracia muitas vezes exacerbada resulta na morosidade e ineficiência da atividade administrativa. No entanto, é possível notar a existência de uma margem de discricionariedade no agir administrativo, nesse aspecto a Administração é dotada de autonomia da vontade.

A autonomia da vontade da administração pública deve ser exercida de maneira cuidadosa, mesmo porque, a consecução do interesse público é o norte da Administração. Os contratos administrativos e os demais atos administrativos jamais devem se afastar dos limites previstos em lei. Em outras palavras, a observância ao regime jurídico da administração pública é essencial ao bom desenvolvimento dos atos administrativos.

No que diz respeito aos contratos administrativos, a liberdade e a autonomia estão presentes no momento da celebração do contrato, ainda que em pequeno volume. Nesse mesmo sentido, o elemento vontade pode ser encontrado na celebração contratual, contudo nota-se pouca expressividade, mesmo porque, no centro de qualquer relação contratual está o interesse público. O elemento vontade não significa liberdade de ação administrativa, a obrigatoriedade de realização de licitação é o exemplo mais nítido das sujeições as quais a Administração deve se sujeitar.

Em razão disso, a autonomia da administração pública deve ser mitigada, eis que os princípios e os demais elementos da administração pública devem ser cuidadosamente observados, como já dito, o respeito ao interesse público é imprescindível.

Nesse sentido, busca-se aproximar horizontalmente a administração pública dos administrados e de toda a sociedade, a fim de atender com mais efetividade e eficiência o interesse público, jamais abandonando por completo suas prerrogativas e sujeições ou atender interesse diverso.

Em virtude das mudanças sociais, políticas e jurídicas na atualidade, é interessante pensar em uma reestruturação da teoria dos negócios jurídicos administrativos, mas sem negar princípios, prerrogativas e sujeições, essenciais ao regime administrativo. Para tanto, é necessário que a teoria do negócio jurídico público deixe de se resumir a contratos administrativos, a fim de que se desenvolva o estudo e a criação de novos instrumentos de ação pública que resgatem a essência dos negócios jurídicos na seara administrativa.

Referências

ACCIOLI FILHO, Wilson de Barros. **Acordos administrativos no âmbito dos Precatórios Requisitórios Judiciais: um estudo dos modelos adotados por entes federados à luz do consensualismo**. Dissertação (Mestrado em Direito) Faculdade de Direito, Universidade de São Paulo, São Paulo, 345 p. 2019.

AMORIM, Victor Aguiar Jardim de. **Licitações e Contratos administrativos: teoria e jurisprudência.** 4ª ed. Brasília, DF: Senado Federal, Coordenação de Edições Técnicas, 2021, p.233.

ÁVILA, Humberto. Repensando o "Princípio da Supremacia do Interesse Público Sobre o Particular". **Revista Eletrônica Sobre a Reforma do Estado**, n. 11, set. out. nov. 2007, p. 1-30.

CARVALHO E SOUSA, Guilherme. A liberdade de contratar para a administração pública: a autonomia da vontade no contrato administrativo. **Revista de Direito Administrativo**, Rio de Janeiro, v. 260, mai. ago. 2012, p. 183-201.

CARVALHO FILHO, José dos Santos. **Manual de Direito Administrativo**. 28ª ed. São Paulo: Atlas, 2015, p. 102-103.

CRETELLA JÚNIOR, José. Fundamentos do Direito Administrativo. **Revista da Faculdade de Direito**, Universidade de São Paulo, n. 72, vol. 1, 1977, p. 299-317.

CRETELLA JÚNIOR, José. Negócio jurídico administrativo. **Revista de Direito Administrativo**, Rio de Janeiro, v. 164, fev. 1986, p. 29-49.

DI PIETRO, Maria Sylvia Zanella. **Direito Administrativo**. 32ª ed. Rio de Janeiro: Forense, 2019.

DI PIETRO, Maria Sylvia Zanella. **Direito administrativo**. 24ª ed. São Paulo: Atlas, 2011, p. 60-61.

DOURADO, Pablo Zuniga. O debate atual sobre o conceito de contrato administrativo e a administração dos riscos nos contratos de concessão (PPP). **Revista Tribunal Regional Federal 1ª Região**. n.1, 2020, p.89.

HORBATCH, Carlos Bastide. Contratos Administrativos: conceito e critérios distintivos. **Revista Brasileira Políticas Públicas**. v.6, n.1, 2016, p. 57.

MARQUES, Floriano Peixoto de Azevedo Neto. Do contrato administrativo à administração contratual. **Revista de Direito Administrativo e Infraestrutura**. v.3., 2019, p. 8.

MELLO, Celso Antonio Bandeira de. **Curso de Direito Administrativo**. 30ª ed. São Paulo: Malheiros, 2013.

MORAES, Alexandre de. **Direito Constitucional**. 34ª ed. São Paulo: Atlas, 2018.

OTERO, Cleber Sanfelici; PINHEIRO, Vanessa Morzelle. A função social dos contratos administrativos e privados e sua importância para os direitos da personalidade. **Revista Jurídica Cesumar – Mestrado**, v.12, n.2, 2012, p.402-403.

8. DIREITO PREMIAL E CONTRATO DE FOMENTO PÚBLICO: NEGÓCIO JURÍDICO EM PROL DO BEM-ESTAR SOCIAL

ROBSON FERNANDO SEBOLD
STELLA MARIS GUERGOLET DE MOURA
MARLENE KEMPFER

Introdução

A Constituição Federal brasileira defende a intervenção estatal *sobre* o domínio econômico (na forma indireta), como agente normativo e regulador, nas funções de fiscalização, incentivo e planejamento (art. 174). Na forma de incentivo, com vistas ao desenvolvimento socioeconômico e ao bem-estar social, o Estado age como promotor da atividade econômica por meio de normas premiais de indução. Neste caso, quando o Estado se vale de sanções positivas para levar a comportamentos socialmente desejáveis, observa-se o Direito em sua função promocional (ou direito premial).

Nesta função promocional, as normas premiais repercutem nas relações privadas a partir dos impactos que causam nos negócios jurídicos. Não há qualquer impasse em se afirmar que as normas promocionais produzem efeitos nos negócios jurídicos com consequências sociais benéficas. Existem, por exemplo, sanções positivas nas áreas tributária e ambiental que refletem diariamente nas escolhas dos negócios jurídicos realizados pelos particulares, como são os casos dos descontos nos pagamentos antecipados de tributos ou, ainda, dos denominados ISS Tecnológico, IPTU Verde ou ICMS Ecológico.

Percebe-se que se trata da utilização de normas gerais e abstratas com fins de estimular atitudes negociais socialmente relevantes. Esta situação difere do uso, pelo Estado, do próprio negócio jurídico (norma individual e concreta) como forma de intervenção indireta no domínio econômico para encorajar comportamentos prósperos à comunidade. O exame da intervenção estatal sobre o domínio econômico, na forma de incentivo, *por meio* do negócio jurídico (e não *no* negócio jurídico) é matéria que se afigura singular. Cuida-se de apreciar a função promocional do direito a partir da autonomia da vontade.

É neste sentido que aqui se propõe examinar a relação do direito premial com o negócio jurídico, isto é, o uso da técnica contratual para operar intervenções de fomento em prol da cidadania. Nessa correlação entre direito premial e negócio jurídico desponta o contrato de fomento público como possível elo de ligação. O desafio, portanto, é demonstrar em que medida o negócio jurídico, o contrato de fomento público e a função promocional do direito se relacionam.

O trabalho se justifica porque o contrato de fomento público é bastante utilizado pelo Estado para intervir sobre o domínio econômico. Trata-se notoriamente de um instrumento capaz de otimizar a realização de políticas públicas, mediante a indução de condutas benéficas para a coletividade. Assim o sendo, é de grande valia a análise do instituto a fim de validá-lo ou não como negócio jurídico administrativo promotor de direitos sociais, dentro do que delineia o direito premial.

Ao se refletir sobre o tema, vários pontos devem ser examinados. É de se questionar, inicialmente, se o negócio jurídico é apenas privado ou é possível se falar em negócio jurídico administrativo. Ora, se a conclusão for de que a Administração não ajusta negócios jurídicos, limitando-se tal instituto aos particulares, o debate se encerraria no primeiro capítulo.

Na sequência, é de se perquirir o que é fomento público e se o contrato de fomento caracterizar-se-ia como um negócio jurídico administrativo, a partir do que será identificado no capítulo anterior. O exame deve retratar se o contrato de fomento pode ser tido como um negócio jurídico ou se caracteriza como outro ato administrativo.

A partir destas respostas, passa-se para a análise do direito premial. A construção dos conceitos básicos da função promocional do direito é firmada no pensamento filosófico de Norberto Bobbio. Explicar as noções primárias é essencial para o desafio lançado de relacionar o negócio jurídico com a função promocional do direito.

Enfim, o desfecho do trabalho é o exame da ponte entre o direito promocional e o contrato público de fomento, enquanto negócio jurídico, mais precisamente no que tange à autonomia da vontade utilizada como instrumento de efetivação do bem-estar social. O quadro esboçado deverá servir como substrato para se chegar à resposta ao desafio proposto, que visa tecer comentários acerca da função do direito sob a ótica do negócio jurídico, enquanto meio de concretização da finalidade estatal.

1. Negócio jurídico administrativo

Para a proposta lançada, importa fazer a análise, mesmo que breve, da evolução dos negócios jurídicos desde a mera expressão de vontade das partes em uma relação estritamente privada até a ideia hoje efetiva de um negócio jurídico cuja regulamentação seja apta a gerir também os negócios jurídicos em que em um dos polos se encontre o Estado.

1.1. Negócio jurídico e autonomia privada

Antônio Junqueira de Azevedo definiu o negócio jurídico como "aquele em que dois sujeitos manifestam sua vontade qualificada com o intuito de produzir efeitos jurídicos permitidos em lei e desejados pelos agentes".[1] Denota-se, além da vontade, a importância do permissivo legal na produção dos efeitos desejados pelos agentes nos negócios jurídicos. Com efeito, a doutrina não usa mais a expressão *autonomia da vontade*, que sugere a supremacia da vontade do particular, mas sim *autonomia privada*, que demonstra a delimitação da vontade à lei e à direitos fundamentais, isto é, ao interesse da coletividade.

Foi no século XIX que houve a máxima exposição da vontade individual como poder e representatividade jurídica. Otavio Luiz Rodrigues Júnior expõe que o "liberalismo tentava conciliar a liberdade formal e a segurança, conceitos que se qualificavam como verdadeiros alicerces das relações privadas. Se o *status* não mais importava, o novo ídolo era o contrato".[2]

[1] AZEVEDO, Antônio Junqueira de. **Negócio Jurídico.** Existência, Validade e Eficácia. 4 ed. São Paulo: 2002, p.16.

[2] RODRIGUES JÚNIOR. Otávio Luiz. Autonomia da vontade, autonomia privada e autodeterminação: notas sobre a evolução de um conceito da Modernidade e na Pós-modernidade. **Revista de Informação Legislativa,** Brasília, v. 41, n. 163., p. 113-130, jul./set. 2004. p. 116/117.

Sob a premissa de liberdade e igualdade entre as partes, tinha força no Estado liberal a primazia da liberdade contratual como exteriorização da autonomia da vontade, ou seja, a leitura dessa liberdade deveria ser feita à luz do liberalismo econômico e, consequentemente, do capitalismo. Foram essenciais para o funcionamento do sistema capitalista os ideais liberais insertos nas codificações pós Revolução Francesa (o exponencial dessa forma de se visualizar o direito foi o Código Napoleônico e, influenciado por este, no Brasil, o Código Civil de 1916). A nova ordem instaurada neste contexto fez conceber a ilusão de uma sociedade formada por homens livres, fortes e justos, de onde presume-se uma igualdade formal e de onde decorre a máxima *pacta sunt servanda* (os pactos devem ser cumpridos ou força obrigatória dos contratos).

A liberdade contratual por longo tempo representou sem reservas a autonomia da vontade, mas não demorou para que essa igualdade formal fosse questionada em plano material. A desigualdade aflorava na vida real e não podia deixar de ser considerada quando da análise dos contratos. Assim é que, após esse período de máxima liberdade individual, a vontade no contrato já não aparece tão soberana como no período pós Revolução Francesa.

A desigualdade real existente entre as partes forçou uma situação de intervenção estatal, já que não há liberdade máxima, nem mesmo autonomia de vontade, se não há igualdade material. E foi no intuito de atingir essa almejada paridade que a autonomia da vontade e a liberdade de contratar foram cedendo espaço a imposições normativas específicas, as quais surgiram como decorrência da intervenção estatal, rumando então para o que convencionou chamar de dirigismo contratual. Aqui o Estado aponta como instrutor dos padrões de convencionalidades a serem exigidas nos contratos, retirando das partes a autonomia plena da vontade.[3]

Com o passar do tempo, todos os contratos passaram a conhecer uma regulamentação. Passou a sobrar menos espaço para a manifestação de vontade das partes. Não é exagerado concluir que o contrato moderno aparece, então, como uma submissão das partes a um conjunto de regras legais obrigatórias. A liberdade de contratar encontra fortes limitações devido a cada vez maior intervenção estatal. Não por outra razão, como

[3] PIMENTA, Joaquim. Autonomia de vontade e dirigismo contratual. **Revista do Serviço Público**, Brasília, v. 78, n. 1, 2 e 3, p. 131-135, 1958.

apontado logo no início do capítulo, o conceito de negócio jurídico hoje adotado se alinha a esse pensamento, de onde se extrai a união entre vontade e subsunção à lei.

1.2. Negócio jurídico administrativo

O conceito de negócio jurídico foi elaborado no campo do direito privado, mas há tempos passou a ser ventilada sua existência ou não no direito público. A questão era saber se seria possível essa transposição, porque o regime jurídico privado é composto pelos princípios da livre iniciativa e autonomia da vontade, embora com limitações, tais como boa-fé e função social dos contratos. Contudo, o Estado atua em posição de verticalidade em referência à outra parte e aplica-se o regime jurídico de direito público, com prerrogativas e sujeições que colocam a Administração em uma posição de superioridade em referência ao particular. Guilherme Carvalho e Sousa, nesse sentido afirma que:

> [...] a liberdade de contratar para a administração pública não é plena, e existe nos limites da motivação do ato, declarando a finalidade última do Estado: o interesse público previsto em lei. A supremacia do interesse público e a busca da vontade coletiva mitigam a autonomia da vontade para a administração, evitando arbítrio.[4]

José Cretella Júnior escreveu um importante estudo sobre o negócio jurídico administrativo, em especial com base na doutrina italiana, que já se debruçava sobre o tema no início do século passado.[5] Para Silvio Trentini, citado por Cretella, "o conceito de negócio jurídico é único: ele receberá a classificação de público ou de privado, conforme o declarante manifesta a própria vontade, como portador de direitos e deveres públicos ou de direitos e deveres privados".[6] Ainda aponta que na Itália o negócio jurídico administrativo também já foi tido por distintas teorias como: a) atos administrativos unilaterais, tais como a nomeação, a renúncia, a

[4] SOUSA, Guilherme Carvalho. **A liberdade de contratar para a administração pública: a autonomia da vontade no contrato administrativo.** Revista de Direito Administrativo, Rio de Janeiro, v. 260, 183-201, maio/ago. 2012, p. 184.

[5] CRETELLA JÚNIOR, José. **Negócio Jurídico Administrativo**. Revista de Direito Administrativo, Rio de Janeiro, v. 164, 29-49, abr./jun. 1986.

[6] *Ibidem*, p. 33.

aprovação, a autorização e o regulamento; b) contratos de direito público, tais como a concessão de serviço público, a concessão de uso de bem público e a concessão de obra pública, ou de direito constitucional, tal como a outorga ou concessão de cidadania ou contrato de naturalização; c) contratos plurilaterais, como os consórcios intermunicipais, intercomunais e interprovinciais; e d) contratos de direito privado, quando a administração, descendo de seu pedestal, se despoja de seu *ius imperii* e celebra acordos, vestindo a roupagem do particular, abdicando da verticalidade e adotando a horizontalidade, tais como a compra e venda, a locação, a permuta, o empréstimo, a empreitada, o fornecimento contínuo ou descontínuo.[7]

Contudo, Cretella concluiu ser inaplicável a expressão "negócio jurídico" ao ato administrativo e aos contratos de direito público porque a força motriz destes é a finalidade, o interesse público, e não a vontade. Ou seja, no direito privado predomina a vontade e no direito administrativo prevalece a ideia de finalidade. Logo, não há, para ele, um negócio jurídico, mas um ato jurídico bilateral. Segundo ele, somente "nos casos de contratos de direito comum ou contratos de direito civil, regidos por normas de direito privado, com algumas *distorções* ou *derrogações* a favor do Estado, quando celebra acordos com o particular, é que teremos o denominado negócio jurídico administrativo".[8]

Di Pietro não destoa e conceitua negócio jurídico administrativo como expressão que deve ser reservada, tão somente, aos contratos de direito privado, celebrados pelo Estado com o particular, isto é, acordos em que a Administração abdica das prerrogativas públicas que lhe são inerentes, adotando as vestes do particular, como nos contratos de venda, de locação, de empréstimos, observando-se, porém, que acordo não é ato administrativo, mas contrato de direito privado do Estado, ou negócio de direito privado da administração.[9]

Hely Lopes Meirelles, que, segundo Cretella, foi o autor brasileiro que maior atenção deu ao tema[10], trouxe a ideia de que os atos contendo uma

[7] *Ibidem*, p. 46.

[8] *Ibidem*, p. 47.

[9] DI PIETRO, Maria Sylvia Zanella. **Direito Administrativo.** 23. ed. São Paulo: Atlas, 2010. p. 56

[10] CRETELLA JÚNIOR, José. *Op. Cit.*, p. 45.

declaração de vontade do Poder Público coincidente com a pretensão do particular, visando à concretização de negócios jurídicos públicos ou à atribuição de certos direitos ou vantagens ao interessado, são denominados atos administrativos negociais, mas não adentram a esfera contratual.[11] Para o professor Meirelles, ato administrativo negocial tem a seguinte definição:

> Atos administrativos negociais são todos aqueles que contêm uma declaração de vontade da administração apta a concretizar determinado negócio jurídico ou a deferir certa faculdade ao particular, nas condições impostas ou consentidas pelo Poder Público.
>
> Neste conceito enquadram-se, dentre outros, os atos administrativos de licença, autorização, permissão, admissão, visto, aprovação, homologação, dispensa, renúncia e até mesmo o protocolo administrativo.[12]

Percebe-se que para a doutrina tradicional o negócio jurídico administrativo ou é reservado ao contrato de direito privado firmado pela Administração ou se revela como uma declaração de vontade da Administração nas condições impostas por esta. Assim, em "contrariedade à essência negocial do negócio jurídico, no âmbito administrativo ele representa a forma pela qual a Administração Pública estabelece relações jurídicas unilaterais e impositivas com os particulares".[13]

De fato, nas situações em que se está diante de uma atividade onde a Administração pública atua em atividade típica de Estado, ele irá agir de modo característico, prevalecendo-se do seu poder de império, de normas cogentes, com predomínio do interesse público, a exemplo de onde se verifica a existência de cláusulas exorbitantes, inadmissíveis em um negócio jurídico típico. A liberdade de contratar para a administração pública não é plena, e existe nos limites da motivação do ato, declarando a finalidade última do Estado: o interesse previsto em lei. A supremacia do interesse público e a busca da vontade coletiva mitigam a autonomia da vontade

[11] MEIRELLES, Hely Lopes. **Direito administrativo brasileiro.** 42ª ed. São Paulo: Malheiros, 2016. p. 211.

[12] *Ibidem.* p. 212.

[13] ACCIOLI FILHO, Wilson. Negócio jurídico administrativo para além dos contratos administrativos. **Revista Consultor Jurídico.** 14 ago. 2020.

para a Administração. A vigência do contrato sujeita-se à conveniência e oportunidade do agente público.

Contudo, não é uma máxima inquestionável. Não é tarefa fácil compatibilizar a vontade da administração com a vontade do particular. No direito administrativo prevalece a ideia de finalidade, baseada no fim precípuo do interesse público. Mesmo ao contratar com os particulares, a Administração tem de agir por interesse público, ficando a vontade do agente superada pelo fim, no qual vincula o administrador, sob pena de excesso de poder ou desvio de finalidade, de onde extrai que quando a administração pública está em um dos polos, a existência do elemento vontade como formadora do contrato é atenuada. Mas surgiram novos arranjos contratuais onde a consensualidade se mostra mais presente. Embora a atuação estatal sempre deva se pautar no interesse público, há de se ponderar que nem sempre o Estado impõe sua vontade unilateralmente.

Floriano de Azevedo Marques Neto neste sentido disserta:

> Há inegável aumento na complexidade das relações contatuais de que participa o Poder Público. A busca por soluções de financiamento das utilidades públicas (decorrência menos da crise fiscal, e mais da crescente demanda pelo provimento de direitos fundamentais) leva a uma busca de arranjos contratuais criativos e inovadores, o que pressiona por novas formas de relacionamento contratual. O engrandecimento da atuação do Estado como empresário (em campos tão diversos como o fomento à cultura, a exploração de petróleo ou ó desenvolvimento de pesquisas no campo da inovação tecnológica), a seu turno, torna absolutamente superados os modelos contratuais tradicionais, impondo a necessidade de modelos mais flexíveis, adaptáveis às múltiplas circunstâncias da atuação estatal.
>
> Esses campos de atuação contratual do Poder Público, aliados à importação de modelos de negócio jurídico do mundo privado, colocam em discussão algumas das premissas da doutrina tradicional do contrato administrativo. A própria relação assimétrica entre o Poder Público e o Privado perde força como pressuposto do contrato administrativo diante de contratos da parceria, contratos de consórcio ou mesmo contratos de delegação de serviço público controlados por entidades reguladoras autônomas [...]

Como nos mostram autores mais descortinados, "como reflexos das novas relações juspolíticas entre Estado e sociedade, a consensualidade passa a ser urna nova forma privilegiada de administrar interesses públicos nas relações entre Administração e administrados".[14]

Por vezes, nas modernas relações jurídicas surgem novos instrumentos de ação pública que possuem natureza própria dos negócios jurídicos. A Administração irá atuar nestes com redução das prerrogativas públicas, num regime jurídico híbrido.

A evolução da sociedade e, em consequência, a evolução do direito, que não é estático e que também evolui paralelamente à sociedade, mostra que não cabe a nenhum ramo do direito reivindicar para o seu campo a prioridade de um dado instituto, quando esse instituto é comum a vários ramos do direito. Essa ideia já era sustentada por Miguel Reale na década de oitenta, mas merece destaque por sua premente atualidade.[15] Ousa-se dizer que se há quase quarenta anos essa ideia já estava presente, hoje, com o atual estágio evolutivo, é inimaginável pensar na adoção de institutos estanques, com aplicação isolada a um só ramo de atuação. Assim, embora os negócios jurídicos, em sua larga maioria, sejam estudados diante dos direitos privados, é possível verificá-los no âmbito administrativo.

2. Fomento público e contrato de fomento

O fomento público é forma de intervenção sobre o domínio econômico visando estimular o desenvolvimento ambiental, social e econômico. É a utilização de recursos e meios públicos, ainda que realizado por pessoas jurídicas de direito privado. Trata-se de intervenção por indução, pois o Poder Público, para atender seus anseios, estimula, induz, concretamente a atuação do particular. Não se trata de intervenção direta, onde o próprio Estado desempenha a atividade econômica, mas indireta.

José Vice de Santos Mendonça distingue fomento das demais funções administrativas: não é poder de polícia porque no fomento o particular pode escolher se quer aderir ao plano, sem coerção – a imperatividade aparece depois de aceito; também não é serviço público, porque aqui a Administração realiza diretamente o fim perseguido, enquanto no

[14] MARQUES NETO, Floriano Peixoto de Azevedo. Do contrato administrativo à administração contratual. **Revista de Direito Administrativo e Infraestrutura (RDAI)**, São Paulo: Thomson Reuters, Livraria RT, v. 3, n. 9, p. 341-352, 2019. p. 347.

[15] REALE, Miguel. **Teoria do Direito e do Estado.** 5 ed. rev. São Paulo: Saraiva, 2000. p. 19.

fomento estimula-se o particular para que este cumpra, de modo indireto, o interesse da Administração; diferencia-se, ainda, de regulação, que reflete a criação e fiscalização da norma e a composição de controvérsias, ainda que a intervenção, a indução, possa se dar através do fomento.[16] Assim ele define fomento público:

> Fomento é a atividade pública de apoio à iniciativa privada, quando esta desenvolve atividades de interesse social, por meios persuasivos – ou é a atividade de dispensação não devolutiva de bens e direitos a administrados, em razão das suas atividades, para que estes realizem de modo facilitado.[17]

Silvio Luís Ferreira da Rocha não destoa ao tratar do fomento:

> A atividade administrativa de fomento é uma atividade indireta que visa a estimular a ação dos agentes privados considerada de relevante interesse ou utilidade pública. Com efeito, a atividade administrativa é uma atividade teleológica que se caracteriza pelo conjunto de atos e procedimentos realizados pela Administração Pública com vistas à satisfação das necessidades coletivas. Contudo, o alcance dessas finalidades pode ser feito de modo direto e imediato, casos em que o agir da Administração produz e alcança o fim almejado ou de modo indireto e mediato, caso em que a atividade administrativa manifesta-se por meios de fatos, atos e procedimentos que, em si mesmos, não tendem a obter a satisfação das necessidades coletivas, que são satisfeitas pela Administração de maneira indireta e mediata, mediante a promoção de certas atividades dos particulares.[18]

A partir da doutrina estrangeira, frisam Justen Filho e Eduardo Jordão que:

> Em Portugal, por exemplo, fala-se em contratos econômicos, que constituem 'modalidades da acção económica dos poderes públicos (sobretudo

[16] MENDONÇA, José Vicente Santos de. Uma teoria do fomento público: critérios em prol de um fomento público democrático, eficiente e não paternalista. **Revista de Direito da Procuradoria Geral**, Rio de Janeiro, v. 65, 2010. p. 120-133.

[17] *Ibidem*. p. 135.

[18] ROCHA, Silvio Luís Ferreira da. O novo regime das parcerias voluntárias previsto na lei nº 13.019, de 31 de julho de 2014. Revista da AJURIS, v. 41, n. 135, p. 451-477, Setembro 2014. p. 453.

do Estado), movida pelo objectivo exclusivo (ou, ao menos, dominante) da intervenção económica, ou seja, contratos celebrados no âmbito das actuações de polícia e fomento económicos destinados a condicionar os cálculos e as decisões dos operadores económicos activos, sejam estes privados (como é a regra), cooperativos ou mesmo públicos' (JOSÉ CABALTA NABAIS, Contratos fiscais: reflexões acerca da sua admissibilidade, Coimbra, Coimbra Editora, 1994, p. 57-58). São espécies de contratos regulatórios ou econômicos, por exemplo, os contratos fiscais (em Portugal), os agrément fiscaux (na França), as acciones concertadas (na Espanha), os Ansiedlungsvereinbarung (na Alemanha). Veja-se ainda MICHEL FLEURIET, Les techniques de l'économie concertée, Paris, Sirey, 1974.[19]

O fomento é discricionário. Apesar de alguns terem-no como ato vinculado, visando maior controle, ou porque pode haver vinculação a alguma norma ou edital em determinados casos, o fato é que as ações de fomento são bastante discricionárias.[20] O Estado pode decidir fomentar determinada atividade e depois desistir. Nota-se que a oferta do fomento e a aceitação pelo particular geram obrigações para as duas partes. O particular atua conforme sua vontade, isto é, adere ao fomento se quiser. E o Estado coloca o fomento com certa discricionariedade.

Apesar de aberto ao administrador um espaço de discricionariedade, as decisões administrativas estão condicionadas pela incidência da razoabilidade e proporcionalidade. A discricionariedade pode ser vantajosa, mas também pode ser um problema. Mendonça bem lembra que o fomento pode levar ao desenvolvimento socioeconômico previsto na Constituição, assim como também pode ser objeto de direcionamentos ilegais e indevidos, desnaturando a intervenção do Estado sobre a economia. Por isso, ao frisar que os critérios da concessão e o tempo da duração[21] são os dois

[19] JUSTEN FILHO, Marçal; JORDÃO, Eduardo Ferreira. A contratação administrativa destinada ao fomento de atividades privadas de interesse coletivo. **Revista Brasileira de Direito Público**, v. 34, 2011. p. 2, nota de rodapé.

[20] MENDONÇA, José Vicente Santos de. *Op. cit.* p. 159-161.

[21] Segundo Mendonça, o fomento não pode substituir a iniciativa privada, não podendo ser eterno para não neutralizar os riscos do negócio, ou seja, os riscos privados seriam socializados. Nos parece que é uma ideia aplicável, mas que não pode ser generalizada. Basta um exemplo: empreendimentos econômicos de economia solidária são da iniciativa privada,

grandes problemas ligados ao fomento, sugere critérios democráticos e republicanos adequados para nortear tal atividade.[22]

O fomento público pode se dar via atos administrativos, subvenções, convênios, além de contratos, como numa relação creditícia dos Bancos de Desenvolvimento ou o acesso ao crédito mais barato em instituições financeiras de mercado. Não reflete a contratação administrativa tradicional, advinda de licitações. Marçal Justen Filho e Eduardo Ferreira Jordão citam outros exemplos dessas contratações:

> [...] pequenos municípios valem-se de medidas tais como a doação de terrenos públicos para atrair a instalação de grandes empreendimentos econômicos no seu território, gerando o desenvolvimento da economia local, além de emprego e renda para a sua população. Estados-membros da federação oferecem subsídios para viabilizar manifestações artísticas que julgam positivas para a preservação da cultura local, mas pouco atrativas para a exploração econômica livre.[23]

Na função estatal de fomento são muitos os novos modelos de negócios jurídicos, tais como "contratos de incentivo, os contratos de inovação, os consórcios de desenvolvimento de pesquisas ou os contratos de condomínio em parques ou clusters tecnológicos"[24]. Intervindo na economia ainda podem ser citados "contratos de joint ventures, consórcios empresariais ou mesmo parcerias institucionais em que o Poder Público participa como minoritário de uma sociedade"[25], inclusive pactuando acordo de acionistas.

A flexibilidade aproxima o contrato de fomento de um negócio jurídico. Para Justen Filho e Jordão, o "contrato de fomento é um contrato administrativo, entendida a expressão numa acepção ampla. Portanto, uma das partes integra a Administração Pública e seu objeto consiste em

mas tem como objetivo principal a emancipação socioeconômica de seus membros em vez de lucros, e muitas vezes dependem do fomento público para a própria sobrevivência.

[22] MENDONÇA, José Vicente Santos de. *Op. cit.* p. 116.

[23] JUSTEN FILHO, Marçal; JORDÃO, Eduardo Ferreira. A contratação administrativa destinada ao fomento de atividades privadas de interesse coletivo. **Revista Brasileira de Direito Público**, v. 34, 2011. p. 2.

[24] MARQUES NETO, Floriano Peixoto de Azevedo. *Op. cit.* p. 348.

[25] *Ibidem.* p. 349.

constituir direitos e obrigações (recíprocos ou não) mediante um acordo de vontades."[26] E continuam:

> Os contratos administrativos em acepção ampla compreendem: (i) os contratos de direito privado e (ii) os acordos de vontade da Administração. Esta última categoria alberga os consórcios e convênios públicos, os termos de ajustes de conduta e a espécie aqui denominada contrato de fomento. Estas espécies contratuais diferenciam-se dos contratos administrativos em sentido estrito em natureza, finalidade e regime jurídico.

É inaplicável o regime peculiar da contratação pública. Não se reconhecem à Administração Pública as chamadas prerrogativas extraordinárias. É claro que a forma contratual remete ao conceito da autonomia da vontade, mas evidente que o fomento público não deixa de ter "função administrativa, e, portanto, sujeita a todos os controles típicos incidentes sobre esta espécie de manifestação do poder estatal"[27]

A Administração, neste caso, induz condutas na atividade econômica que trazem benefícios sociais a partir de contratos com o propósito de fomentar atividades de interesse coletivo.

3. Direito promocional e as sanções positivas e negativas

A ideia de um Estado Democrático de Direito firmado em um Estado social, que se vale de pilares baseados na dignidade da pessoa humana, cidadania, livre iniciativa e pluralismo político para a tutela e promoção dos valores e objetivos constitucionalmente previstos, exige que sua materialização se adeque a postulados que deem efetividade aos direitos fundamentais, com destaque aos direitos sociais. O estudo da Teoria Geral do Direito, sob o qual se firma toda a interpretação do sistema jurídico, notadamente enquanto instrumento de exteriorização da

[26] JUSTEN FILHO, Marçal; JORDÃO, Eduardo Ferreira. *Op. cit.* p. 56. Para Mendonça (*Op. cit.*), por outro lado, não é uma relação contratual, ainda que se formalize por um ajuste, porque o particular não é obrigado a adimplir a contraprestação. Há o dever da Administração de prover a ajuda e o dever apenas genérico do administrado cumprir a atividade a que se destinou o fomento, na medida em que nem o cumprimento específico nem indenização podem ser exigidos no caso de descumprimento, senão a mera restituição dos recursos destinados. Além disso, a vontade autônoma existe apenas de modo supletiva.

[27] MENDONÇA, José Vicente Santos de. *Op. cit.* p. 145.

vontade em uma relação juridicamente protegida, exige que seja realizada uma releitura enquanto instrumento de viabilidade a proteção destes direitos.

Nesse aspecto ganha notoriedade a ideia de direito promocional como método de viabilidade na efetivação de ditas garantias.

Costumeiramente, e aqui também, os estudos sobre a função promocional do direito tomam por base a obra intitulada "Da estrutura à função: novos estudos de teoria do direito", do filósofo do Direito e da Política Norberto Bobbio. Neste sentido já frisou Fabio Curi em sua obra sobre o tema, originária de vasta pesquisa que deu vida à sua tese de doutoramento, que, "ao que parece, os textos de Bobbio ainda prevalecem como ponto de partida e, muitas vezes, também representam o de chegada para aqueles que desejam compreender melhor as possibilidades legais de estímulo de condutas".[28]

A obra do autor italiano é uma coletânea de artigos em que ele estabelece pontos essenciais do positivismo de matriz Kelsiana e da teoria geral do direito a ela relacionada. A inovação está em apontar onde dita doutrina merece complemento ou alteração, sob uma visão funcional, para além do pragmatismo que uma análise normativa representa.

O estudo do Direito esteve por muito limitado à arguição de sua estrutura hierárquica, ocasionando o deslocamento da função e dos efeitos sociais do Direito como objeto da sociologia jurídica. Kelsen não aprofundou e nem mesmo incluiu em seus estudos, embora não tenha negado sua importância, a análise valorativa do Direito. Ao restringir sua perquirição às normas que estabelecem a forma de criação de normas de conduta – as chamadas normas de organização ou de competência – e às próprias regras de conduta, limitou a definição da estrutura hierárquica das normas.[29] Ao não se aprofundar na análise valorativa do Direito, dando acentuado valor à relação ilícito-sanção, ou seja, na relação jurídica legalmente assegurada e na consequência no seu eventual desrespeito, a funcionalidade e as consequências práticas concebíveis de sua aplicação ficaram à margem dos estudos da dogmática jurídica.

[28] CURI, Fabio Martins Bonilha. **Sanção premial no Brasil:** estudos da função promocional do Direito na atividade negocial. São Paulo: Ed. Dialética, 2022. p. 109.

[29] BOBBIO, Norberto. **Da estrutura à função:** novos estudos de teoria do direito. São Paulo: Manole, 2007. p. 58.

Essa concepção do Direito tradicionalmente marcada por teorias reducionistas que limitam sua função a uma sistêmica utilização de normas, que visam a manutenção da paz e segurança social e sanções ao seu desrespeito, com primazia das chamadas sanções negativas, tomam por base genérica estudos feitos por Christianus Thomasius e Hans Kelsen.[30]

Na teoria estruturalista de Kelsen já era possível perceber a aceitação da existência de sanções positivas e negativas, entretanto, é nítida a importância dada a estas, considerando as sanções premiais como paliativas e secundárias.[31]

Mesmo diante da constatação de que é dominante na Teoria Geral do Direito a concepção repressiva do direito, Norberto Bobbio sustenta uma nova visão de Estado, tendo base a fixação de um Estado calcado na promoção do bem-estar social com primazia de sanções positivas ou premiais em contraposição às tradicionalmente adotadas sanções negativas ou reacionárias. Simone Martins Sebastião assim descreve a ideia de Bobbio:

> [...] a partir da crise do positivismo jurídico verificada na Europa, Norberto Bobbio revê seu posicionamento acerca do Direito, analisando-o não apenas quanto à sua estrutura ("de que compõe o Direito?"), mas também, quanto à sua função, ("para que serve do Direito?"), o que implica uma releitura de seu conceito de sanção.[32]

Partindo então dessas premissas, Norberto Bobbio refutou a ideia de um Direito apenas reativo, em que pese garantidor, em prol da adoção de um aparato jurídico que seja reflexo de um Estado social que, além de tutelar direitos já conquistados, tenha por função promover direitos àqueles que ainda não os alcançou efetivamente. Neste sentido, critica os postulados jurídicos baseados exclusivamente na repressão, destaca que além desta função, que se amolda às sanção negativas, o Estado, atendendo as atuais regulamentações constitucionais pós liberais, deve atuar na direção ao

[30] *Idem*, p. 3.

[31] KELSEN, Hans. **Teoria pura do direito**. Tradução João Baptista Machado. 7. ed. São Paulo: Martins Fontes, 2006, p 32.

[32] SEBASTIÃO. Simone Martins. **Tributo Ambiental.** Extrafiscalidade e Função Promocional do Direito. 1 ed. Curitiba: Juruá, 2007.p. 4.

encorajamento de ações positivas, entendidas estas como aquelas sanções de cunho positivo ou premiais.[33]

Neste sentido, Bobbio expõe: "Nas constituições liberais clássicas, a principal função do Estado parece ser a de tutelar (ou garantir). Nas constituições pós-liberais, ao lado da função de tutela ou garantia, aparece, cada vez com maior frequência, a função de promover"[34].

As constituições pós liberais (e aqui se inclui a Constituição brasileira de 88) podem ser vistas como marcos na determinação de uma nova visão de Estado. A atualidade da constatação feita por Bobbio se percebe na simples análise do preâmbulo da CF:

> [...] nós representantes do povo brasileiro, reunidos em Assembleia Nacional Constituinte para instituir um Estado Democrático, destinado a assegurar o exercício dos direitos sociais e individuais, a liberdade, a segurança, o bem-estar, o desenvolvimento, a igualdade e a justiça como valores supremos de uma sociedade fundada na harmonia social e comprometida na ordem interna e internacional, com a solução pacífica das controvérsias [...][35].

Além do preâmbulo trazer postulados de cunho funcionalista, também podem ser citados nos dispositivos inseridos no título VIII – Da Ordem Social da CF, que não deixam margem a questionamentos de que promoção de direito sociais é destacado como essencial aos objetivos do Estado, nos termos da Constituição vigente.

Ainda com enfoque na Constituição brasileira, basta a observação do disposto no artigo 3º para se deparar com os objetivos fundamentais da República, vinculantes para todos os setores da sociedade. Dentre eles, no inciso VI, textualmente, "promover" o bem de todos e, no inciso II, garantir o "desenvolvimento" nacional, tal como Bobbio em pensamento análogo já havia se manifestado.

Mesmo frente a este contexto, mas como não poderia deixar de ser, o ordenamento jurídico prevê consequências para o cumprimento ou

[33] BOBBIO, op.cit., p. 14.

[34] *Ibidem*, p. 13.

[35] BRASIL. [Constituição (1988)]. **Constituição da República Federativa do Brasil de 1988.** Brasília, DF: Presidência da República, [2020]. Disponível em: https://www.planalto.gov.br/ccivil_03/constituicao/constituicao.htm. Acesso em: 19 jan.2023.

descumprimento de suas normas. Há condutas que são estimuladas por meio de incentivos denominados sanções positivas ou premiais, enquanto existem também condutas que são desestimuladas por meio de sanções negativas com caráter eminentemente punitivo.

Assim é que diante da visão funcional de tais medidas, as desencorajadoras visam a conservação social e a manutenção do *status quo* por meio de um não-fazer, enquanto as encorajadoras, por sua vez, visam a mudança da sociedade por meio de incentivos e ações positivas, no intuito de obter recompensas ou facilitações para o alcance da finalidade pretendida.[36]

É nesse sentido que se manifesta Simone Martins Sebastião ao apontar que incentivo e prêmio "são formas típicas de manifestação da função promocional do Direito, sendo que o prêmio é uma resposta a uma ação boa, enquanto incentivo é um expediente para se obter uma ação boa".[37]

Em apertada síntese, portanto, a diferença primordial se assenta em que no ordenamento protetivo-repressor interessa o comportamento socialmente não desejado, enquanto para o promocional interessam os desejáveis.[38]

Assim conclui referida autora a respeito do estudo de Bobbio:

> [...] afasta-se, assim, o "pressuposto do homem malvado" de forma que o ordenamento jurídico passe a considerar que o homem, embora inerte, passivo e indiferente, possa e deva ser estimulado, provocado e solicitado. Isso implica definir do Direito, do ponto de vista da função, como forma não só de controle, mas também de dirigismo social[39].

Diante desse cenário, a adoção de dispositivos de cunho promocional que incentive a adoção de condutas socialmente benéficas e producentes ao bem comum, são a cada dia mais frequentes e disseminadas por todo o aparato legal, como é o caso do fomento público. Esse negócio jurídico

[36] BOBBIO, op.cit., p. 15.

[37] SEBASTIÃO, op.cit., p. 8.

[38] ARAÚJO. Kleber Jorge de. **A função promocional do Direito na busca pela concretização das ordens e dos direitos sociais, à luz da teoria funcionalista de Bobbio.** Revista de Direito, Viçosa, v.9, n. 1 125-154, 2017, p. 131.

[39] SEBASTIÃO, op.cit., p. 37.

é usado "com o objetivo precípuo de fomentar atividades de interesse coletivo e induzir comportamentos socialmente benéficos".[40]

O fomento pode se operar por diversos meios, dentre os quais por contratos administrativos, como destacado no capítulo anterior. "O contrato de fomento deve ser entendido como uma técnica de intervenção no domínio econômico. Constitui mais um instrumento de que dispõe o Estado para realizar as finalidades sociais que lhe cabem na estrutura constitucional".[41] Definido como meio para promover condutas que satisfaçam necessidades coletivas, sem coação, tem íntima relação com o Direito Premial.

Conclusões

Objetivou-se demonstrar em que medida o negócio jurídico administrativo pode se relacionar com a função promocional do Direito, fazendo-se uso do contrato de fomento como elo de ligação. Entendeu-se por necessário apontar a correspondência entre o negócio jurídico e o fomento público e, depois, entre este e a função promocional do direito, para então interligar os três conceitos. Foi possível assim estabelecer um paralelo entre o negócio jurídico administrativo e a utilização das sanções positivas com o objetivo de se alcançar a paz social e o bem comum.

Ao se colocar os novos arranjos contratuais, verificou-se que a construção do negócio jurídico pode ser válida não só nas relações particulares, onde está sua base, mas também nas relações entre particulares e o Estado. Verificou-se a superação dos conceitos jurídicos e das abordagens tradicionais, exigindo a adequação dos institutos conhecidos para dar conta de uma nova realidade. O contrato de fomento está dentre estes arranjos. Este instrumento é figura característica do Estado Social, podendo ser utilizado como instrumento de intervenção no domínio econômico para regulação de falhas de mercado. Também se apontou a crescente importância da teoria funcionalista do direito, especialmente quanto à sua natureza promocional, baseado na aplicação crescente de sanções positivas ou premiais, isolada ou cumulativamente a sanções

[40] JUSTEN FILHO, Marçal; JORDÃO, Eduardo Ferreira. *Op. cit.*. p. 2.

[41] JUSTEN FILHO, Marçal; JORDÃO, Eduardo Ferreira. A contratação administrativa destinada ao fomento de atividades privadas de interesse coletivo. **Revista Brasileira de Direito Público**, v. 34, 2011. p. 54.

tradicionais, para o progresso social. O Estado atua de forma indireta, por meio de normas premiais, induzindo atividades privadas para a satisfação de necessidades sociais.

A partir das considerações exaradas, podem ser apontadas, ao menos, três conclusões, a seguir sintetizadas.

A primeira conclusão é de que o contrato de fomento público pode ser tido como um elo de ligação entre o negócio jurídico administrativo e o Direito Premial. Trata-se do negócio jurídico que visa a aplicação de sanções positivas. A função promocional do Direito está presente nos negócios jurídicos administrativos. Está impermeada nas relações contratuais entre Estado-particular.

A segunda conclusão, como consequência da primeira, é de que é possível o uso do negócio jurídico para promover o desenvolvimento socioeconômico, reduzindo externalidades negativas. Mais do que isso, tem alto potencial na concretização de políticas públicas. O contrato de fomento pode ser usado para intervir no domínio econômico. O negócio jurídico pode ser utilizado como instrumento para o alcance das finalidades e dos objetivos do Estado, constitucionalmente previstos.

Em arremate, a terceira conclusão é de que a indução de conduta dos particulares pela Administração pode ser realizada de forma mais flexível e célere fazendo-se uso dos negócios jurídicos. O Poder Público deve se valer de forma mais frequente da técnica contratual para operar intervenções no domínio econômico. É claro que demanda adequação, muito cuidado e o estudo das melhores técnicas para que o uso não cause problemas de desvios comportamentais prejudiciais, mas trata-se de importante ferramenta para dar conta da atual realidade. Afinal, apesar da previsão legal de institutos e disposições que dão margem a adoção de uma teoria geral do direito promocional, a adoção de políticas públicas que efetivem de modo realmente abrangente e concreto um direito baseado predominante em sanções premiais em consonância com postulados funcionais ainda é acanhada e demanda maiores avanços.

Referências

ACCIOLI FILHO, Wilson. Negócio jurídico administrativo para além dos contratos administrativos. **Revista Consultor Jurídico.** 14 ago. 2020. Disponível em: <https://www.conjur.com.br/2022-ago-14/publico-pragmatico-reestruturacao-teoria-negocios-juridicos-administrativos>. Acesso em: 02 nov. 2022.

ARAÚJO, Kleber Jorge de. **A função promocional do Direito na busca pela concretização das ordens e dos direitos sociais, à luz da teoria funcionalista de Bobbio.** Revista de Direito, Viçosa, v.9, n. 1 125-154, 2017.

AZEVEDO, Antônio Junqueira de. **Negócio Jurídico.** Existência, Validade e Eficácia. 4 ed. São Paulo: 2002.

BOBBIO, Norberto. **Da estrutura à função:** novos estudos de teoria do direito. São Paulo: Manole, 2007.

CRETELLA JÚNIOR, José. **Negócio Jurídico Administrativo.** Revista de Direito Administrativo, Rio de Janeiro, v. 164., 29-49, abr./jun. 1986.

CURI, Fabio Martins Bonilha. **Sanção premial no Brasil:** estudos da função promocional do Direito na atividade negocial. São Paulo: Ed. Dialética, 2022.

DI PIETRO, Maria Sylvia Zanella. **Direito Administrativo.** 23. ed. São Paulo: Atlas, 2010.

JUSTEN FILHO, Marçal; JORDÃO, Eduardo Ferreira. A contratação administrativa destinada ao fomento de atividades privadas de interesse coletivo. **Revista Brasileira de Direito Público**, v. 34, p. 47-72, 2011. Disponível em: < https://bibliotecadigital.fgv.br/dspace/bitstream/handle/ 10438/19195/A_contratacao_administrativa_destinada_a.pdf?sequence=1&isAllowed=y>. Acesso em 07 fev. 2023.

MARQUES NETO, Floriano Peixoto de Azevedo. Do contrato administrativo à administração contratual. **Revista de Direito Administrativo e Infraestrutura (RDAI)**, São Paulo: Thomson Reuters, Livraria RT, v. 3, n. 9, p. 341–352, 2019. Disponível em: <https://rdai.com.br/index .php/rdai/article/view/179>. Acesso em: 7 nov. 2022.

MEIRELLES, Hely Lopes; BURLE FILHO, José Emmanuel; Burle Carla Rosado. **Direito Administrativo brasileiro.** 42.ed. rev. São Paulo: Malheiros, 2016.

MENDONÇA, José Vicente Santos de. Uma teoria do fomento público: critérios em prol de um fomento público democrático, eficiente e não paternalista. **Revista de Direito da Procuradoria Geral**, Rio de Janeiro, v. 65, p. 115-176, 2010. Disponível em: <https://pge.rj.gov.br/comum/code/MostrarArquivo.php?C=MTE0OA%2C%2C>. Acesso em 08 fev. 2023.

PIMENTA, Joaquim. Autonomia de vontade e dirigismo contratual. **Revista do Serviço Público**, Brasília, v. 78, n. 1, 2 e 3, p. 131-135, 1958. Disponível em: <https://revista.enap.gov. br/index.php/RSP/article/view/4233>. Acesso em: 13 fev. 2023.

REALE, Miguel. **Teoria do Direito e do Estado.** 5 ed. rev. São Paulo: Saraiva, 2000. p. 19.

ROCHA, Silvio Luís Ferreira da. O novo regime das parcerias voluntárias previsto na lei nº 13.019, de 31 de julho de 2014. **Revista da AJURIS**, v. 41, n. 135, p. 451-477, Setembro 2014.

RODRIGUES JÚNIOR, Otávio Luiz. Autonomia da vontade, autonomia privada e autodeterminação: notas sobre a evolução de um conceito da Modernidade e na Pós-modernidade. **Revista de Informação Legislativa**, v. 41, n. 163, p. 113-130, jul./set.2004. Disponível em: http://www2.senado.leg.br/bdsf/handle/id/982. Acesso em 18.01.2023.

SEBASTIÃO, Simone Martins. **Tributo Ambiental.** Extrafiscalidade e Função Promocional do Direito. 1 ed. Curitiba: Juruá, 2007.

SOUSA, Guilherme Carvalho. **A liberdade de contratar para a administração pública: a autonomia da vontade no contrato administrativo.** Revista de Direito Administrativo, Rio de Janeiro, v. 260, 183-201, maio/ago. 2012.

9. RECONHECIMENTO INCIDENTAL DE NULIDADE POR SIMULAÇÃO EM EXECUÇÃO DE TÍTULO EXTRAJUDICIAL

Francisco Tadeu Lima Garcia
Simone Cristina Izaías Cunha

Introdução

Os processos de Execução de Título Extrajudicial representam parte considerável das demandas judiciais em trâmite, sobretudo diante do monopólio atribuído ao Estado quanto ao poder de expropriação de bens dos devedores, que desde a *Lex Poetelia-Papiria* é a única forma de um credor recuperar seu crédito.

Entretanto, não raro essas demandas ficam represadas no Poder Judiciário, não porque o devedor não tem bens para satisfazer a execução, mas sim porque ele emprega meios inidôneos para evitar o pagamento do que deve, sendo certo que a legislação prevê instrumentos legais capazes de contornar tais meios, com a declaração de ineficácia dos negócios havidos em fraude à execução, ou com a anulabilidade dos negócios celebrados em fraude contra credores, a despeito da discussão doutrinária acerca dos efeitos da procedência de ação pauliana, que é o meio vocacionado à reversão no negócio havido em fraude a credores, que não se confundem, conforme se explorará adiante.

Acontece que há também casos em que os devedores simulam negócios jurídicos, a fim de que aparentem perante terceiros e, sobretudo, seus credores, que não possuem bens, quando na realidade os ocultam por meio de tal expediente enganoso, com o intuito de que não sejam alvos de nenhum ato expropriatório. São situações, por exemplo, em que o devedor, sabendo-se demandado e objetivando frustrar as investidas de seus credores, adquire bens não mais em nome próprio, mas sim valendo-se de interpostas pessoas, os "laranjas", muitas vezes da própria família, como se poderia exemplificar por um carro de que, embora utilize com exclusividade e seja em verdade seu, o devedor registra perante a autoridade de trânsito em nome de um filho, ou então na hipótese em que o devedor simula a cessão de um direito creditório seu mediante a subscrição de instrumento de cessão de crédito, sem que, de fato, exista a transferência do direito, a fim de evitar que seus credores alcancem tal crédito.

Os exemplos são diversos e, quando não representam verdadeira confusão patrimonial, que é hipótese em que há realmente a transferência patrimonial ou então o cumprimento reiterado de obrigações de uma ou mais pessoa pela outra, entre outros elementos e que, como se sabe, é hipótese de abuso da personalidade a ser coibido mediante deflagração de incidente de desconsideração da personalidade jurídica, são exemplos de negócio jurídico simulado, cujo reconhecimento de nulidade pode se dar nos próprios autos da execução, dispensando-se o ajuizamento de ação declaratória própria para essa finalidade, conforme se demonstrará.

Isso posto, é importante que se conheça bem o substrato conceitual inerente à categoria de vício social que é a simulação e as consequências jurídicas decorrentes de seu reconhecimento, inclusive com relação à possibilidade aqui trazida de que seja tal reconhecimento havido de forma incidental no processo de execução, recomendando seja revisitada a Teoria do Fato Jurídico, bem como os planos da escada ponteana, analisando, por fim, exemplos concretos extraídos da Jurisprudência, com respaldo também na doutrina.

1. Fato jurídico e os planos de existência, validade e eficácia do negócio jurídico

Sabe-se que um fato, em linhas gerais, é um evento que se manifesta na realidade. O fato jurídico, por sua vez, como é de se pressupor, é aquele evento que se manifesta na realidade e que interessa ao Direito, encontrando previsão nas normas jurídicas, que lhe atribuem determinadas consequências jurídicas, seja para criar, modificar, conservar ou terminar uma relação jurídica.

Conforme ensina Pietro Perlingieri[1], fato jurídico pode ser entendido e bem definido como "qualquer evento que seja idôneo, segundo o ordenamento, a ter relevância jurídica. Em geral, a norma prevê a hipótese de verificação do evento (ou seja, do fato) e a possibilidade de que este – humano (um passeio, a conclusão de um contrato) ou natural (um temporal) –", seja relevante juridicamente quando identificada a sua ocorrência.

De acordo ainda com Maria Helena Diniz:

> O fato jurídico lato sensu é o elemento que dá origem aos direitos subjetivos, impulsionando a criação da relação jurídica, concretizando as normas jurídicas. Realmente, do direito objetivo não surgem diretamente os direitos subjetivos; é necessária uma "força" de propulsão ou causa, que se denomina "fato jurídico". Assim: "fatos jurídicos seriam os acontecimentos, previstos em norma de direito, em razão dos quais nascem, se modificam, subsistem e se extinguem as relações jurídicas".[2]

E ainda conforme sintetiza a autora, o fato jurídico em sentido amplo compreende o fato jurídico em sentido estrito, também conhecido na doutrina como fato natural, que é aquele que independe da atuação humana, podendo ser ainda divididos em ordinários e extraordinários.

Os fatos jurídicos *stricto sensu* ordinários, são aqueles como o nascimento e a morte, a maioridade, o decurso do tempo, a avulsão e o aluvião, entre outros exemplos, ao passo que os fatos jurídicos *stricto sensu* extraordinários são como os casos fortuitos e de força maior, caracterizando-se pela presença essencialmente de dois requisitos, um objetivo e outro subjetivo, sendo o primeiro configurado pela característica de ser inevitável tal evento e o segundo a inexistência de culpabilidade imputável quanto ao acontecimento, como por exemplo um incêndio causado por um raio, uma inundação causada por uma tempestade, entre outros exemplos.

[1] PERLINGIERI, Pietro. *Perfis de direito civil.* Tradução de Maria Cristina de Cicco. 2 ed. Rio de Janeiro: Renovar, 2002, p. 89.

[2] DINIZ, Maria H. *Compêndio de introdução à ciência do direito: introdução à teoria geral do direito, à filosofia do direito, à sociologia jurídica, à lógica jurídica, à norma jurídica e aplicação do direito.* Saraiva, 2019. E-book. ISBN 9786555598629. Disponível em: https://app.minhabiblioteca.com.br/#/books/9786555598629/. Acesso em: 12 fev. 2023.

O fato jurídico *lato sensu* também abrange o ato jurídico em sentido amplo, que se caracteriza pelo exercício humano da vontade e, por sua vez, quando lícito, compreende o ato jurídico em sentido estrito, que é não negocial, e, finalmente, o negócio jurídico, que é ato negocial.

Conforme explica Maria Helena Diniz[3], o ato jurídico em sentido estrito objetiva "a mera realização da vontade do agente, gerando consequências jurídicas previstas em lei", enquanto o Negócio Jurídico "é a norma estabelecida pelas partes, que podem autorregular, nos limites legais, seus próprios interesses".

Feitas essas considerações, aprofundando-se acerca do Negócio Jurídico, no direito brasileiro, o negócio jurídico é uma relação entre duas ou mais pessoas que, por meio de um acordo, se obrigam a realizar ou não realizar determinadas ações. Essas ações podem ser de natureza patrimonial, como a compra e venda de bens, ou não patrimonial, como a prestação de serviços.

O negócio jurídico é regulado pelo Código Civil brasileiro, que estabelece regras para a sua formação, validade e eficácia e para que um negócio jurídico seja considerado válido, é necessário que ele atenda aos requisitos de capacidade das partes, objeto lícito, forma prescrita ou não proibida em lei e outros aspectos previstos na legislação.

Existem diversos tipos de negócios jurídicos solenes, como a compra e venda de imóvel, a doação de imóvel, o contrato de prestação de serviços, o contrato de fiança, entre outros. Cada tipo de negócio jurídico possui regras específicas que precisam ser seguidas para que seja considerado válido. Além disso, o negócio jurídico também pode ser revogado, modificado ou rescindido, desde que as partes envolvidas concordem com a mudança ou haja motivo justo para isso. A rescisão do negócio jurídico pode acarretar a obrigação de uma das partes ressarcir a outra por prejuízos causados.

Em resumo, o negócio jurídico é uma ferramenta fundamental para a organização e regulamentação das relações entre as pessoas e empresas, e é essencial que as partes envolvidas conheçam as regras e requisitos para sua formação, validade e eficácia. Isso garantirá a segurança e proteção dos interesses envolvidos, evitando possíveis conflitos ou desentendimentos futuros.

[3] *Ibidem.*

Abordando-se mais tecnicamente o tema, de acordo com Humberto Theodoro Jr[4], o Negócio Jurídico "é produto da manifestação de vontade das partes, as quais podem não apenas declarar a intenção de praticar o ato, mas, também, regular os efeitos que dele pretendem extrair."

O Negócio Jurídico é constituído e realizado a partir da prevalência da declaração da vontade e da autonomia privada, isto é, por meio do Negócio Jurídico é que se instrumentaliza a autonomia privada pela declaração da vontade, de tal sorte que em sua expressão mais comum, notadamente o contrato, as partes envolvidas pelo livre exercício de sua autonomia privada externam as suas vontades de criar, modificar ou extinguir deveres e direitos como melhor lhes convier, dentro dos limites da licitude e, mais ainda, da própria moral, especialmente diante da prescrição que determina hodiernamente observância à boa-fé, sobretudo a boa-fé objetiva.

Conforme explica ainda o Professor Humberto Theodoro Jr[5]:

> Para que a declaração de vontade alcance o efeito buscado pelo agente é indispensável sua passagem pelos três planos do mundo jurídico, quais sejam: o da existência, o da validade e o da eficácia. Ou seja: para existir, o negócio jurídico reclama elementos essenciais; para valer, tem de satisfazer os requisitos que a ordem jurídica determina; e para atingir a concretude dos efeitos desejados, hão de atuar os fatores exigidos para a eficácia. A não integração dos elementos materiais do plano da existência, assim como dos requisitos jurídicos da validade ou dos fatores da eficácia, conduz à frustração do resultado buscado pelo agente. A patologia do negócio jurídico ocorre quando a vontade manifestada é insuficiente para produzir, no todo ou em parte, absoluta ou relativamente, o efeito visado pelo autor da declaração de vontade. As consequências dessa patologia, no entanto, não são iguais nos diversos planos já apontados.

Muito embora seja certo, conforme explica Carlos Roberto Gonçalves[6] que "não seguiu o atual Código Civil a tricotomia existência-validade-eficácia

[4] THEODORO JR., Humberto. *Negócio Jurídico*. Grupo GEN, 2020. *E-book*. ISBN 9788530992835. Disponível em: https://app.minhabiblioteca.com.br/#/books/9788530992835/. Acesso em: 12 fev. 2023.

[5] *Ibidem*.

[6] GONÇALVES, Carlos R. *Direito Civil Brasileiro – Volume 1*. Saraiva, 2022. E-book. ISBN 9786555596212. Disponível em: https://app.minhabiblioteca.com.br/#/books/9786555596212/. Acesso em: 13 fev. 2023.

do negócio jurídico, destacada particularmente por Pontes de Mirande", quanto ao plano de existência, primeiro degrau na chamada Escada Ponteana, ainda que o Código Civil não trate expressamente, construiu-se a intelecção de que é constituído pela verificação de elementos capazes de denotar a existência fática do negócio jurídico, notadamente o agente, a vontade, o objeto e a forma.

O Código Civil atualmente vigente trata, sim, mais especificamente em seu art. 104, do plano de validade dos negócios jurídicos, que, em síntese, caracterizam-se pela adjetivação dos elementos constitutivos do plano da existência, ou seja, prescreve-se que a validade do negócio jurídico depende de agente capaz, manifestação de vontade livre e consciente, objeto lícito, determinado ou determinável e possível, além de forma prescrita ou não proibida pela lei.

Conforme lição de Flávio Tartuce[7]:

> Não faz parte do dispositivo menção a respeito da vontade livre, mas é certo que tal elemento está inserido seja dentro da capacidade do agente, seja na licitude do objeto do negócio. O negócio jurídico que não se enquadra nesses elementos de validade é, por regra, nulo de pleno direito, ou seja, haverá nulidade absoluta ou nulidade. Eventualmente, o negócio pode ser também anulável (nulidade relativa ou anulabilidade), como no caso daquele celebrado por relativamente incapaz ou acometido por vício do consentimento. As hipóteses gerais de nulidade do negócio jurídico estão previstas nos arts. 166 e 167 do CC/2002. As hipóteses gerais de anulabilidade constam do art. 171 da atual codificação material.

O negócio jurídico inválido quando assim identificado pode atrair para si, essencialmente, duas consequências jurídicas distintas, notadamente a nulidade ou a anulabilidade do negócio jurídico. Sinteticamente, quando se estiver diante de interesse público, a causa de invalidade tornará nulo o negócio jurídico, ao passo que diante de interesse particular o negócio jurídico será anulável. Também o negócio jurídico nulo pode ser arguido pelas partes, por qualquer interessado ou pelo Ministério Público, já o

[7] TARTUCE, Flávio. *Manual de Direito Civil – Volume Único*. Grupo GEN, 2020. E-book. ISBN 9788530993115. Disponível em: https://app.minhabiblioteca.com.br/#/books/9788530993115/. Acesso em: 12 fev. 2023.

negócio jurídico anulável somente pode ter sua anulabilidade invocada pela parte interessada, também não sendo possível ao juiz que conheça de ofício de tal causa de anulabilidade e pode ser confirmado ou convalidado pelo tempo, enquanto o negócio jurídico nulo não admite confirmação, nem convalesce pelo tempo e pode ser conhecido de ofício pelo juiz.

Já o plano da eficácia, por fim, diz respeito aos efeitos do negócio jurídico, conforme dispõem os arts. 121 a 137 do Código Civil, podendo tais efeitos se subordinarem, a condição, evento futuro e incerto, a termo, evento futuro e certo, e a encargo, assim entendida a obrigação imputada ao beneficiário de negócio jurídico gratuito.

2. Interpretação do negócio jurídico e os vícios de consentimento e sociais

De acordo com Marino[8], o fim que se pretende com a interpretação do negócio jurídico é "determinar o seu conteúdo total, nele compreendidos o conteúdo expresso ou declarado (conteúdo da declaração negocial) e o conteúdo implícito ou não declarado".

De um modo geral, enquanto a interpretação da Lei tem um sentido geral, alcançando um número indeterminado de pessoas, a interpretação dos negócios jurídicos tem um sentido particular, que geralmente é restrito ao declarante e ao declaratório.

O professor Silvio Venosa[9] explica, ainda, que:

> A declaração de vontade é constituída por dois elementos: o elemento externo (a declaração propriamente dita) e o elemento interno (o substrato da declaração; a vontade real). O ideal é que haja coincidência entre a vontade interna e a declaração, aspecto externo. Pode ocorrer, porém, divergência ou equívoco entre a vontade real e a declarada, por falta ou desvio dos elementos em que se desdobra a primeira. Nesse caso, impõe-se a interpretação, isto é, a busca do sentido que trará efeitos jurídicos. Essa interpretação cabe derradeiramente ao juiz ou árbitro, que, ao defrontar-se com o caso concreto, deverá interpretar a vontade dos declarantes para aplicar o Direito.

[8] MARINO, Francisco Paulo Crescenzo. *Interpretação do Negócio Jurídico*. 2. ed. São Paulo: Saraiva, 2010, p. 159.

[9] VENOSA, Sílvio de S. *Direito Civil: Parte Geral. v.1*. Grupo GEN, 2022. E-book. ISBN 9786559772650. Disponível em: https://app.minhabiblioteca.com.br/#/books/9786559772650/. Acesso em: 12 fev. 2023.

O Código Civil vigente consagra em seu art. 113 os critérios interpretativos a serem observados quanto aos negócios jurídicos, com as inovações oriundas da denominada Lei da Liberdade Econômica, sendo relevante também destacar a prescrição do art. 112, que coloca releva à intenção na declaração de vontade, sobrepondo eventual sentido literal.

É possível dizer que nos vícios de consentimento, o defeito está na formação da vontade, notadamente a vontade interna, ao passo que nos vícios sociais o defeito está na forma como é manifestada a vontade, ou seja, está na vontade externa.

Interessante anotar a reflexão de Humberto Theodoro Jr[10]:

> Como explicar, então, o agrupamento de figuras tão díspares como os vícios de consentimento e os vícios sociais no mesmo segmento dos defeitos do negócio jurídico? Simplesmente porque, na ótica do Código de 1916, todos eles conduziriam a uma só sanção: a anulabilidade. Mas, tão diferentes eram os dois fenômenos, que mesmo submetendo-os ao regime comum das anulabilidades, não pôde o Código anterior deixar de reconhecer que a invalidade teria consequências não uniformes, conforme o vício fosse de vontade ou social. No primeiro caso, a proteção era para o agente vítima do defeito, de maneira que a invalidação seria decretada em seu benefício; no segundo, a anulação operaria em favor dos terceiros lesados e não do agente do ato defeituoso.

O autor ainda prossegue explicando que para se identificar, inclusive, esses defeitos, algumas teorias lançam luzes sobre o temo. Pela Teoria da vontade real, citando Savigny, o autor sintetiza que quando existir divergência entre a vontade e a declaração, deve prevalecer a vontade. Por outro lado, pela teoria da declaração, em que a pretexto de se garantir segurança jurídica, privilegiava a declaração intransigentemente, pressupondo inclusive ser impossível identificar e alcançar a vontade real. A teoria da responsabilidade pressuporia um ponto intermediário entre a declaração e a vontade real, estabelecendo que a declaração deveria prevalecer se a divergência decorresse de dolo ou culpa do agente que declarou. Por fim cunhou-se a teoria da confiança, segundo a qual em caso de divergências entre declaração e vontade deve ser levado em consideração

[10] *Op. Cit.*

o comportamento do declaratário, a fim de se identificar a partir da boa-fé sua eventual concorrência para esse dissídio, sendo inclusive a posição a atual do Código Civil alemão, em seu art. 122, bem como no Código Civil italiano em seu art. 1.428.

No Direito brasileiro, como concluiu Humberto Theodoro Jr[11], "Como se vê, o sistema geral dos vícios de consentimento, na evolução do Código de 1916, para o atual, submeteu-se, predominantemente, à teoria da confiança, onde o destaque maior é conferido à boa-fé, à lealdade, e à segurança das relações jurídicas".

Diante de tais considerações, é possível observar que os chamados vícios ou defeitos dos negócios jurídicos, quando maculam a constituição da manifestação de vontade, deixando de ser livre e decorrente da autonomia privada do agente, estaremos diante de vício de consentimento, cuja consequência jurídica é, em regra, a anulabilidade a ser pretendida pelo interessado e são assim classificados o erro, o dolo, a coação, o estado de perigo e a lesão. Por outro lado, os chamados vícios sociais, a saber a fraude contra credores e a simulação, são defeitos que atingem a forma como a vontade é manifestada, sobretudo perante terceiros. "Esses institutos jurídicos são condenados pela repercussão social, atentatórios que são à boa-fé e à socialidade."[12]

Com relação à fraude contra credores, de se destacar que Humberto Theodoro Jr[13] ressalta uma incongruência da codificação atual com relação aos efeitos de seu reconhecimento em eventual ação pauliana para salvaguardar o interesse dos credores prejudicados: "o que fez foi cominar-lhe uma ineficácia relativa. Não criou uma anulabilidade, malgrado o emprego incorreto do nomen iuris utilizado."

Finalmente a simulação, por outro lado, é vício social, a despeito de algumas críticas da doutrina, que, por sua vez, acarreta a nulidade absoluta do negócio jurídico simulado, não sendo possível confirmá-lo, tampouco vê-lo convalescer pelo tempo e é questão repleta de nuances que merecerá discussão em tópico próprio.

[11] *Ibidem.*

[12] TARTUCE, Flávio. *Manual de Direito Civil – Volume Único.* Grupo GEN, 2020. E-book. ISBN 9788530993115. Disponível em: https://app.minhabiblioteca.com.br/#/books/9788530993115/. Acesso em: 12 fev. 2023.

[13] *Op. Cit.*

3. O negócio jurídico simulado

O Código Civil atualmente vigente, conforme ensina Humberto Theodoro Junior[14] "deslocou, também, com inegável acerto, a simulação do campo das anulabilidades para o das nulidades (art. 167)".

O negócio jurídico nulo e o negócio jurídico anulável, como se sabe, são conceitos jurídicos que se referem a questões relacionadas à validade de um contrato ou acordo entre duas ou mais partes. Embora os dois termos sejam semelhantes, existe uma diferença importante entre eles.

Um negócio jurídico nulo é aquele que, desde o início, não tem efeitos válidos. Isso significa que o contrato ou acordo nunca foi considerado válido e, portanto, não pode ser executado. Os motivos para a invalidade de um negócio jurídico podem incluir, por exemplo, a falta de capacidade da parte que assinou o contrato, a falta de objeto lícito, não ter a formalidade prescrita na lei, entre outros motivos.

Já o negócio jurídico anulável é aquele que, em teoria, é válido, mas pode ser anulado em uma data posterior. Isso significa que o contrato ou acordo é considerado válido até que uma das partes apresente uma ação de anulação. A anulação pode ser solicitada por diversos motivos, como erro, coação, lesão ou outro vício do consentimento.

Em resumo, a principal diferença entre negócio jurídico nulo e negócio jurídico anulável é que o primeiro nunca é considerado válido, enquanto o segundo é considerado válido até que seja anulado por uma das partes, sendo de rigor repisar que atualmente a legislação disciplina que o negócio jurídico simulado é nulo.

Para Maria Helena Diniz[15], o negócio jurídico simulado " é contrato fingido, havendo desavença entre a vontade interna e a declarada com o objetivo de enganar terceiro ".

Quanto à divergência doutrinária acerca de permanecer ou não a simulação como espécie de vício social, assim prescreve Tartuce[16]:

[14] THEODORO JÚNIOR, Humberto. *Dos defeitos do negócio jurídico no novo código civil: fraude, estado de perigo e lesão.* Revista da Emerj, Rio de Janeiro, v. 5, n. 20, p. 51-78, 2002.

[15] DINIZ, Maria Helena. *Curso De Direito Civil Brasileiro: Teoria Geral do Direito Civil. v.1.* Saraiva, 2023. E-book. ISBN 9786553628045. Disponível em: https://app.minhabiblioteca.com.br/#/books/9786553628045/. Acesso em: 05 abr. 2023.

[16] *Op. Cit.*

Conforme outrora destacado, a simulação recebeu novo tratamento pelo Código Civil de 2002 (art. 167), o que vem sendo amplamente debatido pela civilística nacional. A primeira dúvida que existe em relação à simulação é se constitui esta um vício social do negócio jurídico ou causa para a sua nulidade absoluta. Como primeira corrente, entendendo que a simulação ainda continua sendo um vício social do negócio jurídico, podem se citados Maria Helena Diniz, Sílvio de Salvo Venosa e Pablo Stolze Gagliano e Rodolfo Pamplona Filho. Estamos filiados a essa corrente, ou seja, a simulação continua sendo vício social do negócio jurídico, mas que causa a sua nulidade. Entretanto, essa conclusão está longe de ser pacífica. A título de exemplo, na doutrina atual, Inácio de Carvalho Neto, Paulo Lôbo e Francisco Amaral entendem que a simulação deixou de ser um vício social do negócio jurídico. Para o último doutrinador, a simulação acaba "resultando da incompatibilidade entre esta e a finalidade prática desejada concretamente pelas partes, que desejariam, na verdade, atingir o objetivo diverso da função típica do negócio". A simulação, para o culto professor, atinge a causa negocial. Superada essa questão categórica, partindo para o seu conceito, na simulação há um desacordo entre a vontade declarada ou manifestada e a vontade interna. Em suma, há uma discrepância entre a vontade e a declaração; entre a essência e a aparência.

O negócio jurídico simulado é considerado nulo no direito brasileiro, no qual duas ou mais partes fingem realizar um negócio, mas na verdade têm intenções diferentes daquelas aparentadas na superfície. De acordo com o art. 167 do Código Civil Brasileiro, a simulação é a apresentação de um ato fictício como se fosse verdadeiro especial quando se aparenta a transmissão de direitos a pessoa diversa daquela a quem realmente se transmite ou confere tais direitos, ou quando contiver declaração, confissão, condição ou ainda cláusula que não seja verdadeira, e, por fim, quando instrumentos particulares tiverem datas antedatadas ou então pós-datadas, conforme os incisos do referido art. 167.

O Negócio Jurídico simulado, assim como ocorre com outras hipóteses de nulidade, pode ser alegado a qualquer tempo por qualquer interessado, sendo que quando conhecida pelo juiz tal nulidade no processo e estiver bem provada, deve o magistrado pronunciá-la, concorde o art. 168 do Código Civil.

4. O exame da simulação no processo de execução de título extrajudicial

Conforme antecipado, com relação a ambos os assim denominados vícios sociais, notadamente a fraude contra credores e a simulação, sabe-se que são institutos que não se confundem, sendo que em síntese na fraude a credores o negócio de fato ocorre entre o devedor e um terceiro que agem em conluio, prejudicando o credor, ao passo que o negócio simulado é meramente aparente, podendo ser absolutamente simulado, hipótese em que a verdadeira intenção é praticar nenhum negócio, ou relativamente simulado, quando o negócio é praticado de uma forma para dissimular o verdadeiro negócio oculto, podendo ser ainda maliciosa ou inocente, quando na primeira há verdadeiro intuito de causar prejuízo a terceiro, ao passo que na segunda não há má-fé ou lesão a outrem que porventura advenha da pratica do ato simulado.

A fraude contra o credor e a simulação são dois institutos muito parecidos, no entanto uma diferença que podemos perceber entre os dois é a concreta realização do negócio jurídico. No instituto da simulação, a alienação ocorre de modo disfarçado, ou seja, tendo como exemplo uma alienação, o bem é transferido pelo alienante formalmente, contudo ele se mantém consigo, já no ato da fraude contra o credor, a parte efetiva a alienação do bem, todavia com intuito de prejudicar a outra parte, ou seja, um terceiro. Deste modo, é possível observar que quando ocorre a fraude contra o credor o bem é transferido de forma real, já na simulação não, pois é um ato fingido.

Não se pode confundir simulação com fraude contra credores. Na primeira hipótese existe uma aparente transmissão de propriedade, um fingimento do negócio jurídico, e na segunda ocorre um negócio jurídico real com a transmissão da propriedade, por exemplo.

Já se anteviu que a declaração de fraude a credores é sujeita a prazo decadencial prescrito no art. 178, II, do Código Civil, dependendo também de prova do dano efetivo e do conluio fraudulento quanto aos atos onerosos, além de comprovação de que o ato reduziu o devedor à insolvência, tudo a ser debatido em ação declaratória própria, conhecida como ação pauliana.

Já a simulação, prescreve a atual legislação como negócio nulo, sendo insuscetível de confirmação, tampouco a possibilidade de convalescer pelo decurso do tempo, concorde o art. 169 do Código Civil, sendo, por sua vez, passível de ser alegada tal nulidade por qualquer interessado, inclusive com a possibilidade de conhecimento de ofício pelo juiz quanto tomar conhecimento do negócio jurídico simulado, conforme dispõe o art. 168, parágrafo único, do mesmo diploma.

Assim, é certo que para o credor em um processo de Execução de Título Extrajudicial o reconhecimento de eventual negócio jurídico simulado praticado pelo devedor pode constituir um excelente mecanismo capaz de satisfizer o débito frustrado.

Parece que, para além de ser certo o princípio constitucional segundo o qual "a lei não excluirá da apreciação do Poder Judiciário lesão ou ameaça a direito[17]", previsto no art. 5º, XXXV, da Constituição Federal, nada obstaria que a alegação de simulação fosse veiculada em demanda autônoma, como de fato ocorre na prática também. Inclusive, de acordo com Silvio de Salvo Venosa[18]:

> Em nossa sistemática legal, a ação de simulação pode ser de duas naturezas: ação declaratória destinada à mera declaração do negócio jurídico simulado, na simulação inocente; ou ação anulatória do art. 105 do Código de 1916 ou atualmente declaratória de nulidade, conforme o art. 168 do presente Código, destinada a declarar a nulidade do ato fraudulento, a qual pode ser proposta por terceiros lesados, ou por representantes do Poder Público, ou enfim por qualquer interessado (art. 168).

Venosa ainda menciona que seria possível até mesmo a cumulação de pedidos declaratórios de fraude a credores e de simulação, a despeito de não se confundirem.

Entretanto, atualmente é tranquilo o entendimento segundo o qual é desnecessário o ajuizamento de ação própria para ver reconhecida a simulação de negócio jurídico, sendo factível que a formulação de tal alegação se dê incidentalmente no processo e, sobretudo, no processo de Execução de Título Extrajudicial, em que o exequente na condição de credor verifique a partir das diligências próprias empregadas a ocorrência de negócio jurídico simulado para, por exemplo, ocultar patrimônio do devedor.

[17] BRASIL, *Constituição Federal.* 1998.

[18] *Op. Cit.*

Esse é o entendimento sedimentado no Enunciado nº 578 da VII Jornada de Direito Civil, segundo o qual "Sendo a simulação causa de nulidade do negócio jurídico, sua alegação prescinde de ação própria.[19]"

Essa intelecção é bastante pertinente a conferir efetividade aos processos de execução, porquanto não raro o devedor se vale de meios inidôneos para ocultar seu patrimônio. Por exemplo, se um devedor alega que não tem bens, mas comprou em nome de um filho o veículo que utiliza como seu com exclusividade, a fim de evitar que seja tal vem alcançado pela execução, é possível que o exequente, reunindo provas contundentes de que o veículo foi adquirido em nome do filho de modo simulado, dissimulando a aquisição pelo próprio devedor, no próprio bojo da execução e de modo incidental seja reconhecida a pretensão e declarada a nulidade.

Em julgado do Tribunal de Justiça de São Paulo[20], por exemplo, verificou o exequente que o executado detinha direitos possessórios sobre imóvel, mas ao pleitear a penhora de tais direitos o devedor apresentou instrumentos de cessão de tais direitos possessórios a terceiros, sobrevindo a pretensão do exequente de que fosse reconhecida a simulação de tal, mas o Juízo de origem entendeu que a pretensão deveria ser veiculada em via própria, o que foi reformado em segundo grau, para concluir que "simulação não se confunde com fraude contra credores e não exige ação própria".

Interessante anotar que o caso citado acima também de antemão nos permite esclarecer uma dúvida frequente, qual seja, como o contraditório pode ser exercido pelo terceiro envolvido no negócio jurídico cuja nulidade pela alegada simulação se pretende reconhecer incidentalmente no processo de execução, determinando que o contraditório fosse exercido com a "intimação da terceira participante do negócio a que se alega simulação para, se quiser, opor embargos de terceiro, no mesmo prazo quinzenal a que aludem os arts. 135 e 792, § 4º, do CPC/2015".

É uma solução interessante, mas que parece ser pouco eficiente, à medida que acaba por em outros termos direcionar a discussão acerca

[19] Disponível em < https://www.cjf.jus.br/enunciados/enunciado/823> Acesso em 13 de fev de 2023.

[20] SÃO PAULO. TJSP; *Agravo de Instrumento 2140126- 76.2017.8.26.0000*; Relator (a): Álvaro Torres Júnior; Órgão Julgador: 20a Câmara de Direito Privado; Foro Central Cível – 45a Vara Cível; Data do Julgamento: 06/11/2017; Data de Registro: 09/11/2017)

da alegação de simulação para outra demanda, em prejuízo à lógica de que por se tratar de hipótese de nulidade absoluta seria passível o conhecimento da controvérsia nos autos da própria execução, inclusive com eventual intimação do terceiro para que se manifestasse naqueles mesmos autos, de forma incidental, em preito à instrumentalidade e respeitando o contraditório, entretanto, há de se reconhecer que a solução apontada no julgado citado é técnica e parece ter valhacouto legal.

Também no âmbito do Superior Tribunal de Justiça[21], quanto à desnecessidade de demanda própria para se conhecer a alegada simulação, esse é um entendimento aplicado, consignando-se a conclusão de que "se o Juiz deve conhecer de ofício a nulidade absoluta, sendo a simulação causa de nulidade do negócio jurídico, sua alegação prescinde de Ação própria."

De acordo com Tartuce[22], "Em todos os casos, não há a necessidade de uma ação específica para se declarar nulo o ato simulado. Assim, cabe o seu reconhecimento incidental e de ofício pelo juiz em demanda que trate de outro objeto."

No mesmo sentido, Humberto Theodoro Jr[23] entende que como a simulação na codificação atual representa hipótese de nulidade e não de anulabilidade como na codificação anterior, "o reconhecimento da invalidade do negócio simulado independe de ação e pode se dar incidentalmente em qualquer processo, a requerimento de interessado ou, de ofício, pelo juiz [...]."

As possibilidades práticas alcançam aquilo que a criatividade pode alcançar, sobretudo dos devedores que simulam negócios jurídicos para não pagarem o que deve, como por exemplo ainda um devedor que simula a alienação de um imóvel seu de locação, mas permanece como locador do bem, percebendo os aluguéis, conforme já levantado por um credor em caso concreto:

> Intimado a manifestar-se sobre as alegações do exequente, o executado afirmou que, à época da alienação, estava vigente contrato de locação do referido bem imóvel e, considerando a burocracia que seria necessária para

[21] BRASIL. Superior Tribunal de Justiça. *REsp 1582388/PE*, Rel. Ministro NAPOLEÃO NUNES MAIA FILHO, PRIMEIRA TURMA, julgado em 03/12/2019, DJe 09/12/2019.

[22] *Op. Cit.*

[23] *Op. Cit.*

> alterá-lo, as partes adquirente e alienante decidiram manter o executado como locador, sendo que, caso necessário o ajuizamento de qualquer ação judicial referente ao imóvel, os compradores seriam responsáveis por arcar com todas as despesas. (...) Da análise dos elementos dos autos, verifica-se que o imóvel discutido pode ter sido alienado de forma simulada pelo devedor [...][24]

Não obstante, vale anotar, por fim, que se vislumbra tal entendimento principalmente para que, em um processo de execução, o credor possa identificar e ver reconhecido incidentalmente no processo de execução o negócio jurídico simulado praticado pelo devedor com terceiro, mas é de se reconhecer que atualmente é admissível que as próprias partes podem alegar contra si a simulação de um negócio jurídico, o que pode num caso concreto beneficiar o executado que se vê demandado em um feito lastreado em um título simulado, por exemplo, malgrado como lembrado por Carlos Roberto Gonçalves[25] "o art. 104 do Código Civil de 1916 não permitia ação de um simulador contra outro. (...) entendendo-se que ninguém pode beneficiar-se da própria torpeza (*nemo auditur propriam turpitudinem allegans*)", concluindo ainda o autor que no atual código vigente "se a simulação acarreta a nulidade do negócio jurídico e, portanto, deve ser decretada de ofício pelo juiz quando a encontrar provada (CC, art. 168, parágrafo único), a ação movida por um simulador contra o outro possibilitará que esse fato venha a ocorrer."

É o que prescreve também o Enunciado nº 294 da IV Jornada de Direito Civil, segundo o qual "sendo a simulação uma causa de nulidade do negócio jurídico, pode ser alegada por uma das partes contra a outra.[26]"

Esse exemplo mencionado acima, inclusive já foi examinado em caso concreto, em que decidiu o Tribunal reiterando os fundamentos da sentença que "o embargado realizava aportes de capital na sociedade, com

[24] SÃO PAULO. TJSP; *Agravo de Instrumento 2266405-34.2022.8.26.0000*; Relator (a): Régis Rodrigues Bonvicino; Órgão Julgador: 21ª Câmara de Direito Privado; Foro Regional XI – Pinheiros – 2ª Vara Cível; Data do Julgamento: 07/02/2023; Data de Registro: 07/02/2023.

[25] *Op. Cit.*

[26] Disponível em < https://www.cjf.jus.br/enunciados/enunciado/272> Acesso em 13 de fev de 2023.

affectio societatis, e o contrato de mútuo que instruiu a execução, tratou-se de um contrato simulado."[27]

Como se vê, portanto, o reconhecimento incidental do negócio jurídico simulado no processo de execução, malgrado seja mais frequentemente observado em pleitos formulados pelos exequentes, pode ser alegado e reconhecido também pelo executado que seja um dos simuladores contra o outro, para desconstituir o título executivo.

Conclusões

Retomando a Teoria dos Fatos Jurídicos e os planos da escada ponteana, é possível identificar como tratar adequadamente a hipótese em que os devedores, objetivando frustrar a satisfação da dívida perseguida por seus credores, celebra negócios jurídicos enganosos, aparentando não ser o real detentor de direitos ou que não seriam de sua propriedade bens que pudessem liquidar o seu débito.

A simulação, como visto, é hipótese de vício social que implica a nulidade absoluta do negócio jurídico, por ofender a boa-fé e repercutir socialmente de modo absolutamente reprovável, sendo impossível a sua confirmação, tampouco convalesce com o tempo, sendo que o Juiz pode conhecer inclusive de ofício o negócio jurídico simulado, razão pela qual tanto a jurisprudência quanto a doutrina apontam que não exige ação própria a alegação de simulação, malgrado seja necessário observar o devido contraditório, que conforme a jurisprudência aponta pode ser feito por meio de embargos de terceiro, ou ainda por simples intimação para manifestação nos próprios autos da demanda em que surgir a questão.

Diferentemente de outra hipótese de vício social, notadamente a fraude contra credor, que exige o ajuizamento de ação pauliana para o seu reconhecimento e declaração judicial, o negócio jurídico simulado pode ser reconhecido incidentalmente, em qualquer processo, inclusive até mesmo de ofício pelo magistrado, conforme amplamente demonstrado, uma vez que é hipótese de nulidade absoluta, em que a vontade declarada é diversa daquela pretendida pelas partes negociantes.

[27] SÃO PAULO. TJSP; Apelação Cível 1032961-96.2018.8.26.0114; Relator (a): Spencer Almeida Ferreira; Órgão Julgador: 38ª Câmara de Direito Privado; Foro de Campinas – 3ª Vara Cível; Data do Julgamento: 16/12/2022; Data de Registro: 16/12/2022.

Diante de tais elementos, pode ser uma importante ferramenta à disposição dos credores em execuções frustradas por aparente ausência de bens dos devedores, que mediante investigações e diligências próprias podem reunir elementos de prova de simulação, a fim de que seja buscado o reconhecimento de forma incidental no próprio processo de execução de título extrajudicial.

Referências

BRASIL. Constituição (1988). **Constituição da República Federativa do Brasil de 1988**. Brasília, Distrito Federal: Senado Federal, 2023. Disponível em: <https://shorturl.at/dJO47>. Acesso em 19 jan. 2023.

____. Superior Tribunal de Justiça. **REsp 1582388/PE**, Rel. Ministro NAPOLEÃO NUNES MAIA FILHO, PRIMEIRA TURMA, julgado em 03/12/2019, DJe 09/12/2019.

DINIZ, Maria Helena. **Curso De Direito Civil Brasileiro: Teoria Geral do Direito Civil. v.1.** Saraiva, 2023. E-book. ISBN 9786553628045. Disponível em: https://app.minhabiblioteca.com.br/#/books/9786553628045/. Acesso em: 05 abr. 2023.

____. **Compêndio de introdução à ciência do direito: introdução à teoria geral do direito, à filosofia do direito, à sociologia jurídica, à lógica jurídica, à norma jurídica e aplicação do direito**. Saraiva, 2019. E-book. ISBN 9786555598629. Disponível em: https://app.minhabiblioteca.com.br/#/books/9786555598629/. Acesso em: 12 fev. 2023.

GONÇALVES, Carlos R. **Direito Civil Brasileiro – Volume 1**. Saraiva, 2022. *E-book.* ISBN 9786555596212. Disponível em: https://app.minhabiblioteca.com.br/#/books/9786555596212/. Acesso em: 13 fev. 2023.

MARINO, Francisco Paulo Crescenzo. **Interpretação do Negócio Jurídico**. 2. ed. São Paulo: Saraiva, 2010.

PERLINGIERI, Pietro. **Perfis de direito civil**. Tradução de Maria Cristina de Cicco. 2 ed. Rio de Janeiro: Renovar, 2002.

SÃO PAULO. TJSP; **Agravo de Instrumento 2140126- 76.2017.8.26.0000**; Relator (a): Álvaro Torres Júnior; Órgão Julgador: 20a Câmara de Direito Privado; Foro Central Cível – 45a Vara Cível; Data do Julgamento: 06/11/2017; Data de Registro: 09/11/2017)

SÃO PAULO. TJSP; **Apelação Cível 1032961-96.2018.8.26.0114**; Relator (a): Spencer Almeida Ferreira; Órgão Julgador: 38ª Câmara de Direito Privado; Foro de Campinas – 3ª Vara Cível; Data do Julgamento: 16/12/2022; Data de Registro: 16/12/2022.

SÃO PAULO. TJSP; **Agravo de Instrumento 2266405-34.2022.8.26.0000**; Relator (a): Régis Rodrigues Bonvicino; Órgão Julgador: 21ª Câmara de Direito Privado;

Foro Regional XI – Pinheiros – 2ª Vara Cível; Data do Julgamento: 07/02/2023; Data de Registro: 07/02/2023.

TARTUCE, Flávio. **Manual de Direito Civil – Volume Único**. Grupo GEN, 2020. E-book. ISBN 9788530993115. Disponível em: https://app.minhabiblioteca.com.br/#/books/9788530993115/. Acesso em: 12 fev. 2023.

THEODORO JÚNIOR, Humberto. **Dos defeitos do negócio jurídico no novo código civil: fraude, estado de perigo e lesão**. Revista da Emerj, Rio de Janeiro, v. 5, n. 20,p. 51-78, 2002.

THEODORO JR., Humberto. **Negócio Jurídico.** Grupo GEN, 2020. *E-book.* ISBN 9788530992835. Disponível em: https://app.minhabiblioteca.com.br/#/books/9788530992835/. Acesso em: 12 fev. 2023.

VENOSA, Sílvio de S. **Direito Civil: Parte Geral.** v.1.: Grupo GEN, 2022. E-book. ISBN 9786559772650. Disponível em: https://app.minhabiblioteca.com.br/#/books/9786559772650/. Acesso em: 12 fev. 2023.

10. DESIGUALDADE DAS INFORMAÇÕES CONTRATUAIS À LUZ DO PARADIGMA PÓS-MODERNO

Isabeau Lobo Muniz Santos Gomes

Sthéfany Beatriz Ferreira Bellan

Introdução

A quarta revolução industrial, compreendida por Klaus Schwab[1] como a evolução da revolução digital, provocou profundas mudanças na sociedade e na economia global pelo avanço e difusão de novas tecnologias integradas, originando diversidade de relações, interações, produtos e serviços. Frente ao progresso do conhecimento científico ligado ao campo da tecnologia, restou ao direito dar respostas às consequências[2] dos novos fatos decorrentes das tecnologias a partir da adaptação às normativas vigentes aos fatos desprovidos de normatização própria. Sob este prisma, surgem indagações acerca das estruturas tradicionais (sujeitos, o objeto e o vínculo jurídico entre as partes) dos negócios jurídicos e de suas bases[3].

No que atine as alterações experimentadas nos elementos fundantes dos negócios jurídicos, atribui-se a superação do hermetismo individual da Teoria Contratual clássica, inspirada no Estado Liberal, para a adoção

[1] SCHWAB, Klaus. **A 4ª revolução industrial**. Tradução de Daniel Moreira Miranda. São Paulo: Edipro, 2019. Ebook. p. 20.

[2] AMARAL, Ana Claudia Corrêa Zuin Mattos do; HATOUM, Nida Saleh; HORITA, Marcos Massashi. O Paradigma Pós-Moderno do Negócio Jurídico e a Necessidade de uma Nova Concepção na Contemporaneidade. **Scientia Iuris**, Londrina, v. 21, n. 2, p. 261-297, jul. 2017. DOI: 10.5433/2178-8189.2017v21n1p262. ISSN: 2178-8189. p. 264.

[3] FERREIRA, Jussara Suzi Assis Borges Nasser. Teoria Crítica do Negócio Jurídico. **Revista do Direito Privado da UEL**, Londrina, v. 2, n. 1, p. n.p, jan/abr. 2009. ISSN: 1983-5299. p. 2.

de dimensões plurais, na Teoria Contratual Contemporânea (paradigma pós-moderno). Neste sentido, as concepções e perspectivas das bases negocias passam a ser reinterpretadas, indo além dos conceitos liberal-individualista-normativistas[4] e desembocando "na adoção das pautas axiológicas, consideradas as reais exigências do contexto sócio jurídico e econômico"[5].

Destarte, a atual sociedade – fortemente marcada pelo alto fluxo de comunicação e de informações[6] – vem apresentando significativo impacto na seara dos negócios jurídicos, especialmente no que atine ao dever, entre as partes, de informar. Isto porque, nos contratos, uma das partes geralmente tem mais poder e informações do que a outra, mas nem sempre essas desigualdades ensejam desequilíbrio contratual.

Neste sentido, frente as mudanças sociais provenientes da era digital alinhadas as mudanças epistêmicas dos negócios jurídicos, o presente apresenta por objetivo analisar os impactos nos contratos do dever de informações entre as partes na atual sociedade altamente conectada, cujo acesso a dados e informações são maximizados, indagando-se, para tanto, se as desigualdades de informações entre as partes devem ser consideradas como variável que ensejam o desequilibro contratual? A hipótese suscitada é de que a hipercomplexidade das relações negociais altera o conceito de "equilíbrio" a depender da natureza da relação contratual discutida, sendo uma obrigação entre as partes o fornecimento de informações relevantes e precisas sobre o objeto do contrato.

O procedimento será monográfico, e utilizará do método de abordagem dedutivo, partindo das premissas gerais sobre a quarta revolução industrial nos negócios jurídicos, bem como sobre o dever de informar e de ser informado nos contratos, associando-os as mudanças experimentadas nas estruturas dos negócios jurídicos, partindo para argumentos particulares da natureza dos contratos à luz do paradigma pós-moderno, levando-se em consideração as estruturas contratuais presentes no código, e o dever de informar regido pelo princípio da boa-fé.

[4] FERREIRA, Jussara Suzi Assis Borges Nasser. Teoria Crítica do Negócio Jurídico. **Revista do Direito Privado da UEL**, Londrina, v. 2, n. 1, p. n.p, jan/abr. 2009. ISSN: 1983-5299. p. 3.

[5] Ibid., p. 6.

[6] KUMAR, Krishan. **Da sociedade pós-indsutrialà pós-moderna**: Novas teorias sobre o mundo contemporâneos. Rio de Janeiro, 1997. p. 1341

Diante disso, abordar-se-ão considerações sobre a influência da quarta revolução industrial nos negócios jurídicos, com escopo na doutrina de Klaus Schwab, Pierre Levy e Manuel Castells, associando-as aos ensinamentos de Ana Paula Ruiz Silveira Lêdo e Roberto Wagner Marquesi, bem como de Jussara Suzi Assis Borges Nasser Ferreira e Teresa Negreiros, sobre conceitos contemporâneos do negócio jurídico. No que atine a necessidade aos entendimentos legais e doutrinários sobre o dever de informar e de ser informado nos contratos, serão realizadas abordagens a partir das doutrinas de Antonio Manuel da Rocha e Menezes e Cordeiro, Clóvis do Couto e Silva e Judith Martins Costa. Por fim, serão expostas os entendimentos sobre as desigualdades de informações e o equilíbrio contratual com base na doutrina de Anderson Schreiber e Karina Nunes Fritz, para então ser apresentar a conclusão do artigo em voga.

1. Revolução digital e negócios jurídicos

A quarta revolução industrial tem seu início na virada do milênio e baseia-se nos rápidos avanços das cibertecnologias, destacando-se sua integração[7] com os domínios físicos, digitais e biológicos na medida em que a era digital, consabido seja, é fortemente marcada pelo desenvolvimento do chamado Ciberespaço[8] – espaço aberto de comunicações via internet – e do consequente enfraquecimento das barreiras geofísicas do mundo.

Não obstante as características apresentadas, a interconectividade e integração entre os domínios do conhecimento científico da quarta revolução industrial encurtaram a perspectiva da sociedade sobre o tempo. Isto é: o alto fluxo de noticiais, informações e comunicações instantâneas reduziram a relação espaço/tempo[9], conforme as demandas informacionais das diferentes esferas sociais.

Para além do alto fluxo de comunicação da atual sociedade de informações, mudanças nas estruturas do direito e do judiciário também são

[7] SCHWAB, Klaus. **A 4ª revolução industrial**. Tradução de Daniel Moreira Miranda. São Paulo: Edipro, 2019. Ebook. p. 20-29.

[8] LÉVY, Pierre. **Cibercultura**. Tradução de Carlos Irineu da Costa. São Paulo: Editora 34, 1999. p. 92.

[9] CASTELLS, Manuel. **A sociedade em rede**: A era da informação: economia, sociedade e cultura. v. 1. São Paulo: Paz e Terra, 2002. p. 527.

experimentadas. Com a infinidade de novos interesses em voga e de novas relações pelo mundo conectado, o ordenamento jurídico[10] viu-se ausente de normatividades aptas a tutelar as demandas da sociedade.

Diante disso, novas codificações, tutelas legais e meios de solucionar conflitos foram e seguem em franco desenvolvimento, dentro das perspectivas da atualidade, posto que o direito é compreendido enquanto produto da vida social e reflete os objetivos, valores e crenças da sociedade. Além de ser condicionado, o direito condiciona o comportamento social de acordo com as demandas socioculturais. A este respeito, Ana Lúcia Sabadell pontua:

> Ninguém coloca em dúvida que o direito muda na evolução histórica, seguindo as transformações da sociedade. A criação e difusão de novas tecnologias como, por exemplo, a formidável expansão da informática nas últimas décadas, traz consigo mudanças legislativas para conformar o sistema jurídico a novas situações.[11]

Ainda na toada de "estar harmonizado com as necessidades e as realidades sociais"[12], o ordenamento jurídico, na seara dos negócios jurídicos, passou a reinterpretar as situações jurídicas para além do hermetismo formal das leis. Isto é, as inovações tecnológicas geraram consequências desprovidas de normatividade e carentes de tutela jurídica. As questões oriundas das práticas de manipulação genética, reprodução assistida, inteligência artificial e demais inovações[13] científicas e tecnológicas, presentes na sociedade, geraram impactos jurídico-institucionais, que demandaram

[10] AMARAL, Ana Claudia Corrêa Zuin Mattos do; HATOUM, Nida Saleh; HORITA, Marcos Massashi. O Paradigma Pós-Moderno do Negócio Jurídico e a Necessidade de uma Nova Concepção na Contemporaneidade. **Scientia Iuris**, Londrina, v. 21, n. 2, p. 261-297, jul. 2017. DOI: 10.5433/2178-8189.2017v21n1p262. ISSN: 2178-8189. p. 264.

[11] SABADELL, Ana Lúcia. **Manual de Sociologia Jurídica**: Introdução a uma leitura externa do Direito. 2. ed. São Paulo: Revista dos Tribunais, 2002. p. 93

[12] AMARAL, Ana Claudia Corrêa Zuin Mattos do; HATOUM, Nida Saleh; HORITA, Marcos Massashi. O Paradigma Pós-Moderno Do Negócio Jurídico E A Necessidade De Uma Nova Concepção Na Contemporaneidade. **Scientia Iuris**, Londrina, v. 21, n. 2, p. 261-297, jul. 2017. DOI: 10.5433/2178-8189.2017v21n1p262. ISSN: 2178-8189. p. 280-281.

[13] NEGREIROS, Teresa. **Teoria dos Contratos**: novos paradigmas. Rio de Janeiro: Renovar, 2006. p. 75

o desenvolvimento de um novo modelo interpretativo, distinto do paradigma clássico de matriz[14] liberal-individualista-normativista.

Nesta perspectiva, surge o paradigma contemporâneo dos negócios jurídicos, conhecido também como pós-moderno, que recepciona as pautas axiológicas constitucionais e amplia[15] o contexto plurindividual e socializante do instituto, por meio da reinterpretação das bases (boa-fé, autonomia das partes e função social) dos negócios jurídicos. No que importa ao presente artigo, far-se-á no capítulo subsequente, a análise sobre o dever de informar e ser informado, na seara dos negócios jurídicos, sob o enfoque da aplicação interpretativa do paradigma pós-moderno.

2. Dever de informar e de ser informado à luz do paradigma pós-moderno

O reconhecimento dos deveres de informação presente nas relações negociais se deu e aumentou com a consideração deontológica de princípios que deveriam balizar as relações sociais, seja em razão do *telos* de uma sociedade mais justa livre e igualitária, seja para o fim de maximizar o lucro das negociações, uma vez que as relações de mercado precisam de segurança e previsibilidade[16].

Ainda que teóricos da análise econômica do direito apontem que as relações negociais são efetivadas em um estado de informações assimétricas[17] – as partes não detém a mesma quantidade de informações e, que a máxima eficiência da negociação poderá advir com a dispensa dos custos de transação dos próprios negociantes[18], (com a contratação de advogados, contadores, tempo de análise e outros) – ainda assim, não há como negar o

[14] FERREIRA, Jussara Suzi Assis Borges Nasser. Teoria Crítica do Negócio Jurídico. **Revista do Direito Privado da UEL**, Londrina, v. 2, n. 1, p. n.p, jan/abr. 2009. ISSN: 1983-5299. p. 3

[15] Ibid., p. 8.

[16] JÚNIOR, Clodomiro José Bannwart. Globalização, empresa e responsabilidade social. **SCIENTIA IVRIDICA**, Tomo LXI, n. 330, p. 18, 2012. p. 05.

[17] CARVALHO, Nathalie de Paula. A Análise Econômica do Direito e a Moderna Atividade Empresarial. **Revista Jurídica da FA7**, v. 6, n. 1, p. 229-243, 30 abr. 2009. Disponível em: <https://periodicos.uni7.edu.br/index.php/revistajuridica/article/view/244/268>. Acesso em: 10 jan. 2023. p. 235

[18] COASE, Ronald Harry. The problem of social cost. **The Jornal of Law and Economics**, [S.l.], v. 3, p. 1-44, Out. 1960. Disponível em: https://www.law.uchicago.edu/files/file/coase-problem.pdf. Acesso em: 13 fev. 2023. p. 13.

dever de ambas as partes fornecerem informações sobre as bases do objeto do negócio (modo, tempo ea sua substância). Tal obrigação é imposta, tanto para que nenhum dos negociantes seja levado a erro, quanto pelo reconhecimento deontológico dos deveres implícitos pelo princípio da boa-fé objetiva[19].

Partindo da ideia de razão prática elaborada por Imannuel Kant e interpretada por Habermas[20]: até os discursos de origens estritamente normativas/pragmáticas utilizam-se dos seus instrumentos, como o próprio direito e a política[21], para materializar racionalmente a intenção deontológica da sociedade[22]. Sob a perspectiva do dever informativo na seara negocial, verifica-se que a materialização da análise valorativa do direito perfaz-se, por meio das bases dos negócios jurídicos (princípios), os quais são interpretados de acordo com o paradigma negocial da atualidade (pós-moderno)

Os princípios da seara negocial são construídos e inovados com o decorrer do desenvolvimento da sociedade, de modo que o período histórico vivido influência a forma interpretativa de conceitos. Anteriormente a lógica paradigmática clássica determinava-se estritamente de acordo com a autonomia das partes e os critérios normativos legais vigentes, atualmente, a pluralidade e complexidade da sociedade demandam a ampliação interpretativa para além da norma, inovando a compreensão dos preceitos da boa-fé, autonomia entre as partes e função social do contrato.

Diante disso, os princípios aplicados aos negócios jurídicos foram adequados aos valores da sociedade conforme a evolução e complexidade das atividades comerciais da atualidade. Sob este prisma, antes de iniciar

[19] TOMASEVICIUS FILHO, Eduardo. Boa-fé no Código Civil Brasileiro: dez anos de experiência. In: CASSETARI, Christiano (coord.). **10 anos de vigência do Código Civil Brasileiro de 2002**. São Paulo: Saraiva, 2013. p. 09.

[20] HABERMAS, Jürgen. Para o uso pragmático, ético e moral da razão prática. **Estudos Avançados**, v. 3, n. 7, p. 4–19, dez. 1989. p. 10.

[21] PINHEIRO, Victor Sales; NEIVA, Horácio Lopes Mousinho. Razão prática, direito e bem comum na teoria da lei natural de John Finnis. **Revista quaestio iuris,** [S.l.], v. 12, n. 2, p. 240-265, fev. 2020. ISSN 1516-0351. Disponível em: <https://www.e-publicacoes.uerj.br/index.php/quaestioiuris/article/view/39074>. Acesso em: 13 fev. 2023. doi: https://doi.org/10.12957/rqi.2019.39074. p. 250.

[22] KANT, Immanuel. **Crítica da razão prática**. 1. ed. Bragança Paulista: Vozes, 2016. p. 33.

a interpretação dos planos de existência, validade e eficácia do negócio jurídico, deve ser observando a razão de ser, isto é, quando se interpreta o negócio jurídico deve-se observar o ponto de relevância hermenêutico no que atine a vontade em comum de contratar entre as partes.

A doutrina de Antônio Junqueira de Azevedo[23] leciona que todo fato jurídico consistente em declaração de vontade, a que o ordenamento jurídico atribui os efeitos designados como queridos, respeitados os pressupostos de existência, validade e eficácia impostos pela norma jurídica que sobre ele incidem, devendo-se, por conseguinte, fazer parte da análise do negócio jurídico.

Assim, a análise contemporânea dos negócios jurídicos, sobretudo no Código Civil de 2002, as interpretações devem ser balizadas de acordo com os fins éticos perquiridos pelo contrato, visando, sobretudo, a dignidade da pessoa humana, em atenção aos ditames da Constituição Federal. A este tema, Pietro Perlingieri entende que não há mais espaço para uma interpretação individual do negócio jurídico visto que:

> [...] o indivíduo não é um ser em desacordo com a sociedade em que vive, no ordenamento jurídico atual essa concepção individualista da pessoa não encontra respaldo. A tutela da personalidade não é orientada apenas aos direitos individuais pertencentes ao sujeito no seu precípuo e exclusivo interesse, mas, sim, aos direitos individuais sociais, que têm forte carga de solidariedade, que constitui o seu pressuposto e também o seu fundamento.[24]

Pietro Perlingieri também aponta que ao conceber a comunidade em função do homem é possível encontrar, mesmo ao nível constitucional, uma hierarquia de valores e interesses que as comunidades se propõem a alcançar e realizar. Não é por outra razão que lei civilista de 2002 (Código Civil) positivou os princípios do negócio jurídico e alicerçou em sua mudança estrutural a subordinação das ações privadas aos princípios constitucionais, constituindo-se, por conseguinte, os macros princípios

[23] AZEVEDO, Antônio Junqueira de. **Negócio jurídico**: existência, validade e eficácia. São Paulo: Saraiva, 2002. p. 108.

[24] PERLINGIERI, Pietro. **Perfis do Direito Civil – Introdução ao Direito Civil Constitucional**. 3ª ed. São Paulo: Renovar, 2007. p. 210.

do Código Civil, que são, como nos ensina Miguel Reale[25], o princípio da (i) operabilidade, o qual objetiva que as operações em direito civil sejam ágeis e produtivas, libertando-se da morosidade por diligências improducente e insustentáveis, (ii) sociabilidade, o qual passa a agir como princípio regulador do princípio máximo do direito privado que é da autonomia da vontade, servindo como base para os institutos da função social da propriedade, posse e até mesmo dos negócios jurídicos (iii) eticidade, o qual estipula que as relações jurídicas de direito privado têm que estar alicerçadas na ética, sendo base primordial para a positivação do norma de conduta positivada da boa-fé objetiva.

A professora Judith Martins Costa pontua objetivamente a função das cláusulas gerais enquanto:

> [...] meio legislativamente hábil para permitir o ingresso, no ordenamento jurídico, de princípios valorativos, expressos ou ainda inexpressos legislativamente, de Standards, máximas de conduta, arquétipos exemplares de comportamento, de normativas constitucionais e diretivas econômicas, sociais e políticas, viabilizando a sua sistematização no ordenamento jurídico.[26]

Isto é, são preceitos a serem seguidos, com conteúdo axiológico, tudo em razão da impossibilidade legislativa de prever normas de condutas para todas as situações. Diante disso, as cláusulas gerais serão utilizadas tanto pela discricionariedade do Estado-Juiz, como para conduta do agente, sendo elas limitadas pelo seu próprio conteúdo fim e funcionando, por assim dizer, enquanto a axiologia das relações civis[27].

Gustavo Tepedino esclarece de forma cristalina o referido contexto:

> As constituições contemporâneas e o legislador especial utilizam-se de cláusulas gerais convencidos que estão da sua própria incapacidade,

[25] REALE, Miguel. **Visão Geral do Projeto de Código Civil**. Disponível em: <https://edisciplinas.usp.br/pluginfile.php/3464464/mod_resource/content/1/O%20novo%20C%C3%B3digo%20Civil%20-%20Miguel%20Reale.pdf>. Acesso em: 11 jan. 2023. p. 08

[26] COSTA, Judith Martins. A boa-fé no direito privado: critérios para a sua aplicação. São Paulo: Saraiva, 2015. p. 232.

[27] TOMASEVICIUS FILHO, Eduardo. Uma década de aplicação da função social do contrato: análise da doutrina e da jurisprudência brasileira. Revista dos Tribunais, v. 103, n. 940, p. 49-85, fev. 2014. Acesso em: 13 fev. 2023. p. 65.

em face da velocidade com que evolui o mundo tecnológico, para regular todas as inúmeras e multifacetadas situações nas quais o sujeito de direito se insere. Cláusulas gerais equivalem a normas jurídicas aplicáveis direta e imediatamente nos casos concretos, não sendo apenas cláusulas de intenção.[28]

Com a promulgação do Código Civil de 2002, os contratos para serem considerados negócios jurídicos válidos, devem ser regidos pelo princípio ético da boa-fé, a qual é entendida como: padrão de conduta que os negociantes devem adotar antes, durante e após a negociação[29], bem como em acordo com a sua função social, não havendo espaço para analisar estes negócios meramente sob o princípio da autonomia privada, como era na estrutura do Direito Civil oitocentista[30].

Sobre este tema, a doutrina de Ana Cláudia Corrêa Zuin Mattos do Amaral e Roberto Wagner Marquesi determina a boa-fé objetiva como sendo um princípio de terceira geração, fundado na ideia da cooperação entre os contratantes, que decorre diretamente da eticidade das relações e encontra previsão em fonte positivada (artigo 422 do Código Civil[31]).

Vale destacar que a cláusula geral da boa fé apresenta-se de forma não isolada, mas alicerçada em diretrizes que ganham natureza de figuras parcelares, as quais lhe darão concretude e operacionalidade e, como resultados do seu desdobramento, Luciano Penteado aponta cada uma dessa figuras, tratando, em um segundo momento, do *duti mitigate de loss*:

A boa-fé, segundo a insuperável classificação feita por Menezes Cordeiro ao tratar do exercício inadmissível das posições jurídicas, apresentaria oito

[28] TEPEDINO, Gustavo. Premissas Metodologicas para a constitucionalização do Direito Civil. **RDE Revista de Direito do Estado**, v. 1, n. 2, p. 37–53, 2006. p. 49.

[29] COSTA, Judith Martins. **A boa-fé no direito privado: critérios para a sua aplicação**. São Paulo: Saraiva, 2015.p. 51.

[30] FACHIN, Luiz Edson. **Direito civil: sentidos, transformações e fim**. Rio de Janeiro: Renovar, 2015. p. 73.

[31] AMARAL, Ana Claudia Corrêa Zuin Mattos do. DO; MARQUESI, Roberto Wagner. Os princípios do contrato na ordem civil-constitucional (leitura à luz da liberdade de contratar e da intervenção do estado na ordem negocial). **Anais IX Encontro Internacional do Conpedi: Constitucionalismo Econômico, viver bem e Pós-Desenvolvimento**. Quito: 2018, p. 37-52. Disponível em: <http://site.conpedi.org.br/publicacoes/5d6x83my/8029jiyt>. Acesso em: 10 jan. 2023. p. 45.

figuras parcelares, ou seja, tipos de argumentos recorrentes com vistas a sua aplicação tópica. Entre eles estariam o *venire contra factum proprium, o tu quoque, a exceptio doli*, desdobrada em *exceptio doli generalis* e *exceptio doli special*is, a inelegibilidade das nulidades formais, o desequilíbrio no exercício jurídico, a *supressio* e a *surrectio*.[32]

Acerca da temática, Couto e Silva[33] determina a aplicação e operacionalidade da cláusula geral da boa-fé e suas obrigações, em deveres laterais, os quais são, igualmente, fonte de obrigações de condutas, frisa-se que esses deveres anexos são distintos dos deveres negociados entre as partes e possuem aplicação imediata, eis que não estão focados na definição da obrigação contratada, mas na forma da concretização da obrigação contratada [34].

Em sendo assim, os deveres anexos ou secundários podem ser examinados durante todo desenvolvimento da relação jurídica e até mesmo após a sua execução, sendo eles: a) O dever de cuidado em relação à outra parte negocial; b) O dever de informar a outra parte quanto ao conteúdo negocial; c) O dever de respeito; d) O dever de lealdade e probidade; e) O dever de colaboração ou cooperação; f) O dever de agir conforme a confiança depositada, a razoabilidade, a equidade e a boa razão[35].

Diante disso, se reconhece que anteriormente à elaboração de um contrato e sua efetiva aceitação há a fase pré-negocial, que deve ser fonte de interpretação de todo o negócio. Paula Forgioni[36] aponta que essa fase se refere ao período de aproximação das partes e de barganha de suas posições, e, como regra geral, caracteriza-se por elevado grau de otimismo das partes. Se ambas pretendem a realização do negócio jurídico, pode-se presumir que o enxergam como vantajoso, ou seja, que no futuro estarão

[32] PENTEADO, Luciano de Camargo. Figuras parcelares da boa-fé objetiva e *venire contra factum proprium*. **THESIS**, v. 8, p. 39–72, 2007. p. 35.

[33] SILVA, Clóvis V. do Couto **A obrigação como processo**. Rio de Janeiro: Editora FGV, 2007. p. 59.

[34] PENTEADO, op. cit., 2007. p. 51

[35] KONDER, Carlos Nelson; OLIVREIRA, Williana Nayara Carvalho de. A interpretação dos negócios jurídicos a partir da Lei de Liberdade Econômica. **Revista Fórum de Direito Civil – RFDC**, Belo Horizonte, ano 9, n. 25, p. 13-35, set./dez. 2020. p. 27.

[36] FORGIONI, Paula Andrea. **Contratos empresariais**. São Paulo: Revista dos Tribunais, 2016. p. 42.

melhor com o contrato do que sem ele. As fases de um contrato são fases de sucessivas obrigações, sendo elas: (1) fase pré-contratual; (2) contratual; (3) pós-contratual.

Sob este prisma, o reconhecimento do dever de informação surge a partir de todo os contexto de elaboração contratual (todas as fases) , de modo que a não observância desse dever ensejará na violação positiva do contrato, tudo em razão da omissão dos elementos essenciais do negócio[37]. Conforme no ensinou o professor Menezes Cordeiro "o dever de informação adstringe as partes à prestação de todos os esclarecimentos necessários à conclusão honesta do contrato[38].

Karina Nunes Fritz leciona sobre o conteúdo extenso envolvido no dito dever:

> O conteúdo desse dever não engloba apenas o ato de informar, envolvendo ainda o explicar, como salienta LARENZ, o esclarecer a contraparte sobre o contrato e suas circunstâncias para que ambas saibam exatamente quais direitos e obrigações estão efetivamente assumindo. Envolve ainda o dever de clareza, que, como explica MASSIMO BIANCA, veda a utilização de linguagem suscetível de não ser compreendida pela contraparte.[39]

Por fim, vale relembrar que o dever de informar não se confunde com o dever de informar-se, aquele relativo ao custo da transação do próprio negócio de cada parte. Nessa situação, pode-se dizer que é no equilíbrio desses deveres que haverá o negócio jurídico ponderado.

3. Desigualdade de informações e equilíbrio contratual

Como já se viu os contratos são a principal figura dos negócios jurídicos, sendo o instrumento pelo qual as partes têm liberdade para celebrar e transacionar seu conteúdo e, demais efeitos que esperam com a relação jurídica travada. No entanto, a autonomia da vontade não é absoluta.

[37] CORDEIRO, Antonio Menezes. Da boa fé no direito civil. Coimbra: Almedina, 2013. p. 584.

[38] Ibid., p. 583

[39] FRITZ, Karina Nunes. A responsabilidade pré-contratual por ruptura injustificada das negociações. **civilistica.com**, v. 1, n. 2, p. 1-40, 6 nov. 2012. e-ISSN 2316-8374. Disponível em: <https://civilistica.emnuvens.com.br/redc/article/view/41/27>. Acesso em: 13 fev. 2023. p. 14.

O professor Humberto Theodoro Jr ensina que no estágio atual da sociedade não se concebe a possibilidade de os indivíduos autorregularem suas relações sem qualquer limitação[40], seja porque há situações em que ocorrem evidente desequilíbrio entre os contratantes, seja para evitar negócios contrários à ordem moral, legal ou social.

Isto é, a autonomia privada sofre suas limitações, havendo crítica quanto ao termo vontade como pressuposto do negócio jurídico, uma vez que, como aponta Emilio Betti, é certo que nenhuma ordem social pode ignorar esta simples verdade: que a vida é movimento e exige uma perene renovação das posições do vários consorciados relativamente aos bens, num geral respeito pelos valores econômicos sociais existentes[41], sendo o indivíduo livre para agir segundo a sua maneira de ver: isto desde que, por outro lado, só ele sofra as consequências de sua conduta[42]. Assim, é certo dizer que a própria autonomia da vontade enfrenta transformação em razão da necessidade de se adequar à axiologia constitucional.

Com isso, o próprio direito contratual passa a ser interpretado como pertencente a uma função, sendo essa limitada pela boa-fé objetiva e pelo valor da dignidade da pessoa humana[43], consolidando-se o que, ao logo do tempo, chamou-se de dirigismo contratual, sendo esse o fenômeno verificado tanto no plano legislativo quanto na interpretação do direito dos contratos pelo Estado. No Brasil, a concretização desse fenômeno se nota com a Consolidação das Leis do Trabalho (Decreto-Lei n. 5.452/1943), o Código de Defesa do Consumidor (CDC – Lei n. 8.078/1990) e os diplomas normativos referentes à locação predial urbana – de que constitui exemplo maior a vigente Lei do Inquilinato (Lei n. 8.245/1991) e, atualmente, com a LGPD[44].

[40] JÚNIOR, Humberto Theodoro.; FIGUEIREDO, Helena Lanna. **Negócio Jurídico**, São Paulo: Forense, 2021.
p. 69.

[41] BETTI, Emilio. **Teoria Geral Do Negócio Jurídico**. Campinas: Servanda, 2008. p. 78.

[42] Ibid., p. 80

[43] MORAES, Maria Celina Bodin de. A constitucionalização do direito civil e seus efeitos sobre a responsabilidade civil. **Direito, Estado e Sociedade**, v. 9, n. 28, p. 223–258, dez. 2006. Disponível em: < https://revistades.jur.puc-rio.br/index.php/revistades/article/view/295/267>. Acesso em: 10 jan. 2023. p. 242.

[44] SILVA, Rodrigo da Guia. Equilíbrio e vulnerabilidade nos contratos: marchas e contramarchas do dirigismo contratual. **civilistica.com**, v. 9, n. 3, p. 1–35, 25 dez. 2020.

Não somente com a atuação legislativa que se consolida o dirigismo contratual, mas também com o reconhecimento do termo equilíbrio contratual como princípio a ser observado na interpretação dos contratos[45]. Nessa condição, se reconhece o termo equilíbrio contratual como um princípio a ser observado, tendo como norte a ideia de se cumprir a função social do contrato, como em razão da boa-fé objetiva. Rodrigo da Guia Silva, aponta sobre a questão:

> Da exigência de apuração do equilíbrio (e, por via de consequência, da justiça) contratual à luz da tábua axiológica constitucional decorreu, no plano teóricometodológico, a afirmação de uma íntima relação entre o princípio do equilíbrio contratual e o juízo de merecimento de tutela da liberdade contratual. A legitimidade do concreto exercício da liberdade contratual dependeria, assim, da configuração de um contrato objetivamente equilibrado – ou, ao menos, da identificação de um desequilíbrio justificado por alguma legítima razão material. O princípio do equilíbrio contratual serviria, nessa formulação, "como parâmetro para o controle de merecimento de tutela do conteúdo contratual".[46]

O problema é, como visto, a o equilíbrio contratual não estará, necessariamente, vinculado a equivalência material e formal entre as partes, mas sim prevenir manifestas desproporções ou desequilíbrios macroscópicos [47]. Anderson Schreiber aponta o que considera o núcleo essencial do conceito do princípio do equilíbrio contratual:

> [...] evitar que qualquer contratante venha a sofrer sacrifício econômico desproporcional em decorrência do cumprimento das obrigações que compõem o objeto do seu contrato. Não se trata, dessa forma, de exigir uma igualdade absoluta entre prestações ou mesmo de exigir uma rigorosa equivalência objetiva entre direitos e obrigações atribuídos pelo contrato a cada uma das partes. Tamanha exigência não apenas representaria uma

[45] SCHREIBER, Anderson. **Equilíbrio Contratual e Dever de Renegociar**. São Paulo: Saraiva Educação S.A., 2018. p. 58.

[46] SILVA, Rodrigo da Guia. **Equilíbrio e vulnerabilidade nos contratos:** marchas e contramarchas do dirigismo contratual. civilistica.com, v. 9, n. 3, p. 1–35, 25 dez. 2020. p. 14

[47] SCHREIBER, op. cit., 2018. p. 51.

> limitação excessiva à livre iniciativa em uma economia de mercado, caracterizado pela flutuação de preços e valores segundo 'leis' de oferta e procura, mas comprometeria também a própria utilidade do contrato como instituto jurídico, na medida em que, a qualquer mínimo desvio de uma equivalência rigorosa, a relação contratual, dirigida à concretização do objetivo comum dos contratantes, haveria de ser interrompida *'a causa della necessità di procedere a continui addattamenti del regolamento contrattuale.*[48]

Ou seja, como apontado em tópico anterior, há um dever de informar considerado como dever anexo à boa-fé objetiva, o qual não se assemelha com o dever de informar-se, sendo essa responsabilidade das partes na concretização do seu próprio negócio. Diante disso, nem sempre o não fornecimento de informação será contrária ao direito, pois, em um primeiro momento, deverá cada parte suportar com os custos das buscas de informação sobre o seu negócio[49]. Como se pode ver, há uma linha tênue nas relações negociais quanto ao que seria um dever de informar e informar-se e, considerando toda a assimetria das informações dadas pelas circunstâncias fáticas dos negócios jurídicos modernos, tal assimetria poderá ou não levar a um desiquilíbrio contratual, a depender das circunstâncias do próprio negócio.

Tal problema se corrige então com o próprio dever de informação, assim como aponta a doutrina de Karina Nunes Fritz:

> A extensão do dever de informação mede-se, portanto, pelas condições das partes: quanto maior o conhecimento ou o acesso às informações, maior o dever de partilhar essas informações a fim de reequilibrar a posição entre as partes e atingir a igualdade de condições que deve existir entre os contratantes. [50].

Assim, faz-se imperioso analisar tal situação ao contexto das relações contratuais modernas as quais, apesar de ainda serem realizadas entre as

[48] Ibid., p. 64

[49] LARENZ, Karl. O Estabelecimento de Relações Obrigacionais. **Revista DireitoGV**, v. 2, n. 1, p. 55-66, jan./jul. 2006. p. 59

[50] FRITZ, Karina Nunes. A responsabilidade pré-contratual por ruptura injustificada das negociações. **civilistica.com**, v. 1, n. 2, p. 1-40, 6 nov. 2012. e-ISSN 2316-8374. Disponível em: <https://civilistica.emnuvens.com.br/redc/article/view/41/27>. Acesso em: 13 fev. 2023. p. 15.

partes objetivando certo bem jurídico específico, também são realizadas em massa, em razão do aumento dos bens de consumo e serviços, como (cartões de crédito, bancos, seguros, passagens aéreas, planos de saúde, escolas e faculdades privadas, shoppings, serviços em geral etc[51].

São nessas ocasiões em que o desiquilíbrio contratual face a assimetria das informações impera, muitos desses contratos são contratos de adesão, faltando a autonomia da vontade genuína, o que enseja na interpretação desses negócios sobre a perspectiva da lei protetiva consumerista, a fim de consolidar o equilíbrio entre as partes, ao menos no sentido interpretativo.

Pode-se ver tal situação evidente nas relações de seguro saúde, tal como muito bem exemplificando pelo professor Marquesi:

> No âmbito das relações de seguro-saúde, o direito à informação (artigo 6º, III, CDC) estabelece a obrigatoriedade do esclarecimento, dentre os Direitos Básicos do Consumidor, sendo dever fundamental, assim do segurado como do segurador, prestar informações claras e adequadas, relacionadas à saúde do aderente e aos produtos/serviços fornecidos. Nesse sentido, o direito à informação apresenta caráter dúplice, pois importa no dever de informar do fornecedor e no direito de ser informado do consumidor, pois a informação adequada sobre o conteúdo do contrato é essencial, no sentido de buscar o reequilíbrio da relação contratual. [52]

Para além da vulnerabilidade evidenciada nos contratos de origem consumerista há de ser apontar que os avanços tecnológicos abarcados com a quarta revolução digital ampliaram o a possibilidade de informar por parte dos fornecedores e também de acessar a dados e outras informações dos consumidores.

Sob este prisma, cabe aos fornecedores informarem sobre os produtos e serviços comercializados, bem como sobre a necessidade de coleta de dados, conforme preconiza o artigo 7 da Lei Geral de Proteção de Dados

[51] FARIAS, Cristiano Chaves de; ROSENVALD, Nelson; NETTO, Felipe Braga. **Curso de direito civil. 3**: Responsabilidade civil. Salvador: Editora JusPodivm, 2017. p. 773.

[52] MARQUESI, Roberto Wagner; SANTOS, Evelise Veronese dos. O dever de Informação como Desdobramento do Princípio da Boa-fé Objetiva nos Contratos de Seguro-saúde (o caso da UNIMED paulistana). **Revista Jurídica**, [S.l.], v. 4, n. 41, p. 441 – 460, jan. 2016. ISSN 2316-753X. Disponível em: <http://revista.unicuritiba.edu.br/index.php/RevJur/article/view/1471>. Acesso em: 13 fev. 2023. p. 452.

Pessoais (lei 13.709/2018 – LGPD), para que o consumidor consinta ou não com a disponibilização de suas informações.

Justamente por serem objeto de valor na atual sociedade, às informações pessoais passam a representar não apenas direito a privacidade, mas também moeda para empresas voltadas a análises de perfis de consumo e do consumidor. Em sendo assim verifica-se que o dever a informação direciona se não apenas aos bens e serviços comercializados, mas também à pratica de coleta e armazenamento de dados a serem realizadas pelas empresas.

Conclusões

Como se pode notar, há um hipercomplexidade nas relações sociais contemporâneas e isso não poderia deixar de atingir o olhar e a intepretação que será lançado aos contratos. E, se na vida há, necessariamente, um contrato social, em uma economia de mercado as relações de troca iniciam ou terminam com os termos de um contrato, sejam ele verbal ou escrito, havendo então o que se apontou por dirigismo contratual, advindo dos paradigmas contratuais modernos.

A constitucionalização do direito privado, acolhida por muitos países, assim como pelo Brasil, coloca a tábua axiológica da Constituição como norte para condutas individuais e atuação estatal, sendo que, os princípios clássicos do contrato: a autonomia privada, a força obrigatória e o da relatividade, por não serem os únicos compatíveis com o novo *telos* social, foram mitigados pelos chamados "princípios contemporâneos", como o da função socioeconômica e da boa-fé objetiva.

Tais princípios foram incorporados ao Código Civil de 2002, com natureza de cláusula geral, capaz de enfrentar lacunas de interpretação e se expandirem em figuras e deveres para além daqueles convencionados entre as partes, tais figuras, atreladas à boa fé objetiva, as chamadas figuras parcelares, bem como seus deveres anexos, impõem obrigações às partes, maximizando a operacionalidade da dita clausula geral.

Um dos deveres anexos à boa fé objetiva que se destaca com a hipercomplexidade das relações é o dever de informação, o qual, como se pôde notar, não se confunde com o dever de informar-se, já que informar-se é uma faculdade do contratante ao se entrar num negócio e, por outro lado, informar sobre a substância do objeto do negócio é um dever a ser comprido para fins da própria validade do contrato.

A diferença entre tais fatos estará na consequência, uma vez que a falta de informação sobre o objeto do contrato enseja na violação positiva do contrato, gerando consequências obrigacionais, já o ato de deixar de informa-se gera consequências particulares para o indivíduo, não ensejando em responsabilidade de reparação.

Assim, o reconhecimento da figura do equilíbrio contratual como princípio a ser seguido na interpretação dos contratos ganha peso quando se reconhece o nível da assimetria informacional da sociedade de consumo. Em tal situação, aplica-se o dever de informação para operacionalizar o *telos* esperado pela sociedade pós Constituição de 1988, qual seja, que se mantenha o equilíbrio contratual e a função social do contrato.

Referências

AMARAL, Ana Claudia Corrêa Zuin Mattos do; HATOUM, Nida Saleh; HORITA, Marcos Massashi. O Paradigma Pós-Moderno Do Negócio Jurídico E A Necessidade De Uma Nova Concepção Na Contemporaneidade. **Scientia Iuris**, Londrina, v. 21, n. 2, p. 261-297, jul. 2017. DOI: 10.5433/2178-8189.2017v21n1p262. ISSN: 2178-8189.

AMARAL, Ana Claudia Corrêa Zuin Mattos do; MARQUESI, Roberto Wagner. Os princípios do contrato na ordem civil-constitucional (leitura à luz da liberdade de contratar e da intervenção do estado na ordem negocial). **Anais IX Encontro Internacional do Conpedi: Constitucionalismo Econômico, viver bem e Pós-Desenvolvimento**. Quito: 2018, p. 37-52. Disponível em: <http://site.conpedi.org.br/publicacoes/5d6x83my/8029jiyt>. Acesso em: 10 jan. 2023

AZEVEDO, Antônio Junqueira de. **Negócio jurídico: existência, validade e eficácia**. São Paulo: Saraiva, 2002.

BETTI, Emilio. **Teoria Geral Do Negócio Jurídico**. Campinas: Servanda, 2008.

CARVALHO, Nathalie de Paula. A Análise Econômica do Direito e a Moderna Atividade Empresarial. **Revista Jurídica da FA7**, v. 6, n. 1, p. 229-243, 30 abr. 2009. Disponível em: < https://periodicos.uni7.edu.br/index.php/revistajuridica/article/view/244/268>. Acesso em: 10 jan. 2023.

CASTELLS, Manuel. **A sociedade em rede**: A era da informação: economia, sociedade e cultura. v. 1. São Paulo: Paz e Terra, 2002.

COASE, Ronald Harry. The problem of social cost. **The Jornal of Law and Economics**, [S.l.], v. 3, p. 1-44, Out. 1960. Disponível em: https://www.law.uchicago.edu/files/file/coase-problem.pdf. Acesso em: 13 fev. 2023

CORDEIRO, Antonio Menezes. **Da boa fé no direito civil**. Coimbra: Almedina, 2013.

COSTA, Judith Martins. **A boa-fé no direito privado: critérios para a sua aplicação**. São Paulo: Saraiva, 2015.

FACHIN, Luiz Edson. **Direito civil: sentidos, transformações e fim**. Rio de Janeiro: Renovar, 2015.

FARIAS, Cristiano Chaves de; ROSENVALD, Nelson; NETTO, Felipe Braga. **Curso de direito civil. 3**: Responsabilidade civil. Salvador: Editora JusPodivm, 2017.

FERREIRA, Jussara Suzi Assis Borges Nasser. Teoria Crítica do Negócio Jurídico. **Revista do Direito Privado da UEL**, Londrina, v. 2, n. 1, p. n.p, jan/abr. 2009. ISSN: 1983-5299.

FORGIONI, Paula Andrea. **Contratos empresariais**. São Paulo: Revista dos Tribunais, 2016.

FRITZ, Karina Nunes. responsabilidade pré-contratual por ruptura injustificada das negociações. **civilistica.com**, v. 1, n. 2, p. 1-40, 6 nov. 2012. e-ISSN 2316-8374. Disponível em: < https://civilistica.emnuvens.com.br/redc/article/view/41/27>. Acesso em: 13 fev. 2023

HABERMAS, Jürgen. Para o uso pragmático, ético e moral da razão prática. **Estudos Avançados**, v. 3, n. 7, p. 4–19, dez. 1989. Disponível em: <https://www.scielo.br/j/ea/a/sQXwvTfFw3xZcv9Jc3PKDfJ/?lang=pt>. Acesso em: 13 fev. 2023

JÚNIOR, Clodomiro José Bannwart. Globalização, empresa e responsabilidade social. **SCIENTIA IVRIDICA**, Tomo LXI, n. 330, p. 18, 2012.

JÚNIOR, Humberto Theodoro.; FIGUEIREDO, Helena Lanna. **Negócio Jurídico**, São Paulo: Forense, 2021.

KANT, Immanuel. **Crítica da razão prática**. Bragança Paulista: Vozes, 2016.

KONDER, Carlos Nelson; OLIVREIRA, Williana Nayara Carvalho de. A interpretação dos negócios jurídicos a partir da Lei de Liberdade Econômica. **Revista Fórum de Direito Civil – RFDC**, Belo Horizonte, ano 9, n. 25, p. 13-35, set./dez. 2020.

KUMAR, Krishan. **Da sociedade pós-indsutrial à pós-moderna**: Novas teorias sobre o mundo contemporâneos. Rio de Janeiro, 1997.

LÉVY, Pierre. **Cibercultura**. Tradução de Carlos Irineu da Costa. São Paulo: Editora 34, 1999.

MARQUESI, Roberto Wagner; SANTOS, Evelise Veronese dos. O dever de Informação como Desdobramento do Princípio da Boa-fé Objetiva nos Contratos de Seguro-saúde (o caso da UNIMED paulistana). **Revista Jurídica**, [S.l.], v. 4, n. 41, p. 441 – 460, jan. 2016. ISSN 2316-753X. Disponível em: <http://revista.unicuritiba.edu.br/index.php/RevJur/article/view/1471>. Acesso em: 13 fev. 2023

MARTINS-COSTA, Judith. **A boa-fé no direito privado: critérios para a sua aplicação**. 2 ed. São Paulo: Saraiva, 2018.

MASCARO, Alysson Leandro. **Introdução ao estudo do direito**. 6. ed. São Paulo: Atlas, 2019.

MORAES, Maria Celina Bodin de. A constitucionalização do direito civil e seus efeitos sobre a responsabilidade civil. **Direito, Estado e Sociedade**, v. 9, n. 28, p. 223–258, dez. 2006. Disponível em: < https://revistades.jur.puc-rio.br/index.php/revistades/article/view/295/267>. Acesso em: 10 jan. 2023

NEGREIROS, Teresa. **Teoria dos Contratos**: novos paradigmas. Rio de Janeiro: Renovar, 2006

PENTEADO, Luciano de Camargo. Figuras parcelares da boa-fé objetiva e *venire contra factum proprium*. **THESIS**, v. 8, p. 39–72, 2007.

PERLINGIERI, Pietro. **Perfis do Direito Civil – Introdução ao Direito Civil Constitucional**. 3ª ed. São Paulo: Renovar, 2007.

PINHEIRO, Victor Sales; NEIVA, Horácio Lopes Mousinho. Razão prática, direito e bem comum na teoria da lei natural de John Finnis. **Revista quaestio iuris**, [S.l.], v. 12, n. 2, p. 240-265, fev. 2020. ISSN 1516-0351. Disponível em: <https://www.e-publicacoes.uerj.br/index.php/quaestioiuris/article/view/39074>. Acesso em: 13 fev. 2023. doi: https://doi.org/10.12957/rqi.2019.39074.

REALE, Miguel. **Visão Geral do Projeto de Código Civil**. Disponível em: <https://edisciplinas.usp.br/pluginfile.php/3464464/mod_resource/content/1/O%20novo%20C%C3%B3digo%20Civil%20-%20Miguel%20Reale.pdf>. Acesso em: 11 jan. 2023.

SABADELL, Ana Lúcia. **Manual de Sociologia Jurídica**: Introdução a uma leitura externa do Direito. 2. ed. São Paulo: Revista dos Tribunais, 2002.

SCHREIBER, Anderson. **Equilíbrio Contratual e Dever de Renegociar**. São Paulo: Saraiva Educação S.A., 2018.

SCHWAB, Klaus. **A 4ª revolução industrial**. Tradução de Daniel Moreira Miranda. São Paulo: Edipro, 2019. Ebook.

SILVA, Clóvis V. do Couto **A obrigação como processo**. Rio de Janeiro: Editora FGV, 2007.

SILVA, Rodrigo da Guia. Equilíbrio e vulnerabilidade nos contratos: marchas e contramarchas do dirigismo contratual. **civilistica.com**, v. 9, n. 3, p. 1–35, 25 dez. 2020. p. 14.

TEPEDINO, Gustavo. Premissas Metodologicas para a constitucionalização do Direito Civil. **RDE Revista de Direito do Estado**, v. 1, n. 2, p. 37–53, 2006.

TOMASEVICIUS FILHO, Eduardo. Uma década de aplicação da função social do contrato: análise da doutrina e da jurisprudência brasileira. **Revista dos Tribunais**, v. fe 2014, n. 940, p. 49-85, 2014. Acesso em: 13 fev. 2023.

____. Eduardo. Boa-fé no Código Civil Brasileiro: dez anos de experiência. In: CASSETARI, Christiano (coord.). **10 anos de vigência do Código Civil Brasileiro de 2002**. São Paulo: Saraiva, 2013.

11. A UTILIZAÇÃO DE NEGÓCIOS JURÍDICOS PROCESSUAIS NO ÂMBITO DAS AÇÕES COLETIVAS

Guilherme Henrique Giacomino Ferreira
Isabele Papafanurakis Ferreira Noronha
Josilaine Aleteia de Andrade

Introdução

O processo judicial, na maneira como foi concebido pelo Código de Processo Civil, tornou-se instrumento para a efetivação de direitos, na medida em que é o caminho a ser utilizado pelos jurisdicionados quando estes visam tutelas seus interesses.

Uma vez consagrada a ideia de que o processo judicial é instrumento, evidencia-se que tal instrumento deve sempre primar pela efetividade em seu uso, com o objetivo de trazer a melhor solução jurídica para o caso em apreço, observando os princípios constitucionais insculpidos no Código de Processo Civil em seus Art. 4 e 6, que trazem, respectivamente, a solução do mérito de maneira satisfatória e a duração razoável do processo.

Surge, neste contexto de inovação da legislação processual, a possibilidade de realização dos negócios jurídicos processuais, albergados nos Arts. 190 e 191 do Código de Processo Civil em vigor, onde o legislador apontou que às partes, incluindo também ao juiz, a possibilidade de convencionarem sobre ônus probatórios, poderes, faculdades e deveres processuais, antes e durante o processo, bem como possibilitar a flexibilização de prazos processuais.

Analisando os referidos dispositivos, tem-se que o Artigo 190 só possibilitaria a flexibilização dos atos processuais em casos em que se admite a autocomposição, de maneira que, tacitamente, se omite e veda sua utilização em processos que não permitem a composição amigável entre as partes.

Num panorama geral, evidencia-se que a limitação da contratualização do processo judicial, poderia refletir de maneira negativa em processos onde o diálogo entre os atores e operadores do direito deve ser colocado em primeiro plano, tendo em vista a natureza jurídica de tais processos judiciais.

Buscando oxigenar o tema, e não o exaurir, esse trabalho tem como objetivo tratar da possibilidade de realização de negócios jurídicos no âmbito de ações coletivas, mais especificamente, dando ênfase na atuação do Ministério Público nestas ações.

Desta forma, o trabalho foi dividido em capítulos, na medida em que os dois primeiros tratam da contextualização histórica a respeito dos negócios jurídicos processuais no âmbito do ordenamento jurídico brasileiro.

1. Antecedentes históricos dos negócios jurídicos processuais no código de processo civil de 1973

Antes de se proceder com o mérito do objeto de análise neste trabalho, evidencia-se a necessidade de contextualizar previamente o tema central deste estudo: os negócios jurídicos processuais no direito brasileiro.

A presença do instituto no direito brasileiro, ainda que tenha se dado expressamente no Código de Processo Civil de 2015, não é nova. Sob a égide da já revogada lei processual de 1973, já havia discussão a respeito da possibilidade de escolha, ainda que tímida, de como a marcha processual iria ser levada a cabo, na medida em que havia a possibilidade de escolher entre o rito especial e o rito ordinário, princípio chamado por Pontes de Miranda[1] de preferibilidade do rito ordinário.

No entanto, importante ressaltar que a esmagadora parte da doutrina brasileira à época, conforme aponta Leonardo Carneiro da Cunha[2],

[1] PONTES DE MIRANDA, Francisco Cavalcanti. Comentários ao Código de Processo Civil – Tomo III: arts. 154-281. Rio de Janeiro. Forense, 1973.

[2] Para Cândido Rangel Dinamarco, não é possível considerar a existência de negócios jurídicos processuais, pois os efeitos dos atos processuais resultariam sempre da lei, e não da vontade. Os atos processuais das partes não teriam o efeito da livre autorregulação, que é própria dos negócios jurídicos, justamente porque os efeitos são impostos pela lei. De igual modo, os atos do juiz não teriam o efeito da livre autorregulação, já que ele não dispõe para si, nem pratica atos no processo com fundamento na autonomia da vontade, mas no poder

analisando o entendimento de Cândido Rangel Dinamarco, apenas para citar um, sobre a inexistência de negócios jurídicos processuais no âmbito do antigo Código de Processo Civil.

Cunha arremata na mesma oportunidade dizendo que, em resumo, os autores que entendiam pela inexistência de negócios jurídicos dentro do CPC/1973 diziam que somente poderia haver um negócio jurídico se as partes participassem diretamente da negociação, o que não ocorreria no processo judicial propriamente dito, na medida em que os negócios jurídicos processuais à época decorriam de lei ou da intervenção judicial para produzir o efeito almejado.

A lição de Câmara[3] diverge, contudo, da impossibilidade de negócios jurídicos processuais sob a égide da antiga legislação processual, na medida em que o autor aponta a existência, ainda que contrária a jurisprudência sobre o tema, de que era possível às partes, sobre determinados pontos que impactariam diretamente no processo, dando azo à compreensão de negócios jurídicos atípicos, como por exemplo, o Art. 1.484 do Código Civil, que torna lícita aos litigantes estabelecer o valor da avaliação do bem em caso de execução forçada ou ainda, fixar, via extrajudicialmente, o valor da verba honorária de sucumbência.

Contudo, o próprio jurista acima indicado aponta que tais entendimentos não encontravam respaldo na jurisprudência pertinente à época, na medida em que, em ambos os casos, a palavra final sobre a possibilidade ou não para a efetivação dos negócios jurídicos acima apontados é no sentido de que incumbe ao estado Juiz determinar a avaliação judicial do bem, levando em consideração, entretanto, as disposições pré-fixadas entre as partes, bem como arbitrar a verba honorária pertinente.

estatal de que é investido. Para Dinamarco, negócio jurídico seria ato de autorregulação de interesses, firmado no princípio da autonomia da vontade; todo negócio jurídico pressupõe, para ele, que seus efeitos sejam, exata e precisamente, aqueles que as partes querem, o que não ocorre no processo, pois a lei estabelece as consequências dos atos praticados no processo, sem conferir qualquer margem de intervenção às partes. – CUNHA, Leonardo Carneiro. Negócios Jurídicos Processuais no Processo Civil Brasileiro. In: CABRAL, Antonio do Passo; NOGUEIRA, Pedro Henrique (Coord.) Negócios Jurídicos Processuais. Juspodivm. São Paulo. 2015.

[3] CÂMARA, Helder Moroni. Negócios Jurídicos Processuais – Condições Elementos e Limites. Editora Almedina. São Paulo. 2018.

Assim, é possível dizer, num retrospecto histórico, que havia a possibilidade de realização de negócios jurídicos processuais sob a égide do código processual revogado, contudo, limitava-se aos negócios jurídicos processuais típicos, previstos em lei, sem margem para as partes convencionarem sobre a marcha processual, dada a ideia de engessamento do procedimento, que na visão clássica, era imutável.

2. Considerações sobre os negócios jurídicos processuais no código de processo civil de 2015

Com o advento do vigente Código de Processo Civil, a realidade mudou, na medida em que diante da constitucionalização do procedimento judicial, prezando pelo respeito à celeridade e eficácia da tutela jurisdicional, a flexibilização de procedimentos se mostrou como nova ferramenta para os jurisdicionados, na medida em que foi consagrado nos Artigos 190 e 191 da novel legislação o instituto dos negócios jurídicos processuais.

A propósito, a exposição de motivos do CPC/2015 traz importante passagem transcrita pelo Ministro do Supremo Tribunal Federal Luiz Fux, à época, Ministro do Superior Tribunal de Justiça, em uma nota de rodapé[4] à exposição de motivos, em relação ao objetivo do Novo Código, na medida em que há reconhecimento da existência do fenômeno da constitucionalização do direito brasileiro, observado precipuamente na Itália, em especial, o método fundado no pensamento de Pietro Perlingieri[5], que no Brasil teve grande receptividade, por encontrar também um contexto constitucional de redemocratização e civilistas ansiosos por transformar o arcaico direito civil clássico em um instrumento de emancipação das pessoas e de transformação social, rumo a uma comunidade mais justa e solidária.

Ou seja, evidencia-se que apesar da natureza pública do processo judicial, a novel legislação admitiu, em atenção à necessidade de uma

[4] O trecho da referida exposição de motivos é o seguinte: "Hoje, costuma-se dizer que o processo civil constitucionalizou-se. Fala-se em modelo constitucional do processo, expressão inspirada na obra de Italo Andolina e Giuseppe Vignera, Il modello costituzionale del processo civile italiano: corso di lezioni (Turim, Giapicchelli, 1990). O processo há de ser examinado, estudado e compreendido à luz da Constituição e de forma a dar o maior rendimento possível aos seus princípios fundamentais. "

[5] PERLINGIERI, Pietro. Perfis do direito civil: introdução ao direito civil constitucional. Tradução de Maria Cristina De Cicco. Rio de Janeiro: Renovar, 1999.

melhor adequação do rito ao fato, que as partes podem contratar entre si, tudo sobre o que dispõe os Artigos 190[6] e 191[7] do Código de Processo Civil, desde que observados os princípios constitucionais.

Ao admitir a possibilidade de realização de negócios jurídicos processuais sobre as mais variadas matérias, obviamente respeitando o enquadramento de tais negócios jurídicos processuais, importante firmar o conceito do negócio jurídico processual no âmbito da novel legislação, bem como suas particularidades para eficácia e validade do negócio jurídico processual.

Para Câmara[8], o negócio jurídico processual do Artigo 190 do CPC/2015 "nada mais é do que um ato jurídico, na modalidade de negócio jurídico, com todas as características dos negócios jurídicos em gera, mas que tem por objeto a matéria limitada pelo referido dispositivo legal". Ou seja, "em razão de sua submissão à ordem pública, o negócio jurídico – para obter o resultado que dele se espera e para produzir válidos efeitos jurídicos, deverá enquadrar-se na ordem jurídica posta.

Para Nogueira[9], a definição de negócio processual é dada com fundamento na ideia de um fato jurídico emanado de vontade, que é incidido em seu suporte fático a partir da previsão em determinada regra processual e irá conferir ao indivíduo o efeito do negócio processual, desde que sua vontade selecione o que a norma prevê.

[6] Art. 190. Versando o processo sobre direitos que admitam autocomposição, é lícito às partes plenamente capazes estipular mudanças no procedimento para ajustá-lo às especificidades da causa e convencionar sobre os seus ônus, poderes, faculdades e deveres processuais, antes ou durante o processo. Parágrafo único. De ofício ou a requerimento, o juiz controlará a validade das convenções previstas neste artigo, recusando-lhes aplicação somente nos casos de nulidade ou de inserção abusiva em contrato de adesão ou em que alguma parte se encontre em manifesta situação de vulnerabilidade.

[7] Art. 191. De comum acordo, o juiz e as partes podem fixar calendário para a prática dos atos processuais, quando for o caso. § 1º O calendário vincula as partes e o juiz, e os prazos nele previstos somente serão modificados em casos excepcionais, devidamente justificados. § 2º Dispensa-se a intimação das partes para a prática de ato processual ou a realização de audiência cujas datas tiverem sido designadas no calendário.

[8] CÂMARA, Helder Moroni. Negócios Jurídicos Processuais – Condições Elementos e Limites. Editora Almedina. São Paulo. 2018.

[9] CUNHA, Leonardo Carneiro. Negócios Jurídicos Processuais no Processo Civil Brasileiro. In: CABRAL, Antonio do Passo; NOGUEIRA, Pedro Henrique (Coord.) Negócios Jurídicos Processuais. Juspodivm. São Paulo. 2015.

Noutro vértice, e de igual maneira, Hatoum e Bellinetti[10] compreendem o negócio jurídico disposto no Art. 190 do Código de Processo Civil como um mecanismo de manifestação da vontade das partes, numa clara situação de instrumentalização do processo, que serve, como fim útil a todos os envolvidos nele.

Desta forma, como todo negócio jurídico, os negócios jurídicos processuais estão sujeitos aos planos de eficácia, validade e existência, de tal maneira que, sobre essa temática, Hatoum e Bellinetti[11] também tratam do tema.

Os negócios processuais disciplinados na novel lei processual em vigor podem, portanto, ser divididos em sua concepção clássica, como sendo típicos, ou seja, aqueles que estão dispostos em lei, e os atípicos, como sendo aqueles em que não existe previsão legal, mas dada a instrumentalidade do processo, as partes podem convencionar livremente sobre o tema, resguardada a legalidade do objeto da negociação.

O negócio jurídico é o produto da autonomia privada ou da autorregulação de interesses, implicando liberdade de celebração e de estipulação. Isso não impede que a legislação fixe o regime de determinados negócios. Nesse caso, tem-se um tipo previsto em lei, estando nela regulado. É o chamado negócio jurídico típico, sendo dispensável o

[10] Os autores vão além, trazendo ainda as seguintes considerações: entanto, embora já sejam os negócios jurídicos processuais contemplados pelo ordenamento vigente, o art. 190 do CPC/2015 (LGL\2015\1656) representa norma que, além de reforçar a ideia de que é possível pactuar sobre procedimento, desde que observados os critérios legais, também amplia sobremaneira o alcance dos referidos acordos, antes delimitado às hipóteses legalmente previstas. Indiscutivelmente, a roupagem dada aos negócios jurídicos processuais pelo Novo Código confere às partes maior autonomia para pactuarem sobre o que entenderem necessário e conveniente, desde que, obviamente, verse o processo sobre direito que admite autocomposição. – BELLINETTI, Luiz Fernando; HATOUM, Nida Saleh. Aspectos relevantes dos negócios jurídicos processuais previstos no art. 190 do CPC/2015. In: Revista de Processo: RePro, São Paulo, v. 41, n. 260, p. 49-71, out. 2016.

[11] Necessário se faz ressaltar, ainda, que os negócios jurídicos possuem, como regra, dois requisitos principais: o de existência e o de validade. Para que o negócio jurídico exista, devem concorrer: (i) a declaração de vontade das partes; (ii) a finalidade negocial, diretamente interligada com a intenção de adquirir, modificar, conservar ou extinguir direitos, já mencionada; e (iii) a idoneidade do objeto. Para que seja válido, devem ser observados os requisitos elencados pelo art. 104 do CC, a saber: (i) capacidade do agente; (ii) objeto lícito, possível, determinado ou determinável; e (iii) possuir forma prescrita ou não defesa em lei.

esforço da(s) parte(s) na sua regulação. A regulação já está estabelecida em lei[12].

Dentro os negócios jurídicos processuais típicos, ou seja, aqueles dispostos em lei, pode-se destacar os seguintes: foro de eleição (Art. 63), calendarização dos atos processuais (Art. 191), aumento, ou diminuição (a depende da vontade das partes), dos prazos peremptórios (Art. 222, §1º) e saneamento consensual, quando a lide versar sobre matéria complexa de fato ou de direito (357, §3º).

A grande inovação do Código de Processo Civil de 2015, porém, foi a previsão dos negócios jurídicos atípicos, ou seja, cláusula ampla e geral de negociação processual, a qual está prevista nos artigos 190 e 191 do Código de Processo Civil, como já tratado anteriormente.

Corroborando o raciocínio supra, Humberto Theodoro Junior, Dierle Nunes, Alexandre Melo Franco Bahia e Flávio Quinaud Pedron[13] destacam que a referida cláusula geral sobre negociação processual permitiria definir situações e atos processuais mediante a autonomia privada das partes, respeitados os limites do formalismo democrático, requisitos legais e permitindo-se ao juiz o controle da validade das convenções estabelecidas entre as partes.

A relevância do negócio jurídico está justamente na possibilidade das próprias partes construírem, de acordo com o seu interesse, os contornos da causa (na hipótese de já ter sido ajuizada) ou do próprio negócio em si (na hipótese de tratativas prévias), não podendo deixar de ter, em ambas as hipóteses, a interpretação de acordo com a boa-fé objetiva e os usos do lugar de sua celebração.

Importante destacar que o Negócio Jurídico Processual não afasta, de forma alguma, o modelo constitucional do processo civil e não influencia na atuação da função jurisdicional do Magistrado, tendo em vista que essas garantias permanecem sólidas e devem ser respeitadas por todos.

[12] CUNHA. Leonardo Cordeiro da. Negócios Jurídicos Processuais no Direto Brasileiro. In: CABRAL, Antônio do Passo. NOGUEIRA, Pedro Henrique - Coord. Negócios Processuais. Vários Autores. (Coleção Grandes Temas do Novo CPC, v. 1; coord. geral, Fredie Didier Jr.). 2.ed. rev., atual. e ampl. Salvador: Ed. Jus Podivm, 2016. p. 54.

[13] THEODORO JUNIOR, Humberto; NUNES, Dierle; BAHIA, Alexandre Melo Franco; PEDRON, Flávio Quinaud. Novo CPC - Lei 13.105, de 16.03.2015. Fundamentos e Sistematização. 3. ed. rev., atual. e ampl. - Rio de Janeiro: Forense, 2016, p.306.

O magistério de Antônio do Passo Cabral (2022, p. 17) ainda aponta a diferenciação[14] dos negócios jurídicos processuais em mais dois tipos, quais sejam, os obrigacionais e os dispositivos, conceituação que serve para oxigenar a discussão sólida a respeito dos negócios jurídicos processuais.

Feitas tais considerações acerca dos negócios jurídicos processuais no Código de Processo Civil de 2015, passa-se agora à análise específica dos Art. 190 e 191 do diploma processual e suas implicações no cotidiano brasileiro, em especial, na aplicação deles em demandas coletivas, capitaneadas pelo Ministério Público.

3. Os negócios jurídicos processuais realizados pelo ministério público

O Ministério Público possui missão constitucional de defender a ordem jurídica, o regime democrático e os interesses transindividuais, além de garantir os direitos fundamentais. Essa função, todavia, seria letra morta se não houvesse à disposição da instituição ministerial instrumentos processuais e extraprocessuais para se efetivar seus objetivos.

Nesse passo, além de ter a legitimidade ativa para se utilizar de medidas judiciais para concretização dos interesses da sociedade, pode o Ministério Público celebrar compromissos de ajustamento de conduta, que são verdadeiros negócios jurídicos, garantindo-se o acesso à justiça de forma mais eficaz e célere.

Desse modo, discorrer-se-á acerca do compromisso de ajustamento de conduta, a fim de verificar se ele vem ganhando novos contornos no ordenamento jurídico, e se é possível conter em seu corpo negócios jurídicos de direito material, inclusive os indisponíveis, bem como negócios jurídicos processuais. Além disso, analisar-se-á se o agente ministerial também pode firmar convenções processuais no curso da demanda coletiva, e quais seriam os respectivos limites.

[14] Como se sabe, os acordos processuais obrigacionais são aqueles que têm por objeto as situações jurídicas processuais (direitos, deveres, ônus, faculdades), pelos quais as partes se comprometem a um agir ou não agir no processo. Em relação a eles, há mais liberdade, porque se as partes não exercitam comportamentos, não incidem as normas processuais no caso. Já as convenções processuais dispositivas são negócios jurídicos sobre o procedimento, pelo qual as partes modificam as regras previstas na lei. Neste tipo de negociação, a norma da convenção derroga, no ponto, a norma legal, e o procedimento será regido pela disposição convencional.

As possibilidades de negócios jurídicos em matéria de direitos indisponível e transindividual, bem como a previsão de negócios jurídicos processuais se tornaram possíveis pelas inovações ocorridas no direito brasileiro com o advento da Lei de Mediação, do Código de Processo Civil de 2015 e das novas práticas ligadas à colaboração premiada e aos acordos de leniência previstos, respectivamente, nas Leis nº 12.850/2013 e 12.846/2013. Além da recente possibilidade de pactuar o acordo de não persecução cível em matéria de improbidade administrativa (Lei 10.230/2021).

A previsão de interesses coletivos lato sensu, no entanto, seria ineficaz sem a existência de instrumentos processuais no ordenamento jurídico que fizessem valê-los. Assim, a instituição ministerial tem legitimidade ativa estabelecida pela lei para propor ações coletivas, utilizando-se de qualquer meio processual previsto no microssistema de tutela coletiva com o fim de cumprir seu mister constitucional, com atribuição para promover o inquérito civil e a ação civil pública, para a proteção do patrimônio público e social, do meio ambiente e de outros interesses difusos, coletivos e interesses individuais homogêneos (art.129, III, da CF/1988).

Além dos instrumentos processuais vinculados à tutela jurisdicional, tem ainda o Ministério Público à disposição instrumentos extraprocessuais de tutela dos interesses coletivos em sentido lato, sendo o compromisso de ajustamento de conduta um importantíssimo instrumento à disposição, o qual é um verdadeiro negócio jurídico.

Nesse sentido, aponta-se expressa previsão legal no artigo 32, inciso III e seus parágrafos da Lei nº 13.140/2015, corroborado pelo artigo 5º, §6º da Lei nº 7.347/85 (Lei de Ação Civil Pública), o qual foi acrescentado em momento posterior objetivando utilizar essa técnica como meio processual e extraprocessual de solução de conflitos, surgindo a partir da preocupação com os danos que ultrapassam a esfera subjetiva do direito de seus titulares e se coaduna com o princípio do acesso à justiça[15], tão valorizado na contemporaneidade.

Os parâmetros constitucionais e legais fixados aos acordos públicos são critérios racionais criados com o fim de atender ao interesse público, a melhor tutelar os interesses transindividuais, os direitos fundamentais, a própria ordem jurídica e o regime democrático.

[15] No mesmo sentido a Resolução nº 179/2017 CNMP

A par disso, considerando o regime jurídico a que está submetido a Instituição Ministerial, especialmente por defender direitos coletivos latu sensu, ou mesmo atuando como substituto processual ou como fiscal da ordem jurídica, é importante conhecer quais os limites e possibilidades desse Órgão na celebração de negócios jurídicos processuais.

Com efeito, diferentemente dos particulares, o Ministério Público não é o titular dos direitos por ele tutelados, razão pela qual ele não tem total liberdade para transigir sobre estes direitos.

Para que seja possível a realização de acordos relativos à convenção de procedimento, é imprescindível a observância, pelas partes, das normas que regulam os negócios jurídicos de um modo geral.

O Código de Processo Civil de 2015 estabeleceu um regime jurídico de disponibilidade, baseado no princípio da liberdade negocial, mas ainda subsistem no ordenamento jurídico, normas processuais que são inderrogáveis e inafastáveis pela vontade das partes, as denominadas normas cogentes[16].

Nesse mesmo sentido, a doutrina[17] estabelece como quarto e último requisito do negócio jurídico processual a preservação da observância dos princípios e garantias fundamentais do processo e da ordem pública, como o contraditório e a ampla defesa, o devido processo legal, o princípio do juiz natural, a imparcialidade do juiz e a fundamentação das decisões, a busca da verdade, a celeridade e a coisa julgada material. [18]

Em relação aos demais requisitos trazidos na regra prescrita no artigo 190 do NCPC, tem-se as partes capazes e o necessário equilíbrio entre elas, além do fato de a demanda versar sobre "direitos que admitam autocomposição". Mas antes de entrar nesse terceiro requisito, importante destacar que o modelo constitucional de processo não se satisfaz mais em

[16] WAMBIER, Luiz Rodrigues. TALAMINI, Eduardo. Curso avançado de processo civil: teoria geral do processo. São Paulo: Revista dos Tribunais, 2016, 16 ed.

[17] GRECO, Leonardo. Instituições de Processo Civil – Introdução ao Direito Processual Civil. vol. 1, 5. ed, Rio de Janeiro: Forense, 2015, pp.61-62.

[18] BANDEIRA também traz a seguinte consideração "É consabido que o direito à liberdade não é ilimitado, devendo respeitar as demais garantias constitucionais; em segundo lugar porque reflete no exercício da jurisdição que é função pública. Assim, tem-se como exemplos de normas cogentes que restringem o poder convencional das partes: a disposição referente ao reexame necessário e a coisa julgada, visto que foram instituídas no próprio interesse da atividade jurisdicional do Estado.

concretizar a vontade da lei. O provimento jurisdicional deve ser construído com a efetiva participação dos litigantes, devendo haver igualdade e paridade entre eles[19].

Seguindo com os requisitos da norma do artigo 190 do CPC2015, o termo utilizado pela norma acima referida, 'direitos que admitem autocomposição', deixa transparecer que importa à convenção processual que o direito material comporte autocomposição, quando se sabe que o ato negocial do processo não abrange o mérito da causa ou o direito material em litígio, mas tão-somente o procedimento.

Desse modo, embora haja a interpretação mais restritiva de que o direito material deve comportar também autocomposição para a realização de convenção processual[20] a interpretação ampliativa parece ser a que melhor se adequa ao conceito de negócio jurídico processual, permitindo-se a realização dele independentemente da natureza jurídica do direito material posto, estando a respectiva validade condicionada aos requisitos do negócio válido.

Nesse sentido, inclusive, há o Enunciado nº 135 do Fórum Permanente de Processualistas Civis: "A indisponibilidade do direito material não impede, por si só, a celebração de negócio jurídico processual".

Outrossim, mesmo que se adote a interpretação mais restritiva, não se pode olvidar que as alterações ocorridas nos últimos anos no ordenamento jurídico, citadas acima, deixam claro que mesmo os direitos transindividuais e indisponíveis (direitos coletivos lato sensu), comportam autocomposição. Destaca-se, assim, que os conceitos de direitos que admitem autocomposição e direitos indisponíveis não se confundem. Direitos que admitem autocomposição pertencem a uma categoria mais ampla que os direitos indisponíveis[21].

[19] DONIZETE, Elpídio. Novo código de processo civil comentado (Lei nº 13.105, de 16 de março de 2015): análise comparativa entre o novo CPC e o CPC/73. São Paulo: Atlas, 2015, p. 1.

[20] WAMBIER, Luiz Rodrigues. TALAMINI, Eduardo. Curso avançado de processo civil: teoria geral do processo. São Paulo: Revista dos Tribunais, 2016, 16. ed., v.1, p. 48-49).

[21] Neste sentido, Teresa Arruda Alvim Wambier, Maria Conceição, Leonardo Ribeiro e Rogério de Mello ensinam que os primeiros perfazem categoria jurídica mais ampla que os direitos disponíveis. Explicam, ainda, que a autocomposição deve ser entendida como o conjunto de técnicas por intermédio das quais as partes podem atingir a solução da controvérsia entre si estabelecida sem que exista a prolação de uma decisão judicial de acertamento de direitos.

Como afirma Humberto D. B. Pinho[22], diante das recentes alterações trazidas pelo CPC/2015 (art.165 e art.334, §4º), e a Lei da Mediação (art.3º, §2º, da Lei n.13.140/2015), não há mais dúvida acerca da possibilidade de composição de direitos indisponíveis, havendo uma ressignificação da indisponibilidade desses direitos.

Para mencionado autor, direitos que admitem autocomposição são, em sua essência, direitos disponíveis ou os reflexos patrimoniais dos direitos indisponíveis.

No campo dos direitos transindividuais (coletivos lato sensu), as convenções processuais podem ser pactuadas pelo Ministério Público tanto na fase que antecede o ajuizamento da demanda judicial (no inquérito civil), quanto na fase judicial, durante a ação civil pública. Nesse sentido, inclusive, foi publicada a Resolução nº 118/2014 do Conselho Nacional do ministério Público, artigos 15 a 17.

Da mesma forma, o enunciado nº 225 do Fórum Permanente de Processualistas Civis que estabelece ser 'admissível a celebração de convenção processual coletiva', deixando claro essa possibilidade.

Desse modo, o que se visualiza é que atendidos os requisitos referidos acima (partes, equilíbrio entre elas, direitos que admitem autocomposição e respeito aos princípios e garantias fundamentais do processo e da ordem pública), a celebração das convenções processuais pelo Ministério Público deve ter como finalidade tutelar o interesse público, buscando-se proteger da melhor forma o interesse transindividual em jogo, pactuando-se convenções processuais em direitos coletivos com o fim de obter a solução mais adequada à resolução do conflito coletivo.

Com efeito, como bem destacado por Luciano Badini[23], os compromissos de ajustamento de condutas foram revistos e ampliados, porquanto

[22] Na mesma obra, o Autor traz as seguintes considerações: Temos sustentado que, diante dos termos adotados pelo legislador, aliados à ideia da ressignificação da indisponibilidade a partir das premissas da contemporaneidade, a abrangência do direito indisponível que não admite autocomposição deve ser reduzida às hipóteses nas quais haja vedação expressa ao acordo, ou quando a disposição violentar em direito fundamental do cidadão. – PINHO, Humberto Dalla Bernardinha. Acordos em Litígios Coletivos: limites e possibilidades do consenso em direitos transindividuais após o advento do CPC/2015 e da lei de mediação. Revista Eletrônica de Direito Processual, Rio de Janeiro, v. 19, n. 2, p.118-148, mai./ago. 2018

[23] BADINI, Luciano. Reflexões sobre a negociação e mediação para o Ministério Público. In: ZANETI JUNIOR, Hermes; CABRAL, Trícia Navarro Xavier (coords.). Justiça Multiportas:

não mais se restringem à forma, prazo e local de cumprimento, uma vez que atualmente podem englobar os negócios processuais, com fundamento no artigo 190 do CPC e artigo 16 da Resolução nº 118/2014 do CNMP.

Assim, com o novo Código de Processo Civil (2015), houve ampliação da possibilidade de o termo de ajustamento de conduta prever, além dos negócios jurídicos materiais, os negócios jurídicos processuais atípicos, de acordo com a cláusula geral do artigo 190, cuja normatização é aplicável subsidiariamente ao processo coletivo, abrangendo convenções que digam respeito ao procedimento, ônus, poderes, faculdades e deveres processuais, antes ou durante o procedimento. Refere-se ao autorregramento de vontade na área do processo civil, com o objetivo de ajustar as questões procedimentais e processuais às especificidades do conflito[24].

Para Antônio de Passo Cabral[25], a acepção do termo "parte" contida no artigo 190 do NPCP deve ser compreendida como sujeito processual que detenha capacidade negocial.

Ademais, oportuno destacar que, assim como todo ordenamento jurídico deve ser interpretado à luz da Constituição Federal, de acordo com o movimento neoconstitucionalista[26], atualmente o direito processual

mediação, conciliação, arbitragem e outros meios de solução adequada para conflitos. Salvador: Juspodivm, 2016, p. 234.

[24] PIZZOL, Patrícia Miranda. Tutela Coletiva: processo coletivo e técnicas de padronização das decisões. São Paulo: Thomson Reuters, 2019.

[25] Sobre o tema, o Autor assim dispõe: Como afirma Kelsen, a capacidade negocial é o poder jurídico conferido pela ordem jurídica aos indivíduos para, em conformidade com as normas jurídicas gerais e com base em sua autonomia e liberdade, produzirem normas jurídicas individuais. Nesse sentido, a capacidade negocial não é própria da função jurisdicional. Somente os sujeitos que falam em nome de algum interesse possuem capacidade negocial para estipular regras de procedimento ou criar, modificar e extinguir situações jurídicas processuais. Acordos processuais são celebrados por sujeitos que tomam parte a favor de interesses, e não pelo Estado-juiz. - CABRAL, Antonio do Passo. Convenções Processuais. 1.ed. Salvador: Juspodivm, 2016.

[26] Segundo Sarmento (2009, p. 113), essa mudança de referência envolve diferentes fenômenos, condensados da seguinte maneira: a) reconhecimento da força normativa dos princípios jurídicos e valorização da sua importância na aplicação do direito; b) rejeição ao formalismo e recurso mais frequente aos métodos mais abertos de raciocínio jurídico: ponderação, tópica e teorias da argumentação; c) constitucionalização do direito, com a irradiação das normas e valores constitucionais, sobretudo os relacionados aos direitos fundamentais, para todo os ramos do ordenamento; d) reaproximação entre o direito e a

civil também está na fase neoprocessualista, na qual se busca alcançar por meio do processo o ideal de justiça preconizado na Constituição Federal.

Portanto, o Ministério Público, figurando como parte ou como fiscal da ordem jurídica, pode celebrar negócios jurídicos materiais e processuais, quer no âmbito extrajudicial, através do compromisso de ajustamento de conduta, quer em curso de processo judicial, cuja matéria já foi reconhecida na Resolução do Conselho Nacional do Ministério Público nº118/2014 (artigo 15 e seguintes), desde que se atenda ao interesse público.

4. A possibilidade de realização de negócios jurídicos processuais no âmbito das ações coletivas

A necessidade de análise do processo judicial sob o prisma da Constituição Federal, remete à ideia de que o respeito aos direitos humanos, reforçado pela autonomia das partes e a adequação da lei às situações de forma justa, com máxima efetividade e de garantia da prestação jurisdicional.

É dizer, as mudanças trazidas pela nova legislação são bem-vindas. Contudo, faz-se a ressalva de que, não se admite a utilização da amplitude dada pela nova utilização de maneira contrária à mens legis do CPC/2015, qual seja, para afrontar os princípios constitucionais presentes na Carta Magna Brasileira.

No ordenamento jurídico brasileiro, não existe, de fato, um sistema específico e macro a respeito das demandas coletivas. O que existe, em verdade, é um microssistema de demandas coletivas, que podem ser entendidos pela Lei da Ação Civil Pública, Lei da Ação Popular e Código de Defesa do Consumidor.

A despeito disso, um dos grandes pilares no que se refere à defesa de direitos coletivos se dá pela sua transindividualidade, ao passo que ultrapassa a esfera do direito pessoal, atingindo uma (in)determinada parcelada de dada população. Além disso, tem-se que a indisponibilidade dos direitos coletivos é o que apresenta grande problemática no que se refere à possibilidade dos legitimados a defende-los a renunciá-los em juízo.

moral; e) judicialização da política e das relações sociais, com um significativo deslocamento de poder da esfera do Legislativo e do Executivo para o Poder Judiciário.

A doutrina[27] aponta que a indisponibilidade dos direitos coletivos, no entanto, não se tratada da indisponibilidade em sentido amplo, de modo que o titular do direito não pode renunciá-lo ou negociá-lo, mas sim, num mandamento legal para com os legitimados a defender esses direito em juízo, por não serem explicitamente os legitimados de tais direitos, não há outra alternativa a não ser defende-los até o final., sem base, a princípio, para negociações.

Antônio Passos Cabral[28] aponta que, em que pese haver direitos em que há nítida indisponibilidade, há instrumentos jurídicos que propicia, de certa forma, margem para negociação. A exemplo disso, tem-se o Termo de Ajustamento de Conduta, que acontece na via extrajudicial, precedendo o ajuizamento de uma demanda coletiva para esse fim[29].

Diferente do que acontece nas relações jurídicas que versam sobre interesses individuais, tem-se que o interesse público que reveste a decisão da ação coletiva admite que exceções sejam tomadas, desde que, dentro da lei, haja a adequação do processo para com o direito material defendido. Tudo isso com o intento de trazer, além da celeridade processual que é esperada dos negócios jurídicos processuais, a efetiva tutela jurisdicional, propiciando a todos os envolvidos o adequado acesso à justiça[30].

Partindo da premissa aqui estabelecida, parece possível, nos negócios jurídicos processuais obrigacionais, a dilação de prazo para manifestação

[27] GAVRONSKI, Alexandre Amaral. Autocomposição no novo CPC e nas ações coletivas. In: DIDIER JR., Fredie; ZANETI JR., Hermes (coord.). *Coleção Repercussões no Novo CPC*: processo coletivo. Salvador: *Juspodivm*, 2016.

[28] CABRAL, Antonio do Passo. A resolução nº 118 do Conselho Nacional do Ministério Público e as Convenções Processuais. In: CABRAL, Antonio do Passo; NOGUEIRA, Pedro Henrique Pedrosa (coords). *Negócios Processuais*. Salvador: *Juspodivm*, 2015.

[29] Sobre esse tema, é a lição de Bellinetti e Dorta: Embora o ajustamento seja uma atividade extrajudicial, que acontece, portanto, anteriormente à eventual ação coletiva, a negociabilidade nele presente realça a possibilidade conferida pelo ordenamento jurídico a soluções negociadas em matéria de interesses indisponíveis. No Termo de Ajustamento de Conduta reconhece-se a existência de um fato determinado, consubstanciado em uma ação ou omissão, que pode causar, ou já ter ocasionado, a lesão aos interesses transindividuais. Após, o responsável pelo ato ou omissão pactua junto ao ente legitimado a defender os interesses coletivos, a fim de evitar o dano ou repará-lo integralmente. – BELLINETTI, Luiz Fernando; CARDOSO DORTA, Carolina. A Possibilidade de Adoção dos Negócios Jurídicos Processuais em Ações Coletivas. In: Revista Cidadania e Acesso à Justiça. Brasília. v. 3, n. 1, p. 18 – 35, jun/jul 2017.

[30] Ibid. p. 31

das partes, a limitação da atuação de *amicus curiae* no procedimento, enquanto também parece possível a convenção de pacto de *non petendo*[31] entre os litigantes no que se refere à oposição de recursos contra a decisão final da ação coletiva, uma vez que a parte que se sentir prejudicada com a decisão final pode exercer seu direito de recurso às Cortes Superiores por expressa disposição legal, eis que o pacto não recorribilidade firmado entre os litigantes não afetaria os terceiros interessados/prejudicados, na aplicação do Art. 506[32] do Código de Processo Civil.

Conclusões

Como visto, o Ministério Público é uma instituição com nobres funções constitucionais, devendo tutelar interesses da sociedade, a ordem jurídica e o regime democrático, além de buscar garantir os direitos fundamentais.

A Instituição possui legitimidade ativa para ajuizar qualquer ação na busca de seus objetivos, podendo firmar negócios jurídicos acerca de direitos indisponíveis e pactuar convenções processuais, sendo inegável que o termo de ajustamento de conduta ganhou força e abrangência, havendo atualmente uma ressignificação da indisponibilidade dos interesses transindividuais.

Ademais, não se pode olvidar que embora o ordenamento jurídico admita um enorme alargamento de autocomposição de direitos, possibilitando ainda a pactuação de convenções processuais pela Instituição Ministerial, extra ou judicialmente, tais negócios jurídicos apenas são possíveis de serem firmados desde que se atenda ao interesse púbico e se efetive, de forma mais célere, a proteção dos bens da sociedade.

Por haver interesse público, evidencia-se que possibilitar uma maior amplitude na busca da melhor proteção aos bens jurídicos tutelados em ações coletivas, condizente com o uso de negócios jurídicos processuais, eis que as convenções processuais podem ser utilizadas de maneira que melhor convier à cada caso concreto.

[31] Segundo Antônio do Passo Cabral (2021, p. 19), a promessa não recorrer se trata de um negócio jurídico processual dos mais antigos que se notícia, onde "os convenentes se comprometem, por um prazo ou sob condição, a não ajuizar ações judiciais uns contra os outros. "

[32] Art. 506. A sentença faz coisa julgada às partes entre as quais é dada, não prejudicando terceiros.

Conclui-se, portanto, que há a possibilidade de realização ampla de negócios jurídicos processuais obrigacionais, que alteram prazos, deveres e direitos processuais, eis que não prejudicam terceiros, bem como a realização limitada de negócios jurídicos processuais dispositivos, desde que tais convenções não prejudiquem terceiros, devendo todos os interessados se aterem aos limites entre a amplitude de debate e o cerceamento do direito de defesa de interesses coletivos, que se tutelam mediante tal expediente.

Referências

BADINI, Luciano. Reflexões sobre a negociação e mediação para o Ministério Público. In: ZANETI JUNIOR, Hermes; CABRAL, Trícia Navarro Xavier (coords.). **Justiça Multiportas:** mediação, conciliação, arbitragem e outros meios de solução adequada para conflitos. Salvador: Juspodivm, 2016.

BANDEIRA, Tânia d'Áble Rocha de Torres. **O Poder De Negociação Processual Do Ministério Público Em Matéria Recursal**. Revista Eletrônica De Direito Processual - REDP, Rio de Janeiro. Ano 13, vol.20.

BELLINETTI, Luiz Fernando; HATOUM, Nida Saleh. **Aspectos relevantes dos negócios jurídicos processuais previstos no art. 190 do CPC/2015**. In: Revista de Processo: RePro, São Paulo, v. 41, n. 260, p. 49-71, out. 2016.

BELLINETTI, Luiz Fernando; DORTA, Carolina Cardoso. **A Possibilidade de Adoção dos Negócios Jurídicos Processuais em Ações Coletivas**. In: Revista Cidadania e Acesso à Justiça. Brasília. v. 3, n. 1, p. 18 – 35, jun/jul 2017.

CÂMARA, Helder Moroni. **Negócios Jurídicos Processuais** – Condições Elementos e Limites. Almedina. São Paulo. 2018.

CABRAL, Antonio do Passo. **Convenções Processuais.** 1.ed., Salvador: Juspodivm, 2016.

CABRAL, Antonio do Passo; NOGUEIRA, Pedro Henrique (Coord.) **Negócios Jurídicos Processuais**. Juspodivm. São Paulo. 2015.

CUNHA, Leonardo Carneiro. Negócios Jurídicos Processuais no Processo Civil Brasileiro. In: DIDIER Jr., Fredie. **Sobre dois importantes, e esquecidos, princípios do processo**: adequação e adaptabilidade do procedimento. Gênesis. Revista de Direito Processual Civil, Curitiba, v. 21, n.21, p. 530-541, 2001.

DIDIER JUNIOR, Fredie. **Ensaios sobre os Negócios Jurídicos Processuais**. Salvador: Jus Podivm, 2018.

DONIZETE, Elpídio. **Novo código de processo civil comentado (Lei nº 13.105, de 16 de março de 2015)**: análise comparativa entre o novo CPC e o CPC/73. São Paulo: Atlas, 2015.

GAVRONSKI, Alexandre Amaral. Autocomposição no novo CPC e nas ações coletivas. In: DIDIER JR., Fredie; ZANETI JR., Hermes (coord.). **Coleção Repercussões no Novo CPC: Processo Coletivo**. Salvador: Juspodivm, 2016.

GRECO, Leonardo. Instituições de Processo Civil – **Introdução ao Direito Processual Civil**. vol. 1, 5. ed, Rio de Janeiro: Forense, 2015.

NERY, Carmen Lígia Barreto de Andrade Fernandes. **O negócio jurídico processual como fenômeno da experiência jurídica:** uma proposta de leitura constitucional adequada da autonomia privada em processo civil. 2016, p. 82. f. Tese (Doutorado em Direito) – Pontifícia Universidade Católica de São Paulo, São Paulo, 2016. Disponível em: https://tede2.pucsp.br/handle/handle/19840.

NOGUEIRA, Pedro Henrique. **Situações Jurídicas Processuais**. In: DIDIER JR., Fredie (org). **Teoria do** Processo – panorama doutrinário mundial – segunda série. Salvador: Juspodivm, 2010.

PERLINGIERI, Pietro. **Perfis do direito civil**: introdução ao direito civil constitucional. Tradução de Maria Cristina De Cicco. Rio de Janeiro: Renovar, 1999.

PINHO, Humberto Dalla Bernardinha. **Acordos em Litígios Coletivos:** limites e possibilidades do consenso em direitos transindividuais após o advento do CPC/2015 e da lei de mediação. Revista Eletrônica de Direito Processual, Rio de Janeiro, v. 19, n. 2, p.118-148, mai./ago. 2018.

PIZZOL, Patrícia Miranda. **Tutela Coletiva:** processo coletivo e técnicas de padronização das decisões. São Paulo: Thomson Reuters, 2019.

PONTES DE MIRANDA, Francisco Cavalcanti. **Comentários ao Código de Processo Civil** – Tomo III: arts. 154-281. Rio de Janeiro. Forense, 1973.

SARMENTO, Daniel. **Filosofia e teoria constitucional contemporânea.** Rio de Janeiro: Lumen Juris, 2009.

THEODORO JUNIOR, Humberto; NUNES, Dierle; BAHIA, Alexandre Melo Franco; PEDRON, Flávio Quinaud. Novo CPC – Lei 13.105, de 16.03.2015. **Fundamentos e Sistematização**. 3. ed. rev., atual. e ampl. – Rio de Janeiro: Forense, 2016.

WAMBIER, Luiz Rodrigues. TALAMINI, Eduardo. **Curso avançado de processo civil:** teoria geral do processo. São Paulo: Revista dos Tribunais, 2016, 16. ed., v.1.

12. NEGÓCIO JURÍDICO E LIBERDADE: UMA ABORDAGEM CONTEMPORÂNEA DA AUTONOMIA PRIVADA

Henrique Pinho de Sousa Cruz
Otavio Augusto Reis Santos
Raul Durizzo de Oliveira

Introdução

Pretende-se apresentar o conceito contemporâneo de autonomia privada por meio de uma regressão histórica a respeito dos negócios jurídicos enfatizando sua relação com a acepção de liberdade. Tem por problema de pesquisa o esclarecimento das raízes do atual modelo de autonomia, bem como sua conformação teórica. A hipótese que guiará o estudo se baseia na evolução do conceito de autonomia privada, de alcance teoricamente ilimitado durante o liberalismo reinante no século XIX e início do século XX, para abordagens mais contidas a partir da segunda metade do século passado, com o avanço de movimentos sociais e a defesa da dignidade humana. Objetiva, portanto, demonstrar que a evolução histórica da autonomia privada levou a sua restrição em favor da coletividade. Adotará abordagem dedutiva, lançando mão do procedimento bibliográfico na modalidade crítico-reconstrutiva.

O primeiro capítulo explorará o conceito de liberdade em uma perspectiva histórica, bem como os principais autores que contribuíram para a evolução do termo. Na segunda parte do trabalho será abordada a autonomia privada e sua diferenciação/evolução da noção de autonomia da vontade. No terceiro capítulo, unindo os conceitos de liberdade e autonomia privada, será traçado um panorama a respeito dos negócios jurídicos.

Ao contrastar as formas de autonomia da vontade e da autonomia privada inseridas do no direito civil, vislumbra-se diversas mutações em seus conceitos e formas de exercício e atuação na sociedade, isto porque, em razão das revoluções históricas trouxeram diversos contributos ao uso da liberdade na sociedade. Neste sentido, o presente artigo buscou concatenar os pensadores e teorias destes atributos que envolveram o direito com seus ideais durante essa evolução histórica e, sobretudo, o uso e as formas de liberdade nas relações privadas, na busca de demonstrar as suas principais mudanças e os efeitos que estas causaram no contratualismo e nos limites do exercício da liberdade contratual, que hoje, em um Estado constitucionalizado, mitiga o exercício na busca de garantir a todos indivíduos uma maior paridade de forças e uma racionalidade instrumental que seja coerente com um estado democrático de direito assegurador do bem estar social.

1. Um introito ao conceito de liberdade

A concepção de liberdade trazida ao presente artigo é a mais párea ao regime democrático, a grega, mas esta não foi legada pela corretamente pela Grécia, pois entre os gregos, o cidadão era livre enquanto participava da vida e da pólis: a liberdade grega é liberdade política. Esse conceito, porém, não satisfaz o anseio moderno e contemporâneo pela liberdade ao que se pretende abordar ao presente tema, pois aqui serão abordados a forma da liberdade positiva, aquela que é definida em síntese pelo poder de controlar suas ações e suas próprias potencialidades, e a liberdade negativa, que se sintetiza opostamente na possibilidade de contenção externa, sendo ela pelo Estado numa forma de contrato social ou seja ela controlada por outro cidadão quando estabelecido em um pacto realizado pelo indivíduo.

Inicialmente vale trabalhar a concepção filosófica para se ter um panorama da liberdade. Entre os filósofos mais influentes do pensamento liberal e que traz uma conceituação de forma histórica foi Benjamin Constant[1] que com maestria trouxe a diferenciação entre a forma da liberdade grega na idade antiga e a conceituação na idade média.

[1] CONSTANT, Benjamin. Da liberdade dos antigos comparada à dos modernos. In.: MONTEIRO, João Paulo e ou. **Filosofia Política** 2. Porto Alegre: L&PM Editores (UNICAMP/ UFRGS – com apoio do CNPQ), 1985, p. 10-11.

A explicação do autor perpassa a história e demonstra que a liberdade consistia em exercer de modo coletivo e direto a soberania: deliberavam em praça pública sobre guerra e paz; concluíam com os estrangeiros tratados de aliança; votavam as leis ou pronunciavam julgamentos. Todavia, admitiam como compatível com essa liberdade a submissão completa do indivíduo à autoridade do todo. Já para na idade moderna, o indivíduo é independente em sua vida privada, sendo a soberania do Estado limitada, e podendo ser originada no Cristianismo, onde o homem não é simples animal, mas sim uma criação à imagem e semelhança de seu Criador e, portanto, um ser dotado de dignidade. Além do mais, o ser humano será considerado individualmente, sendo o único responsável por seus atos e por eles será julgado no momento espiritual, dando a ideia de que as escolhas fundamentais feitas pelas pessoas devem ser respeitadas.

A importância da leitura e construção histórica do conceito de liberdade, inclusive para uma leitura contratualista, reside na necessidade de não supressão de um ou do outro, mas sim a sua inflexão a partir da sua época e da necessidade de compreensão da evolução do termo.

> O perigo da liberdade antiga estava em que, atentos unicamente à necessidade de garantir a participação no poder social, os homens não se preocupassem com os direitos e garantias individuais. O perigo da liberdade moderna está em que, absorvidos pelo gozo da independência privada e na busca de interesses particulares, renunciemos demasiado facilmente a nosso direito de participar do poder político[2].

Neste ínterim do século XVIII, a ideia e talhamento do conceito de liberdade foi se amoldando conforme a transição da teologia cristã para as ideias iluministas do pensamento filosófico, que na medida em que foi sendo superado o paradigma do *télos* cristão para um paradigma do sujeito, juntamente com os ideais contratualistas, puderam trazer bases fortes para a redação das declarações americana e francesa, nas quais a liberdade individual obteve a sua afirmação histórica como um direito do homem e, igualmente reconhecida como um direito humano.

[2] CONSTANT, Benjamin, *op. cit.*, p. 23.

Na esteira deste pensamento, reside a ideai de John Locke[3], que define que os liberais defendem uma sociedade onde os homens nascem iguais, livres, racionais e que se expressem através do trabalho individual, para que com isso, garanta a propriedade privada. Assim, a plena liberdade de iniciativa particular e a recusa de qualquer intervenção do estado na economia são a mola propulsora do projeto liberal. E consequentemente, o Estado deve estar a serviço dos cidadãos e não o contrário, como acontece nos estados opressores e autoritários. Por conseguinte, para os liberais, o Estado é necessário e responsável pelo cumprimento dos contratos, pela soberania da nação e pela segurança, e por isso as primeiras revoluções liberais, buscavam conquistar essa liberdade para cuidar de suas propriedades, haja vista que o Estado absolutista possuía todo o poder e domínio sobre as propriedades.

Desse conflito e diante das revoluções liberais, foi se talhando aos poucos a liberdade negativa, que é considerada pela tradição liberal como uma não interferência do Estado na liberdade e na propriedade dos indivíduos, exceto em caso de danos a sociedade e possui uma concepção limitada dos direitos do cidadão; o republicanismo, por sua vez, possui uma visão positiva da liberdade e tem, deste modo, uma concepção mais vasta dos direitos humanos. Assim, a liberdade possui dois polos, o conceito negativo, que está vinculado aos direitos civis e ao liberalismo e o conceito positivo que está associado à democracia no caso dos direitos políticos e a cidadania plena no caso dos direitos republicanos.

Neste momento histórico além da construção do conceito de liberdade individual, iniciou-se também reflexões da liberdade em outras vertentes, e uma delas, aqui mais abordada interessadamente, a liberdade política, dentro da própria filosofia política, onde o pensador John Stuart Mill (1806-1873) encampa o estudo e reflexão em seu livro intitulado "Sobre a liberdade", onde tratou de explicar a natureza e os limites do poder que pode ser legitimamente exercido pela sociedade sobre o indivíduo, sobretudo contra a tirania do Estado e do outro, e por assim dizer um contributo extremamente necessário para permear os estudos apresentados no presente artigo.

[3] LOCKE, John. **Segundo tratado sobre o Governo** – Ensaio relativo à verdadeira origem, extensão e objetivo do Governo Civil. Trad. E. Jacy Monteiro. São Paulo: Abril Cultural, 1978, *passim*.

1.1. Os pensadores e o conceito de liberdade

Antes de adentrar ao conceito e visão de John Stuart Mill sobre a liberdade, importante se faz mencionar um pouco de sua história e da sua ligação com a filosofia utilitarista de Jeremy Benthan.

Foi considerado um dos mais notáveis filósofos e economista do século XIX, em defesa da liberdade pessoal e política, sobretudo como pensador e lógico de alta importância, que levantou e enfatizou ideais com profundidade em busca da sua efetiva defesa da visão político-liberal, da cultura e da sociedade, embasando-se no empirismo de John Locke, George Berkeley e David Hume, assim como no utilitarismo de Jeremy Bentham, esta última mais aprofundada no presente trabalho.

Ainda quando criança Stuart Mill, filho do filósofo e historiador escocês James Mill, que também trabalhava na Companhia das Índias Orientais, foi educado com alto prestígio por seu pai em casa com uma intenção de ser um líder político, com a ajuda de Jeremy Bentham e Francis Place. Aos três anos começou a aprender grego, aos oito, latim, lógica aos doze e aos treze anos, economia política. Com dezenove anos, quando trabalhava como escriturário da Companhia Britânica das Índias, seguindo os passos de seu pai e como secretário de Bentham, Mill organizou uma obra deste, *Rationale of judicial evidence* (Fundamentos racionais da evidência judicial), que lhe rendeu um colapso nervoso e, nos dois anos seguintes, um período de exaustão e depressão. Estudou, ainda, Direito Romano com o jurista inglês John Austin e economia com David Ricardo, amigos de seu pai, sendo influenciado, portando pelas teorias por eles defendidas no campo jusfilósofico e da economia[4].

Logo, a visão de Stuart Mill sobre a liberdade é mais bem compreendida após a leitura sob o viés utilitarista de Jeremy Benthan, que ao se debruçar sobre a tese de seu então colega, definia o princípio da utilidade como:

> O credo que aceita como fundamento da moralidade a Utilidade, ou o Princípio da Maior Felicidade, assegura que as ações são corretas na medida em que tendem à promoção da felicidade, e são incorretas ao tenderem à produção do oposto da felicidade. Por felicidade é entendido prazer e ausência de dor; por infelicidade, dor e privação do prazer[5].

[4] Mill, John Stuart, **The Autobiography of John Stuart Mill**, ARC Manor, 2008, p. 44.

[5] *Idem.* **O utilitarismo.** In: MARCONDES, Danilo. Textos básicos de ética. Rio de Janeiro: Jorge Zahar, 2007, p. 129.

Mill ainda descreve que o campo dessa promoção de felicidade devida deve ser limitado, pois há quem possa multiplicar a felicidade em uma grande escala de forma virtuosa como o benfeitor público. Em todos os outros casos, o princípio da utilidade – utilidade privada – leva em consideração o interesse de algumas poucas pessoas, talvez aquelas diretamente afetadas pela conduta.

Diferente de como ocorre em outras formas de liberalismo, o fundamento de legitimação do governo em Mill não reside na teoria dos direitos naturais ou do contrato social. As formas de governo são avaliadas de acordo com a capacidade que têm de permitir que cada pessoa desenvolva suas próprias capacidades em busca de uma maior felicidade. A esse critério de julgamento ele nomeia "utilidade".

Dentro de sua teoria, Mill acaba se utilizando de um princípio do dano para explicar melhor sobre a liberdade e seus limites:

> [...] segundo Mill, toda a interferência (quer por parte do Estado, quer por parte de outros indivíduos) em assuntos que só dizem respeito ao próprio indivíduo (ou, como Mill por vezes lhes chama, *self-regarding matters*) é ilegítima e ao ônus da prova estará por isso, sempre do lado de quem quiser interferir em assuntos que só digam respeito ao próprio indivíduo (mesmo que se tenha em vista o seu bem)[6].

Pode-se assim dizer, portanto, que uma conduta é virtuosa na medida em que promove a felicidade, e viciada enquanto provoque sofrimento, ou ainda, pode se dizer que toda conduta que é contrária aos interesses do homem como um ser em progresso é considerada errada. É da referida argumentação que se extrai o fundamento de legitimação do controle social.

É preciso que seja a felicidade em sentido amplo, fundada no permanente interesse do homem como um ser em progresso. Aqueles interesses, afirmo, autorizam a sujeição da espontaneidade individual ao controle externo, apenas no que diz respeito àquelas ações que tenham relação com os interesses de outras pessoas.

[6] MILL, John Stuart. **Sobre a liberdade**. Tradução Pedro Madeira. Edição Especial. Rio de Janeiro: Nova Fronteia, 2011, p. 3.

Se faz importante pontuar que além da preocupação em esclarecer o conceito de liberdade, ele ainda precisou ultrapassar os conceitos de individualidade e autonomia, tendo ele como questão fundamental a ser enfrentada para o alcance da felicidade humana.

Para Mill, o cerne da liberdade humana consiste em garantir que "sobre si mesmo, sobre seu próprio corpo e mente, o indivíduo é soberano" e lhe é conferido o direito de desenvolvimento em busca da satisfação dos próprios interesses e preferências, sendo assim tópico central para ele dentro da filosofia moral, assim como em sua teoria política, conceituando que "o homem é o ser mais elevado na terra e deveria dirigir sua vida de maneira digna de sua posição" de modo, que a liberdade pode ser identificada como direito fundamental, sendo que a única intervenção legítima, seja ela individual ou coletiva, na liberdade pessoal de ação é aquela destinada à autoproteção, tendente, portanto, à produção de felicidade.

Ora, dentro desse viés e utilizando dessa conceituação de Mill para a busca da dita felicidade de forma utilitarista, então poderíamos afirmar que utilizar-se de mão de obra escrava ou a exploração comercial de outra pessoa para obtenção de qualquer que seja a vantagem, seja capital ou seja ideal, poder-se-ia encontrar guarida em seu pensamento.

Ocorre que não, pois mais a frente, quando Stuart Mill trabalha a individualidade como um dos elementos do bem-estar, ele atribui certas limitações a tal liberdade de busca pela felicidade, determinando que:

> [...] qualquer tipo de atos que causem dano injustificável a outros podem ser controlados – e nos casos mais importantes precisam absolutamente de o ser – pelos sentimentos desfavoráveis das pessoas e, quando necessário, pela sua intervenção ativa. A liberdade do indivíduo tem de ter essa limitação; não pode prejudicar as outras pessoas.[7]

Ora, como já pontuado, se Stuart Mill se dedicou a estudar e conceituar o tema liberdade como desenvolvimento do ser humano, teríamos em seu texto uma contradição performativa ao afirmar que a sua liberdade permitisse que o indivíduo pudesse explorar o outro.

[7] MILL, John Stuart, *op. cit.*, p. 58.

O filósofo e sociólogo Michael Sandel, ao interpretar a liberdade e a individualidade de Stuart Mill, destaca que Mill se preocupa com as ações, principalmente no exercício contratual, e no que definem o sujeito:

> Ações e consequências não são tudo, afinal. O caráter também conta. Para Mill, a individualidade tem menos importância pelo prazer que ela proporciona do que por aquilo que ela reflete. Aqueles cujos desejos e impulsos não são próprios não tem caráter, não mais do que uma máquina tem caráter[8].

Neste ponto, se é levantado um tema importante dentro do estudo de Mill, qual seja, a definição e necessidade de um caráter dentro de uma sociedade liberal, pois será ele que delimitará a sua atuação em busca da felicidade ou do exercício da sua liberdade perante o outro. Aqui ele traz a importância do exercício e validação racional do uso da liberdade, a ser exercido e amoldado pelo caráter do indivíduo que lhe foi garantido um mínimo racional de existência, para que este não venha a se lesar ao exercer sua liberdade, que de maneira contratual, pode vir a lesá-lo.

Assim, Mill escreve sobre os limites da autoridade da sociedade sobre o indivíduo, posto que tal indivíduo conviverá em uma sociedade onde todos terão a mesma máxima liberal de existir.

Com isso, Mill aborda que para um liberal o limite de atuação da sua liberdade, além da lei seria o seu caráter que será formado através da sua conduta.

> Embora a sociedade não esteja baseada num contrato, e embora nada de bom resulte de se inventar um contrato para dele se deduzirem obrigações sociais, todos os que recebem a proteção da sociedade têm o dever de retribuir o benefício, e o fato de se viver em sociedade torna indispensável que cada um tenha de adotar certa linha de conduta para com os outros. Esta conduta consiste, em primeiro lugar, em não prejudicar os interesses dos outros; ou, melhor dizendo, certos interesses, que, por provisão legal explícita ou por entendimento tácito, têm de ser considerados direitos; e consiste, em segundo lugar, em cada pessoa arcar com a sua parte (a ser estabelecida segundo um princípio equitativo) de trabalhos e sacrifícios necessários para defender a sociedade ou os seus membros de dano ou moléstia. A sociedade está no seu

[8] SANDEL, Michael J. **Justiça:** o que é fazer a coisa certa. Tradução de Heloisa Matias e Maria Alice Máximo. 6ª ed., Rio de Janeiro: Civilização Brasileira, 2012, p. 66.

direito ao impor estas condições, a todo o custo, a quem tentar não as cumprir. E não é só isso que a sociedade pode fazer. Os atos de um indivíduo podem ser danosos para outros, ou demonstrar falta de consideração adequada pelo bem-estar dos outros, sem, contudo, violar qualquer dos seus direitos constituídos[9].

Logo, Mill demonstra interesse em explicar seu conceito de liberdade e teoria se preocupam não somente com o bem-estar individual, mas sobretudo com o bem estar coletivo também, ao determinar balizas de atuação e exercício da liberdade através da educação por exemplo:

> Seria uma grosseira incompreensão desta doutrina supor que constitui uma doutrina de indiferença egoísta, que finge que os seres humanos nada têm a ver com a conduta uns dos outros, e que não se deviam preocupar com o sucesso e o bem-estar uns dos outros, a não ser que o seu próprio interesse esteja envolvido. Precisa-se de um grande aumento de esforço desinteressado para promover o bem dos outros, e não de qualquer diminuição. Mas a benevolência desinteressada pode achar outros meios que não as chicotadas (literais ou metafóricas) para persuadir as pessoas a fazerem o que é bom para elas. Sou a última pessoa a subestimar as virtudes que só aos próprios dizem respeito: só as virtudes sociais são mais importantes que estas — se é que as virtudes sociais são mesmo mais importantes; a educação visa cultivar ambas igualmente. Mas até a educação funciona através de convicção e persuasão, bem como coerção, e é apenas pela convicção e pela persuasão que as virtudes que só aos próprios dizem respeito devem ser inculcadas, quando já passou o período da educação. Os seres humanos têm a obrigação de se ajudar mutuamente a distinguir as coisas melhores das piores, e de se encorajarem a escolher as primeiras e evitar as segundas[10].

Neste último ponto, destacou a importância da validação racional da liberdade como meio de autorregulação e contra a tirania Estatal a partir de critérios como a educação do indivíduo e o desenvolvimento de seu caráter, o qual definirá sua atuação e conduta perante a sociedade e ao outro, na busca de sua felicidade, vedando assim a possibilidade egoísta da exploração humana para obtenção do seu bem estar.

[9] MILL, John Stuart, *op. cit.*, p. 72.

[10] MILL, John Stuart, *op. cit.*, p. 72-73.

Portanto, o princípio para uma liberdade em John Stuart Mill é um bem necessário e caro para o próprio desenvolvimento humano. O que o autor nutria com esperança no aprimoramento das pessoas e da sociedade a partir da salvaguarda dos direitos que permitissem a evolução plena das suas faculdades - atividade mental e moral, percepção e julgamento –, isto é, quando estivessem garantidas as liberdades de pensamento e de expressão na toada do diálogo e da valorização dos conflitos de ideias. Na medida em que o ser humano não é uma máquina, mas demanda condições para o seu desenvolvimento, é necessário, antes de apenas se reconhecer, criarem-se as conjunturas para o desenvolvimento da diversidade que possibilita o florescimento das individualidades não egoístas.

2. Da autonomia da vontade à autonomia privada

Seguindo o raciocínio do tópico anterior e tendo claro as nuances do liberalismo e da liberdade contratual, com alicerce no nominalismo filosófico e tendo por objetivo consolidar os valores individuais e a promoção da liberdade, fundou-se entre os séculos XVIII e XIX o Estado Liberal, em que há uma "evidente subordinação da dimensão pública (política, universal) do indivíduo aos interesses privados e os fins particulares"[11].

Com o fito de instrumentalizar o liberalismo político, dois eminentes movimentos emergem no campo jurídico: o constitucionalismo e a codificação. O primeiro se refere à estruturação dos Estados a partir de uma carta política que direciona a atuação da autoridade política e impõe rígidos limites à intervenção do Estado na esfera privada. O segundo se trata da positivação dos direitos subjetivos em documentos de lei, os chamados códigos. Cada um cumpriu seu papel: a Constituição o de limitar profundamente o Estado e o poder político, limitando-se a organizá-los e nada, ou muito pouco, dizendo a respeito de questões sociais e econômicas; os códigos o de assegurar o mais amplo espaço de autonomia aos indivíduos, nomeadamente no campo econômico[12].

[11] RAMOS, César Augusto. O liberalismo político e seus críticos. **Crítica: Revista de Filosofia**. Londrina: Universidade Estadual de Londrina. Vol. 10, número 32, out. 2005, p. 233.

[12] LÔBO, Paulo L. N. Constitucionalização do direito civil. **Revista de Informação Legislativa**. Brasília: a. 36 n. 141, jan./mar. 1999, p. 101.

É verdade que é por meio de relações particulares que os sujeitos procuram satisfazer as suas necessidades, autoafirmarem-se e desenvolverem-se como indivíduos, norteando-se por suas próprias vontades. A iniciativa privada, por conseguinte, "é o aparelho motor de qualquer consciente regulamento recíproco de interesses privados"[13], manifestando-se tal autonomia não só pela aspiração de obter determinados escopos práticos, mas também pelo desejo de criar os meios de obtê-los. É por meio da iniciativa privada, em suma, que o indivíduo declara a sua vontade e, além disso, a maneira pela qual procura lográ-la.

Em vista disso, a iniciativa privada se impõe quase que de maneira absoluta no contexto do Estado Liberal. Exsurge como vetor máximo das relações interpessoais o princípio da autonomia da vontade, isto é, "o princípio de direito privado pelo qual o agente tem a

possibilidade de praticar um ato jurídico, determinando-lhe o conteúdo, a forma e os efeitos"[14]. Trata-se da manifestação de liberdade individual como liberdade jurídica: "possibilidade de a pessoa atuar com eficácia jurídica. Realiza-se no poder de criar, modificar ou extinguir relações jurídicas. Regular juridicamente relações, conferindo-lhes efeitos determinados e contando com a proteção do direito"[15].

A gênese do princípio da autonomia da vontade deita suas bases, principalmente, na filosofia de Kant, segundo a qual o homem deve ser submetido a qualquer outra lei senão aquela que escolhe para si mesmo, autonomamente, por meio do exercício racional. Afirma Kant que a:

autonomia da vontade é aquela sua propriedade graças à qual ela é para si mesma a sua lei (independentemente da natureza dos objetos do querer). O princípio da autonomia é, portanto: não escolher senão de modo a que as máximas da escolha estejam incluídas simultaneamente, no querer mesmo, como lei universal[16].

Com efeito, averígua-se intensa ênfase na vontade do homem enquanto geradora de deveres jurídicos, autorregulação de interesses e delimitação

[13] BETTI, Emilio. **Teoria geral do negócio jurídico**. Coimbra Editora: Coimbra, 1950. t. I., p. 88.

[14] AMARAL, Francisco. **Direito civil:** introdução. 7ª ed. Rio de Janeiro: Renovar, 2008, p. 383.

[15] *Idem, ibidem., loc. cit.*.

[16] KANT, Immanuel. **Fundamentação da Metafísica dos Costumes**. Lisboa: Edições 70, 2007, p. 85.

de comportamentos, de modo que, nenhuma obrigação pode ser imposta ao indivíduo se este não a tiver livre e espontaneamente assumido e, ainda, se não o tiver feito por inequívoca e ilibada manifestação de sua vontade. Ressalta Orlando Gomes[17] que o individualismo atribuía à vontade individual a função de causa primeira do Direito, seja público, seja privado. Nesse sentido, "o comércio jurídico deveria repousar no contrato, entendendo-se, não somente que toda obrigação, implicando restrição à liberdade individual, teria de provir de um ato de vontade do devedor, como, também, que os resultados desse ato eram necessariamente justos"[18].

Dentro desta lógica, pouco se fala em limitações à autonomia da vontade: considerada expressão da liberdade individual, foi proclamada a pedra angular do Direito Privado, instrumentalizando-se como meio do desenvolvimento das relações econômicas entre indivíduos ou entes coletivos particulares[19]. Fala-se, a partir de então, de *dogma da vontade*, segundo o qual a vontade do sujeito era, ela em si, fonte do direito.

A partir de então, o negócio jurídico, enquanto declaração externa da vontade, passa a ser a categoria capital do direito privado[20] e o contrato o instrumento jurídico ideal, posto que o sujeito "por seu intermédio assume *obrigações* e fica adstrito a cumpri-las, mas porque *quis*, porque *autolimitou* sua liberdade"[21]. Esclarece Junqueira de Azevedo que os contratos, firmados sob a égide do dogma da vontade no Estado Liberal, giram em torno de três princípios:

> a) as partes podem convencionar o que querem, e como querem, dentro dos limites da lei – princípio da liberdade contratual lato sensu; b) o contrato faz lei entre as partes, *pacta sunt servanda* – princípio da obrigatoriedade dos efeitos contratuais; c) o contrato somente vincula as partes, não beneficiando nem prejudicando terceiros, *res inter alios acta tertio neque nocet neque prodest* – princípio da relatividade dos efeitos contratuais[22].

[17] GOMES, Orlando. **Transformações gerais do direito das obrigações**. 2ª ed. São Paulo: Editora Revista dos Tribunais, 1980, p. 9.

[18] *Idem, ibidem, loc. cit.*

[19] *Idem*. **Introdução ao Direito Civil**. 22ª Ed. Barueri: Grupo GEN, 2019, p. 194.

[20] Idem, 1980, *loc. cit.*

[21] GOMES, Orlando, VARELA, Antunes. **Direito Econômico**. São Paulo: Saraiva, 1977, p. 55.

[22] AZEVEDO, Antônio J., Princípios do novo direito contratual e desregulamentação do mercado: direito de exclusividade nas relações contratuais de fornecimento – função social

O que interessava ao Estado Liberal era que os indivíduos pudessem exercer a sua liberdade e tivessem a segurança de que os contratos, resultado de sua própria autonomia, fossem cumpridos. Destarte, a autonomia da vontade "revelou-se uma derivação reducionista do individualismo, esquecendo o substrato humanista que lhe deveria permear"[23]; ainda assim, pautou a codificação do direito civil durante o período, reverberando até os dias atuais.

Ocorre que a codificação individualista do direito civil e a Constituição do Estado Liberal reticente a respeito de elementos socioeconômicos serviram de instrumento de exploração dos mais fracos pelos mais fortes, o que desencadeou conflitos sociais importantes[24], além de crises econômicas. Pressões de diversos seguimentos sociais descontentes com os rumos do Estado, impulsionadas por uma nova mentalidade trazida a partir dos avanços científicos, filosóficos e tecnológicos consolidados nos anos anteriores desencadeou uma verdadeira revolução no ideal jurídico de liberdade e autonomia da vontade. "Os movimentos sociais, as ideologias em confronto, a massificação social, a revolução tecnológica constituiu-se em arenas de exigências de liberdade e igualdades materiais e de emersão de novos direitos"[25].

Com a virada do século XIX para o século XX surge, portanto, um novo ideário político que "compromete o Estado com a proteção da sociedade, em especial dos trabalhadores assalariados, contra certos riscos associados à participação em uma economia de mercado"[26]. Trata-se do Estado de Bem-estar Social, que se caracteriza fortemente pela regulação da ordem econômica, geração de sistemas previdenciários, e direta intervenção nos contratos, especialmente no de trabalho e nos agrários[27].

do contrato e responsabilidade aquiliana do terceiro que contribui para inadimplemento contratual (Parecer). **Revista dos Tribunais**, São Paulo, v. 87, n. 750, abr. 1998, p. 114.

[23] RODRIGUES JUNIOR, Otavio L. Autonomia da vontade, autonomia privada e autodeterminação: notas sobre a evolução de um conceito na Modernidade e na Pós-modernidade. **Revista de Informação Legislativa**. Brasília, a. 41 n. 163, jul./set. 2004, p. 120.

[24] LOBO, Paulo L. N., *op. cit., loc. cit.*

[25] *Idem, ibidem*, p. 102.

[26] KERSTENETZKY, Celia L. **O estado do bem-estar social na idade da razão**: a reinvenção do estado social no mundo contemporâneo. Rio de Janeiro: Elsevier, 2012, p. 5

[27] MARÉS, Carlos Frederico, **A função social da Terra**, Porto Alegre: Sergio Antonio Fabris Editor, 2003, p. 108.

A partir do segundo pós-guerra, ou seja, de 1945, até meados dos anos de 1970, o Estado de Bem-estar Social viveu seu apogeu, o que a literatura especializada chama de *fase universalista*, na qual a preocupação com a promoção de direitos sociais estendeu-se a todos[28].

O Estado de Bem-estar Social deu vazão a um movimento de reformulação axiológica nas Constituições dos Estados-nação que se iniciou na Europa e alcançou diversos outros locais do globo, sobretudo as Américas. Essas novas Constituições buscavam promover a justiça social e distributiva, guardando relação com as preocupações que se emergiam naquele contexto. O que passou a ser observado não eram mais documentos eminentemente políticos, ou que estavam adstritos a delinear as fronteiras da intervenção estatal sobre a esfera individual, mas que eram, pelo menos em tese, "capazes de refletir seu comprometimento com a preservação da democracia, com a solidariedade social e com a proteção da dignidade humana"[29].

As Constituições tomaram para si a regência da ordem econômica, com o objetivo de promover o desenvolvimento e, ao mesmo tempo, a distribuição de riquezas. Não apenas legitima-se, mas, ainda, valoriza-se a intromissão do Estado na esfera econômica, como pressuposto de organizador e ponto de equilíbrio das relações sociais. Orlando Gomes[30] ressalta que o Estado, destarte, assume a gestão de atividades econômicas e controla a iniciativa privada e os seus empreendimentos. Independentemente de ideologias políticas, os fins do Estado, com o advento do Estado de Bem-estar Social, alteram-se, razão pela qual se alteram, também, os meios pelos quais atua. Uma série de princípios, nos quais se apoiavam o Estado e a sociedade como um todo, foram alterados ou ressignificados e o Direito teve de refletir a respeito das estruturas jurídicas tradicionais, introduzindo novas técnicas e modificando a função de velhos institutos e formas jurídicas.

Houve a exigência de que os códigos civis, até então estandartes da autonomia da vontade e eminentemente patrimonialistas, fossem reinterpretados à luz de uma unidade axiológica contida nas novas Constituições.

[28] KERSTENETZKY, Celia L., *op. cit.*, p. 18.

[29] SCHREIBER, Anderson. Direito Civil e Constituição. *In* KONDER, Carlos A., SCHREIBER, Anderson. **Direito Civil Constitucional**. São Paulo: Atlas, 2016, p. 10.

[30] GOMES, Orlando, 1977, p. 18-19.

Os institutos tradicionalmente privados foram impregnados de uma ideia de interesse público e, nesse sentido, enviesados, submetendo-se a forte intervenção estatal. Fato é que, a partir de então, tem-se uma "unidade hermenêutica, tendo a Constituição como ápice conformador da elaboração e aplicação da legislação civil. A mudança de atitude é substancial: deve o jurista interpretar o Código Civil segundo a Constituição"[31], promovendo-se, como dito, a unidade axiológica do ordenamento.

Com efeito, o valor supremo das Constituições dos Estados de Direito Democráticos atuais – como pode ser visto na Carta Magna brasileira –, isto é, o aludido norte axiológico consubstanciado na Lei Maior que se impõe ao ordenamento jurídico, é a dignidade da pessoa humana. Como explica Barroso[32], a dignidade da pessoa humana se "constitui um valor fundamental subjacente às democracias constitucionais de modo geral, mesmo quando não expressamente prevista nas suas constituições". Assevera Paulo Lôbo[33] que a norma infraconstitucional, notadamente a de direito civil, deve ser interpretada a partir de um procedimento argumentativo não apenas lógico, mas axiológico, inspirado no princípio da dignidade da pessoa humana como prioritário no confronto com os interesses superiores do Estado e do mercado. Passa-se, desse modo, à *repersonalização* do direito civil, no sentido de repor a pessoa humana como centro do direito privado[34].

Por óbvio, não foi diferente no que tange à autonomia. Pietro Perlingieri[35] destaca que, sob esse novo enfoque, "a autonomia privada não é um valor em si e, sobretudo, não representa um princípio subtraído ao controle de sua correspondência funcionalização ao sistema das normas constitucionais". Salienta o autor italiano, ainda, que a prevalência do valor da pessoa impõe a interpretação de cada ato ou atividade dos particulares à luz desse princípio fundamental[36].

31 LÔBO, Paulo L. N. Direito Civil Constitucional. **Cadernos Da Escola De Direito**. Curitiba: n. 13, v. 2, 2010, p. 10.

32 BARROSO, Luís Roberto. **A dignidade da pessoa humana no direito constitucional contemporâneo:** a construção de um conceito jurídico à luz da jurisprudência mundial. Belo Horizonte: Fórum, 2014, p. 63.

33 LÔBO, Paulo L. N., *op. cit.*, p. 2.

34 *Idem*, 1999, p. 103.

35 PERLINGIERI, Pietro. **Perfis de Direito civil.** 2ª Ed. Rio de Janeiro: Renovar, 2002, p. 277.

36 *Idem, ibidem.*, p. 276.

Essa significativa mudança de paradigma reflete, inclusive, na alteração da nomenclatura utilizada pela doutrina: se antes utilizava-se *autonomia da vontade*, transmitindo-se a ideia de que a vontade do sujeito era ela, em si, fonte das obrigações, fala-se agora em *autonomia privada*, no sentido de que a vontade do indivíduo "manifestando-se de acordo com os preceitos legais, produz determinados efeitos, criando, modificando ou extinguindo relações jurídicas"[37]. A ênfase que se dá não é na autonomia enquanto geradora de direitos, mas naquela que se submete ao ordenamento jurídico e realiza, a partir e em função dele, à luz dos parâmetros da dignidade da pessoa humana, atos jurídicos que criam, modificam ou extinguem obrigações e direitos.

De acordo com essa nova perspectiva, introduz-se no âmbito da autonomia privada, um novo paradigma fundado no equilíbrio, igualdade e, sobretudo, no princípio da solidariedade social[38]. Referido princípio da solidariedade pode ser entendido como desdobramento lógico da proteção da dignidade da pessoa humana e, enquanto tal, norteador de condutas. Pontua Perlingieri[39] que a autonomia "é a atuação não somente de direitos subjetivos, mas também de deveres de solidariedade". Em outras palavras, o sujeito ao exercer a sua autonomia, não pode se olvidar de agir solidariamente, com vista a promover a justiça social e a igualdade material dos indivíduos.

Dessa forma, o advento do Estado de Bem-estar Social ressignificou, na esfera do direito privado, o conceito de autonomia, introduzindo no ordenamento jurídico valores de proteção à dignidade da pessoa humana e promotores de solidariedade e justiça social. Os institutos jurídicos de direito civil, que antes representavam o instrumento pelo qual se logravam os interesses individualistas e, majoritariamente, patrimonialistas, são redirecionados à realização dos valores constitucionais, em especial à realização da solidariedade social e da dignidade da pessoa humana[40].

Com efeito, a inserção dos princípios da solidariedade e da dignidade da pessoa humana no contexto das relações interpessoais sufraga a evidente intromissão do Estado nas questões econômicas e no exercício

[37] AMARAL, Francisco, *op. cit.*, p. 382.

[38] LÔBO, Paulo L. N., 1999, p. 12.

[39] PERLINGIERI, Pietro, *op. cit.*, p. 19.

[40] SCHREIBER, Anderson, p. 19.

da autonomia privada. Esclarece Lôbo[41] que a esfera individual de atuação dos indivíduos não se divorcia de um latente interesse público, observável a partir de, entre outras tendências, a ampla utilização de princípios, cláusulas gerais e conceitos indeterminados, tais como o da função social do contrato e o da boa-fé objetiva, na interpretação dos instrumentos privados e a compreensão de que o contrato não é intocável, quando resulta em afronta ao equilíbrio material, com onerosidade excessiva para uma das partes.

3. Negócios jurídicos: desenvolvimento histórico e perspectivas atuais

A doutrina contemporânea diverge quanto ao fato de os antigos romanos terem, ou não, conhecimento do conceito de negócio jurídico. Majoritariamente, acredita-se que não, isso levando em consideração o caráter eminentemente pragmático dos jurisconsultos romanos, mais voltados à resolução de problemas práticos do que às abstrações teóricas. Por outro lado, parcela dos estudiosos defendem que esse conceito era sim conhecido, tendo em vista que, apesar de não previsto explicitamente em suas fontes, os juristas romanos agruparam logicamente as várias formas da manifestação da vontade, prevendo inclusive institutos intimamente conectados à noção de negócio jurídico, como o dolo, a representação, a condição e a violência negocial. "Tanto assim que se considera legítima, quando se estuda o negócio jurídico, no direito romano, a integração do pensamento jurídico romano com a doutrina posterior, bizantina, medieval e moderna"[42]– profundamente influenciadas pelos textos romanos.

Já neste tempo, alguns conceitos afetos às contemporâneas limitações à liberdade privada eram aplicados pela jurisprudência romana. Era o caso, por exemplo, da função social da propriedade privada, legitimadora da usucapião de bens imóveis abandonados por seus legítimos proprietários. A doutrina reconhecia que aquele que tornou produtiva a terra, ainda que sem o título adequado, estaria desempenhando um benefício maior à sociedade do que aquele que se distancia de seus bens. Dessa forma, "o Direito Romano a princípio admitira a aquisição por usucapião até de dois anos (Lei das XII Tábuas) e mais tarde exigia 10 e 20 anos (Codificação

[41] LÔBO, Paulo L. N., *op. cit., loc. cit.*

[42] MIRANDA, Custódio da Piedade Ubaldino. **Interpretação e Integração dos Negócios Jurídicos**. São Paulo: Revista dos Tribunais, 1989, p. 23.

Justinianeia do século VI). Alguns sistemas jurídicos [...] elevam a trinta para os imóveis"[43]

Percebe-se que, desde muito antes das insurgências sociais do século XIX e seus posteriores desdobramentos, a autonomia individual já era limitada em nome da coletividade, como no longínquo ano de 451 a. C., quando as XII Tábuas foram estatuídas após longas lutas e reinvindicações plebeias por igualdade social em Roma em sua passagem da Monarquia para a República. Possivelmente inspiradas pelas, ainda mais antigas, Leis de Sólon praticadas nas Colônias Gregas de então, as Tábuas foram resultado de uma mudança de regime político e de sua incongruência com as leis vigentes à época, cuja lógica monárquica perpetuava as diferenças de classe. Essa, cerca de dois mil anos depois, também foi a inspiração das codificações da Idade Moderna, ainda que a preocupação com a liberdade, neste momento, tenha surtido desdobramentos diversos.

Também a boa-fé negocial é um instituto de raiz romanística. A noção de fides, para os romanos, possuía diversos sentidos, remontando à confiança, amparo, lealdade e, especificamente, colaboração e auxílio mútuo (nas relações entre iguais) e proteção (nas relações entre desiguais)[44] (MARTINS-COSTA, 2018, p. 39). Representava cláusula de tutela nas atividades negociais e um princípio de integração dos deveres contratuais. Tem especial relevância, em uma perspectiva moderna, a concepção da fides na relação assimétrica entre patrícios (cidadãos livres) e seus clientes (cliens, ou aquele desprovido de liberdade, servos), em que havia o dever de proteção por parte do patrão nas tratativas com seu empregado – algo semelhante às contemporâneas limitações ao poder de contratar no âmbito trabalhista.

Por sua vez, ao negociarem entre iguais, a ideia de fides obrigava que os patrícios romanos agissem sob determinados parâmetros, "de modo que a fides como dever de auxílio operava, em ambas, como lealdade mútua ou mútua colaboração, consistindo, por vezes, em cumprir com o máximo de forças os deveres de que se estava incumbido"[45]. A manutenção da

[43] PEREIRA, Caio Mário da Silva. **Instituições de Direito Civil**, vol. 4: Direitos Reais. 22ª Ed. Rio de Janeiro: Forense, 2014, p. 137.

[44] MARTINS-COSTA, Judith. **A boa-fé no direito privado:** critérios para a sua aplicação. 2. ed. São Paulo: Saraiva, 2018, p. 39.

[45] *Idem, ibidem*, p. 41.

palavra dada representava uma das mais altas virtudes cívicas, geradora de respeito social e boa reputação. Garantia, portanto, o estado de confiança na sociedade.

Modernamente, credita-se à Hugo Grócio, um dos pais do jusnaturalismo e do Direito Internacional, estudando a força vinculativa da declaração da vontade, a criação do conceito de negócio jurídico, o que posteriormente seria aperfeiçoado e sistematizado pelos pandectistas alemães no século XIX sob influência do positivismo científico, cujas pretensões, avessas aos valores extrajurídicos como a religião e a moral, afastaram-nos das primeiras impressões do jusnaturalismo de Grócio. "Foi num ambiente científico dessa natureza que os pandectistas, reelaborando os textos do direito romano justinianeu, levando ao extremo o processo de generalização e de abstração, construíram a figura do negócio jurídico"[46]. Figura essa, ressalte-se, influenciada pela ideologia de então.

Ocorre que, antes disso, as ideias do Renascimento e Iluminismo já haviam enviesado a concepção dos juristas para um alargamento do conceito de liberdade privada e autonomia da vontade segundo os esforços burgueses em seu rompimento com o clero e a monarquia. Nesse ambiente, o liberalismo, em sua busca pela superação do antigo regime, fez da liberdade o valor máximo em matéria de Direito Privado.

O ápice deste movimento, ao lado da Revolução e Independência Americanas, foi a Revolução Francesa, cujo desdobramento mais pertinente à temática deste estudo é a edição, em 1804, do Código Civil Francês, o *Code Napoleon*, que apesar de inspirado em experiências anteriores de codificação – como as codificações bávara e russa feitas no século anterior – foi o primeiro a alçar a liberdade aos patamares que posteriormente foram reproduzidos por diversas outras nações desenvolvidas. "A liberdade contratual, assim, veio a tornar-se uma filha querida dos juristas da revolução aludida, que, de logo, a promoveram a princípio, pois que acreditavam que a liberdade era o melhor meio de organizar a coletividade, [...] antítese ao feudalismo"[47].

Essa doutrina individualista e voluntarista dominou todo o século XIX, vindo, inclusive, a influenciar a elaboração do primeiro Código Civil

[46] MIRANDA, Custódio da Piedade Ubaldino, *op. cit.*, p. 25.

[47] FALCÃO, Alcino Pinto. Um Caso de Ajustamento do Direito Privado ao Regime Político Liberdade Contratual. In. **Revista dos Tribunais** RT 406/351 ago.,1969.

Brasileiro, em 1916, cujo valor fundamental era o indivíduo. A ideologia era que a circulação de riquezas e o poder de contratar eram expressões da própria inteligência e personalidade, não devendo passar por limitações ou entraves legais. Considerava-se o Código Civil como a Constituição do direito privado. "O direito público, por sua vez, não interferiria na esfera privada, assumindo o Código Civil, portanto, o papel de estatuto único e monopolizador das relações privadas. O Código almejava a completude, que justamente o deveria distinguir"[48]. A dimensão tomada pelo Código – com superioridade sobre qualquer outro diploma – e a crença, quase religiosa, no individualismo, marcaram profundamente este período.

No entanto, já em fins do século XIX, na Europa, e no decorrer do século XX, no Brasil, esta visão começa a entrar em declínio em decorrência da instabilidade e insegurança social que se originou na economia. A concentração excessiva de renda e as péssimas condições de vida e trabalho experimentadas pela maior parte da população fizeram eclodir movimentos sociais reivindicando do Estado um maior intervencionismo econômico, a fim de garantir melhores oportunidades para todos. Isso foi ainda mais intensificado pela chegada da Primeira Guerra Mundial, cujos efeitos limitaram a oferta de produtos[49]. Esse fato, aliado ao rápido advento de uma nova grande guerra duas décadas depois, com ainda maiores agressões aos Direitos Humanos, fez com que os Estados não tivessem alternativas a não ser repensar o liberalismo.

Sobre o tema, Teresa Negreiros, sem descuidar da autonomia da vontade e sua indissociabilidade do âmbito privado, ainda que mitigada por novos valores, observa que:

> Reconhece-se, pois, a necessidade de rever o âmbito da autonomia privada no campo das relações jurídicas patrimoniais. Neste sentido, fala-se em "limites" à soberania da vontade individual, "restrições" à liberdade contratual, ampliação do conceito de ordem pública, regimes "especiais" ou "excepcionais" de tutela da parte fraca em certas relações contratuais..., supondo-se que, afora intervenções pontuais, o significado e a função do direito civil permanecem indissociavelmente ligados à proteção de interesses

[48] TEPEDINO, Gustavo. Premissas Metodológicas Para a Constitucionalização do Direito Civil. In.: **RDE Revista de Direito do Estado**, Ano 1 nº 2: 37-53 abr/jun, 2006, p. 36.
[49] TEPEDINO, Gustavo, *op. cit*, p. 39.

privados, cujo conteúdo compete aos próprios indivíduos determinar, melhores juízes que são de seu próprio bem-estar[50].

Nesse contexto, em um movimento de afirmação das Constituições, os Códigos deixam de ter preponderância e passam a se submeter a princípios superiores em nome da coletividade. O movimento que, após a Segunda Guerra Mundial, ficou conhecido como Neoconstitucionalismo veio acompanhado de valores como a dignidade da pessoa humana, a função social e, principalmente, a promoção dos Direitos Fundamentais sob o manto da democracia. Dessa forma, o Código Civil abandona seu antigo "papel de Constituição do direito privado. Os textos constitucionais, paulatinamente definem princípios relacionados a temas antes reservados exclusivamente ao Código Civil e ao império da vontade"[51].

A limitação da atividade econômica, a organização familiar e a função social da propriedade e dos contratos, antes matérias tipicamente reguladas pela legislação civil, passam também a fazer parte do regramento constitucional, para o qual se submetem hierarquicamente. "Por outras palavras, a releitura, à luz da Constituição, da dogmática civil, com base na sua funcionalização à promoção dos valores existenciais, leva a que o critério da utilidade dos bens seja também considerado em função dos interesses existenciais"[52].

Conclusões

A evolução dos direitos e a sua luta por reconhecimento fizeram com que após diversas revoluções da sociedade contra as formas de poder, demonstrassem que nada é estático, mas sim mutável e dinâmico, mudando de acordo com os anseios de cada geração que perpassou. Logo, obtém-se do presente artigo e do raciocínio por ele apresentado, que diante de tais ciclos de lutas pelo direito e pela liberdade permeadas pelos atritos sociais a autonomia privada sofreu e ainda sofre constantes mutações em sua definição, que não pode ser descolada da evolução que é constantemente exposta ao ser humano, fazendo com que, como exposto, ela passasse de

[50] NEGREIROS, Teresa. **Teoria dos Contratos:** novos paradigmas. 2.ª Ed. Rio de Janeiro: Renovar, 2006, p. 5.

[51] TEPEDINO, Gustavo, op. cit., p. 41.

[52] NEGREIROS, Teresa, op. cit., p. 516.

uma forma mais absoluta para uma forma relativa de acordo com a sociedade em que está inserida e com certa preocupação com o Estado, não mais como forma de ação da liberdade individual, mas sim com os impactos que podem causar aos demais indivíduos, o que traz uma responsabilidade mais abrangente do que a liberdade da autonomia da vontade carregava em sua definição e atuação perante a sociedade.

Tais definições e conceitos jus filosóficos, como visto, não serão nada sem o contexto e os paradigmas que os envolvem, por esta razão tem-se que a busca por uma abordagem temporal de cada momento e as formas de negócio jurídico devem e deverão ser interpretados sempre de maneira a considerar seu tempo e espaço, para que mesmo quando não houver a satisfação completa das vontades envolvidas, mas ao menos que seja garantida a existência de um negócio jurídico sustentável e que respeite as liberdades individuais, sem lesionar a sociedade, tornando esta externalidade de vontade mais justa e responsável.

Deste modo, conclui-se com os textos e autores apresentados, após uma abordagem histórica e conceitual, que o *télos* da liberdade constante na autonomia privada traz em si ainda o signo do liberalismo de primeira geração, mas com as mutações históricas do constitucionalismo que geraram em sua ação, um núcleo mais consciente de sua responsabilidade social e uma praticabilidade contratual mais racional e ética do que apenas material, fazendo assim uma autonomia mais plena e humana perante as relações negociais.

Referências

AMARAL, Francisco. **Direito civil:** introdução. 7ª ed. Rio de Janeiro: Renovar, 2008.

AZEVEDO, Antônio J., Princípios do novo direito contratual e desregulamentação do mercado: direito de exclusividade nas relações contratuais de fornecimento – função social do contrato e responsabilidade aquiliana do terceiro que contribui para inadimplemento contratual (Parecer). **Revista dos Tribunais**, São Paulo, v. 87, n. 750, abr. 1998.

BARROSO, Luís Roberto. **A dignidade da pessoa humana no direito constitucional contemporâneo:** a construção de um conceito jurídico à luz da jurisprudência mundial. Belo Horizonte: Fórum, 2014.

BERLIN, Isaiah. Dois conceitos de liberdade. In.: BERLIN, Isaiah. **Estudos sobre a humanidade:** uma antologia de ensaios. Tradução Rosaura Eichenberg. São Paulo: Companhia das Letras, 2002.

BETTI, Emilio. **Teoria geral do negócio jurídico**. Coimbra Editora: Coimbra, 1950. t. I.

FALCÃO, Alcino Pinto. Um Caso de Ajustamento do Direito Privado ao Regime Político Liberdade Contratual. In. **Revista dos Tribunais** RT 406/351 ago., 1969.

GOMES, Orlando, VARELA, Antunes. **Direito Econômico**. São Paulo: Saraiva, 1977.

GOMES, Orlando. **Introdução ao Direito Civil**. 22ª Ed. Barueri: Grupo GEN, 2019.

GOMES, Orlando. **Transformações gerais do direito das obrigações**. 2ª ed. São Paulo: Editora Revista dos Tribunais, 1980.

KANT, Immanuel. **Fundamentação da Metafísica dos Costumes**. Lisboa: Edições 70, 2007.

KERSTENETZKY, Celia L. **O estado do bem-estar social na idade da razão**: a reinvenção do estado social no mundo contemporâneo. Rio de Janeiro: Elsevier, 2012.

LÔBO, Paulo L. N. Constitucionalização do direito civil. **Revista de Informação Legislativa**. Brasília: a. 36 n. 141, jan./mar. 1999.

LÔBO, Paulo L. N. Direito Civil Constitucional. **Cadernos Da Escola De Direito**. Curitiba: n. 13, v. 2, 2010.

LOCKE, John. **Segundo tratado sobre o Governo** – Ensaio relativo à verdadeira origem, extensão e objetivo do Governo Civil. Trad. E. Jacy Monteiro. São Paulo: Abril Cultural, 1978.

MARÉS, Carlos Frederico, **A função social da Terra**, Porto Alegre: Sergio Antonio Fabris Editor, 2003.

MARTINS-COSTA, Judith. **A boa-fé no direito privado:** critérios para a sua aplicação. 2. ed. São Paulo: Saraiva, 2018.

MILL, John Stuart. **O utilitarismo**. In: MARCONDES, Danilo. **Textos básicos de ética**. Rio de Janeiro: Jorge Zahar, 2007.

Mill, John Stuart, ***The Autobiography of John Stuart Mill***, ARC Manor, 2008.

MILL, John Stuart. **Sobre a liberdade**. Tradução Pedro Madeira. Edição Especial. Rio de Janeiro: Nova Fronteia, 2011.

MIRANDA, Custódio da Piedade Ubaldino. **Interpretação e Integração dos Negócios Jurídicos**. São Paulo: Revista dos Tribunais, 1989.

NEGREIROS, Teresa. **Teoria dos Contratos:** novos paradigmas. 2.ª Ed. Rio de Janeiro: Renovar, 2006.

PEREIRA, Caio Mário da Silva. **Instituições de Direito Civil**, vol. 4: Direitos Reais. 22ª Ed. Rio de Janeiro: Forense, 2014, p. 137.

PERLINGIERI, Pietro. **Perfis de Direito civil.** 2ª Ed. Rio de Janeiro: Renovar, 2002.

RAMOS, César Augusto. O liberalismo político e seus críticos. **Crítica:** Revista de Filosofia. Londrina: Universidade Estadual de Londrina. Vol. 10, número 32, p. 229-264, out. 2005.

RODRIGUES JUNIOR, Otavio L. Autonomia da vontade, autonomia privada e autodeterminação: notas sobre a evolução de um conceito na Modernidade e na Pós-modernidade. **Revista de Informação Legislativa**. Brasília, a. 41 n. 163, jul./set. 2004.

SANDEL, Michael J. **Justiça:** o que é fazer a coisa certa. Tradução de Heloisa Matias e Maria Alice Máximo. 6ª ed., Rio de Janeiro: Civilização Brasileira, 2012.

SCHREIBER, Anderson. Direito Civil e Constituição. *In* KONDER, Carlos A., SCHREIBER, Anderson. **Direito Civil Constitucional**. São Paulo: Atlas, 2016.

TEPEDINO, Gustavo. Premissas Metodológicas Para a Constitucionalização do Direito Civil. In.: RDE **Revista de Direito do Estado** Ano 1 nº 2: 37-53 abr/jun, 2006.

13. BREVES CONSIDERAÇÕES DOS NEGÓCIOS BIOJURÍDICOS E A REPRODUÇÃO HUMANA ASSISTIDA

Germano Matheus Codognotto da Cunha
Rita de Cássia Resquetti Tarifa Espolador

Introdução

Com o constante avanço social e científico, novos modelos familiares passaram a ganhar espaço e visibilidade no escopo social, se firmando e adquirindo o mesmo status antes direcionado somente há um modelo "ideal". Desta forma, elas por diversas vezes possuem o desejo de ampliar seu núcleo familiar, seja através da adoção, reprodução natural ou até mesmo das técnicas de reprodução humana assistida, como a fertilização *in vitro*.

Para melhor trabalhar como se dá a ocorrência desse aumento, o presente trabalho possui como intuito, apresentar a relação entre os negócios jurídicos voltados para o biodireito junto à reprodução humana assistida. O desejo de trabalhar esse tema surge devido o aumento da utilização destas técnicas mediante a busca de construção familiar pelo mais diverso grupo populacional, indo desde aqueles que querem ser pais solos, por casais que por alguma razão não podem ter filhos naturalmente (como casos de infertilidade, esterilidade ou relações homoafetivas) e até mesmo por aqueles que possuem o desejo de ter filhos biológicos, mas que não querem gestar, buscando então a gestação por substituição.

Assim este trabalho apresentará em seu primeiro tópico uma conceituação geral de negócio jurídico, apresentando como se deu seu surgimento, seu desenvolver mediante a comunicação com outras culturas que adotavam praticas similares, algumas teorias adotadas pelos seus doutrinadores e como ela se encontra atualmente. Ademais, ainda se falará neste tópico sobre a definição adotada por alguns autores e como o ordenamento jurídico brasileiro o estabelece.

Em um plano sequencial, o próximo tópico buscará trabalhar a aplicação da autonomia da vontade nos negócios jurídicos. Embora tradicionalmente os autores do estudo destes tipos de negócios busquem trabalhar primeiro ela antes da composição do que é um negócio jurídico, aqui escolheu-se, para melhor compreensão e elaboração do conteúdo, sua colação em segundo lugar. Desta forma poder-se-á melhor compreender o seu modo de relacionamento com a área. Mas já se pontua que a autonomia da vontade possui grande peso para as relações negociais mediante seu caráter de perpetuação do desejo de gerar relações com terceiros.

Ademais, o terceiro tópico terá como finalidade apresentar a reprodução humana assistida como um desejo de gerar uma continuação biológica do ou dos genitores. Isso decorre, principalmente, da busca humana por perpetuar uma parte de si para as gerações futuras, basta observar o constante estudo e aperfeiçoamento de técnicas de reprodução humana em laboratórios quando ainda se existe um grande número de crianças na fila de adoção. Por isso o uso do termo de continuidade biológica e não somente de expansão familiar.

Por fim buscar-se-á correlacionar a aplicabilidade dos negócios biojurídicos perante esse modelo de reprodução, apresentando de forma suscinta e direta essas duas áreas e buscando demonstrar a importância que estas técnicas assumiram na sociedade e o porquê elas devem ser observadas de perto pelo Estado, não somente por órgão representativos de classe. Afinal, desta área surgem consequências que respingam por todo o corpo social e jurídico.

Para seu desenvolvimento, este artigo utilizará do método dedutivo, auxiliado pelo tipo de pesquisa bibliográfico, tendo como referencial doutrinário obras de autores como Marcos Jorge Catalan, Emílio Betti, Luiz Edson Fachin, dentre outros.

1. Conceituação geral de negócio jurídico

O Negócio Jurídico pode e deve ser compreendido como em um constructo social, contudo engana-se quem pense que ele surge do Direito Romano e seu *civil law* ou do *common law* presente majoritariamente nos países anglicanos. Esses dois modelos legais fundamentavam-se principalmente nos contratos, embora atualmente isso já tenha mudado. O Negócio Jurídico, de acordo com Custódio da Piedade Ubaldino Miranda, é criado pela Pandectística alemã ainda na primeira parte do século XIX.

> A categoria negócio jurídico foi criado pela Pandectística alemã, na primeira metade do século XIX, na moldura dos fatos jurídicos, por um processo de gradual abstração, própria da atividade cientifica daquela escola alemã, que se preocupava com a elaboração de conceitos jurídicos dos quais se pudessem extrair soluções para os casos da vida. Era uma época que a Alemanha não tinha ainda uma codificação, um código [...][1].

Ademais, pode-se dizer também que, por mais que diversos países ainda não se relacionassem com o termo Negócio Jurídico, usavam contratos como forma de estabelecer acordos. Baseando-se nisso, ainda nas palavras do autor,[2] para os alemães os contratos quando baseados na força de vontade de duas ou mais pessoas, passam a ser tidos como uma das espécies de negócio jurídico, nesse caso, um bilateral.

Desta forma, compreende-se como negócio jurídico, todo fato jurídico que decorra da declaração de vontade de um sujeito de tal forma que surte efeito nas demais partes envolvidas e, como aborda Carlos Ferreira de Almeida[3] "negócio jurídico [...] é uma declaração de vontade privada dirigida à produção de um efeito jurídico, que é reconhecido pela ordem jurídica porque é querido como tal". Aqui coloca-se a declaração de vontade de um sujeito em razão dele possuir autonomia somente sobre suas decisões, mas isso não implica necessariamente, que somente será uma relação unilateral, pelo contrário. Ao mencionar a necessidade de que surta efeito em outros indivíduos, permite-se também a bilateralidade ou plurilateralidade. Contudo, serão duas forças buscando apresentar suas vontades, por isso ao decompor o termo, chega-se à duas palavras: negócio – em razão das partes negociarem e apresentarem seus pontos de

[1] MIRANDA, Custodio da Piedade Ubaldino. **Teoria geral do negócio jurídico**. 2. ed. São Paulo: Atlas, 2009. p. 13.

[2] Ibid., p. 14.

[3] ALMEIDA, Carlos Ferreira de. **Texto e enunciado na teoria geral do negócio jurídico**. v. I. Coimbra: Almedina, 1992. p. 71.

vista para a relação que será realizada, e jurídico mediante o caráter legal a ser assumido.

A configuração de negócios unilateral, bilateral ou plurilateral é simples de ser elucidada, isso em decorrência da complexidade que lhe é direcionada. Emílio Betti os aloca em duas categorias, negócios simples e negócios subjetivamente complexos.

> A distinção fundamental a estabelecer é entre, por um lado: a) negócios simples, isto é, aqueles que se esgotam na exclusiva declaração ou no exclusivo comportamento de uma só pessoa, ou também subjetivamente complexos, por serem, estes, criados por várias pessoas, as quais agem em virtude de um comum e idêntica legitimação para o negócio, ou seja, com base numa posição *idêntica*, relativa aos interesses em jogo [...], o que lhes confere a aparência de uma única *parte* [...]; e por outro lado: b) negócios subjetivamente complexos, realizados por pessoas que agem em virtude de legitimações diferentes, ou seja, com base em posições diferentes, relativamente aos interesses em jogo, os quais lhes dão a aparência de *partes diferentes*: são negócios *bilaterais* ou *plurilaterais*, os segundos.[4]

Para melhor elucidar essa questão, ao abordar a forma como são formados, sob o prisma da concepção subjetivista, fala-se na aplicação de duas teorias principais: a teoria da vontade e a teoria da declaração.

Como já elucidado anteriormente, a teoria da vontade trabalha com o ideário de que as pessoas ao possuírem interesse de se relacionar, precisam se manifestar quanto a isso. Como apresentado por Custódio da Piedade Ubaldino Miranda, a vontade assume caráter essencial e determinante para a confecção do negócio jurídico.

> Sendo a vontade do indivíduo, nesta teoria, o elemento essencial, determinante e produtor dos efeitos jurídicos do negócio, não passando a declaração de simples meio de revelação dessa vontade, de sua exteriorização, já que a vontade é um fato psíquico interno, em caso de divergência entre a vontade e a declaração deve aquela prevalecer, segundo essa teoria[5].

[4] BETTI, Emílio. **Teoria geral do negócio jurídico**. Tradução: Servanda Editora. Campinas, SP: Servanda Editora, 2008. p. 436.

[5] MIRANDA, Custodio da Piedade Ubaldino. **Teoria geral do negócio jurídico**. 2. ed. São Paulo: Atlas, 2009.

Para essa teoria então, a vontade se estabelece como fator-chave essencial e indispensável, caso contrário não há a exteriorização do desejo do indivíduo em como o negócio deve ocorrer. Pontua-se aqui que, ao observar o Código Civil brasileiro, nota-se esta teoria fortemente enraizada no mesmo.

Vindo em contracorrente há a teoria da declaração, sendo mais simples e direta do que a anterior, compreendendo que somente a vontade não é necessária para a construção do negócio jurídico, isso porque há a necessidade de o sujeito expressar, ou seja, declarar sua vontade em construir tal negócio. Raymond Saileilles determina que "quem emite uma declaração aceita vincular-se para com aquele a quem ela se dirige, pelo sentido normal das expressões que emprega, sem o que não poderia haver segurança alguma nas relações sociais"[6].

Embora seja reconhecida a necessidade de o sujeito capaz expressar seu interesse em compor o negócio jurídico, entende-se que trabalhando de forma autônoma também não se faz a melhor opção a ser tomada por não ser garantidora de proteção às partes. Em decorrência disso, se faz necessário o trabalho conjunto de ambas as teorias, estabelecendo a necessidade de vontade e que ela seja declarada.

Estabelecido o caráter frágil presente nas concepções subjetivistas, surgem as concepções objetivistas, como as normativistas e preceptivas.

As concepções normativistas assumem caráter positivista, considerando-as inclusive, como um tipo de fonte normativa. Esta presunção decorre do poder vinculante entre as partes quando assumido o compromisso negocial. É compreendido que ao assumirem um negócio jurídico, o conteúdo estabelecido atua como uma norma, ditando direitos e deveres a ser cumpridos em relação ao conteúdo presente e pelo tempo que este foi estabelecido. Para melhor elucidar sobre ela, Custodio da Piedade Ubaldino Miranda diz que essa concepção:

> Funda-se na concepção positivista do direito, isto é, na ideia de que todo o direito provém, direta ou indiretamente, do Estado-legislador, uma vez que as outras fontes donde o direito promana só seriam admitidas, se permitidas, por lei. Só a lei, como emanação da vontade do Estado, seria a fonte imediata

[6] Apud. CABRAL DE MONCADA, Luís. **Lições de direito civil**. 4. ed. rev. Coimbra: Almedina, 1995. p. 573.

do direito, e quaisquer outras fontes só seriam admitidas se e na medida em que fossem legalmente autorizadas.[7]

Pontua o autor que esta concepção decorrente do positivismo somente terá o peso normativo entre as partes quando criado atendendo a legislação nacional, correndo o risco de se tornar somente um fato jurídico. compreende-se assim, justamente pelo ordenamento jurídico brasileiro assumir postura superior à uma relação negocial, devendo esta obedecer e respeitar aquele, de forma que garanta sua validade e aplicabilidade.

Ao trabalhar a concepção perceptiva, surge a figura de Emílio Betti assumindo o papel de seu criador, embora suas origens remontem a Oskar von Bülow[8]. Este último assume que as relações jurídicas possuem requisitos básicos para sua constituição, sendo então fundamental determinar quais pessoas podem constituir essa relação negocial, qual o objeto discutido e qual ato ou fato será necessário para sua criação. O primeiro, por sua vez, não discursa muito diferente, compreendendo que as relações jurídicas tendem a constituir poderes e vínculos que se formam, se relacionam e se extinguem entre aqueles que a compõe.

> [...] as novas situações jurídicas, que as normas fazem depender dos fatos previstos, costumam configurar, precisamente, aspectos de relações jurídicas, ou seja, costumam consistir em poderes e vínculos de tipo determinado, que se constituem, se modificam e se extinguem entre os diversos interessados, e são acompanhados de sanções jurídicas, para a hipótese de inobservância. Por conseguinte, a diferença entre situação e relação jurídica é apenas uma questão específica e de aspecto[9].

Dando sequência, Emílio Betti ainda estabelece que a transformação de um preceito se dá na vida social, em decorrência da constante evolução e modificação do corpo social. Assim, compreende-se que, por basear-se no

[7] MIRANDA, Custodio da Piedade Ubaldino. **Teoria geral do negócio jurídico**. 2. ed. São Paulo: Atlas, 2009. p. 22.

[8] BÜLOW, Oskar Von. **La Teoria das Excepciones Procesales y Presupuestos Procesales**. Buenos Aires: EJEA, 1964. p.4

[9] BETTI, Emílio. **Teoria geral do negócio jurídico**. Tradução: Servanda Editora. Campinas, SP: Servanda Editora, 2008. p. 26.

comportamento da natureza humana, os fatos jurídicos estão em constante mudança e, consequentemente, lidando com assuntos cada vez mais complexos que demandem muito cuidado e zelo ao constituir a relação e quais consequências dela serão geradas.

Para apresentar uma definição mais concreta do que se trata o negócio jurídico, Antônio Junqueira de Azevedo o trata como uma versão hibrida das definições apresentadas pelos demais autores.

> Negócio jurídico é todo fato jurídico consistente em declaração de vontade, a que o ordenamento jurídico atribui os efeitos designados como queridos, respeitados os pressupostos de existência, validade e eficácia impostos pela norma jurídica que sobre ele incide.[10]

Esta definição, inclusive, é uma das mais bem aceitas pelo ordenamento jurídico brasileiro, junto à apresentada por Manuel Antônio Domingues de Andrade, que estabelece que o "negócio jurídico é o fato voluntário lícito cujo núcleo essencial é constituído por uma ou várias declarações de vontade privada, tendo em vista a produção de certos efeitos"[11]. Nota-se inclusive que os Códigos que tratam dos negócios jurídicos, o apresentam composição textual que se assemelha às apresentadas por estes autores. Contudo, ao trabalhar áreas como o biodireito, se faz necessário também, o trabalho conjunto à princípios, como o da Autonomia da Vontade, que será mais bem explorado a seguir.

2. A autonomia da vontade nos negócios jurídicos

O princípio da autonomia da vontade pode ser tido como um dos mais importantes ao tratar dos negócios jurídicos. Essa colocação ocorre mediante sua caracterização perante a vida particular e seu poder de se decidir por aquilo que melhor lhe apetece, desde que respeite os limites impostos pelo ordenamento jurídico brasileiro. Não obstante, Luiz Edson Fachin compreende que:

[10] AZEVEDO, Antônio Junqueira de. **Negócio jurídico: existência, validade e eficácia**. 4 ed. Atual, de acordo com o novo Código Civil (Lei 10.406, de 10-1-2002). São Paulo: Saraiva, 2002, p. 16.

[11] ANDRADE, Manuel Antônio Domingues de. **Teoria geral da relação jurídica**: fato jurídico, em especial negócio jurídico. Coimbra: Almedina, 1992. p. 25.

> O princípio da autonomia da vontade significa exatamente que os sujeitos, ao entabularem as suas relações jurídicas, o fazem através das ações humanas voluntárias, que seja no negócio não patrimonial, quer no contrato, quer nos atos jurídicos em sentido estrito. Nomeadamente a autonomia da vontade é dedicada ao patamar dos negócios jurídicos, o que entende por espaço de auto-regulamentação dos interesses privados. A essa ordem intensa, afinal de contas, a dicotomia clara entre o direito privado e o direito público, levando a dizer-se que, no direito privado, haveria autonomia para que os sujeitos criassem suas próprias regras.[12]

Assim a autonomia privada pode ser considerada como a busca pelo particular em assumir responsabilidades de acordo com os meios disponíveis. Por isso fala-se que os negócios jurídicos surgem em decorrência de atos oriundos da esfera particular. Isso porque é nela que surgem as vontades e desejos capazes de resultar nessas relações negociais.

Observa-se também na composição deste princípio, seu caráter que remonta à liberdade individual inerente e pertencente a casa ser humano, porém ele também deve ser compreendido como uma força social, capaz de manifestar sua qualidade normativa quando posta no negócio jurídico. como já abordado, essas relações negociais possuem força normativa entre as partes pactuadas, todavia, esse regramento se faz decorrente da autonomia dos indivíduos em determinar qual dever jurídico melhor se encaixa no caso concreto.

Por mais que se trabalhe o ideário de que a autonomia da vontade como expressão de liberdade, o sujeito não pode a utilizar acreditando que seus atos não terão consequências. Ao estabelecer um negócio jurídico ele não fica somente vinculado a este, como também pode sofrer os efeitos estabelecidos e determinados quando declarou, de forma expressa, sua vontade de constituí-lo, ou seja, os limites pactuados.

> [...] em que pese a importância de tal poder concedido aos particulares a autonomia privada não pode ser utilizada como carta em branco nas mãos do indivíduo, e por consequência resta sujeita a limites, alguns impostos por normas de natureza cogente, e que portanto devem ser respeitadas, enquanto

[12] FACHIN, Luiz Edson. **Teoria crítica do direito civil**. 2. ed., ver. e atual. Rio de Janeiro: Renovar, 2003. p. 71.

outros, são criados pela própria sociedade, que se convencionou denominar bons costumes[13].

Desta forma, a autonomia privada da liberdade pode ser entendida como a aplicação da vontade individual dos sujeitos nos nas relações que estabelece com outros sujeitos dotados da mesma autonomia, mas que não devem trespassar os limites socialmente impostos. Partindo dessa ideia apresentada pelo autor, a compreensão que alcança é a de que por mais que o indivíduo possua autonomia para realizar os atos que lhe apetecer, este não possui de fato liberdade, principalmente, como relatado por Marcos Jorge Catalan, devido às mais diversas formas de abuso causadas pelo excesso de liberdade.

> Observados os inconvenientes nascidos do excesso de liberdade e os abusos praticados outrora, principalmente pelos mais fortes em detrimento dos menos favorecidos, os Estados, de um modo geral, a partir da segunda metade do século XX, iniciaram um processo de intervencionismo nas normas que autorizam o direito de contratar.[14]

A composição negocial poderia atingir limites inimagináveis caso não existisse um freio moral e social para a autonomia da vontade, isso porque o sujeito poderia negociar qualquer coisa, como um órgão ou alguma outra coisa. Esses limites então assumem o papel de controlar e regulamentar as relações interpessoais. Um ótimo exemplo a ser levantado, trata-se das barrigas de aluguel, em que uma pessoa possuidora de útero o aluga para que casais possam gerar proles.

É sabido que em alguns países essa prática é legalizada e adotada, contudo o limitador social e moral do Brasil a veda, através de normas deontológicas, possibilitando somente a prática da barriga solidária, que consiste no empréstimo voluntário e sem interesse econômico do útero para pessoas com até dois graus de parentesco comprovado.

[13] CATALAN, Marcos Jorge. **Autonomia privada, o poder jurígeno dos sujeitos de direito.** *In*: CATALAN, Marcos Jorge (org.). Negócio jurídico – aspectos controvertidos à luz do novo código civil. São Paulo: Mundo Jurídico, 2005. p. 51-112

[14] Ibid. p. 68

3. A reprodução humana assistida como forma de continuidade biológica

Através da história da humanidade, a reprodução sempre se mostrou como um tema atual, de forte impacto no cotidiano e na formação do corpo social. Por mais que o entendimento do casamento servindo como aliança entre famílias a fim de manter ou aumentar poder e/ou influência, diversas vezes somente teria esse vínculo efetivado com o nascimento de uma prole – preferencialmente, nos tempos passados, do sexo masculino. O maior exemplo disso foi a cisão da Inglaterra perante a Igreja Católica, quando Henrique VIII almejava divorciar-se de Catarina de Aragão, para que pudesse casar-se novamente e ter herdeiros masculinos.

Com o decorrer do tempo essa visão sofreu as mais diversas alterações, porém o desejo de alguns pela prole biológica permaneceu. Através do intuito de concretizá-lo, o avanço científico e tecnológico da genética abriu portas para que casais que não podem ou não possuem o desejo de conceber filhos, assim os tenham. Como dito por Regina Fiuza Sawen e Severo Hryniewcz:

> Os avanços da biociência e da biotecnologia permitiram que o sonho mítico viesse a se tornar realidade. As modernas técnicas de inseminação assistida e fertilização artificial tornaram este "milagre" praticamente um fato "normal", não fossem as dúvidas sobre o desrespeito aos ritmos naturais da vida humana e a valores éticos.[15]

Essas técnicas recebem o nome de Reprodução Humana Assistida. Nas palavras de Guilherme de Calmon Nogueira da Gama[16], essa reprodução artificial basicamente esta técnica consiste na fecundação e concepção fora do corpo da pessoa possuidora de útero, para posteriormente o embrião ser transferido para a realização da gestação. Nesta modalidade de reprodução se faz possível a concepção de uma vida sem a necessidade do contato sexual entre as partes envolvidas. Deste modo tem-se o evidente

[15] HRYNIEWICZ, Severo; SAUWEN, Regina Fiuza. **O direito "*in* vitro" da bioética ao biodireito**. Rio de Janeiro: Editora Lumen Juris, 2000. p. 89

[16] GAMA, Guilherme de Calmon Nogueira da. **A nova filiação**: o biodireito e as relações parentais: o estabelecimento da parentalidade-filiação e os efeitos jurídicos da reprodução assistida heteróloga. Rio de Janeiro: Renovar, 2003, p. 641.

entendimento da intervenção humana e científica na procriação. Para isso, Angela de Souza Martins Teixeira Marinho apresenta o emprego das palavras usadas como forma de reiterar a exterioridade do ato sendo que "os adjetivos empregados *artificial* e *assistida* referem à intervenção humana, da ciência especificamente, no ato da procriação, de gestação de novos seres que deveria se dar naturalmente, pelos meios biológicos pertinentes"[17].

Todavia o principal problema enfrentado por essa área consiste na falta de regulamentação e fiscalização por parte de um órgão governamental próprio, mas mesmo assim é uma técnica que revolucionou a forma de conceber e colocar em prática o planejamento familiar idealizado pela família que busca sua ampliação. Ressalta-se que o planejamento familiar consiste em uma atividade diretamente ligada a preceitos constitucionais, como a efetivação do direito a felicidade e a autonomia da vontade, podendo o sujeito determinar como sua família será constituída[18]. Ademais, também vale pontuar que o planejamento familiar atualmente encontra-se garantido no Sistema Único de Saúde, permitindo desde acompanhamento com profissionais capazes de auxiliar sobre qual o momento ideal da ampliação do núcleo familiar e quais os benefícios e riscos de técnicas de reprodução humana assistida, como também há os fornecimentos destas para estes indivíduos.

4. Relação negocial biojurídica na reprodução humana assistida

Ao abordar a evolução e crescimento da área genética no campo da reprodução, começam a surgir novas problemáticas capazes de afetar os mais diversos segmentos da sociedade, sejam eles públicos, privados, íntimos, jurídicos e muito mais. Afinal aqui não se fala somente na concretização do desejo de parentalidade, mas também no que a prole produzida dele afetará ao longo de sua existência.

> [...] a temática da procriação artificial tem, assim, evidenciadamente, conhecido, nos últimos tempos, um amplo impacto público e, face do desenvolvimento da ciência médica em tal campo. [...] E que é certo que estes

[17] MARINHO, Angela de Souza Martins Teixeira. **Reprodução humana assistida no direito brasileiro**: a polêmica instaurada após o novo Código Civil. Porto Alegre: Sergio Antonio Fabris Ed., 2010. p. 25.

[18] AZEVEDO, Álvaro Villaça. **Curso de direito civil**: direito de família. 2. ed. São Paulo: Saraiva Educação, 2019, p. 517. *E-book*.

desenvolvimentos científicos têm logrado solucionar casos de infertilidade, sem remédio para outra via, despertam naturalmente, como se consta, problemas éticos e jurídicos sérios que, dada a sua frescura e novidade, atravessam ainda um período de estudo e reflexão.[19]

Em outras palavras, a prática de técnicas de reprodução assistida, do mesmo modo que surgem como uma espécie de meio facilitador ou possibilitador de constituição familiar, também traz junto a si, problemas que não seriam considerados antes de sua existência, reiterando a frase de cunho popular "novas tecnologias, novos problemas".

No aspecto negocial, a principal problemática a ser levantada trata-se da configuração – ou não, da maternidade e da paternidade da prole gerada.

Este assunto antes da revolução científica da procriação era facilmente resolvido mediante a presunção de filiação que remontava à presente no Direito Romano, principalmente ao tratar-se da maternidade, vez que esta normalmente se designava à mulher que gestou a criança, adquirindo um entendimento normativo de que ela sempre está correta. Por outro lado, a paternidade decorria principalmente do nascimento da prole após período específico após o matrimónio, por isso houve algumas presunções que já caíram em desuso, como:

a) a presunção *pater is est quem nuptia demonstrant*, impedindo que se discuta a origem da filiação se o marido da mãe não a negar em curto prazo preclusivo;
b) a presunção *mater semper certa est*, impedindo a investigação de maternidade contra mulher casada;
c) a presunção de paternidade atribuída ao que teve relações sexuais com a mãe, no período da concepção;
d) a presunção de *exceptio plurium concumbentium* que se opõe à presunção anterior;
e) a presunção de paternidade, para os filhos concebidos 180 dias antes do casamento e 300 dias após a dissolução da sociedade conjugal, entre outros.[20]

[19] MARTINS, Antônio Carvalho. **Bioética e diagnostico pré-natal**: aspectos jurídicos. Coimbra: Coimbra Editora, 1996, p. 40.

[20] LÔBO, Paulo. Princípio jurídico da afetividade na filiação. In: **Revista Jus Navigandi**, Teresina, ano 5, n. 41, 1º mai 2000. Disponível em: <https://jus.com.br/artigos/527>. Acesso em: 01 fev. 2023.

Como dito, essas técnicas de presunção já não são mais aplicadas nos tempos atuais, isso decorre de diversos fatores, contudo o fator mais latente é o abraço sociojurídico aos diversos modelos familiares que ganharam e ganham espaço no mundo contemporâneo. Atualmente a base familiar não se faz mais pela ligação biológica que conecta os indivíduos, mas sim o aspecto afetivo que estes nutrem uns pelos outros. Deste modo este trabalho volta para a aplicação do negócio jurídico no biodireito, precisando na reprodução humana assistida.

As definições de paternidade e maternidade já não podem mais assumir as mesmas diretrizes adotadas anteriormente para sua classificação, principalmente quando se trata da reprodução assistida. Para melhor elucidar essa afirmação, basta apresentar a composição de um casal homoafetivo cisgênero composto por pessoas do sexo masculino que busca gerar um filho, nesta situação em específico ocorrerá a existência de somente dois pais e nenhuma mãe. Mas como não haverá a presença de uma mãe se há a necessidade de uma pessoa com útero para gerar a prole?

Com o avanço da ciência genética e da adoção de novos modelos familiares, a figura paterna e materna passa-se a se desvencilhar da figura de genitor. Desta forma, não significa que simplesmente por gerar a criança que o indivíduo assumirá o papel paternal ou maternal, para adotar isso há de ter nessas situações, como bem pontua Enrique Varsi Rospigliosi, a vontade expressa de assumir a responsabilidade afetiva dessa nova vida.

> Como é lógico, o direito à procriação não é um direito absoluto, mas relativo. Em outras palavras, a capacidade de procriação da pessoa não é limitada, mas sim, deve ser realizada dentro de certos parâmetros essenciais. Um deles é a defesa, o respeito e a consideração que deve ser dada à vida a ser gerada [...]. Prevalece, desta maneira, o melhor interesse da criança, que embora ainda não exista – pois não foi concebido – tem todo o direito de nascer dentro de condições naturais, de integrar uma família estabelecida e de contar com um habitat adequado.[21]

[21] Tradução própria do autor deste artigo. "*Como es lógico, el derecho a la procreación no es um derecho absoluto sino relativo. Es decir, la capacidade de procriar de la persona no es ilimitada sino que debe ser realizado dentro de ciertos parâmetros esenciales. Uno de ellos es la defesa, respeto y consideración que se debe tener com la vida a generarse [...]. Prima, de esta manera, el interés superior del niño, que si bien aún no existe – pues no há sido concebido – tiene todo el derecho de nacer dentro de condiciones naturales,*

Assim no exemplo do parágrafo anterior, a genitora assumirá somente esse papel e nada mais, não sendo mais a maternidade determinada pelo parto, enquanto a parentalidade recairá sobre o casal.

Nestas situações há a perfeita existência de um negócio biojurídico, em que as partes de comum acordo expressam, atendendo aos requisitos que compõe este tipo de negócio, assumirem o papel parental em relação à prole ou o papel apenas de doador do material genético ou da gestação por substituição.

Reitera-se que não se trata de uma terra sem lei, muito pelo contrário, embora escassa a normatização oriunda do Estado, órgãos, como o Conselho Federal de Medicina, regulam na medida do possível, essas técnicas através de normas deontológicas, como é o caso de quando, lá em 1992, foi emitido por este Conselho a Resolução nº 1.358[22]. Nela estabeleceu-se a necessidade de parentesco até segundo grau daquelas que se disponibilizam a cessão temporária do útero. Visando isso, o Código Civil de 2002 passa a adotar em seu corpo, precisamente no artigo 1.603[23] que a filiação se provará através da certidão de nascimento registrada no Registro Civil, fora os entendimentos dos principais Tribunais que compreendem a possibilidade de multiparentalidade ou a existência de dois pais ou mães no registro de nascença.

Claro que há diversas outras implicações que tratam da relação de negócios jurídicos com a reprodução humana assistida, como é o caso do impacto que esses métodos reprodutivos causa no direito sucessório, contudo este e outros temam demandam de um refinamento preciso para serem trabalhados, isso porque cada um possui suas particularidades que devem ser analisadas cuidadosamente para não gerar problemas de interpretação, até porquê trabalha-se aqui temas que podem abarcar toda a vida e definição de um ser humano e sua particularidade e singularidade.

de encontrarse com uma família estabelecida y de contar com um habitat adecuado." ROSPIGLIOSI, Enrique Varsi. Derecho genético. 4. ed. Lima, Peru: Editora Jurídica GRIJLEY, 2001. p. 253.

[22] Conselho Federal de Medicina. **Resolução n.º 1.358**, de 19 de novembro de 2021. Disponível em: https://sistemas.cfm.org.br/normas/arquivos/resolucoes/BR/1992/1358_1992.pdf. Acesso em: 03 fev. 2023.

[23] BRASIL. **Lei nº 10.406, de 10 de janeiro de 2002**. Institui o Código Civil. Disponível em https://www.planalto.gov.br/ccivil_03/leis/2002/l10406compilada.htm. Acesso em: 03 fev. 2023.

Conclusões

Mediante todas as informações apresentadas no decorrer deste trabalho, nota-se a complexidade que este tema carrega junto a si. Em um primeiro momento o trabalho tratou dos negócios jurídicos e como ocorre sua conceituação, disto observa-se que a formação destes negócios deu-se através de uma árdua lapidação dos conhecimentos adquiridos por diversas sociedades ao terem sua cultura posta de frente com outras nem sempre semelhantes.

Os negócios jurídicos possuem diversas características importantes, que um simples artigo não possui capacidade para abarcar toda sua imensidão, mas aqui buscou-se apresentar da melhor forma possível um pouco do que ele configura.

Diversos autores de peso trabalham esse tema e se mostrou visível pontos de ligação entre seus pensamentos, contudo este trabalho acaba por concordar com autores como Manuel Antônio Domingues de Andrade, que os negócios jurídicos devem ser tratados não somente por um ponto específico que determina ou não a sua formação. É conclusivo com toda a pesquisa realizada que a composição do negócio jurídico decorre de pontos estratégicos, como a necessidade de declarar de forma expressa o desejo, a vontade de compor a relação.

Antão partindo para a autonomia da vontade, esta sempre se mostrou como um dos principais fatores para a composição negocial. Observa-se que sem a mesma não se faz possível a existência de um negócio jurídico, muito pelo contrário, o que há é somente a imposição da vontade de uma parte perante os demais. Assim não se fala em uma relação negocial, visto que essa, pela etimologia da palavra, compreende a necessidade de duas ou mais partes expressando suas vontades e, somente assim, negociando.

Foi muito dito que o conteúdo acordado em um negócio jurídico passa a deter forma normativa entre as partes envolvidas. Pois bem, sem a existência dessa autonomia como forma de negociação, volta-se para quando ocorria somente a imposição de um sobre terceiros, permitindo a ocorrência de qualquer excesso.

Visando coibir práticas excessivas, atualmente não há de fato uma autonomia das partes para decidir o que negociar ou não, mas há a intervenção estatal, na maioria das vezes, como forma de trabalhar relações de hipossuficiência entre as partes. Nota-se a sua presença ao tratar dos negócios biojurídicos.

Um ponto importante levantado por este trabalho, já em sua parte final, se deu perante o desejo de crescimento do núcleo familiar por parte dos indivíduos. Aqui falou-se da aplicação de técnicas de reprodução humana assistida como fator realizador desse desejo. Contudo também mostrou o porquê da necessidade de se regulamentar essas práticas.

O exemplo apresentado foi o da gestação de substituição, mas poderia ser qualquer outro que envolva essas técnicas. No Brasil há a regulamentação através de normas deontológicas sobre como esse modelo gestacional deve ocorrer, reiterando que essa relação, embora não possua caráter financeiro e monetário, está dentro de uma relação obrigacional. Todavia não são todas as nações do globo que tomam cuidado em regulamentá-la, na qual por diversas vezes é possível encontrar notícias informando sobre o aspecto comercial adotado em outras localidades não acobertadas pelo véu do ordenamento jurídico brasileiro.

Embora pareça curto, esse último tópico buscou ser suscinto ao lidar com uma questão tão delicada como a relação de um negócio jurídico junto ao desejo da parentalidade. Essa problemática nem se quer era cogitada décadas atrás, quando ainda vivia-se em um modelo social patriarcal, em que o núcleo familiar se fazia construído sobre um modelo específico de família.

Os tempos mudaram, novos modelos familiares ganharam espaço na sociedade – e aqui fala-se que ganharam espaço, não que surgiram, pois muitos desses modelos familiares já existem há séculos e talvez mais tempo ainda, só não eram reconhecidos por não se enquadrarem no estilo imposto. Com o advento dessas novas composições familiares, a parentalidade ganha nova roupagem, se desvencilhando da necessidade de os genitores terem esse título. Agora fala-se na afetividade como definidor parental.

Por isso deve-se voltar a atenção à reprodução humana assistida, ela chegou como forma de revolucionar as relações familiares, mas para isso precisa de regulamentação, fiscalização e emprenho dos legisladores para tornar mais segura o negócio jurídico que as envolve, de forma que possibilite uma blindagem, atualmente inexistente, de garantias para essas famílias e para as pessoas evolvidas na realização desse planejamento familiar, sem que haja a desproporção causadora da hipossuficiência entre as partes.

Referências

ALMEIDA, Carlos Ferreira de. **Texto e enunciado na teoria geral do negócio jurídico**. v. I. Coimbra: Almedina, 1992.

ANDRADE, Manuel Antônio Domingues de. **Teoria geral da relação jurídica**: fato jurídico, em especial negócio jurídico. Coimbra: Almedina, 1992

AZEVEDO, Antônio Junqueira de. **Negócio jurídico: existência, validade e eficácia**. 4 ed. Atual, de acordo com o novo Código Civil (Lei 10.406, de 10-1-2002). São Paulo: Saraiva, 2002.

AZEVEDO, Álvaro Villaça. **Curso de direito civil**: direito de família. 2. ed. São Paulo: Saraiva Educação, 2019. *E-book*.

BETTI, Emílio. **Teoria geral do negócio jurídico**. Tradução: Servanda Editora. Campinas, SP: Servanda Editora, 2008.

BRASIL. **Lei nº 10.406, de 10 de janeiro de 2002**. Institui o Código Civil. Disponível em https://www.planalto.gov.br/ccivil_03/leis/2002/l10406compilada.htm. Acesso em: 03 fev. 2023.

BÜLOW, Oskar Von. **La Teoria das Excepciones Procesales y Presupuestos Procesales**. Buenos Aires: EJEA, 1964.

CABRAL DE MONCADA, Luís. **Lições de direito civil**. 4. ed. rev. Coimbra: Almedina, 1995.

CATALAN, Marcos Jorge. Autonomia privada, o poder jurígeno dos sujeitos de direito. *In*: CATALAN, Marcos Jorge (org.). **Negócio jurídico – aspectos controvertidos à luz do novo código civil**. São Paulo: Mundo Jurídico, 2005. p. 51-112.

CONSELHO FEDERAL DE MEDICINA. **Resolução n.º 1.358**, de 19 de novembro de 2021. Adota as Normas Éticas para a Utilização das Técnicas de Reprodução Assistida, anexas à presente Resolução como dispositivo deontológico a ser seguido pelos médicos. Disponível em: https://sistemas.cfm.org.br/normas/arquivos/resolucoes/BR/1992/1358_1992.pdf. Acesso em: 03 fev. 2023.

FACHIN, Luiz Edson. **Teoria crítica do direito civil**. 2. ed., ver. e atual. Rio de Janeiro: Renovar, 2003.

GAMA, Guilherme de Calmon Nogueira da. **A nova filiação**: o biodireito e as relações parentais: o estabelecimento da parentalidade-filiação e os efeitos jurídicos da reprodução assistida heteróloga. Rio de Janeiro: Renovar, 2003.

HRYNIEWICZ, Severo; SAUWEN, Regina Fiuza. **O direito "*in* vitro" da bioética ao biodireito**. Rio de Janeiro: Editora Lumen Juris, 2000.

LÔBO, Paulo. Princípio jurídico da afetividade na filiação. In: **Revista Jus Navigandi**, Teresina, ano 5, n. 41, 1º mai 2000. Disponível em: <https://jus.com.br/artigos/527>. Acesso em: 01 fev. 2023.

MARINHO, Angela de Souza Martins Teixeira. **Reprodução humana assistida no direito brasileiro**: a polêmica instaurada após o novo Código Civil. Porto Alegre: Sergio Antonio Fabris Ed., 2010.

MARTINS, Antônio Carvalho. **Bioética e diagnostico pré-natal**: aspectos jurídicos. Coimbra: Coimbra Editora, 1996.

MIRANDA, Custodio da Piedade Ubaldino. **Teoria geral do negócio jurídico**. 2. ed. São Paulo: Atlas, 2009.

ROSPIGLIOSI, Enrique Varsi. **Derecho genético**. 4. ed. Lima, Peru: Editora Jurídica GRIJLEY, 2001.

14. CONTRATOS DIGITAIS E O SUPERENDIVIDAMENTO

Brenda Carolina Mugnol
Desirée Silva Nascimento
João Vitor Conti Parron

Introdução

O superendividamento é um problema que atinge a maioria esmagadora das famílias brasileiras, de forma que as mesmas contraem dívidas exorbitantes com as quais não são capazes de honrar, de múltiplas e variadas formas.

Neste cenário, órgãos de proteção de crédito tem atuação firme no sentido de cobrar e solucionar dívidas, oferecendo renegociações e soluções para quitação das mesmas, retirando o sujeito do cadastro de inadimplentes, denominado de "nome sujo". Entre tais órgãos cita-se SPC, Serasa, entre outros.

Assim, antes de o fornecedor conceder o crédito para determinada pessoa, ele precisa fazer uma avaliação econômica do consumidor, inclusive em órgãos de proteção ao crédito, a fim de ter acesso aos dados do mesmo e possuindo acesso inclusive ao cadastro positivo, sendo este considerado como o local onde se situam os dados dos "bons pagadores".

Importante relacionar a lei do superendividamento com a Lei Geral de proteção de Dados, visto que por vezes tais créditos são cedidos de maneira imprudente, a pessoas já negativadas, o que leva ao maior superendividamento, e destacando-se o fato de haver vazamentos de dados que levam a uma pressão exercida pelas instituições bancárias na tentativa de vender créditos e serviços.

Neste sentido, em uma análise legislativa atinente ao tema, bem como de recentes entendimentos, demonstra-se que o vazamento de dados deve ser fiscalizado e punido de maneira correta, a fim de evitar o desenfreado assédio ao consumidor, principalmente por parte das instituições bancárias, sendo necessário também uma fixação de um posicionamento sólido sobre o tema, que ainda encontra divergências nos tribunais brasileiros.

1. Análise de crédito no superendividamento e a lei geral de proteção de dados

O superendividamento é o estado de insolvência de um indivíduo, pessoa natural, de boa-fé, que se percebe impossibilitado de pagar as suas contas no momento em que ela se torna exigíveis, sem que isso comprometa o seu mínimo existencial[1].

Atualmente cerca de 80% das famílias brasileira se encontra superendividada. Isso quer dizer que uma grande parte da população se encontra excluída do mercado de consumo, alheios a sociedade de consumo. O problema do superendividamento não é só uma questão pessoal do indivíduo. Pelo contrário, quanto menos se consome, menos se produz e isso leva uma crise econômica no país[2].

A própria constituição trouxe como princípio garantidor da ordem econômica, a defesa do consumidor:

> Art. 170, CF: A ordem econômica, fundada na valorização do trabalho humano e na livre iniciativa, tem por fim assegurar a todos a existência digna, conforme os ditames da justiça social, observados os seguintes princípios:
> (...)
> V – defesa do consumidor[3].

Assim, no dia 1º de julho de 2021 foi sancionada a Lei 14.181/2021, a Lei do Superendividamento, que trouxe uma série de alterações no código de defesa do consumidor e no estatuto do idoso, como forma de prevenir e tratar o superendividamento.

[1] MARQUES, Cláudia Lima. Contratos no Código de Defesa do Consumidor. 4. ed., São Paulo, Revista dos Tribunais, 2002, p. 52-54

[2] JANONE, Lucas. Endividamento atinge 80% das famílias mais pobres em setembro, um recorde, diz CNC. 2022

[3] BRASIL, 1998.

Dentre as considerações da nova lei, está a análise do perfil do consumidor para a concessão de crédito, deste modo:

> Art. 54-D: Na oferta de crédito, previamente à contratação, o fornecedor ou o intermediário deverá, entre outras condutas:
> II – Avaliar, de forma responsável, as condições de crédito do consumidor, mediante análise das informações disponíveis em bancos de dados de proteção ao crédito, observado o disposto neste Código e na Legislação sobre proteção de dados.

Neste caso, antes do fornecedor conceder, desenfreadamente, o crédito para qualquer pessoa, ele tem que fazer a avaliação econômica do consumidor, inclusive em órgãos de proteção ao crédito, sob pena de sofrer as sanções previstas no parágrafo único do artigo supracitado[4].

O fornecedor, portanto, tendo acesso ao banco de dados do consumidor, pode fazer uma análise de seu perfil como pagador, fornecendo ou recusando novos créditos. Assim: "A regulação do risco de crédito é uma característica peculiar que representa parte da complexidade do sistema financeiro e precisa ser observada pelas instituições financeiras que se dispõem a atuar no mercado de crédito"[5].

O próprio Código de Defesa do Consumidor preconiza, em seu artigo 43, sobre os bancos de dados e cadastros de consumidores, dispondo que: "o consumidor, sem prejuízo do disposto no artigo 86, terá acesso a informações existentes em cadastros, fichas, registros e dados pessoais e de consumo arquivados sobre ele, bem como suas respectivas fontes"[6].

Por conseguinte, o artigo 2º da Lei 12.414/2011 conceitua banco de dados, como "o conjunto de dados relativos a pessoa natural ou jurídica armazenada com a finalidade de subsidiar a concessão de crédito, a realização de venda a prazo ou de outras transações comerciais e empresariais que impliquem em risco financeiro"[7].

[4] LAHOZ, Maria Alice Trentini, et al. Breves apontamentos à Lei do Superendividamento. 2021.

[5] SEBBEN, Naiara Anna. MERCADO DE CRÉDITO, LGPD E CADASTRO POSITIVO: REFLEXÕES ACERCA DA LEI N° 13.709/2018 E DA LEI COMPLEMENTAR N° 166/2019. 2021

[6] BRASIL, 1990, art. 43

[7] BRASIL, 2011, art. 2º

Para isso, alguns exemplos de bancos de dados que podem ser utilizados são o Serviço de Proteção ao Crédito (SPC), Serviços de Assessoria (SERASA), Cadastro Positivo, entre outros.

1.1. Cadastro de inadimplentes – SPC e Serasa

Os cadastros de inadimplentes são aqueles os quais são incluídas as pessoas vistas como "maus pagadores". Esses bancos de dados foram criados objetivando a análise e o acesso a informações para financiamentos, empréstimos, e demais atividades que impliquem um risco financeiro[8].

Por um lado, trata-se de uma forma das instituições financeiras, por exemplo, fazer uma busca no perfil do consumidor para ver a disponibilidade de se fornecer determinados créditos. De outro, porém, implica em sérios problemas ao consumidor, pois fica limitado no mercado de consumo.

Tendo em vista que o crédito permite a inclusão das pessoas, facilitando o seu acesso a bens e serviços, quando um indivíduo tem seu nome negativado, essa inclusão se torna limitada.

Não obstante toda esta restrição ao consumidor, isso lhe permite uma maior possibilidade de negociação, e o protege de adquirir novas dívidas, prevenindo-o de eventual superendividamento.

Carlos Celso Orcesi da Costa[9] fala sobre um triplo efeito:

> Prevenção à empresa que ofereceria um "segundo crédito" e, com a recusa e o correspondente obstáculo de o consumidor continuar participando da vida comercial, restrição ao consumidor e auxílio indireto à recuperação do "primeiro crédito" em favor da empresa anterior da cadeia.

Importante salientar que a inscrição possui algumas considerações a serem observadas pelos credores, por exemplo, deve haver prévia notificação ao inadimplente, e o prazo máximo para que o CPF seja negativado é de cinco anos[10].

[8] BARBOSA, Caroline Nascimento. Afinal, o que são os cadastros de inadimplentes?. 2023.

[9] COSTA, Carlos Celso Orcesi. CADASTRO POSITIVO – LEI N. 12.414/2011 – COMENTADA ARTIGO POR ARTIGO. 2017

[10] BARBOSA, Caroline Nascimento. Afinal, o que são os cadastros de inadimplentes?. 2023.

Neste aspecto, o Serviço de Proteção ao Crédito (SPC) faz parte da Confederação dos Dirigentes Lojistas (CNDL) que reúne informações do comércio de todo o país[11].

Tal serviço permite trazer melhores condições aos lojistas para análise de crédito, auxiliando na sua tomada de decisão no momento de concedê-lo.

O SERASA, por sua vez, também define um perfil de crédito, reunindo dados de lojas, bancos, instituições financeiras. O SERASA além de servir como um canal para análise de crédito, permite ainda a possibilidade de renegociações de dívidas entre consumidor e fornecedor[12].

1.2. Cadastro positivo

De acordo com o artigo 1º da Lei 12.414/2011 a formação de Banco de Dados com informações de adimplemento, de pessoas naturais ou de pessoas jurídicas, para formação de históricos de crédito, sem prejuízo do disposto na Lei nº 8.078 de 11 de setembro de 1990 – Código de Defesa do Consumidor[13].

Diferentemente do cadastro de inadimplentes, o Cadastro Positivo nada mais é do que um histórico de "bons pagadores". Trata-se da relação do comportamento da pessoa com compromissos de crédito e de consumo.

Nos bancos de dados devem conter as informações acerca do adimplemento do cadastrado, para a formação do histórico de crédito, sendo estas claras, objetivas, verdadeiras e de fácil de compreensão[14].

No cadastro de inadimplentes, os fornecedores podem fazer uma análise do perfil do consumidor para restringir a concessão de novos créditos. Entretanto, no que se refere ao cadastro positivo, os fornecedores verificam melhores condições de crédito a bons pagadores, evitando riscos de eventuais inadimplementos.

Nos dizeres de Carlos Celso Orcesi da Costa[15]:

> Cadastro de adimplemento é, pois, um complexo conjunto de dados e informações, abrangente apanhado do comportamento, da vida, e do histórico

[11] SERASA. SPC e Serasa Limpa Nome: qual é a diferença?. 2023

[12] Op. Cit.

[13] BRASIL, 2011

[14] Op. Cit.

[15] COSTA, Carlos Celso Orcesi. CADASTRO POSITIVO – LEI N. 12.414/2011 – COMENTADA ARTIGO POR ARTIGO. 2017.

de consumo do cidadão, que permitirá o concedente de crédito analisar a conveniência ou não de assumir o risco do financiamento.

Mesmo tendo o consumidor históricos de inadimplência, com o cadastro positivo, cada vez que ele paga uma conta em dia, isso também irá aparecer no seu histórico, de modo a melhorar a sua reputação perante as fornecedoras.

O cadastro positivo permite que os fornecedores concedam crédito com uma taxa de juros melhor, dado ao menor risco que possam sofrer. O autor supracitado apresenta, com isso, que: os fornecedores de crédito argumentam, principalmente do sistema financeiro, que:

> O cadastro positivo ensejará a queda de juros, na medida que a nova lei permita a análise da capacidade econômica de cada um, atribuindo a cada um o seu... crédito, o seu risco, a sua estimativa de merecimento e, portanto, a sua taxa de juros[16].

Sobre as anotações inclusas em tais bancos de dados, são proibidas aquelas que revelem excessivas, ou seja, que não estão vinculadas á análise de risco de crédito ao consumidor e aquelas consideradas sensíveis, ligadas as questões de origem social, étnica, à saúde, genética, orientação sexual, entre outras, conforme §3º, art. 3, da Lei 12.414/2011[17].

Em notícia datada de maio de 2022 no site política livre, cerca de 42% dos devedores do Cadastro positivo estavam superendividados, 13% estavam no limite, e 24% estavam mais próximos de regularizar suas pendências[18].

Neste sentido, é possível identificar um consumidor que não tem dívidas em atraso, mas está muito endividado e com a renda comprometida pelas renegociações de dívidas atrasadas, ou alguém com o nome em cadastros negativos, mas baixo endividamento e capacidade de regularizar a situação[19].

[16] COSTA, Carlos Celso Orcesi. CADASTRO POSITIVO - LEI N. 12.414/2011 - COMENTADA ARTIGO POR ARTIGO. 2017

[17] BRASIL, 2011.

[18] CUCOLO, Eduardo. 42% dos devedores do Cadastro Positivo estão superendividados. 2022.

[19] Op. Cit.

2. Os contratos eletrônicos e a vulnerabilidade do consumidor

Os negócios jurídicos virtuais e a vulnerabilidade nas relações de consumo são temas que se entrelaçam nos atuais estudos sobre direito civil, especialmente porque ambos exigiram uma releitura do direito contratual, com vistas equilibrar as relações, sobretudo no que diz respeito ao grau de consentimento dos agentes envolvidos.

Em princípio, o contrato ascendeu ao mundo jurídico ao se desprender a individualidade do homem da massa geral da coletividade, revelando-se instrumento de harmonia de interesses e pacificação social, ao mesmo tempo em que também robusteceu o próprio conceito de personalidade. Calcado em premissas como a propriedade privada, autonomia da vontade e o consensualismo, os contratos, em seu primórdio, promoveram a difusão dos negócios jurídicos e uma franca ascensão do comércio. A intensificação desse processo, no entanto, causou diversas distorções. A acumulação de capital e concentração de agentes econômicos se sobrepuseram à personalidade dos indivíduos e contaminaram a pacificação obtida inicialmente. Do mesmo modo, o desequilíbrio econômico tornou cada vez mais difícil a harmonia de interesses. Paradoxalmente, então, a doutrina contemporânea dos contratos passou a apontar um movimento inverso, condicionando-se, novamente, a individualidade dos agentes à observância dos interesses da coletividade[20].

Mais do que constatar essa mudança de paradigma, é preciso investigar o curso desse processo, para desvendar os principais elementos que concorreram para essa modificação da própria noção de contrato. Remontando-se, pois, ao conceito moderno, observa-se que a formação da acepção de contrato ocorreu pela junção de diversas correntes de pensamento, destacando-se, dentre elas, a escola canônica e a jusnaturalista. Guardando cada uma delas sua peculiaridade, extraiu-se de ambas a vontade livre dos agentes e a vinculação ao pacto como fundamentos determinantes dos contratos – dos canonistas, por meio do conceito de fé jurada e, os jusnaturalistas, pela concepção racional do *solus consenus obligat*[21].

[20] GOMES, Orlando. Contratos. Atualizadores: Edvaldo Brito; Reginalda Paranhos de Brito. 27. ed. rev., atual. e aum. Rio de Janeiro: Forense, 2019. p. 5-7.

[21] Op. Cit., p. 8

No entanto, a complexidade da vida social e a massificação dos negócios jurídicos, conduziram ao fenômeno da despersonalização do comércio[22] e dos métodos de contratação amparados em contratos de adesão, o que foi observado, principalmente, nas relações de consumo[23]. Tal movimento, comprometeu as balizas tradicionais de formação contratual, afetando, diretamente, o núcleo intangível da autodeterminação. Em linhas gerais, como bem observou Atiyah, houve um verdadeiro declínio do consensualismo e da liberdade de escolha, em virtude da contundente massificação percebida no setor[24]. Nas lições de Sousa Ribeiro, ao se ignorar a intersubjetividade, a teoria do negócio jurídico deixou de captar a dimensão relacional do contrato e a bilateralidade da autodeterminação que a ele é inerente[25].

Assim, se o consentimento era o fundamento maior para a vinculação ao objeto contrato, esse declínio afetou diretamente o *pacta sunt servanda*, enquanto afirmação da força obrigatória dos contratos assumidos. Antes, inderrogável, o conceito passou a sofrer mitigações cada vez mais intensas, no intuito de se reestabelecer o equilíbrio contratual, comprometido pelo raso consentimento dos vínculos recentes, a ponto de se alterar a própria hermenêutica contratual e os regimes legais de revisão dos contratos.

Um grande exemplo de positivação dessas mudanças no direito pátrio foi o Código de Defesa do Consumidor (Lei n. 8.078), editado em 1990. Também com um olhar voltado à qualidade das partes, partiu da premissa de que o consumidor, por não dispor da produção de bens de consumo, arrisca-se e se submete ao poder e às condições dos produtores (fornecedores) e, em função disso, estabeleceu uma série de situações que configurariam abusividade e ensejariam a mitigação de algumas das cláusulas em seu benefício.

[22] MARQUES, Cláudia Lima. Contratos no Código de Defesa do Consumidor. 4. ed., São Paulo, Revista dos Tribunais, 2002, p. 52-54.

[23] Karl Larenz no que concerne aos novos paradigmas que promanam das condições gerais dos contratos, in: Allgemeiner Teil des Deutschen Bürgerlichen Rechts, 7. ed., München, Ch. Beck Verlag, 1989, p. 551-58.

[24] ATIYAH, Patrick. *The Rise and Fall of Freedom in Contract*. Oxford: Clarendon Press, 1979. p. 726-727.

[25] SOUSA RIBEIRO, Joaquim de. Direito dos Contratos. Coimbra Editora. Coimbra, 2007. p. 35-37.

Em suma, o ponto determinante que sempre justificou essa vulnerabilidade foi justamente o grau de consensualidade percebido nessas relações. Afinal, tratando-se de contratos de massa, cujos termos não poderiam ser discutidos pela parte contratante, seu nível de consentimento ficava prejudicado, o que era acentuado por situações em que apenas a parte contrária detinha o conhecimento técnico a respeito da contratação.

Agravando-se ainda mais esse cenário, observou-se que a ascensão do meio digital deu novos contornos ao problema. Em razão da possibilidade de celebração de negócios jurídicos pela via remota, as partes se tornaram distantes e o conteúdo dos contratos ainda mais controvertido, especialmente por conta da influência que essa modalidade de celebração pode exercer no grau de consentimento dos contratantes.

Assim, as contratações em massa que, por si só, já eram problemáticas, se tornaram ainda mais críticas em razão das novas possibilidades de celebração desses negócios. Isso porque mais do que permitir a celebração desses contratos a distância, os negócios jurídicos virtuais passaram a conceber novas formas de manifestação de vontade, de modo que as partes exprimissem sua anuência de por meio de plataformas digitais, por exemplo.

Nas palavras de Barbagalo, "a distinção entre contrato eletrônico e os tradicionais está no meio utilizado para manifestação das vontades na instrumentalidade do contrato, o que assegura aos contratos eletrônicos características peculiares"[26]. Para Panichi, o contrato eletrônico seria simplesmente "um instrumento para a realização de um negócio jurídico que não usa papel"[27]. Ainda, para autores como Santos e Rossi "são chamados contratos eletrônicos os negócios jurídicos bilaterais que utilizam o computador como mecanismo responsável pela formação e instrumentalização do vínculo contratual"[28].

Seja como for, a manifestação de vontade na esfera virtual pode ocorrer de diversas formas, como por escrito, por meio de acionamento de botões,

[26] BARBAGALO, Erica Brandini. *Contratos eletrônicos: contratos formados por meio de redes de computadores: peculiariddades jurídicas da formação do vínculo.* São Paulo: Saraiva, 2001. p. 20.

[27] PANICHI. Rachel Antônio Garrigoz. *Meios de prova nos contratos eletrônicos realizados por meio da internet.* Revista de Direito Privado, São Paulo, v. 4, n. 16, out-dez. 2000., p. 108.

[28] SANTOS, Manoel J. Pereira dos; ROSSI, Maria Dalapieve. Aspectos legais do comércio eletrônico: contratos de adesão. Revista de Direito do Consumidor, São Paulo, n. 36, out-dez. 2000. p. 8.

por intermédio de cliques, mediante aposição de assinatura eletrônica biométrica, assinatura digital, dentre outros. Nesse sentido, Carvalho afirma que "o direito brasileiro não possui qualquer preceito que proíba a declaração de vontade transmitida por meios digitais. Não havendo, portanto, a norma proibitiva, as vontades das partes podem ser produzidas e/ou transmitidas eletronicamente"[29].

Inegável, portanto, que esses fatores contribuíram para o aumento da vulnerabilidade dos contratantes, de modo que os contratos digitais de consumo passaram a ter um olhar ainda mais criterioso pelos operadores do direito, haja vista que foram combinados diversos elementos de desequilíbrio contratual, afetando-se diretamente o nível de consentimento dos contratantes.

Essa ampliação das formas de celebração dos contratos permitiu uma massificação ainda mais intensa das contratações, de modo que os fornecedores passaram a atuar de forma ainda mais ativa no oferecimento de produtos e serviços, expondo consumidores a uma situação de vulnerabilidade ainda maior. Basta imaginar, por exemplo, empresas do setor financeiro, como o mercado de crédito consignado, cujos produtos são costumeiramente oferecidos por telefone a pessoas idosas, com a agravante de que a formalização do contrato é feita pela própria via telefônica ou por aparelhos celulares.

Nesses casos, há uma somatória de elementos de vulnerabilidade, seja pela modalidade de contratação (por adesão), pelo meio pelo qual será manifestado o consentimento (virtual ou remoto) ou pela qualidade do contratante (consumidor e idoso), o que desafia um tratamento ainda mais específico, a fim de equilibrar a relação havida entre as partes.

Não por acaso, entrou em vigor a Lei do Superendividamento, alterando disposições do Código do Consumidor (Lei n. 8.078/90) e do Estatuto do Idoso (Lei n. 10.741/2003) e estabelecendo novas regras para a oferta de crédito pelas instituições financeiras e se atentando à extrema vulnerabilidade observada nesse mercado consumidor, em face da insuficiência do regime legal vigente. Ao se incorporar à atual dogmática contratual, a inovação legislativa aumentou as hipóteses de abusividade, criando

[29] CARVALHO, Ana Paula Gambogi. *Contratos via internet: segundo os ordenamentos jurídicos alemão e brasileiro.* Belo Horizonte: Del Rey, 2001. p. 63.

situações típicas para a oferta de crédito[30], assim como a sindicância judicial em contratos do gênero, prestigiando o que se intitulou como princípio do crédito responsável[31].

De mais a mais, fato é que foram identificadas vulnerabilidades próprias em determinados segmentos do mercado, muito em função desse distanciamento dos agentes e massificação ainda maior das relações promovido pelas contratações eletrônicas. Sob outro prisma, uma vulnerabilidade que também ficou em destaque na esfera das contratações virtuais foi aquela relacionada aos ataques cibernéticos e de vazamento de dados pessoais, que passaram a ocasionar prejuízos severos aos contratantes, tanto no aspecto patrimonial quanto em relação aos seus direitos da personalidade.

Destinada a mitigar esse problema, outra legislação importante entrou em vigor recentemente, visando a proteção específica dos dados pessoais de consumidores que estão expostos em ambientes virtuais de contratação. Trata-se, pois, da Lei Geral de Proteção de Dados (Lei n. 13.709/18) que cuida da regulamentação específicas no tratamento de dados, prevendo direitos dos titulares (consumidores) e obrigações dos agentes de tratamento (fornecedores), cuja aplicação está relacionada a diversos regimes de contratação, incluindo-se aqueles submetidos à lei do superendividamento, conforme será detalhado a seguir.

3. Análise de crédito na lei geral de proteção de dados

Conforme visto, a análise do perfil do consumidor trata-se de um mecanismo de bastante relevância, tanto para a preservação das fornecedoras de crédito, quanto para o próprio consumidor, que de certo modo, é compelido de contrair novos créditos, prevenindo o seu superendividamento.

Essa garantia prevista na Lei 14.181/2021 veio justamente para controlar a irresponsabilidade das instituições financeiras que concediam crédito, não raras vezes, sem qualquer solicitação ou consentimento por parte do consumidor, ou amentava injustificadamente o limite de crédito.

Assim, o consumidor que já tinha o seu orçamento comprometido, ludibriava-se com todo aquele crédito usando-o, ainda que de boa-fé, de

[30] Atuais arts.6º, inc. XIII; 54-B; 54-C, incs. I a IV e Parágrafo único; 54-D e 54-G, todos do Código de Defesa do Consumidor.

[31] ELIAS, Carlos. STOLZE, Pablo. *Comentários à Lei do Superindividamento (Lei n. 14.181, de 01 de julho de 2021) e o Princípio do Crédito Responsável: uma primeira análise.* p. 2-3.

forma totalmente equivocada. Ocorre que, dentro desse acesso ao banco de dados do consumidor, necessário haver cautelas para que não sejam os seus dados vazados ou utilizados de forma errada.

O direito à privacidade tem como base a dignidade da pessoa humana, pois se trata de questões pessoais, intimas do ser humano que não podem ser compartilhadas a quaisquer pessoas. O artigo 5º da Constituição Federal, em seu inciso X, traz como sendo inviolável a intimidade, a vida privada, a honra e a imagem das pessoas, assegurando o direito a indenização pelo dano material ou moral decorrente de sua violação[32].

É certo que com o avanço da tecnologia e com o amplo acesso as redes sociais, algumas informações, ainda que pessoais, são disponíveis ao público. Porém, ainda assim, o indivíduo pode controlar o que ele quer tornar público.

Diferentemente das relações de consumo, para a firmação de um contrato, necessário se faz a apresentação de quantos dados forem necessários para a concretização de uma relação contratual.

Na análise de Patrícia Peck Pinheiro[33]:

> Atualmente, uma pessoa pode comprar coisas, trocar, usar serviços gratuitos, tudo isso pagando com a sua informação. Mas será que ela está pagando mais do que devia? Qual o limite? Cabe ao Estado delimitar algumas regras para evitar abusos, mas será que ele é capaz de fato de garantir seu cumprimento, que depende de infraestrutura e recursos de terceiros, estes entes privados?

Por esta razão, a Emenda Constitucional nº 115 tornou a proteção de dados um direito fundamental, conferindo à Lei Geral de Proteção de dados (LGPD), um elo constitucional mais forte, baseando-se na dignidade da pessoa humana, de modo a proteger a privacidade do consumidor[34].

Vale lembrar que o consumidor é tratado como parte vulnerável na relação de consumo, de modo que tudo aquilo que a enaltece, deve ser controlado. Destarte, o consumidor possui grande dificuldade de controlar

[32] BRASIL, 1998.

[33] PINHEIRO, Patricia Peck. Direito Digital. 2021

[34] BLUM, Rita Peixoto Ferreira. O direito a privacidade e a proteção dos dados do consumidor. 2022

o fluxo de dados e de informações pessoais no mercado, bem como adotar medidas de autoproteção contra riscos desse processamento[35].

A exemplo de tais questões, não raro, é possível observar os assédios das instituições financeiras em relação aos aposentados e pensionistas, que ficam sabendo que o benefício foi concedido antes do próprio INSS receber a informação[36].

De acordo com o artigo 7º e 11 da Lei 13.709/2018, tem-se que:

> Artigo 7º O tratamento de dados pessoais somente poderá ser realizado nas seguintes hipóteses:
>
> II – para cumprimento de obrigação legal ou regulatório pelo controlador;
>
> III – pela administração pública, para o tratamento e uso compartilhado de dados necessários à execução de políticas públicas previstas em leis e regulamentos ou respaldadas em contratos, convênios ou instrumentos congêneres, observadas as disposições do Capítulo IV desta Lei.

> Art. 11º O tratamento de dados pessoais sensíveis, somente poderá ocorrer nas seguintes hipóteses:
>
> a) Cumprimento de uma obrigação legal ou regulatória pelo controlador;
>
> b) Tratamento compartilhado de dados necessários à execução, pela administração pública, de políticas públicas previstas em leis ou regulamentos[37]

Neste aspecto, a autora Patrícia Peck Pinheiro[38] ainda traz que:

> Por um lado, há a transparência da informação nos órgãos Públicos, e, por outro, a necessidade de proteger o cidadão de abusos no uso de seus dados. Isso porque há hoje uma grande oferta de serviços gratuitos, mas que na verdade são pagos com informações que depois são utilizadas muitas vezes para propósitos que o usuário nem imagina.

[35] MENDES, Laura Schertel. **Privacidade, proteção de dados e defesa do consumidor**. 2014.

[36] FAGUNDES, Patrícia Fernanda de Albuquerque. O 'assédio bancário' aos aposentados e a Lei Geral de Proteção de Dados. 2021.

[37] BRASIL, 2018.

[38] PINHEIRO, Patricia Peck. Direito Digital. 2021.

Em que pese a análise de dados para fornecimento de crédito ao consumidor seja de extrema importância para, por exemplo, prevenir o superendividamento e até mesmo conter os riscos das fornecedoras, deve haver cautela no que se refere tanto a busca do perfil do consumidor, quanto a inclusão de informações em tais cadastro. Deve sempre levar em consideração a proteção de seus dados, e a dignidade da pessoa humana.

3.1. Coleta de dados do consumidor e o assédio bancário

Desde a entrada em vigor da lei 13.709/2018, a Lei Geral de Proteção de Dados (LGPD), em setembro do ano passado, a discussão sobre a obrigação das empresas de garantir a segurança dos dados aos quais têm acesso se intensificou e ganhou os tribunais. Assim, começou-se a responsabilizar as empresas pela disseminação indevida dos dados coletados, em casos que geraram danos ao consumidor, em especial os relacionados ao sistema bancário.

Dados são coletados diariamente em diversos vértices e locais, e o que muito tem se visto na atualidade são empréstimos indevidos e assédios por parte dos bancos e instituições de crédito, na tentativa de vender empréstimos consignados, entre outros, principalmente para pessoas de idade avançada.

Desde janeiro de 2020 está em vigor a Autorregulação do Consignado, iniciativa criada pela Febraban em parceria com a Associação Brasileira de Bancos (ABBC) e voltada à transparência ao combate ao assédio comercial e à qualificação de correspondentes bancários, os quais são empresas autorizadas pelo Banco Central a prestarem serviços para instituições financeiras.

Conforme dados divulgados pela Febraban (2023), em novembro de 2022 registrou-se o maior número de punições a correspondentes bancários por irregularidades na oferta do crédito consignado nos últimos 12 meses. No mês foram aplicadas 45 novas medidas administrativas pelos bancos, sendo 31 correspondentes advertidos, 13 suspensos e 1 impedido de atuar definitivamente em nome dos bancos. As medidas resultam da Autorregulação para o Consignado, que traz um conjunto de regras voltadas à transparência, ao combate ao assédio comercial e à qualificação de correspondentes bancários. Essas regras se aplicam a empréstimos consignados e também ao cartão consignado e cartão benefício.

O acompanhamento e a aferição das ações irregulares são feitos por várias fontes de informação. Além da quantidade de reclamações procedentes registradas nos canais internos dos bancos ou recebidas pelos Procons, pelo Banco Central ou por intermédio da plataforma Consumidor.Gov.Br, são avaliadas as ações judiciais e indicadores de uma consultoria independente, que leva em conta questões de governança, política de relacionamento com o consumidor e gestão de dados[39].

Ainda a mesma pesquisa divulgou que:

> Entre 2 de janeiro de 2020 e 5 de janeiro de 2023 foram feitas na plataforma Não me Perturbe 3.541.138 solicitações de bloqueios de telefone para o recebimento de ligações de ofertas indesejadas sobre crédito consignado. Por meio da plataforma, os consumidores podem proibir que instituições financeiras e correspondentes bancários façam contato proativamente para oferecer crédito consignado. Já os pedidos feitos a todas as instituições financeiras somaram 2.767.771[40].

Nos casos em que houve reincidência, os agentes tiveram suas atividades suspensas por prazos que variam entre 5 e 30 dias. O consumidor também pode verificar se o correspondente bancário é certificado e está apto a oferecer crédito consignado em nome dos bancos. A consulta é realizada por meio do CPF do profissional na base de dados da Central de Registros de Certificados Profissionais.

Sobre tal assunto, afirma Isaac Sidney:

> O assédio comercial muitas vezes leva ao superendividamento dos consumidores, em especial dos mais vulneráveis. E isso não interessa a ninguém, nem ao consumidor nem aos bancos. Todas as medidas administrativas aplicadas a empresas que atuam como correspondente bancário visam aperfeiçoar a qualidade da oferta do produto, melhorar o relacionamento com os clientes e aumentar a transparência. Seguiremos firmes no combate às irregularidades[41].

[39] FEBRABAN. Autorregulação do Consignado tem recorde de punições em novembro e total de sanções sobe para 1.085. 2023

[40] Op. Cit.

[41] Op. Cit.

Desta forma, também o INSS foi condenado a indenizar pelo vazamento de dados e consequente assédio de instituições financeiras, em decisão proferida pelo TRT da 3ª Região. A Justiça condenou o Instituto Nacional do Seguro Social (INSS) a pagar uma indenização de R$ 2,5 mil em danos morais a uma moradora de Marília, em São Paulo, pelo repasse indevido de seus dados a bancos. O INSS e a Dataprev (Empresa de Tecnologia e Informações da Previdência) vazaram dados da segurada sem o devido consentimento e descumpriram as regras da Lei Geral de Proteção de Dados (LGPD), legislação que obriga empresas e governos a resguardar a privacidade de informações pessoais[42].

Em outra decisão, proferida no ano de 2021, uma instituição foi multada em R$ 2,4 milhões, motivada em assédio agressivo a aposentados e pensionistas do INSS para ofertas de empréstimo consignado, escolhidos a partir de listas de dados pessoais revendidas. Isto se dá pelo fato de Instituições financeiras, mediante suposto vazamento de dados dos aposentados e pensionistas vinculados ao Instituto Nacional do Seguro Social – INSS, estão realizando abordagens telefônicas de forma abusiva para que consumidores idosos adquiram empréstimo ou cartão de crédito consignado[43].

Contudo, tal interpretação ainda encontra divergências no ordenamento jurídico brasileiro. Enquanto algumas decisões concedem a indenização levando em conta o fato de haver exposição dos dados, outras condicionam o pagamento de danos morais à vinculação entre o vazamento das informações e danos sofridos pelos autores das ações[44].

Frente a tais inseguranças, reafirma-se a necessidade de uma atuação firme da ANPD, principalmente no tocante a aplicação das penalidades previstas na Lei Geral de Proteção de Dados, no intuito de coibir tais práticas e punir de forma educativa as instituições que se utilizam dos dados pessoais para fins não autorizados pelo indivíduo.

[42] EXTRA. INSS é condenado a indenizar segurada em R$ 2,5 mil por vazamento de dados e assédio de instituições financeiras. 2022.

[43] OLIVEIRA, Damiao. Justiça condena 5ª instituição bancária com base na LGPD. 2021.

[44] BRANCO, Mariana. Vazamento de dados gera direito a indenização por danos morais?. 2021.

Conclusões

Atualmente cerca de 80% das famílias brasileira se encontra superendividada. Isso quer dizer que uma grande parte da população se encontra excluída do mercado de consumo, alheios a sociedade de consumo. Neste ponto, diversos são os bancos de dados que podem ser utilizados no intuito de prevenir tal superendividamento, como o Serviço de Proteção ao Crédito (SPC), Serviços de Assessoria (SERASA), Cadastro Positivo, entre outros.

Os cadastros de inadimplentes são aqueles os quais são incluídas as pessoas vistas como "maus pagadores". Diferentemente do cadastro de inadimplentes, o Cadastro Positivo nada mais é do que um histórico de "bons pagadores".

Em que pese a análise de dados para fornecimento de crédito ao consumidor seja de extrema importância para, por exemplo, prevenir o superendividamento e até mesmo conter os riscos das fornecedoras, deve haver cautela no que se refere tanto a busca do perfil do consumidor, quanto a inclusão de informações em tais cadastro.

Os negócios jurídicos virtuais e a vulnerabilidade nas relações de consumo são temas que se entrelaçam nos atuais estudos sobre direito civil, especialmente porque ambos exigiram uma releitura do direito contratual, com vistas equilibrar as relações, sobretudo no que diz respeito ao grau de consentimento dos agentes envolvidos.

O principal ponto relativo à vulnerabilidade do consumidor frente ao fornecedor (seja de produtos ou serviços) foi justamente o grau de consensualidade percebido nessas relações. Afinal, tratando-se de contratos de massa, cujos termos não poderiam ser discutidos pela parte contratante, seu nível de consentimento ficava prejudicado, o que era acentuado por situações em que apenas a parte contrária detinha o conhecimento técnico a respeito da contratação.

De mais a mais, fato é que foram identificadas vulnerabilidades próprias em determinados segmentos do mercado, muito em função desse distanciamento dos agentes e massificação ainda maior das relações promovido pelas contratações eletrônicas. Sob outro prisma, uma vulnerabilidade que também ficou em destaque na esfera das contratações virtuais foi aquela relacionada aos ataques cibernéticos e de vazamento de dados pessoais, que passaram a ocasionar prejuízos severos aos contratantes, tanto no aspecto patrimonial quanto em relação aos seus direitos da personalidade.

De tais vazamentos de dados intensifica-se a ocorrência de assédios por instituições bancárias, que se valem de dados específicos do consumidor, obtidos ilegalmente (sem autorização), para tentar vender empréstimos e demais produtos/serviços, o que acaba por deixar o consumidor ainda mais superendividado, devendo ter uma maior punição para agentes que vazarem dados em desconformidade com o consentimento do usuário, e uma maior fiscalização por parte da ANPD, evitando o crescente número de famílias superendividadas em nosso país.

Referências

ATIYAH, Patrick. **The Rise and Fall of Freedom in Contract**. Oxford: Clarendon Press, 1979.

BARBAGALO, Erica Brandini. **Contratos eletrônicos:** contratos formados por meio de redes de computadores: peculiariddades jurídicas da formação do vínculo. São Paulo: Saraiva, 2001.

BARBOSA, Caroline Nascimento. **Afinal, o que são os cadastros de inadimplentes?.** 2023. Disponível em: https://www.neivadelima.com.br/afinal-o-que-sao-os-cadastros-de-inadimplentes/.

BLUM, Rita Peixoto Ferreira. **O direito a privacidade e a proteção dos dados do consumidor.** 2022. Disponível em: https://www.google.com.br/books/edition/O_Direito_à_Privacidade_e_a_Proteção/E36UEAAAQBAJ?hl=pt-BR&gbpv=0.

BRANCO, Mariana. **Vazamento de dados gera direito a indenização por danos morais**?. 2021. Disponível em: https://www.jota.info/justica/vazamento-de-dados-danos-morais-16082021.

BRASIL. **CONSTITUIÇÃO DA REPÚBLICA FEDERATIVA DO BRASIL DE 1988**. Disponível em: http://www.planalto.gov.br/ccivil_03/Constituicao/Constituicao.htm.

BRASIL. **LEI Nº 10.406, DE 10 DE JANEIRO DE 2002**. Disponível em: https://www.planalto.gov.br/ccivil_03/leis/2002/l10406compilada.htm.

BRASIL. **LEI Nº 12.414, DE 9 DE JUNHO DE 2011**. Disponível em: https://www.planalto.gov.br/ccivil_03/_ato2011-2014/2011/lei/l12414.htm.

BRASIL. **LEI Nº 14.181, DE 1º DE JULHO DE 2021**. Disponível em: https://www.planalto.gov.br/ccivil_03/_ato2019-2022/2021/lei/l14181.htm.

CARVALHO, Ana Paula Gambogi. **Contratos via internet:** segundo os ordenamentos jurídicos alemão e brasileiro. Belo Horizonte: Del Rey, 2001.

COSTA, Carlos Celso Orcesi. **CADASTRO POSITIVO – LEI N. 12.414/2011 – COMENTADA ARTIGO POR ARTIGO.** 2017. Disponível em: https://www.google.com.br/books/edition/CADASTRO_POSITIVO_LEI_N_12_414_2011_COME/kyFnDwAAQBAJ?hl=pt-BR&gbpv=0.

CUCOLO, Eduardo. **42% dos devedores do Cadastro Positivo estão superendividados.** 2022. Disponível em: https://politicalivre.com.br/2022/05/42--dos-devedores-do-cadastro-positivo-estao-superendividados/#gsc.tab=0.

ELIAS, Carlos. STOLZE, Pablo. ***Comentários à Lei do Superindividamento (Lei n. 14.181, de 01 de julho de 2021) e o Princípio do Crédito Responsável:*** *uma primeira análise.*

EXTRA. **INSS é condenado a indenizar segurada em R$ 2,5 mil por vazamento de dados e assédio de instituições financeiras.** 2022. Disponível em: https://extra.globo.com/economia-e-financas/inss-condenado-indenizar-segurada-em-25-mil--por-vazamento-de-dados-assedio-de-instituicoes-financeiras-25531877.html.

FAGUNDES, Patrícia Fernanda de Albuquerque. **O 'assédio bancário' aos aposentados e a Lei Geral de Proteção de Dados.** 2021. Disponível em: https://www.conjur.com.br/2021-out-29/fagundes-assedio-bancario-aos-aposentados-lgpd.

FEBRABAN. **Autorregulação do Consignado tem recorde de punições em novembro e total de sanções sobe para 1.085**. 2023. Disponível em: https://portal.febraban.org.br/noticia/3883/pt-br/.

GOMES, Orlando. **Contratos.** Atualizadores: Edvaldo Brito; Reginalda Paranhos de Brito. 27. ed. Rev., atual. e aum. Rio de Janeiro: Forense, 2019.

JANONE, Lucas. **Endividamento atinge 80% das famílias mais pobres em setembro, um recorde, diz CNC.** 2022. Disponível em: https://www.cnnbrasil.com.br/business/endividamento-atinge-80-das-familias-mais-pobres-em-setembro-um-recorde-diz-cnc/.

LAHOZ, Maria Alice Trentini, et al. **Breves apontamentos à Lei do Superendividamento**. 2021. Disponível em: https://www.conjur.com.br/2021-ago-02/opiniao-breves-apontamentos-lei-superendividamento.

MARQUES, Cláudia Lima. Contratos no Código de Defesa do Consumidor. 4. ed., São Paulo, **Revista dos Tribunais**, 2002.

MENDES, Laura Schertel. **Privacidade, proteção de dados e defesa do consumidor**. 2014. Disponível em: https://www.google.com.br/books/edition/Privacidade_proteção_de_dados_e_defesa/EDpnDwAAQBAJ?hl=pt-BR&gbpv=1.

OLIVEIRA, Damiao. **Justiça condena 5ª instituição bancária com base na LGPD.** 2021. Disponível em: https://damiaosomaxi.jusbrasil.com.br/noticias/1248796033/justica-condena-5-instituicao-bancaria-com-base-na-lgpd.

PAGSEGURO. Entenda o que é o Cadastro Positivo e saiba como acessar o seu!. 2022. Disponível em: https://blog.pagseguro.uol.com.br/o-que-e-cadastro-positivo/.

PANICHI. Rachel Antônio Garrigoz. Meios de prova nos contratos eletrônicos realizados por meio da internet. **Revista de Direito Privado**, São Paulo, v. 4, n. 16, out-dez. 2000.

PINHEIRO, Patricia Peck. **Direito Digital.** 2021. Disponível em: https://www.google.com.br/books/edition/Direito_Digital/cM4iEAAAQBAJ?hl=pt-BR&gbpv=1.

SANTOS, Manoel J. Pereira dos; ROSSI, Maria Dalapieve. Aspectos legais do comércio eletrônico: contratos de adesão. **Revista de Direito do Consumidor**, São Paulo, n. 36, out-dez. 2000.

SEBBEN, Naiara Anna. **Mercado de crédito, LGPD e cadastro positivo:** reflexões acerca da lei nº 13.709/2018 e da lei complementar nº 166/2019. 2021. Disponível em: https://www.google.com.br/books/edition/MERCADO_DE_CRÉDITO_LGPD_E_CADASTRO_POSI/mYhNEAAAQBAJ?hl=pt-BR&gbpv=0.

SERASA. **SPC e Serasa Limpa Nome: qual é a diferença?.** 2023. Disponível em: https://www.serasa.com.br/limpa-nome-online/blog/spc-serasa-limpa-nome-qual-a-diferenca/.

SOUSA RIBEIRO, Joaquim de. **Direito dos Contratos.** Coimbra Editora. Coimbra, 2007.

15. O CONTRATO DE UNIÃO ESTÁVEL: ANÁLISE À LUZ DA TEORIA DO NEGÓCIO JURÍDICO

Gabriela Eduarda Marques Silva
Guilherme Augusto Girotto
Julia Mariana Cunha Perini
Daniela Braga Paiano

Introdução

Com o decorrer dos anos, como reflexo das transformações sociais, o Direito, em todas as suas áreas, vem sofrendo alterações com o intuito de adequar-se à realidade fática a qual propõe-se regulamentar. Essas alterações refletem, sobretudo, no Direito de Família, que disciplina as relações de direito pessoal e patrimonial, assim como questões relativas à união estável, tutela e curatela.

Para adequar às novas realidades sociais, em especial à dinâmica das relações interpessoais, o legislador ampliou de maneira significativa a proteção dada às famílias, reconhecendo outras formas de constituição das entidades familiares, além daquelas advindas do casamento.

A legislação vigente no Brasil até o ano de 1988 tinha como escopo basilar a proteção do patrimônio familiar. Não eram reconhecidas outras modalidades de família senão aquelas oriundas dos laços sagrados do matrimônio; as demais relações afetivas que não estivessem sob o manto do casamento eram consideradas como extramatrimoniais, não sendo alvo de regulação ou de proteção pelo Estado.

Com o advento da Constituição de 1988, a família passou a ser considerada como a base da sociedade, recebendo proteção especial pelo ordenamento jurídico. O Estado brasileiro instituiu-se como laico, respeitando a liberdade religiosa e protegendo ao mesmo tempo as famílias. As normas que disciplinavam o Direito de Família foram substancialmente alteradas, sendo reconhecida a existência de outras entidades familiares, além daquelas constituídas pelo matrimônio, tais como a união estável e a família monoparental.

Em decorrência desta nova visão constitucional do Direito de Família, o conceito de unidade familiar foi significativamente alterado. A família deixou de ser vista como uma mera instituição – baseada na reunião formal dos pais, por meio do casamento e filhos legítimos – para se tornar um instrumento para a realização existencial, desenvolvimento, crescimento e formação da personalidade de seus integrantes e da própria sociedade.

Consoante, o Direito Contratual adequou-se às novas modalidades de interação familiar, surgindo no ordenamento jurídico novos instrumentos contratuais destinados a regulamentar direitos e obrigações oriundas de relações afetivas não constituídas pelo matrimônio, como o contrato de convivência.

Nessa senda, busca-se com o presente trabalho analisar os aspectos elementares do contrato de convivência, instrumento que tem por intuito formalizar e regulamentar os aspectos relacionados à união estável.

Para tanto, no primeiro capítulo, far-se-á um breve exame sobre as nuances e requisitos legais constituidores da união estável. No segundo capítulo, serão traçados os aspectos fundamentais da teoria do negócio jurídico, com a análise dos planos da existência, validade e eficácia. E, por derradeiro, o último capítulo abordará as peculiaridades do contrato de convivência, sob a ótica da evolução da autonomia privada e a aplicação da teoria do negócio jurídico ao respectivo instrumento contratual.

1. Da união estável

Desde os primórdios da civilização, tem-se que os indivíduos formavam núcleos familiares; no entanto, o conceito de família sofreu alterações, de forma que este deixou de se restringir aos vínculos oriundos do casamento.

A união entre pessoas sem o vínculo do matrimônio não é algo atual, a situação fática espontânea remonta ao período da antiguidade clássica, tendo sido considerada por muito tempo como uma união inferior ao casamento[1]. A influência da Igreja certamente foi um fator determinante para a marginalização das uniões de fato, tendo perdurado por muitos séculos no ocidente, inclusive fazendo diferenciação entre filhos, sendo os advindos de fora do matrimônio considerados ilegítimos[2].

Posteriormente, a França editou, em 1912, a primeira lei a tratar da união estável, naquele período chamada de concubinato; ocorre que a proteção concedida tinha como fundamento um viés comercial, não se tratando em momento algum de matéria de Direito de Família[3].

No Brasil, a discriminação acerca da união estável perdurou por muito tempo, tendo sido considerada família apenas após a promulgação da Constituição Federal de 1988; conforme elucida Luís Roberto Barroso[4], "a Constituição de 1988 foi o rito de passagem para a maturidade institucional brasileira", tendo sido a partir desta "reconhecida a união entre o homem e mulher como entidade familiar, devendo a lei facilitar sua conversão em casamento"[5].

> A família é a base da sociedade, mas independe do casamento. Nesse particular, a orientação da Constituição Federal aparta-se do que fazia até então no Brasil, porque, desde a Constituição Republicana de 1891, a proteção constitucional era destinada apenas à família dita legítima[6].

A partir da Constituição Federal de 1988 e, posteriormente, do Código Civil de 2002, observou-se um afastamento do interesse patrimonial que

[1] BARON, Kelly. **A união de facto no direto comparado: Portugal e Brasil**. Porto, 2016, 37f. Dissertação (Mestrado em Direito) – Universidade Católica Portuguesas, Porto, 2016, p. 9.

[2] CAVALEIRO, Tiago Nunes Pimentel. **A união de facto no ordenamento jurídico português**: Análise de alguns aspectos de índole patrimonial. Coimbra, 2015, 55f. Dissertação (Mestrado em Ciências Jurídico-Forenses) – Faculdade de Direito – Universidade de Coimbra, Coimbra, 2015, p. 7.

[3] PEREIRA, Rodrigo da Cunha. **Direito de família**: Uma abordagem psicanalítica. 3. ed. Belo Horizonte: Del Rey, 2003, p. 48.

[4] BARROSO, Luís Roberto. **Curso de Direito Constitucional Contemporâneo**: Os conceitos fundamentais e a construção do novo modelo. 5. ed. São Paulo: Saraiva, 2015, p. 517.

[5] BRASIL. Constituição (1988). **Constituição da República Federativa do Brasil de 1988**. Brasília, Distrito Federal: Senado Federal, 2023. Disponível em: <https://shorturl.at/dJO47>. Acesso em 19 jan. 2023.

[6] VIANA, Marco Aurélio da Silva. **Da união estável**. São Paulo: Saraiva, 1999, p. 13.

regia as famílias, de forma a dar ênfase ao elemento subjetivo que permeia estas relações: o afeto[7].

A respeito da conceituação de união estável pode-se afirmar que tal instituto demanda a presença de elementos: durabilidade, estabilidade, convivência sob o mesmo teto, prole, relação de dependência econômica, etc; a ausência de alguns destes elementos não desconfigura a união estável[8].

> [...] Mesmo que ausente um desses elementos, ainda assim pode haver caracterização da união estável, trazendo, por conseguinte, efeitos jurídicos. O essencial é que se tenha formado entre pessoas uma relação afetiva e duradoura, com o objetivo de constituir uma família, ou seja, com o propósito de estabelecer uma vida conjugal em comum. Mesmo que inicialmente o objetivo não fosse o de constituir um núcleo familiar, mas se a realidade vivida pelo casal conduziu a esta realidade, aí também estará caracterizada uma união estável.[9]

A esse fenômeno soma-se as particularidades que o Direito Civil contemporâneo possui, mormente o afeto à família, pois, as relações jurídicas não se fundam mais apenas e exclusivamente no casamento e/ou no parentesco, mas também no afeto – e assim, consequentemente se proliferam as uniões livres e o Estado as reconhece e confere eficácia jurídica à situações que são de fato.[10]

A ação do Estado a fim de proteger os companheiros é certamente um avanço que visa garantir a autonomia privada, haja vista que aqueles que escolhem assim se relacionar constituem família, merecendo, portanto, a proteção do Estado.

[7] TARTUCE, Flávio. **Direito Civil**: Direito de família. 12. ed. Rio de Janeiro: Forense, 2017, p. 5.

[8] PEREIRA, Rodrigo da Cunha; FACHIN, Edson. **Direito das Famílias**. São Paulo: Grupo GEN, 2021. E-book. ISBN 9786559642557. Disponível em: https://app.minhabiblioteca.com.br/#/books/9786559642557/. Acesso em: 01 fev. 2023.

[9] Ibdem.

[10] AMARAL, Francisco. **Direito Civil**: introdução. 10 ed. rev. e mod. São Paulo: Saraiva Educação, 2018, p. 251.

2. Noções preliminares dos planos do negócio jurídico

Previamente ao enfrentamento da tricotomia de planos do negócio jurídico formulada por Pontes de Miranda, é plausível uma explanação sobre o próprio negócio jurídico, ainda que não exaustiva, mas que possibilite o recorte doutrinário a ser observado no presente estudo do contrato de união estável.

Primordialmente o negócio jurídico é visto como o instituto capaz de oportunizar ao indivíduo regular-se a si mesmo, os seus íntimos interesses nas relações com os demais (autonomia privada), porém, não consagra o desejar/querer no vácuo, mas em verdade assenta interesses dignos de tutelas[11].

O querer, tido como 'dogma da vontade' é frágil, ou seja, o negócio jurídico concebido a partir da ideia de uma simples manifestação de vontade (âmbito interno de consciência), mas em verdade deve ser o próprio preparar, é o realizar objetivamente; logo, não basta a manifestação de vontade – mas esta somada à exteriorização e com caráter vinculativo de regulamentação com os outros[12].

Neste mesmo sentido, afirma-se que, no contrato, o 'dogma da vontade' não se faz necessário saber os mais recônditos da psique dos contratantes para então descobrir-se as reais intenções destes[13].

Logo, afirma-se que todo fato juridicamente relevante (todo ato de iniciativa privada) é dotado de uma função predeterminada pelo regramento jurídico em instrumentos típicos ou confeccionado pelos indivíduos, e a função refere-se para além da vontade, chegando então no fato em si (enquanto fato social e juridicamente relevante)[14].

Destarte, afirma-se que a vontade psicológica e a vontade jurídica não se compatibilizam, pois, para o direito o que tem relevância é a vontade capaz de gerar direitos subjetivos (criando fatos ou ato jurídicos)[15].

Para Paulo Nalin, deve a doutrina brasileira fazer uma releitura do negócio jurídico sem que tenha como marco principal o dogma

[11] BETTI, Emílio. **Teoria Geral do Negócio Jurídico**. Campinas: Servanda, 2008, p. 88.

[12] Ibdem, p. 91-92.

[13] ROPPO, Enzo. **O Contrato**. Coimbra: Almedina, 2020, p. 142-143.

[14] PERLINGIERI, Pietro. **Perfis de direito civil**: introdução ao direito civil constitucional. Tradução de Maria Cristina de Cicco. 3 ed. Rio de Janeiro: Renovar, 2007, p. 96.

[15] AMARAL, Francisco. **Direito Civil**: introdução. 10 ed. rev. e mod. São Paulo: Saraiva Educação, 2018, p. 464.

da autonomia da vontade, pois este conceitua-se no direito subjetivo enquanto exercício máximo de autonomia privada. Nas palavras do autor:

> Urgente se faz a análise agregada de todas as derivações do poder legal, atribuído ao titular (sujeito de direito) da situação jurídica, para que se reconheça a sua dinâmica posição de sujeito ativo e de sujeito passivo, nos inesgotáveis e complexos momentos que constituem o negócio jurídico contratual.[16]

Assim, Pontes de Miranda afirma que a manifestação de vontade é o suporte fático do negócio jurídico, que por sua vez afigura-se como uma das classes de atos jurídicos, sendo que o conceito surgiu a partir da necessidade de abranger os casos em que a vontade humana criava, modificava ou extinguia direitos.

> [...] Negócio jurídico é classe de fatos jurídicos; e não de suportes fácticos. Negócio jurídico é classe de fatos jurídicos; e não de suportes fácticos. Negócio jurídico já é o suporte fáctico, o *negotium*, após a entrada dêsse no mundo jurídico. Se o negócio jurídico fôsse o suporte fáctio, que o enche, não seria possível falar-se de negócio jurídico nulo, anulável, rescindível, resolúvel, resilível, denunciável. Suportes fáctios não podem ser nulos, nem anuláveis, nem rescindíveis, nem resolúveis, nem resilíveis, nem denunciáveis[17].

Destarte, tecidas as considerações sobre a manifestação de vontade e o dito 'dogma da vontade' pela doutrina clássica pode-se avançar para a tricotomia dos planos do negócio jurídico, sendo esta explicitada por Pontes de Miranda:

> [...] existir, valer e ser eficaz são conceitos tão inconfundíveis que o fato jurídico pode ser, valer e não ser eficaz, ou ser, não valer e ser eficaz. As próprias normas jurídicas podem ser, valer e não ter eficácia (H. Kelsen,

[16] NALIN, Paulo. **Do contrato**: conceito pós-moderno – em busca de sua formulação na perspectiva civil-constitucional. 2ª ed. rev. atu. Curitiba: Juruá, 2008, p. 207.

[17] PONTES DE MIRANDA, Francisco Cavalcanti. **Tratado de direito privado**. Tomo IV. Campinas: Bookseller, 2002.

Hauptprobleme, 14). O que não se pode dar é valer e ser eficaz, ou valer, ou ser eficaz, sem ser; porque não há validade, ou eficácia do que não é"[18]

Assim, a doutrina contemporânea tem enfrentado o tema tecendo considerações da seguinte forma:

> O estudo dos elementos essenciais, naturais e acidentais do negócio jurídico é um dos pontos mais importantes e controvertidos da Parte Geral do Código Civil. É fundamental estudar a concepção desses elementos a partir da teoria criada pelo grande jurista Pontes de Miranda, que concebeu uma estrutura única para explicar tais elementos. Trata-se do que se denomina Escada Ponteana ou "Escada Pontiana". É importante ressaltar que os nossos estudos quanto ao tema surgiram a partir dos ensinamentos transmitidos pela Professora Giselda Maria Fernandes Novaes Hironaka, Titular em Direito Civil da Faculdade de Direito da USP e orientadora de doutorado deste autor. A partir dessa genial construção, o negócio jurídico tem três planos [...][19]

Por conseguinte, tem-se que compreender os três planos do negócio jurídico (existência, validade e eficácia) é imprescindível para afunilar o estudo, possibilitando, posteriormente, a análise do contrato de união estável a partir da tricotomia supramencionada.

2.1. Do plano da existência

Em relação a importância do plano da existência, é crível asseverar que este elemento sempre é a base do que dependem os demais (validade e eficácia); assim, ao receber a implicação de uma norma jurídica, a parte imprescindível do suporte fático é transferida para o mundo jurídico, inaugurando o plano da existência[20].

Para exemplificar, o casamento contraído perante quem não detém competência para celebrar tal formalidade não configura um fato jurídico,

[18] PONTES DE MIRANDA, Francisco Cavalcanti. **Tratado de direito privado**. Tomo III. 4. ed. São Paulo: RT, 1974, p. 15.

[19] TARTUCE, Flavio. **Manual de Direito Civil** – Volume Único. São Paulo: Grupo GEN, 2022. E-book. ISBN 9786559643134. Disponível em: https://app.minhabiblioteca.com.br/#/books/9786559643134/. Acesso em: 04 fev. 2023.

[20] MELLO, Marcos Bernardes de. **Teoria do fato jurídico**: plano da existência. São Paulo: Saraiva, 2019.

logo, não existe e não precisa ser desconstituído, pois a inexistência é um não ser e não pode ser qualificado; assim, a existência de um fato jurídico é premissa originária das demais situações[21].

Antonio Junqueira de Azevedo aduz que o plano da existência pode ser compreendido como os elementos do negócio jurídico, ou seja, tudo aquilo que configura a existência deste no direito. Logo, a palavra elemento é constituída pela forma que o negócio jurídico possui (escrita, verbal, silêncio, etc); o objeto é o próprio conteúdo (são as cláusulas) e as circunstâncias negociais são as declarações de vontade destinadas à produção de efeitos jurídicos[22].

O mesmo autor faz a seguinte classificação: os elementos gerais (que são constatados em todos os negócios jurídicos), ou seja, aqueles que em sua falta não existirá negócio jurídico nenhum – são: os intrínsecos (ou constitutivo) – forma, objeto e circunstancias negociais; e extrínsecos (ou pressupostos) – agente, lugar e tempo do negócio jurídico.

> Sem os citados elementos gerais, qualquer negócio torna-se impensável. Basta a falta de um deles para inexistir o negócio jurídico. Aliás, precisando ainda mais: se faltarem os elementos tempo ou lugar, não há sequer fato jurídico; sem agente, poderá haver fato, mas não ato jurídico; e, finalmente, sem circunstâncias negociais, forma ou objeto, poderá haver fato ou ato jurídico, mas não negócio jurídico A falta de qualquer um desses elementos acarreta, pois, a inexistência do negócio, seja como negócio, seja até mesmo como ato ou fato jurídico; nesse sentido, são eles elementos necessários e, se nos ativermos ao negócio jurídico como categoria geral, são também suficientes.[23]

É controverso na doutrina se cabe ao direito definir se um ato jurídico existe ou não – há entendimentos de que, em verdade, deve o direito negar repercussão a este fato, sem versar sobre existência. Ainda, corrobora-se

[21] Ibdem.

[22] AZEVEDO, Antonio Junqueira de. **Negócio jurídico**: existência, validade e eficácia. 4. ed. São Paulo: Editora Saraiva, 2002. E-book. ISBN 9788553615629. Disponível em: https://integrada.minhabiblioteca.com.br/#/books/9788553615629/. Acesso em: 01 fev. 2023.

[23] AZEVEDO, Antonio Junqueira de. **Negócio jurídico**: existência, validade e eficácia. 4. ed. São Paulo: Editora Saraiva, 2002. E-book. ISBN 9788553615629. Disponível em: https://integrada.minhabiblioteca.com.br/#/books/9788553615629/. Acesso em: 01 fev. 2023.

que a declaração de inexistência alude à necessidade de se fazerem presentes elementos essenciais, e assim, a discussão sobre a existência de um ato já considera que houve uma ação humana, pois, ao contrário disso, não haveria um problema[24].

2.2. Do plano da validade

Conforme explicitado acima, os planos da validade e da eficácia dependem intrinsecamente da existência do fato jurídico – uma vez determinado que este existe, é que se torna possível verificar sua validade e eficácia.

Posto isso, é mister definir o plano da validade, sendo que a validade é "[...] a parte do mundo jurídico em que se apura a existência ou a inexistência de défice nos elementos nucleares do suporte fáctico dos atos jurídicos que influem na sua perfeição, implicando serem válidos ou inválidos"[25].

O autor, portanto, explica que a análise da validade só é possível em ato jurídico *stricto sensu* e negócio jurídico, haja vista a necessidade da vontade humana como elemento nuclear do suporte fático[26].

O plano da eficácia não deve ser confundido com o plano da validade, uma vez que mesmo que um ato jurídico *lato sensu* possua vícios invalidantes, isso não significa, necessariamente, que não produzirá efeitos[27].

Para que um negócio jurídico seja válido, conforme preconiza o Código Civil, art. 104, requer a presença de agente capaz; objeto lícito, possível, determinado ou determinável; e forma prescrita ou não defesa em lei [28].

[24] SOUZA, Eduardo Nunes de. O negócio jurídico inexistente no direito brasileiro: esboço de uma desconstrução crítica. **Revista jurídica luso-brasileira**, a. 7, n. 2, p. 613-645, 2021, p. 627-628.

[25] MELLO, Marcos Bernardes de. **Teoria do fato jurídico**: plano da validade. 15. ed. São Paulo: Saraiva, 2019, p. 41.

[26] Ibdem.

[27] PONTES DE MIRANDA. **Tratado de direito privado**. Tomo IV. Campinas: Bookseller, 2002, p. 35.

[28] BRASIL. Lei nº 10.406, de 10 de janeiro de 2002. Institui o Código Civil. Brasília, DF: Presidente da República. Disponível em: https://www.planalto.gov.br/ccivil_03/leis/2002/l10406compilada.htm. Acesso em 02 fev. 2023.

Exemplifica Marcos Bernardes de Mello[29] que "a falta de capacidade civil do manifestante da vontade negocial, por exemplo, torna deficiente o suporte fático, causando a invalidade do negócio jurídico".

Para que um ato jurídico seja válido, este precisa ter passado pelo plano da existência; apenas o que existe é que pode ser analisado sob o prisma da validade; o mesmo se aplica ao plano da eficácia, conforme se verá a seguir.

2.3. Do plano da eficácia

Conforme a teoria geral do Direito Civil, a relação entre a norma jurídica e o fato é indissociável, haja vista que, no mundo jurídico, somente são admitidos como fatos relevantes juridicamente aqueles cujo recaem as normas jurídicas. Por sua vez, a norma jurídica, enquanto não se realiza no mundo os fatos, fica somente no plano meramente lógico, como uma proposição linguística, sem qualquer consequência prática no plano jurídico. Do mesmo modo, os fatos, mesmo que relevantes, para terem repercussão jurídica, precisam ser qualificados por normas jurídicas[30].

Nesse sentido, ao explicar o plano da eficácia, Marcos Bernardes de Mello, defende a existência de uma relação tríplice – nexo de causalidade – entre a eficácia jurídica, fato jurídico e a norma jurídica, uma vez que "com caráter de necessidade, não pode haver eficácia jurídica sem fato jurídico de que provenha, nem existir fato jurídico sem que decorra da incidência de norma jurídica."[31].

Assim, diz-se que a norma jurídica é a causa do fato jurídico e este é o da eficácia jurídica, ou seja, norma jurídica + suporte fático concreto = fato jurídico > eficácia jurídica[32]. A eficácia consiste, portanto, na "irradiação dos efeitos do fato jurídico, previstos na norma jurídica, quando esta incide sobre o suporte fático concreto, ou seja, naquilo que se efetivou no mundo da vida"[33]. Consoante, Pietro Perlingieri aduz:

[29] MELLO, Marcos Bernardes de. **Teoria do fato jurídico**: plano da validade. 15. ed. São Paulo: Saraiva, 2019, p. 95.

[30] Ibdem, p. 23.

[31] Ibdem, p. 29.

[32] Ibdem, p. 24.

[33] LÔBO, Paulo Luiz N. **Direito Civil**: parte geral. São Paulo: Editora Saraiva, 2022. E-book. v. 1. ISBN 9786555596816. Disponível em: https://integrada.minhabiblioteca.com.br/#/books/9786555596816/. Acesso em: 25 jan. 2023.

> O ensinamento tradicional distingue em primeiro lugar a fase da compreensão da manifestação, isto é, do ato de autonomia privada, e, em um momento ulterior, àquela da qualificação jurídica como interpretação da norma comparada ao fato ou fato comparado à norma. O momento sucessivo à qualificação, esse também autônomo e distinto lógica e cronologicamente do precedente, seria aquele da subsunção do ato na *fattispecie* abstrata prevista pela norma. Feita a subsunção, atribui-se ao fato uma eficácia, uma relevância jurídica, entendida ora como efeito a ser relacionado diretamente ao fato ora como efeito que reconhece no fato apenas a ocasião. Disso derivam a integração da normativa em sentido amplo e a sua aplicação ao fato[34].

Dessa forma, presentes os elementos e requisitos inerentes ao plano da existência – declaração de vontade, forma e objeto – e da validade – capacidade do agente, possibilidade jurídica e material do objeto, bem como sua determinabilidade, e a conformidade à forma prescrita em lei –, o negócio passa a produzir efeitos no mundo jurídico, aqueles pretendidos pela declaração de vontade das partes[35]

A eficácia, conforme Gustavo Tepedino e Milena Oliva[36], revela a aptidão do negócio jurídico vir a produzir os efeitos pretendidos pela declaração de vontade das partes. Os efeitos desejados dizem respeito ao "surgimento, alteração ou extinção de relações jurídicas; direitos subjetivos, deveres jurídicos, pretensões, obrigações, ações, qualidades jurídicas das pessoas e coisas."[37]

Nessa senda, Antônio Junqueira de Azevedo[38] sustenta que a análise do plano da eficácia do negócio jurídico não deve abranger "toda e

[34] PERLINGIERI, Pietro. **Perfis do Direito Civil**: introdução ao direito civil constitucional. 2. ed. Rio de Janeiro: Renovar, 2002, p. 101.

[35] TEPEDINO, Gustavo; OLIVA, Milena D. **Fundamentos de Direito Civil**: teoria geral do direito civil. São Paulo: Grupo GEN, 2021. v. 1. E-book. ISBN 9786559642434. Disponível em: https://integrada.minhabiblioteca.com.br/#/books/9786559642434/. Acesso em: 25 jan. 2023.

[36] Ibdem.

[37] LÔBO, Paulo Luiz N. **Direito Civil**: parte geral. São Paulo: Editora Saraiva, 2022. E-book. v. 1. ISBN 9786555596816. Disponível em: https://integrada.minhabiblioteca.com.br/#/books/9786555596816/. Acesso em: 25 jan. 2023.

[38] AZEVEDO, Antonio Junqueira de. **Negócio jurídico**: existência, validade e eficácia. 4. ed. São Paulo: Editora Saraiva, 2002. E-book. ISBN 9788553615629. Disponível em: https://integrada.minhabiblioteca.com.br/#/books/9788553615629/. Acesso em: 01 fev. 2023.

qualquer possível eficácia prática do negócio, mas sim, tão-só, da sua eficácia jurídica e, especialmente, da sua eficácia própria ou típica, isto é, da eficácia referente aos efeitos manifestados como queridos", ou seja, aqueles dispostos pelas partes no contrato no momento da declaração de suas vontades.

Assim, se nos negócios jurídicos e nos atos jurídicos *stricto sensu* estiverem presentes os elementos da validade, a eficácia se inicia a partir do momento em que adentra no mundo jurídico, ou seja, de forma imediata[39]. A partir do momento em que o fato adentra no mundo jurídico, já começa a produzir efeitos jurídicos, ainda que mínimos[40]. Todavia, é possível que os negócios jurídicos venham a ter eficácia mediata com o estabelecimento de condição (*condicio iuris*), ou termo, os quais provocam a irradiação total dos efeitos ou de alguns deles[41].

Esses três elementos – condição, o termo ou o encargo – embora denominados por Gustavo Tepedino e Milena Oliva como acidentais, uma vez incorporados ao negócio jurídico tornam-se essenciais para a concreta relação negocial. Na visão dos autores a acidentalidade se refere "à prescindibilidade desses elementos para a qualificação do tipo negocial abstratamente considerado, não já para, no ajuste de interesses celebrado, reputá-los menos relevantes para o desempenho da função perseguida pelas partes." [42].

De forma suscita, a condição constitui cláusula contratual que, derivando exclusivamente da vontade das partes, subordina o efeito do negócio jurídico a evento futuro e incerto (art. 121 a 130 do Código Civil). A incerteza deve ser objetiva e não subjetiva, e enquanto não implementada a condição, o ato não pode ser exigido pelas partes. Ademais, há certos atos ou negócios jurídicos puros que não comportam condição como exceção

[39] PONTES DE MIRANDA, Francisco Cavalcanti. **Tratado de direito privado**. Tomo IV. Campinas: Bookseller, 2002.

[40] MELLO, Marcos Bernardes de. **Teoria do fato jurídico**: plano de eficácia. São Paulo: Editora Saraiva, 2019, p. 41.

[41] PONTES DE MIRANDA, Francisco Cavalcanti. **Tratado de direito privado**. Tomo IV. Campinas: Bookseller, 2002.

[42] TEPEDINO, Gustavo; OLIVA, Milena D. **Fundamentos de Direito Civil**: teoria geral do direito civil. São Paulo: Grupo GEN, 2021. v. 1. E-book. ISBN 9786559642434. Disponível em: https://integrada.minhabiblioteca.com.br/#/books/9786559642434/. Acesso em: 25 jan. 2023.

dentro do ordenamento, como por exemplo os direitos de família puros e os direitos personalíssimos[43].

O termo, por sua vez, delimita a eficácia do negócio jurídico no tempo, podendo as partes fixarem quando a eficácia do ato começará e terminará (art. 131 a 135 do Código Civil). O termo, na visão de Sílvio Venosa[44], tem como pressuposto evento futuro e certo, e subdivide-se em: (i) inicial (ou suspensivo ou *dies a quo*), a partir do qual se pode exercer o direito. Nesse caso a eficácia é suspensa até a sua ocorrência; e (ii) final (ou extintivo ou *dies ad quem*), aquele no qual termina a produção de efeitos do negócio jurídico. Ao contrário do termo inicial, com o seu adimplemento resolve os efeitos do negócio jurídico.

O encargo ou modo, por fim, tem como pressuposto a imposição de restrição de liberdade ao beneficiário, "quer estabelecendo uma finalidade ao objeto do negócio, quer impondo uma obrigação ao favorecido, em benefício do instituidor ou de terceiro, ou mesmo da coletividade."[45]. O encargo, no entanto, não tem como pressuposto a contraprestação e caso venha a ocorrer, o acordo deixa de ser liberal para ser onerosa, desconfigurando assim o encargo (art. 136 e 137 do Código Civil).

Posto a conceituação dos elementos, faz-se relevante frisar que no campo doutrinário há classificações e denominações diferentes. Pontes de Miranda classifica a condição e o termo como pressupostos da eficácia ou requisitos para a irradiação do efeito que não são pressupostos (requisitos, elementos) do suporte fático. Para o autor, por já ter adentrado ao mundo jurídico, como fato jurídico, apenas falta um elemento fático para que expanda seu efeito[46].

Doutro lado, Antônio Junqueira de Azevedo compreende os elementos acidentais como fatores de eficácia do negócio jurídico, dividindo-os em três espécies: (i) os fatores de atribuição da eficácia em geral, ou seja,

[43] VENOSA, Sílvio de S. Direito Civil: parte geral. São Paulo: Grupo GEN, 2022. E-book. v. 1. ISBN 9786559772650. Disponível em: https://integrada.minhabiblioteca.com.br/#/books/9786559772650/. Acesso em: 25 jan. 2023.

[44] Ibdem.

[45] VENOSA, Sílvio de S. **Direito Civil**: parte geral. São Paulo: Grupo GEN, 2022. E-book. v. 1. ISBN 9786559772650. Disponível em: https://integrada.minhabiblioteca.com.br/#/books/9786559772650/. Acesso em: 25 jan. 2023.

[46] PONTES DE MIRANDA, Francisco Cavalcanti. **Tratado de direito privado**. Tomo IV. Campinas: Bookseller, 2002.

"aqueles sem os quais o ato praticamente nenhum efeito produz"; (ii) os fatores de atribuição da eficácia diretamente visada, os quais são "aqueles indispensáveis para que um negócio"; (iii) os fatores de atribuição de eficácia mais extensa, que correspondem "àqueles indispensáveis para que um negócio, já com plena eficácia, inclusive produzindo exatamente os efeitos visados, dilate seu campo de atuação, tomando-se oponível a terceiros ou, até mesmo, erga omnes"[47].

Para Marcos Bernardes de Mello[48] a condição, termo e encargo constituem restritivos à eficácia plena do negócio jurídico, denominando-os como limitadores. Ao seu ver, são classificados como limitadores de ordem: (i) pessoal, refere-se à impossibilidade de que atos de terceiro venha a interferir, de forma eficaz, em esfera jurídica de outrem, sob pena constituir ato jurídico ilícito indenizável, se houver dano patrimonial; (ii). natural, quando a produção de seus efeitos próprios é condicionada à ocorrência de eventos futuros; (iii) volitiva, em que as parte, utilizando-se da autonomia privada, estabelecem termos e condições à produção dos efeitos declarados. Tal vontade não pode alterar ou impedir que eficácia cogentemente prevista pela lei se realize; (iv) normativa, em que o legislador tem o poder de limitar, protrair, restaurar, dar imediatidade, modificar ou extinguir efeitos jurídicos, respeitados, porém, os limites traçados pelo princípio da irretroatividade da lei, desde que não prejudiquem o ato jurídico perfeito, o direito adquirido ou a coisa julgada; (v) espacial, no qual a eficácia jurídica de um fato jurídico está ligada e limitada ao âmbito de vigência da norma jurídica que o gerou; e (vi) temporal, em que o término temporal da vigência da norma não provoca influência sobre a eficácia dos fatos jurídicos criados por sua incidência.

Nessa senda, expostos os elementos configuradores do plano da eficácia dos contratos, passa-se à análise da aplicação dos planos da teoria do negócio jurídico ao instrumento jurídico que visa regulamentar a união estável, qual seja, o contrato de convivência.

47 AZEVEDO, Antonio Junqueira de. **Negócio jurídico**: existência, validade e eficácia. 4. ed. São Paulo: Editora Saraiva, 2002. E-book. ISBN 9788553615629. Disponível em: https://integrada.minhabiblioteca.com.br/#/books/9788553615629/. Acesso em: 01 fev. 2023.

48 MELLO, Marcos Bernardes de. Teoria do fato jurídico: plano de eficácia. São Paulo: Editora Saraiva, 2019, p. 41-48.

3. Da aplicação dos planos da teoria do negócio jurídico ao contrato de união estável

Dada a sua natureza social, desde os primórdios, os homens relacionam-se uns com os outros, por intermédio de acordos de vontades. Nesse cenário, emerge a autonomia como elemento essencial da vida humana, permitindo uma análise não só da evolução de seu próprio conceito polissêmico, mas dos efeitos que essa alteração trouxe para a seara dos negócios jurídicos e das consequentes relações jurídicas.

A partir das revoluções burguesas, abre-se espaço para a ascensão liberal e voluntarista em detrimento ao absolutismo totalitário. A vontade é elevada a nível máximo, inaugurando o paradigma clássico negocial e dando origem à autonomia da vontade enquanto poder conferido às partes para estipular suas relações como bem lhes aprouver, figurando o negócio jurídico como lei[49].

Nesse período as relações privadas eram regidas pela vontade e, como consequência da igualdade formal elucidada na época, essa vontade fazia-se lei entre as partes. Com as revoluções burguesas, o instrumento contratual ganha forma, ao passo que os negócios jurídicos, até então apenas patrimoniais, eram vislumbrados como um conjunto de vontades, unilaterais ou bilaterais[50].

Ocorre que, embora esse liberalismo extremado tenha gerado uma sensação de liberdade e igualdade, tal ocorria apenas no campo formal. Embora iguais perante a lei, esse império da vontade abria margem para o aumento das desigualdades entre os particulares[51]. Em síntese, em que

[49] AMARAL, Ana Cláudia Corrêa Zuin Mattos do; PONA, Éverton Willian. Fragmentos da autonomia e respeito à pessoa: um referencial de múltiplas fontes. In: ARAUJO JUNIOR, Miguel Etinger; AMARAL, Ana Cláudia Corrêa Zuin Mattos do (org.). **Estudos em direito negocial**: relações privadas e direitos humanos. São Paulo: Boreal, 2015, p. 58-59.

[50] MARQUESI, Roberto Wagner; MARTINS, Priscila Machado. Eficácia horizontal dos direitos fundamentais e negócios jurídicos existenciais. In: PONA, Éverton Willian; AMARAL, Ana Cláudia Corrêa Zuin Mattos do; MARTINS, Priscila Machado. (cood.). **Negócio jurídico e liberdades**: autonomia privada e situações jurídicas existenciais. Curitiba: Juruá, 2016, p. 140-142.

[51] BUCAR, Daniel; TEIXEIRA, Daniele Chaves. Autonomia e Solidariedade. In: TEPEDINO, Gustavo; TEIXEIRA, Ana Carolina Brochado; ALMEIDA, Vitor. (coord.). **O Direito Civil entre o sujeito e a pessoa**: estudos em homenagem ao professor Stefano Rodotà. Belo Horizonte: Fórum, 2016, p. 103.

pese a "liberdade" fosse partilhada por todos perante a lei, na prática, ela era um regalo de poucos.

Diante dessa conjuntura e, considerando o cenário do pós-Guerras Mundiais, o Estado Social, mais intervencionista, inaugura o paradigma moderno, ao passo que a autonomia da vontade altera sua adjetivação e torna-se autonomia privada. Os particulares continuaram a regulamentar suas relações, todavia, observando os limites da Ordem Pública impostos pelo Estado[52].

No contexto brasileiro, essa transição do paradigma clássico para o moderno, do império da autonomia da vontade para a autonomia privada, é marcada pelo fenômeno da "Constitucionalização do Direito Privado", a partir da qual, os princípios até então tipicamente privados integrantes do Código Civil – Constituição Privada – foram elevados à Constituição. Não se tratou de um esvaziamento do Direito Privado ou uma simples transferência de temas, mas uma forma de superar a forte separação entre o ramo Público e Privado, ressignificando institutos a partir de valores e diretrizes constitucionais[53].

Nessa senda, ocorre o abandono da vertente excessivamente patrimonialista, do sujeito como indivíduo abstrato e genérico para a adoção de uma legislação privada centrada no ser humano, no exercício de sua dignidade para a consecução de uma sociedade livre, justa e solidária. Com essa quebra paradigmática no âmbito contratual, o sujeito foi posto em centralidade e, considerando um Estado social e a repersonalização do Direito Privado, o surgimento das cláusulas gerais de boa-fé objetiva, equilíbrio econômico contratual e função social dos contratos permitiu transcender-se a mera subsunção do fato à norma, dado que na prática, surgiram determinadas situações desconexas, todavia, de direitos e deveres positivados[54].

[52] PERLINGIERI, Pietro. **Perfis do Direito Civil**: introdução ao direito civil constitucional. 2. ed. Rio de Janeiro: Renovar, 2002, p. 17-21.

[53] LIMA, Caroline Melchiades Salvadego Guimarães de Souza; SANTOS, Pedro Henrique Amaducci Fernandes dos; MARQUESI, Roberto Wagner. Negócios jurídicos contemporâneos: a efetivação da dignidade da pessoa humana com alicerce nos contratos existenciais. **Civilistica.com**. a.7, n.3, 2018. Disponível em: https://civilistica.emnuvens.com.br/redc/article/view/373. Acesso em: 19 jun. 2020, p. 8.

[54] Ibdem, p. 9.

Diante da centralidade conferida à dignidade humana e tendo em vista as inovações tecnológicas e biomédicas, bem como as mudanças das relações interpessoais, emergiram interesses juridicamente relevantes, mas não vinculados a um direito objetivo[55]. Devido à relevância jurídica e a ausência de norma, a regulamentação desses interesses, chamados de situações jurídicas, ficaram à cargo da autonomia, dos negócios jurídicos. O conceito tradicional de "relação jurídica", onde os "sujeitos são titulares de um direito subjetivo" fez-se insuficiente[56].

Destarte, inaugura-se o paradigma pós-moderno e a figura da autodeterminação. Nesse sentido, a autonomia privada, relacionada à auto regulação dos interesses patrimoniais privados, é ampliada através do conceito de autodeterminação, a fim de abranger não apenas interesses patrimoniais, mas também existenciais. Por intermédio dessa autodeterminação, os sujeitos permanecem livres para autogovernar seus interesses, sejam eles patrimoniais ou extrapatrimoniais, à luz da Dignidade da Pessoa Humana.

Os negócios jurídicos abandonaram o caráter estritamente patrimonial e flexibilizaram-se a ponto de tornar possível a realização de acordos cujo objeto reflita o "mínimo existencial das pessoas, o que lhes confere o caráter de essencialidade, no sentido de que acessam bem jurídicos fundamentais como a liberdade, a honra, a moradia, a educação etc."[57].

Nesse sentido, atentando-se para interesses existenciais juridicamente consideráveis e situações fáticas, que ingressam sem normativa, cita-se a figura da união estável que, após a promulgação da Constituição Federal de 1988, saiu das sombras e passou a ser reconhecida como uma entidade familiar, configurada na convivência pública, contínua e duradoura, com

[55] PERLINGIERI, Pietro. **Perfis do Direito Civil**: introdução ao direito civil constitucional. 2. ed. Rio de Janeiro: Renovar, 2002, p. 106.

[56] LÊDO, Ana Paula Ruiz; SABO, Isabela Cristina; AMARAL, Ana Cláudia Corrêa Zuin Mattos do. **Existencialidade humana**: o negócio jurídico na visão pós-moderna. Civilistica.com. Rio de Janeiro, a. 6, n. 1, 2017. Disponível em: http://civilistica.com/existencialidade-humana-o-negocio-juridico/. Acesso em 21 jun. 2020, p. 10.

[57] MARQUESI, Roberto Wagner; MARTINS, Priscila Machado. Eficácia horizontal dos direitos fundamentais e negócios jurídicos existenciais. In: PONA, Éverton Willian; AMARAL, Ana Cláudia Corrêa Zuin Mattos do; MARTINS, Priscila Machado. (cood.). **Negócio jurídico e liberdades**: autonomia privada e situações jurídicas existenciais. Curitiba: Juruá, 2016, p. 150-151.

o objetivo de constituição de família (art. 1.723 do Código Civil). Como repercussão, na esfera contratual possibilitou-se a pactuação, por contrato por escrito, entre os companheiros, de aspectos fundamentais das relações patrimoniais e existenciais (art. 1.725 do Código Civil).

É importante destacar que houve um decréscimo nos vínculos hierárquicos das famílias, o que abriu maior possibilidade de contratação por iniciativa particular, pois a incapacidade decorrente do âmbito familiar cedeu lugar às funcionalidades do contrato[58].

3.2. Do contrato de união estável

Feitas as considerações alhures torna-se possível a análise e interpretação de como o contrato de convivência pode ingressar no mundo jurídico em razão das peculiaridades inerentes a tal instituto.

O contrato de convivência passa a ser o instrumento jurídico pelo qual os sujeitos de uma união estável promovem regulamentações quanto aos reflexos da relação por eles constituída[59]. Nele podem ser pactuados aspectos relevantes da relação afetiva, como questões relacionadas ao regime de bens, administração das finanças do casal, responsabilidades domésticas, direitos e deveres, assim como assuntos atinentes à questões extrapatrimoniais, como obrigações existenciais, desde que não sejam contra legem e infrinjam direitos fundamentais indisponíveis[60].

Em relação ao próprio contrato de união estável, Rodrigo da Cunha Pereira assevera que este é válido a partir de um instrumento escrito, não sendo essencial nenhuma outra formalidade para sua validade, ressalvando que deve estar presente a manifestação de vontade de ambos os companheiros[61].

Entretanto, para a configuração e aplicação dos efeitos da união estável não é necessária a existência do contrato de convivência, haja vista que não é considerado pressuposto obrigatório, podendo ser firmado a

[58] ROPPO, Enzo. **O Contrato**. Coimbra: Almedina, 2020, p. 70-71.

[59] CAHALI, Francisco José. **Contrato de convivência na união estável**. São Paulo: Saraiva, 2002, p. 55-56.

[60] PERLINGIERI, Pietro. **Perfis do Direito Civil**: introdução ao direito civil constitucional. 2. ed. Rio de Janeiro: Renovar, 2002, p. 254.

[61] PEREIRA, Rodrigo da Cunha. **Concubinato e união estável**. 9ª ed. São Paulo: Saraiva, 2016, p. 66.

qualquer tempo, mesmo depois da formação da entidade convivência e até depois do rompimento do relacionamento, caso seus partícipes desejem regulamentar os efeitos da união desfeita[62]. Conforme Euclides Benedito de Oliveira:

> [...] a formalização da vida comum dos companheiros ou conviventes mediante contrato escrito, ainda que não essencial e com as restrições apontadas, mostra-se recomendável e útil para sinalizar as regras do tempo de via em comum, especialmente na esfera da formação do patrimônio e sua administração. O instrumento escrito, tanto no início quanto no término da convivência, certamente prevenirá muitos litígios, permitindo o acertamento amigável das relevantes questões resultantes dos efeitos jurídicos da entidade familiar oriunda da união estável[63].

Isto posto, faz-se imperiosa a verificação da aplicação dos planos da existência, validade e eficácia do contrato de convivência para o objetivo ao que se propõe, qual seja, regulamentar os liames econômicos e existenciais dos companheiros.

No aspecto da existência e validade, Rolf Madaleno aduz que, por se tratar de um contrato, exige-se que o agente seja capaz (art. 104, inc. I do Código Civil); o objeto seja lícito e forma prescrita ou não defesa em lei (art. 104, incs. II e III do Código Civil). Quanto à forma especial para a declaração de vontade não há exigência formal especial (arts. 107 e 1.725 do Código Civil), "sendo livre a escolha do contrato particular ou público, embora o último seja mais seguro, na hipótese de discussão judicial acerca da eficácia do negócio jurídico"[64].

Em consonância, Sílvio Venosa sustenta que "com a dicção constitucional, portanto, o âmbito de validade dos chamados contratos de

[62] MADALENO, Rolf. **Direito de Família**. São Paulo: Grupo GEN, 2022. E-book. ISBN 9786559644872. Disponível em: https://integrada.minhabiblioteca.com.br/#/books/9786559644872/. Acesso em: 13 fev. 2023.

[63] OLIVEIRA, Euclides Benedito de. **União estável**: comentários às leis n. 8.971/94 e 9.278-96, direitos e ações dos companheiros. 5. ed. São Paulo: Paloma, 2000, p. 63.

[64] MADALENO, Rolf. **Direito de Família**. São Paulo: Grupo GEN, 2022. E-book. ISBN 9786559644872. Disponível em: https://integrada.minhabiblioteca.com.br/#/books/9786559644872/. Acesso em: 13 fev. 2023.

convivência deslocou-se para o exame do alcance de seu conteúdo ou eficácia, não mais sendo discutida sua validade."[65].

Todavia, embora não tenha forma preestabelecida ou já determinada para sua eficácia, para que o contrato de convivência seja considerado válido e produza os efeitos declarados pelas partes, é necessário que seja realizado por escrito e não apenas verbal[66].

Isso porque o art. 1.725 disciplina que o contrato escrito entre os companheiros pode vir a regulamentar as relações patrimoniais dos companheiros. Assim, considerando a sua utilidade principal – instrumento de prova da união estável – é imprescindível que o contrato de convivência seja atestado por testemunhas se realizado por instrumento particular, sendo esta exigência dispensada se formalizado por instrumento público, podendo o contrato ser levado a registro no Cartório de Títulos e Documentos, para que produza efeitos em relação à terceiros (art. 127 da Lei n. 6.015/1973).

A eficácia do contrato de convivência, por sua vez, está condicionada à caracterização, pelas circunstâncias fáticas, da entidade familiar em razão do comportamento das partes, ou seja, está adstrita à configuração dos elementos necessários da união estável previstos no art. 1.723 do Código Civil – convivência pública, contínua e duradoura e estabelecida com o objetivo de constituição de família. Francisco José Cahali adverte, ainda, que "a união estável apresenta-se como *condicio juris ao pacto,* de tal sorte que, se aquela inexistir, a convenção não produz os efeitos nela projetados"[67].

Destarte, Rafael Calmon assevera que o contrato escrito de convivência não demanda maiores formalidades em razão da própria informalidade que permeia o instituto da união estável – sendo possível inclusive ser instrumentalizado por contrato particular celebrado no curso de um relacionamento já existente com eficácia (entre os contratantes) imediata.[68]

[65] VENOSA, Sílvio de S. **Direito Civil**: parte geral. São Paulo: Grupo GEN, 2022. E-book. v. 1. ISBN 9786559772650. Disponível em: https://integrada.minhabiblioteca.com.br/#/books/9786559772650/. Acesso em: 25 jan. 2023.

[66] CAHALI, Francisco José. **Contrato de convivência na união estável**. São Paulo: Saraiva, 2002, p. 55-56.

[67] CAHALI, Francisco José. **Contrato de convivência na união estável**. São Paulo: Saraiva, 2002, p. 306.

[68] CALMON, Rafael. **Partilha de bens**. 2ª ed. São Paulo: Saraiva Educação, 2019, p. 42-44.

Válido alerta sobre a incidência das normas em uniões estáveis desprovidas de contrato: "[...] de modo absolutamente contrário ao que ocorre no matrimônio, as uniões estáveis desprovidas de contrato permitem que mais um regramento normativo discipline as questões patrimoniais contraídas durante sua existência"[69]

À vista do exposto, tem-se que os elementos configuradores da união estável são distintos e independentes dos pressupostos de existência, validade e eficácia do contrato de convivência, haja vista que aquela, por se tratar de um estado de fato, pode existir, ser válida e eficaz ainda que as partes não tenham firmado entre si o negócio jurídico para regular questões patrimoniais e existências oriundas do relacionamento. No entanto, a máxima não se aplica de forma inversa, uma vez que o contrato de união estável, de nada valerá se não for acompanhado de uma efetiva convivência familiar entre os companheiros.

Conclusões

A união estável, inicialmente denominada concubinato, sofreu inúmeras mudanças ao longo dos anos. No início, considerava-se uma união inferior, desprovida de tutela do Estado; posteriormente, esta foi considerada entidade familiar e protegida constitucionalmente.

No entanto, o que se observa é que, ainda que considerada família, as uniões estáveis possuem como característica o informalismo, haja vista se tratar de situação fática que independe de qualquer celebração.

A contratualização das relações familiares é uma realidade da contemporaneidade, isso se deu a partir da autonomia existencial, o que possibilitou que os indivíduos exercessem a autodeterminação, regulamentando seus interesses de forma a atender seus interesses de personalidade.

Por conseguinte, o contrato de união estável se mostra uma ferramenta eficaz para trazer maior segurança jurídica aos envolvidos, uma vez que é possível versar sobre efeitos patrimoniais (exemplo: estipulação de regime de bens), pessoais (exemplo: dever de fidelidade), bem como delimitar o início da união.

Contudo, importante salientar que ainda que o contrato de união estável seja válido, existem peculiaridades, justamente por se tratar de um contrato de família; neste cenário, tem-se que, ao contrário de outros

[69] Ibdem.

negócios jurídicos, a manifestação da vontade expressa não é suficiente para configurar a união estável, é imprescindível a presença dos demais requisitos: convivência pública, contínua e duradoura.

Por conseguinte, tem-se que o contrato de união estável é existente, quando exteriorizada a vontade e refletir a situação fática; não há como se falar em validade e eficácia das cláusulas se não for verificada a união estável no mundo fático.

Tem-se, por fim, que a união estável não prescinde de solenidade, mas o contrato pode trazer maior segurança jurídica para as partes, bem como sanar diversos problemas no momento da dissolução.

Referências

AMARAL, Ana Cláudia Corrêa Zuin Mattos do; MARTINS, Priscila Machado. (cood.). **Negócio jurídico e liberdades**: autonomia privada e situações jurídicas existenciais. Curitiba: Juruá, 2016.

AMARAL, Ana Cláudia Corrêa Zuin Mattos do; PONA, Éverton Willian. Fragmentos da autonomia e respeito à pessoa: um referencial de múltiplas fontes. *In:* ARAUJO JUNIOR, Miguel Etinger; AMARAL, Ana Cláudia Corrêa Zuin Mattos do (org.). **Estudos em direito negocial**: relações privadas e direitos humanos. São Paulo: Boreal, 2015.

AMARAL, Francisco. **Direito Civil:** introdução. 10 ed. rev. e mod. São Paulo: Saraiva Educação, 2018.

AZEVEDO, Antonio Junqueira de. **Negócio jurídico:** existência, validade e eficácia. 4. ed. São Paulo: Editora Saraiva, 2002. E-book. ISBN 9788553615629. Disponível em: https://integrada.minhabiblioteca.com.br/#/books/9788553615629/. Acesso em: 01 fev. 2023.

BARON, Kelly. **A união de facto no direto comparado**: Portugal e Brasil. Porto, 2016, 37f. Dissertação (Mestrado em Direito) – Universidade Católica Portuguesas, Porto, 2016.

BRASIL. Lei nº 10.406, de 10 de janeiro de 2002. **Institui o Código Civil**. Brasília, DF: Presidente da República. Disponível em: https://www.planalto.gov.br/ccivil_03/leis/2002/l10406compilada.htm. Acesso em 02 fev. 2023.

BRASIL. Constituição (1988). **Constituição da República Federativa do Brasil de 1988**. Brasília, Distrito Federal: Senado Federal, 2023. Disponível em: <https://shorturl.at/dJO47>. Acesso em 19 jan. 2023.

BARROSO, Luís Roberto. **Curso de Direito Constitucional Contemporâneo**: Os conceitos fundamentais e a construção do novo modelo. 5. ed. São Paulo: Saraiva, 2015.

BETTI, Emílio. **Teoria Geral do Negócio Jurídico**. Campinas: Servanda, 2008.

BITTENCOURT, Edgar de Moura. **Concubinato.** São Paulo: LEUD, 1975.

BUCAR, Daniel; TEIXEIRA, Daniele Chaves. Autonomia e Solidariedade. In: TEPEDINO, Gustavo; TEIXEIRA, Ana Carolina Brochado; ALMEIDA, Vitor. (coord.). **O Direito Civil entre o sujeito e a pessoa:** estudos em homenagem ao professor Stefano Rodotà. Belo Horizonte: Fórum, 2016.

CAHALI, Francisco José. **Contrato de convivência na união estável**. São Paulo: Saraiva, 2002.

CALMON, Rafael. **Partilha de bens.** 2ª ed. São Paulo: Saraiva Educação, 2019.

CAVALEIRO, Tiago Nunes Pimentel. **A união de facto no ordenamento jurídico português:** Análise de alguns aspectos de índole patrimonial. Coimbra, 2015, 55f. Dissertação (Mestrado em Ciências Jurídico-Forenses) – Faculdade de Direito – Universidade de Coimbra, Coimbra, 2015.

LÊDO, Ana Paula Ruiz; SABO, Isabela Cristina; AMARAL, Ana Cláudia Corrêa Zuin Mattos do. **Existencialidade humana:** o negócio jurídico na visão pós-moderna. **Civilistica.com**. Rio de Janeiro, a. 6, n. 1, 2017. Disponível em: http://civilistica.com/existencialidade-humana-o-negocio-juridico/. Acesso em 21 jun. 2020.

LIMA, Caroline Melchiades Salvadego Guimarães de Souza; SANTOS, Pedro Henrique Amaducci Fernandes dos; MARQUESI, Roberto Wagner. Negócios jurídicos contemporâneos: a efetivação da dignidade da pessoa humana com alicerce nos contratos existenciais. **Civilística.com**. a.7, n.3, 2018. Disponível em: https://civilistica.emnuvens.com.br/redc/article/view/373. Acesso em: 19 jun. 2020.

LÔBO, Paulo Luiz N. **Direito Civil:** parte geral. São Paulo: Editora Saraiva, 2022. E-book. v. 1. ISBN 9786555596816. Disponível em: https://integrada.minhabiblioteca.com.br/#/books/9786555596816/. Acesso em: 25 jan. 2023.

MADALENO, Rolf. **Direito de Família.** São Paulo: Grupo GEN, 2022. E-book. ISBN 9786559644872. Disponível em: https://integrada.minhabiblioteca.com.br/#/books/9786559644872/. Acesso em: 13 fev. 2023.

MARQUESI, Roberto Wagner; MARTINS, Priscila Machado. Eficácia horizontal dos direitos fundamentais e negócios jurídicos existenciais. In: PONA, Éverton Willian; AMARAL, Ana Cláudia Corrêa Zuin Mattos do; MARTINS, Priscila Machado. (cood.). **Negócio jurídico e liberdades**: autonomia privada e situações jurídicas existenciais. Curitiba: Juruá, 2016.

MELLO, Marcos Bernardes de. **Teoria do Fato Jurídico**. 3. ed. São Paulo: Saraiva, 1988.

____. **Teoria do fato jurídico:** plano da validade. 15. ed. São Paulo: Saraiva, 2019.

____. **Teoria do fato jurídico:** plano de eficácia. São Paulo: Editora Saraiva, 2019. E-book. ISBN 9788553611874. Disponível em: https://integrada.minhabiblioteca.com.br/#/books/9788553611874/. Acesso em: 01 fev. 2023.

NALIN, Paulo. **Do contrato:** conceito pós-moderno – em busca de sua formulação na perspectiva civil-constitucional. 2ª ed. rev. atu. Curitiba: Juruá, 2008.

OLIVEIRA, Euclides Benedito de. **União estável:** comentários às leis n. 8.971/94 e 9.278-96, direitos e ações dos companheiros. 5. ed. São Paulo: Paloma, 2000.

PERLINGIERI, Pietro. **Perfis do Direito Civil**: introdução ao direito civil constitucional. 2. ed. Rio de Janeiro: Renovar, 2002.

____. **Perfis de direito civil:** introdução ao direito civil constitucional. Tradução de Maria Cristina de Cicco. 3 ed. Rio de Janeiro: Renovar, 2007.

PEREIRA, Rodrigo da Cunha; FACHIN, Edson. **Direito das Famílias**. São Paulo: Grupo GEN, 2021. E-book. ISBN 9786559642557. Disponível em: https://app.minhabiblioteca.com.br/#/books/9786559642557/. Acesso em: 01 fev. 2023.

PEREIRA, Rodrigo da Cunha. **Concubinato e união estável**. 9ª ed. São Paulo: Saraiva, 2016.

____. **Direito de família**: Uma abordagem psicanalítica. 3. ed. Belo Horizonte: Del Rey, 2003.

PONTES DE MIRANDA, Francisco Cavalcanti. **Tratado de direito privado**. Tomo III. 4. ed. São Paulo: RT, 1974.

____. **Tratado de direito privado.** Tomo IV. Campinas: Bookseller, 2002.

____. **Tratado de direito privado**. Tomo V. Campinas: Bookseller, 2002.

ROPPO, Enzo. **O Contrato**. Coimbra: Almedina, 2020.

SOUZA, Eduardo Nunes de. **O negócio jurídico inexistente no direito brasileiro:** esboço de uma desconstrução crítica. Revista jurídica luso-brasileira, a. 7, n. 2, p. 613-645, 2021.

TARTUCE, Flávio. **Direito Civil**: Direito de família. 12. ed. Rio de Janeiro: Forense, 2017.

____. **Manual de Direito Civil** – Volume Único. São Paulo: Grupo GEN, 2022. E-book. ISBN 9786559643134. Disponível em: https://app.minhabiblioteca.com.br/#/books/9786559643134/. Acesso em: 04 fev. 2023.

TEPEDINO, Gustavo; OLIVA, Milena D. **Fundamentos de Direito Civil:** teoria geral do direito civil. São Paulo: Grupo GEN, 2021. v. 1. E-book. ISBN 9786559642434. Disponível em: https://integrada.minhabiblioteca.com.br/#/books/9786559642434/. Acesso em: 25 jan. 2023.

VENOSA, Sílvio de S. **Direito Civil:** parte geral. São Paulo: Grupo GEN, 2022. E-book. v. 1. ISBN 9786559772650. Disponível em: https://integrada.minhabiblioteca.com.br/#/books/9786559772650/. Acesso em: 25 jan. 2023.

____. **Direito Civil:** família e sucessões. São Paulo: Grupo GEN, 2022. v.5. E-book. ISBN 9786559773039. Disponível em: https://integrada.minhabiblioteca.com.br/#/books/9786559773039/. Acesso em: 29 jan. 2023.

VIANA, Marco Aurélio da Silva. **Da união estável**. São Paulo: Saraiva, 1999.

16. VALIDADE DO NEGÓCIO JURÍDICO CELEBRADO POR PESSOA COM DEFICIÊNCIA INTELECTUAL

PRISCILA PEREIRA

Introdução

O presente artigo tem por objetivo, fazer uma análise material no que diz respeito à temática da capacidade civil no âmbito da pessoa com deficiência intelectual, buscando construir um posicionamento crítico reflexivo acerca do fenômeno jurídico implantado pelo estabelecimento da Lei nº 13.146/2015 – também conhecida como Estatuto da Pessoa com Deficiência – na teoria brasileira das incapacidades civis.

Desta forma, será apresentada uma breve análise à cerca da Convenção da ONU sobre os Direitos da Pessoa com Deficiência (CDPD) na elaboração da lei mencionada. Posteriormente, se avançara a teoria das incapacidades civis nos períodos pré e pós chegada do Estatuto da Pessoa com Deficiência, e então, será feita uma exposição à cerca das consequências jurídicas sucedidas do regime de incapacidades civis implantado pela nova lei.

É possível afirmar que que a Convenção Internacional Sobre Direitos das Pessoas com Deficiência trouxe novo paradigma para a capacidade civil no Direito brasileiro e a Lei Brasileira de Inclusão da Pessoa com Deficiência trouxe vários benefícios àqueles que anteriormente eram, direta e indiretamente, discriminados pela sociedade como incapazes e em estado de vulnerabilidade.

Em decorrência da alteração do paradigma, as pessoas com deficiência conservam presunção de plena capacidade civil, podendo instituir no mínimo dois apoiadores para auxiliá-lo nas decisões sobre a vida civil, privilegiando a autonomia destas pessoas.

Em meio as diversas alterações legais, o artigo 116 da citada lei incluiu o artigo 1.783-A do Código Civil, instituindo a denominada tomada de decisão apoiada. No seu §6º, preconiza-se que, se eventual negócio jurídico trouxer prejuízos ou riscos, havendo divergência entre os apoiadores e o apoiado, após a oitiva do Ministério Público o juiz decidirá sobre a questão controvertida.

No entanto, se a tomada de decisão apoiada se der diante do Poder Judiciário, será possível levar à nulificação de determinado negócio jurídico. Desta forma surge o questionamento se isso seria uma contravenção à plena capacidade das pessoas com deficiência?

Enfim, existe um posicionamento onde se defende que o parágrafo 6º seja inconstitucional e inconvencional, apoia que não existe limitação da hipótese de incidência do parágrafo 6º, ponderando que pessoas com deficiência intelectual podem ter algum tipo de dificuldade para decidir sobre negócios jurídicos, tendo em vista que alguns negócios jurídicos podem supostamente gerar prejuízos a estas pessoas, de maneira que incumbirá ao juiz a decisão sobre a validade de determinado negócio jurídico, onerando a capacidade da pessoa plenamente capaz. Também é questionado se o deficiente, com sua capacidade de fato preservada, pode compreender os ricos que o negócio jurídico pode gerar, não sendo possível a intervenção judicial.

Porém, também o outro posicionamento entende que referido o parágrafo 6º percorreu de forma oposta do que se esperava, sendo inconstitucional e inconvencional, tendo em vista que, retirou a "capacidade plena, independência, autossuficiência e autonomia individual, e a igualdade de oportunidades e respeito às diferenças, e além disso amparara que a tomada de decisão apoiada é facultativa e não impõe a incapacidade da pessoa, sendo categoricamente injusto que o negócio seja anulado nesse caso.

Além do mais, esta corrente, apoia que essa será uma nova hipótese de anulação instintiva do negócio jurídico. Porém, se a lei prevê que apenas nos negócios jurídicos relevantes o problema poderá ser encaminhado ao Judiciário, prevalecerá, em compensação, a escolha do apoiado nos casos de menor relevância.

Por outro lado, é possível que o parágrafo 6º ao qual estamos nos referindo presuma que todo negócio jurídico traz consigo prejuízos e, mesmo assim, ouvido o Ministério Público, o juiz poderá alterar a vontade da pessoa com deficiência, e em caso de desacordo de vontade entre os apoiadores que possuírem pensamentos diferentes dos apoiados é possível a anulabilidade do ato, desde que provada a incapacidade ou deficiência incapacitante para o exercício da capacidade de fato e dos prejuízos e riscos, além de outras alegações indicadas que serão exploradas no decorrer deste trabalho.

Por fim, abordaremos duas formas de solução para as contradições originadas ao sistema e às consequentes faltas de proteção ocasionadas às pessoas anteriormente consideradas relativa ou absolutamente incapazes. Desta forma, é possível concluir que, apesar de todos os argumentos exibidos, não existe entendimento semelhante a respeito da irregularidade ou regularidade do parágrafo 6º do artigo 1.783-A do Código Civil, pois, existe doutrinadores que defende ser inconstitucional e inconvencional, sendo, no entanto, inaplicável. E existe outros que entendem se tratar de uma nova hipótese de anulabilidade do negócio jurídico.

Com relação a metodologia científica, foi utilizado o método dedutivo de realização da pesquisa, com amparo em pesquisa bibliográfica, análise de artigos científicos, bem como decisões e notícias disponibilizadas em sites de grande confiabilidade.

1. Conceito de pessoa com deficiência e fundamentos

O Estatuto da Pessoa com Deficiência (Lei no 13.146/2015) teve origem direta da Convenção sobre os Direitos das Pessoas com Deficiência, da Organização das Nações Unidas, que foi sancionada, no Brasil, pelo Decreto Legislativo no 186, de 9 de julho de 2008, e promulgada pelo Decreto Presidencial no 6.949/ 2009, com posição de norma constitucional, à luz do art. 5º, § 3º da Constituição da República, tanto por conduzir matéria relativa aos direitos humanos, quanto por ter sido aprovada, em dois turnos, pelas duas Casas do Congresso Nacional. O artigo 41, a e b, da Convenção, constituiu, dentre as obrigações gerais dos Estados Partes, o compromisso de adotar todas as medidas legislativas e de qualquer outra natureza, necessárias para a realização dos direitos reconhecidos na convenção, da mesma forma para revogar leis, regulamentos, costumes e práticas vigentes, que estabelecerem discriminação contra pessoas com deficiência.

Desta forma, consoante a hierarquia normativa relativa ao ordenamento jurídico brasileiro, o Estatuto da Pessoa com Deficiência tem seu fundamento de validade direto na referida Convenção. Ou seja, qualquer regra prevista no Estatuto da Pessoa com Deficiência deve ter como base de interpretação sua conformidade com a Convenção sobre os Direitos das Pessoas com Deficiência, especificamente os princípios esculpidos no diploma normativo internacional, como no Preambulo que se refere a proteção presente nos incisos j e y; e artigo 3º, alínea a.

Já o artigo 1º da Convenção define como pessoas com deficiência, aquelas que têm impedimentos de longo prazo de natureza física, mental, intelectual ou sensorial, os quais, em interação com diversas barreiras, podem obstruir sua participação plena e efetiva na sociedade em igualdade de condições com as demais pessoas. O referido conceito foi repetido, com pequenas alterações, no art. 2º do Estatuto da Pessoa com Deficiência.

Já conforme descreve o autor Hosni, trata-se "de uma noção interacionista de deficiência que, para ser afirmada em um caso concreto, depende de uma avaliação biopsicossocial, realizada por equipe multiprofissional e interdisciplinar, considerando os impedimentos nas funções e nas estruturas do corpo[1]";

No Brasil, o conceito de pessoa com deficiência adotado pela Convenção de Nova York e pelo Estatuto da Pessoa com Deficiência estimularam críticas doutrinárias além da mudança promovida na teoria das incapacidades.

No campo do Direito Civil, no tópico referente a teoria das incapacidades, profere que o Estatuto da Pessoa com Deficiência revolucionou as teorias construídas até aquele momento, ao descrever, no artigo 6º, que "a deficiência não afeta a plena capacidade civil da pessoa[2]". Já o art. 84 do Estatuto da Pessoa com Deficiência, para deixar claro que a regra, acima citada, é a da plena capacidade civil das pessoas com deficiência, inclusive mental ou intelectual, descreve que, "a pessoa com deficiência tem assegurado o direito ao exercício de sua capacidade legal em igualdade de condições com as demais pessoas".

[1] HOSNI, David S. S. **O Conceito de Deficiência e sua Assimilação Legal: Incompatibilidade entre a Concepção Etiológica Adotada no Estatuto da Pessoa com Deficiência e a Fundamentação da Incapacidade na Falta de Discernimento**. In: PEREIRA, F. Q.; MORAIS, L. C. C.; LARA, M. A. (org.). **A Teoria das Incapacidades e o Estatuto da Pessoa com Deficiência**. 2. ed. Belo Horizonte: D'Plácido, 2018. p. 58.

[2] TARTUCE, Flávio. Direito Civil. **Teoria Geral dos Contratos e Contratos em Espécie**. 10. ed. São Paulo: Método, 2015. v. 3.

Deficiência pode ser classificada como um acontecimento de maneira global, volta e meia interligada à condição social da pessoa humana: "Segundo dados da Organização das Nações Unidas, estima-se que 15,3% da população mundial (...) possuam "deficiências graves ou moderadas", enquanto 2,9% ou cerca de 185 milhões enfrentavam "deficiências graves" Bernardes (2016). Destaca Silveira Bueno[3] que:

> Situar a deficiência ou a excepcionalidade como um fenômeno universal e independente do tempo e do espaço, isola as contradições da moderna sociedade capitalista e coloca no mesmo nível o excepcional oriundo dos extratos superiores com o das camadas populares quando, na verdade, esse último, além do estigma e do preconceito com relação à sua diferença específica, sofre pelo fato de se constituir num cidadão de terceira classe: os de primeira são aqueles a quem se garante os direitos fundamentais da cidadania, isto é, aos membros dos extratos sociais superiores; os de segunda são os membros das classes subalternas, tutelados e assistidos por uma elite dirigente que impede, por todos os meios, a sua ascensão à cidadania plena; e os de terceira que, além de fazer parte desta mesma camada, ainda têm mais uma marca negativa, a da excepcionalidade.

De forma resumida, é possível conceituar pessoas com deficiência, como sendo aquelas que têm impedimentos de longo prazo de natureza física, mental, intelectual ou sensorial, os quais, em interação com diversas barreiras, podem obstruir sua participação plena e efetiva na sociedade em igualdades de condições com as demais pessoas.

1.1. Do estatuto da pessoa com deficiência

Baseado na Convenção sobre os direitos da Pessoa com Deficiência e o Protocolo Facultativo, foi instituído no dia 06 de julho de 2015 o Estatuto da Pessoa com Deficiência por meio da Lei n° 13.146. O Estatuto citado se apresenta como um marco no ordenamento jurídico brasileiro em razão do novo tratamento dado a pessoa com deficiência, então definida como "aquela que tem impedimento de longo prazo de natureza física, mental, intelectual ou sensorial, o qual, em interação com uma ou mais barreiras,

[3] SILVEIRA BUENO, J. G. **Educação Especial Brasileira: Integração /Segregação do Aluno Diferente**. São Paulo: EDUC, 1993, p. 139.

pode obstruir sua participação plena e efetiva na sociedade em igualdade de condições com as demais pessoas[4]" (art. 2º da Lei n. 13.146/2015).

Destaca-se que essa nova forma de tratamento está engajada em proporcionar independência na vida das pessoas com algum tipo de deficiência, designando mecanismos que beneficiem sua emancipação. No entanto, é preciso destacar os reflexos objetivos na vida dessas pessoas e suas consequências no campo da justiça brasileira.

Conforme o autor Cristiano Chaves de Farias:

> O presente diploma vem fortemente influenciado pelos termos da Convenção sobre os Direitos das Pessoas com Deficiência, realizada em Nova York, em 2007, que foi subscrita pelo Brasil e que ingressou em nosso ordenamento jurídico por meio do Decreto Legislativo nº 186, de 9 de julho de 2008, que o aprovou e, posteriormente, com a promulgação do Decreto Presidencial no 6.949, de 25 de agosto de 2009, teve iniciada sua vigência. Vale lembrar o teor do art. 5º, § 2º da Constituição, pelo que "os direitos e garantias expressos nesta Constituição não excluem outros decorrentes do regime e dos princípios por ela adotados, ou dos tratados internacionais em que a República Federativa do Brasil seja parte". E, mais precisamente, o 3º do mesmo dispositivo, a assegurar que: "os tratados e convenções internacionais sobre direitos humanos que forem aprovados, em cada Casa do Congresso Nacional, em dois turnos, por três quintos dos votos dos respectivos membros, serão equivalentes às emendas constitucionais". Possui a lei em exame, pois, o "status" de emenda constitucional, assumindo, em consequência, a primazia que lhe é inerente no topo da pirâmide legislativa nacional[5].

É importante destacar que a convenção internacional a que nos referimos, apresenta caráter de norma constitucional em nosso ordenamento jurídico e seu estilo humanista admite a inovação jurídica no tratamento dado a pessoa com deficiência, assim, as limitações pessoais sucedidas de um distúrbio não pode justificar a deficiência.

[4] BRASIL, Lei nº 13.146, de 5 de julho de 2015, **Lei Brasileira de Inclusão da Pessoa com Deficiência (Estatuto da Pessoa com Deficiência)**, art. 2º, Brasília, DF, jul 2015.

[5] FARIAS, Cristiano Chaves de, Rogério Sanches Cunha, Ronaldo Batista Pinto. **Estatuto da Pessoa com Deficiência Comentado artigo por artigo**, Salvador. p.18.2016.

Conforme dispõe o artigo 12 da Convenção, as pessoas com deficiência têm o direito de dispor da mesma capacidade jurídica que as outras pessoas em todos os aspectos da vida, no entanto, geralmente, essa capacidade legal é mais ampla do que a dos civis. De acordo com o autor Araújo: "A Convenção explicita, sem configurar enumeração taxativa, que a pessoa com deficiência pode possuir ou herdar bens, controlar as próprias finanças e ter igual acesso a empréstimos bancários, hipotecas e outras formas de crédito financeiro[6]".

Já a autora, Maria Helena Diniz[7] entende que o projeto de Lei n. 7.699/2006 procurou dar efetividade aos direitos do deficiente e se converteu na Lei nº 13.146/2015, que, tendo por base a CDPD, traçou diretrizes não só para a proteção do exercício dos direitos e da plena cidadania do portador de deficiência, como também para sua inclusão social, procurando o respeito à sua dignidade como ser humano e à sua autonomia da vontade, colocando em segundo plano a questão de sua vulnerabilidade.

Assim sendo, a Lei 13.146/2015 apesentou grandes alterações com relação a teoria das incapacidades, pois almejou que as pessoas com deficiência saíssem do rol dos incapazes, considerando-os como plenamente capazes, ainda que, extraordinária e eventualmente, para atender a seus interesses negociais ou patrimoniais, possam ficar sob curatela ou fazer uso da tomada de decisão apoiada para exercer atos da vida civil. Os indivíduos intitulados na versão anterior do Código Civil de 2002 como "interditos", "sujeitos irrecuperáveis", ou ainda, aqueles "que por enfermidade ou deficiência mental, não tiverem o necessário discernimento para a prática" dos atos da vida civil, deixaram o rol de absolutamente e ingressaram o de relativamente incapazes.

Desta forma, pessoas que antes eram sujeitas à interdição em consequência da deficiência passam, por força da Lei 13.146/2015, a serem consideradas plenamente capazes. A novidade ressaltante da legislação é a garantia do reconhecimento de uma presunção geral de capacidade plena em favor das pessoas com deficiência, o que somente por meio de inversão probatória contundente sucederia à incapacidade, de maneira excepcional e amplamente justificada, deixando de existir dessa forma a incapacidade absoluta.

6 ARAUJO, Luiz Alberto David. **A Proteção Constitucional das Pessoas com Deficiência**. 4. ed. Brasília: CORDE, 2011, p.35.

2. Da capacidade civil e do negócio jurídico

Para falarmos sobre o tema, é preciso discorremos primeiro sobre personalidade jurídica, desta forma, podemos dizer que personalidade jurídica, é a ideia de que uma pessoa, seja física (pessoa natural), seja jurídica (empresa, ente público, associação sem fins lucrativos) tenha capacidade de adquirir direitos e contrair deveres na sociedade (direito civil). Sendo assim sujeito de direito será toda pessoa natural ou jurídica capaz de manifestar-se juridicamente. A personalidade é inerente a todo ser humano desde o nascimento com vida. Ao adquirir personalidade este passa a ter capacidade para adquirir direitos e contrair obrigações na vida civil.

Porém, falaremos da pessoa que receberá este adjetivo, ou seja, a pessoa natural, que nada mais é que a pessoa física nas relações civis. Desta forma, reduziremos o artigo e abordaremos tão somente as pessoas naturais, com sua personalidade jurídica e as formas de capacidades jurídicas que estão ligadas a ela, como a capacidade de direito ou de gozo e o seu outro tipo, a capacidade de fato ou de exercício, que é somada ao longo da vida ou até mesmo retirada da pessoa física, a depender da situação.

A professora e escritora Maria Helena Diniz, escreve que pessoa é: "Ente físico ou coletivo suscetível de direitos e obrigações[7]".

Já, ainda segundo a autora Maria Helena Diniz, o sujeito de direito: [...] é o sujeito de um dever jurídico, de uma pretensão ou titularidade jurídica, que é o poder de fazer valer, através de uma ação, o não cumprimento do dever jurídico, ou melhor, o poder de intervir na produção da decisão judicial[8].

Assim, observa-se que a pessoa natural nada mais é que: a forma física das suas qualidades juntas e exteriorizadas, podendo contrair para si direitos e realizar obrigações no campo civil[9]. De acordo com o autor Beviláqua:

> A personalidade jurídica tem por base a personalidade psíquica, somente no sentido que, sem essa última não se poderia o homem ter elevado até

[7] DINIZ, Maria Helena. **Curso de Direito Civil Brasileiro: Teoria Geral do Direito Civil**. 28. ed. Saraiva, 2011. P.129.

[8] DINIZ, Maria Helena. **Curso de Direito Civil Brasileiro: Teoria Geral do Direito Civil**. 28. ed. Saraiva, 2011. p.129.

[9] 10 – GAGLIANO, Pablo Stolize; FILHO, Rodolfo Pamplona. **Novo Curso de Direito Civil: Parte Geral**. 13. ed. Saraiva, 2011.v.1.p.124.

> a concepção da primeira. Mas o conceito jurídico e psicológico não se confunde. Certamente o indivíduo vê na sua personalidade jurídica projeção de sua personalidade psíquica, ou, antes, um outro campo em que ela se afirma, dilatando-se ou adquirindo novas qualidades. Todavia, na personalidade jurídica intervém um elemento, a ordem jurídica, do qual ela depende essencialmente, do qual receba existência, a forma, a extensão e a força ativa. Assim, a personalidade jurídica é mais do que um processo superior da atividade psíquica; é uma criação social, exigida pela necessidade de pôr em movimento o aparelho jurídico, e que, portanto, é modelada pela ordem jurídica[10].

É possível afirmar que a pessoa tem personalidade jurídica unida a sua personalidade psíquica, no entanto, com conceitos diversos, tendo em vista que, para o âmbito jurídico, o homem é capaz de contrair para si direitos e obrigações a partir da sua existência, e no campo psíquico, o homem é a projeção de suas qualidades internas e suas vivencias externas.

Com relação aos quesitos históricos e estruturais da capacidade civil, é possível desmembrar à capacidade, podendo ser a capacidade de fato, a capacidade de direito e a capacidade legal.

De fato o anseio era da liberdade de contratação, a possibilidade da autonomia privada, no sentido de como e com quem negociar, desta maneira era comum, na época da elaboração destes códigos europeus, a propriedade como interesses jurídicos patrimoniais e a circulação das riquezas, como consequência o tráfego jurídico-econômico. Almejava-se a necessidade de apontar quem era o sujeito de direito, capaz de negociar, e assim, existiu uma pré determinação de quem era o sujeito, e também, de modo implícito, quem não era o sujeito de direito.

Jacqueline Lopes Pereira[11], destaca o conceito histórico de quem era o sujeito de direito:

A ideia de "sujeito de direito" compõe esse panorama e, para que possa integrar a relação jurídica com efeitos reconhecidos, segundo a doutrina clássica, deveria ele ter responsabilidade jurídica e ser dotado

[10] BEVILÁQUA, Clóvis. **Teoria Geral do Direito Civil**. São Paulo: RED Livros, 1999, p. 81.

[11] PEREIRA, Jacqueline Lopes. **Tomada de Decisão Apoiada: Pessoas com Deficiência Psíquica e Intelectual** – Curitiba: Juruá, 2019. p. 54.

de capacidade civil plena ou, caso fosse relativamente ou absolutamente incapaz, deveria ser devidamente assistido ou representado.

Observa-se que essa ideia de incapacidade, e assistência ou representatividade, era o que vigia no Código Civil de 2002, antes da alteração realizada pela Convenção sobre os Direitos das Pessoas com Deficiência (CDPD). Antes da alteração realizada pela CDPD, o rol de incapacidade civil era transmitido pelo Código Civil, em seus artigos 3º e 4º, da seguinte forma:

> Art. 3º São absolutamente incapazes de exercer pessoalmente os atos da vida civil:
>
> I – os menores de dezesseis anos;
>
> II – os que, por enfermidade ou deficiência mental, não tiverem o necessário
>
> discernimento para a prática desses atos;
>
> III – os que, mesmo por causa transitória, não puderem exprimir sua vontade.
>
> Art. 4º São incapazes, relativamente a certos atos, ou à maneira de os exercer:
>
> I – os maiores de dezesseis e menores de dezoito anos;
>
> II – os ébrios habituais, os viciados em tóxicos, e os que, por deficiência mental, tenham o discernimento reduzido;
>
> III – os excepcionais, sem desenvolvimento mental completo;
>
> IV – os pródigos.
>
> Parágrafo único. A capacidade dos índios será regulada por legislação especial.[12]

Importante fazer a análise dos artigos 3º e 4º, antes da alteração da CPDP e da Lei 13.146/15. As pessoas portadoras de deficiência ou necessidades especiais tinham a sua representatividade no artigo 3º, inciso II e III. Aqui a visão era salvaguardar que, a pessoa que fizesse ou entabulasse uma relação negocial com uma pessoa que era considerada

[12] BRASIL. Lei nº. 10.406, de 10 de janeiro de 2022. **Código Civil**. Institui o Código Civil. Disponível em: https://www2.senado.leg.br/bdsf/bitstream/handle/id/70327/C%C3%B3digo%20Civil%202%20ed.pdf. Acesso em jun, 2023.

absolutamente incapaz, tivesse a possibilidade de requerer a nulidade do ato, seja em favor do incapaz, ou de quem realizou o contrato e até para terceiros, isto podendo ser realizado mediante intervenção do Ministério Público, ou até mesmo de ofício pelo juiz. Já no artigo 4º a ideia não seria de requerer a nulidade mas, sim, a anulabilidade, ou seja, apenas seria decretada a anulação do negócio se, qualquer das partes requeresse, caso contrário o negócio jurídico se convalidaria pela concordância das partes. Nesse sentido, a situação das pessoas com deficiência encontrava obstáculo na questão da capacidade, em poder gerir as suas decisões. Isto posto, os elementos necessários para a validade do negócio jurídico, são: a capacidade das partes, a declaração de vontade (sem vícios), e a possibilidade do objeto (objeto este, lícito, possível, determinado ou determinável).

Conforme dispõe o Estatuto da Pessoa com Deficiência (EPD), em seu artigo 84, a pessoa com deficiência passou a ter assegurado o direito ao exercício de sua capacidade legal em igualdade de condições com as demais pessoas. Desta forma, a curatela restou arquivada para situações excepcionais, e ainda, conforme o artigo 85, que prevê a limitação da curatela para questões de natureza patrimonial e negocial, e para os demais atos da vida civil, restou a íntegra capacidade legal, podendo, o próprio sujeito portador de necessidades especiais, requerer em juízo o instituto da Tomada de Decisão Apoiada.

A ideia em si, tem por objetivo eliminar o caráter paternalista do ordenamento jurídico, dando uma roupagem de emancipação da pessoa com deficiência. O ponto central a ser estudado consiste se a declaração de vontade para validade do negócio jurídico, necessita de plena consciência das consequências e caráter volitivo da declaração; a ideia da convenção é de dar a oportunidade destas pessoas poderem optar livremente pelas suas escolhas, de modo a convergir com os seus interesses, e também abrir as portas para a possibilidade do direito de errar do ser humano.

No entanto, o que mais pesa neste assunto é a questão de como errar, pois uma pessoa com pleno discernimento tem possibilidade de calcular as possibilidades e as probabilidades de erro e de acerto, já a pessoa com deficiência pode não ter de modo pleno essa consciência, sendo necessário um apoiador, no entanto, será apenas um apoio e não a prevenção de um erro grave, pois o que valerá será a decisão da pessoa com deficiência.

Conclusões

No presente trabalho, foram abordados citados apenas os 03 (três) pilares que são mostrados com maior destaque pela legislação, ou seja, a homologação do TDA (Tomada de Decisão Apoiada), a destituição do apoiador, e o conflito de opiniões, porém, são inúmeras outras necessidades que existem ou podem surgir e muitas delas não foram ao menos imaginadas na elaboração da Lei nº. 13.146/2015.

Na elaboração do presente trabalho, mas pesquisas bibliográficas foi possível identificar alguns problemas, pois se observarmos desde a entrada do processo da TDA (Tomada de Decisão Apoiada) até a finalização deste, diversas situações podem advir neste intervalo, como por exemplo, o apoiador ser considerado inidôneo para sua função, antes de acabar o prazo limite da TDA (Tomada de Decisão Apoiada) o que exigiria a reabertura do processo que, possivelmente estaria suspenso, para realizar toda uma análise se, este deve permanecer ou não na função que lhe foi atribuída. E ainda, se ocorrer houver oposição de entendimentos entre o apoiado e o apoiador, sobre negócios jurídicos, o processo precisará sair da sua suspensão para que este ponto seja decidido.

Tais situações geram gasto, burocracia e desgaste desnecessário. Levando em consideração que, a possibilidade de dar autonomia para a pessoa com deficiência é de fato importante, inovadora, libertadora e necessária. É possível dizer que, o que foi elaborado e apresentado pela Lei 13.146/2015 deixou a desejar se comparado ao que a Convenção de Direitos das Pessoas com Deficiência elaborou e quis que fosse colocado em prática. Ou seja, é um processo contínuo sem um fim verdadeiramente revelado, de maneira que, vai continuar sendo necessário a presença do juiz, do cartório que movimenta tal processo, do promotor, da equipe multidisciplinar, entre outros.

Desta forma, é possível que isso não pode ser considerado como liberdade, porventura o bom emprego da capacidade civil plena do indivíduo, pois, a partir do momento que vai para o juiz a autonomia da pessoa com deficiência é deixada de lado, tendo em vista que, novamente um terceiro irá decidir por ela, irá escolher por ela. Ou seja, o que aconteceu verdadeiramente em nosso ordenamento jurídico no que diz respeito ao instituto do TDA (Tomada de Decisão Apoiada) foi a aceitação de um mero palpite, sendo que, se este não for aceito tem "sanções" não apenas para o apoiador, mas também para o apoiado, pois, se houver divergências de opiniões, o apoiador para salvaguardar sua obrigação de caráter ileso, deve levar a situação ao conhecimento do juiz.

Importante destacar que, o constrangimento e desapontamento que o presente instituto representa, tanto pelas suas lacunas, quanto pela sua forma mascarada de encarar a autonomia da pessoa com deficiência física, mental ou motora, pois, tal autonomia, vai muito além de ter alguém que te estenda a mão para tomar decisões corretas, é o sinal de que, ter deficiência não ter torna melhor ou pior que qualquer outra pessoa, é o ponta pé inicial para a ascendência da dignidade da pessoa humana, da igualdade e do entendimento de que todas as pessoas podem e devem ser livres para suas escolhas, sendo elas boas ou ruins, deficientes ou não.

Não faz sentido a intervenção do Ministério Público em processos relacionados a negócios jurídicos, sejam eles positivos ou negativos, entre a relação particular. Porém, observa-se que o ordenamento jurídico brasileiro vem realizando experimentos, tentando encontrar meios para realizar a inclusão das pessoas com deficiência intelectual, para que estas pessoas possam fazer valer suas prerrogativas conaturais como cidadãos plenamente capazes, podendo ter voz em seus direitos e deveres.

Também, é importante registrar que a incapacidade civil não é uma exclusividade das pessoas menores de dezesseis anos, da mesma forma que não própria da pessoa com deficiência, pois, concluiu-se ainda que, a modificação legislativa provocou uma divergência na forma de se interpretar a capacidade civil da pessoa com deficiência mental ou intelectual.

Desta forma, a diferença continua entre a necessidade de uma interpretação ampliativa das hipóteses de incapacidade, visto que, as pessoas com deficiência mental ou intelectual ainda podem ser consideradas incapazes mesmo que consigam exprimir alguma vontade, e a interpretação limitativa, ordena que a pessoa com deficiência mental ou intelectual só pode ser considerada incapaz se a sua deficiência a impossibilitar de exprimir qualquer tipo de vontade.

Para finalizar, é possível concluir que, resultou o exame do plano da validade dos negócios jurídicos, identificado como um ponto de valoração de condutas humanas na qual, por meio das gradações entre validade plena e nulidade, representa a conformidade do negócio jurídico com a ordem jurídica e os interesses que foram violados na infração da norma. Verifica-se então, que a mudança introduzida pelo Estatuto tem como objetivo, transmitir a mensagem de que o ordenamento está mais cauteloso às manifestações de vontade da pessoa com deficiência, e que estas contêm valor jurídico, não devendo ser ignoradas no momento de avaliação dos efeitos objetivados pelos agentes envolvidos.

Referências

ARAUJO, Luiz Alberto David. **A Proteção Constitucional das Pessoas com Deficiência**. 4. ed. Brasília: CORDE, 2011.,

BEVILÁQUA, Clóvis. **Teoria Geral do Direito Civil**. São Paulo: RED Livros, 1999.

BRASIL, Lei nº 13.146, de 5 de julho de 2015, **Lei Brasileira de Inclusão da Pessoa com Deficiência** (Estatuto da Pessoa com Deficiência), art. 2º, Brasília, DF, jul 2015.

BRASIL. Lei nº. 10.406, de 10 de janeiro de 2022. **Código Civil**. Institui o Código Civil. Disponível em: https://www2.senado.leg.br/bdsf/bitstream/handle/id/70327/C%C3%B3digo%20Civil%202%20ed.pdf . Acesso em jun, 2023.

DINIZ, Maria Helena. **A Nova Teoria das Incapacidades**. Revista Thesis Juris, São Paulo, V.5, N.2, pp. 263-288, Maio-Agosto.2016.

DINIZ, Maria Helena. **Curso de Direito Civil Brasileiro:** Teoria Geral do Direito Civil. 28. ed. Saraiva, 2011.

FARIAS, Cristiano Chaves de, Rogério Sanches Cunha, Ronaldo Batista Pinto. **Estatuto da Pessoa com Deficiência Comentado** artigo por artigo, Salvador. 2016.

GAGLIANO, Pablo Stolize; FILHO, Rodolfo Pamplona. **Novo Curso de Direito Civil:** Parte Geral. 13. ed. Saraiva, 2011.

HOSNI, David S. S. **O Conceito de Deficiência e sua assimilação legal:** incompatibilidade entre a concepção etiológica adotada no Estatuto da Pessoa com Deficiência e a fundamentação da incapacidade na falta de discernimento. In: PEREIRA, F. Q.; MORAIS, L. C. C.; LARA, M. A. (org.). A teoria das incapacidades e o estatuto da pessoa com deficiência. 2. ed. Belo Horizonte: D'Plácido, 2018.

PEREIRA, Jacqueline Lopes. **Tomada de Decisão Apoiada**: Pessoas Com Deficiência Psíquica e Intelectual – Curitiba: Juruá, 2019.

SILVEIRA BUENO, J. G. **Educação Especial Brasileira:** Integração /Segregação do Aluno Diferente. São Paulo: EDUC, 1993.

TARTUCE, Flávio. **Direito Civil.** Teoria Geral dos Contratos e Contratos em Espécie. 10. ed. São Paulo: Método, 2015.

17. SITUAÇÕES JURÍDICAS SUBJETIVAS NA PERSPECTIVA CIVIL-CONSTITUCIONAL

EDUARDO NUNES DE SOUZA

Introdução

Os efeitos por excelência dos fatos jurídicos na ordem civil consistem nas situações jurídicas subjetivas.[1] Em outras palavras, de todo fato jurídico concreto, situado no mundo do *ser*, resulta um efeito jurídico, conceito abstrato que integra o universo do *dever ser*.[2] Tais efeitos, enquadráveis

[1] Afirma-o Pietro PERLINGIERI: "toda situação é efeito de um fato, ou seja, encontra a sua origem em um fato, natural ou humano, juridicamente relevante" (**O direito civil na legalidade constitucional**. Rio de Janeiro: Renovar, 2008, p. 669). Assim também José de Oliveira ASCENSÃO: "A valoração jurídica dos casos concretos implica a produção de consequências jurídicas. Essas consequências jurídicas traduzem-se justamente na modelação de situações jurídicas" (**Direito civil**: teoria geral, vol. III: Relações e situações jurídicas. Coimbra: Coimbra Editora, 2002, p. 11). Especificamente sobre o direito subjetivo, mas em lição aplicável a todas as situações jurídicas subjetivas, propunha Antonio Junqueira de AZEVEDO seu estudo após o estudo dos fatos jurídicos, justamente por se tratar de efeito destes últimos: "direito subjetivo é efeito de fato jurídico (plano de eficácia), devendo, assim, seu estudo, bem como sua posição na lei, vir após o fato jurídico, que lhe dá origem" (Crítica à Parte Geral do Projeto de Código Civil. **Estudos e pareceres de direito privado**. São Paulo: Saraiva, 2004, p. 70).

[2] PERLINGIERI, Pietro. **O direito civil na legalidade constitucional**, cit., p. 667. Assim também afirma Angelo FALZEA que "na linguagem técnica dos juristas, [...] situação jurídica em sentido estrito ou situação de direito é apenas o efeito jurídico" (Efficacia giuridica. **Enciclopedia del diritto**. Milano: Giuffrè, 1958. Volume XIV, §36). No mesmo sentido, José de Oliveira ASCENSÃO: "As situações jurídicas são uma realidade normativa. [...] Resultam da aplicação de uma ou mais normas, mas não se confundem com as normas que se aplicaram. Passou-se do geral para o individual" (**Direito civil**, vol. III, cit., p. 12). Cf., ainda, MENEZES

em categorias estrutural e funcionalmente distintas, podem ser reunidos sob a designação genérica de *situações jurídicas subjetivas*.[3] Pouco importa se o conteúdo dessas situações foi previsto pelos próprios agentes que participaram do ato jurídico (no exercício de sua autonomia negocial) ou se resulta, em vez disso, da lei (como ocorre nos atos jurídicos em sentido estrito, nos atos-fatos jurídicos e nos atos ilícitos): a situação subjetiva será sempre a repercussão jurídica do fato concreto, em consonância com o que enunciava o adágio romano – *ex facto oritur ius*.[4]

No que tange aos fatos humanos (atos jurídicos lícitos) e, particularmente, aos negócios jurídicos, é justamente a situação jurídica subjetiva (o efeito decorrente do ato) que se submete a um juízo valorativo por parte do ordenamento, a definir se os atos produzidos pela autonomia privada podem ser considerados válidos ou inválidos, e em qual medida. Como leciona Pietro Perlingieri, em feliz síntese, "o efeito é instrumento de valoração do agir humano entendido segundo categorias"[5] – muito

CORDEIRO, para quem a situação jurídica subjetiva não tem "mera natureza fática: ela traduz o Direito concretizado, exprimindo, nessa medida, uma síntese fato-valor" (**Tratado de direito civil**, vol. I. Coimbra: Almedina, 2012, p. 864).

[3] A designação comporta diversas definições. Para CARNELUTTI, "situação jurídica é menos o conjunto dos dois interesses opostos regulados pelo direito, do que cada um desses interesses convertido, pela combinação da relação econômica com a relação psicológica, em um poder ou um dever, seja desta, seja daquela espécie" (**Teoria geral do direito**. Rio de Janeiro: Âmbito Cultural, 2006, pp. 283-284).

[4] Na lição de Emilio BETTI, "assim se esclarece, também, o sentido da velha máxima *ex facto oritur ius*. Quer dizer-se com ela que a lei, só por si, não dá nunca vida a novas situações jurídicas, se não se verificam alguns fatos por ela previstos: não porque o fato se transforme em direito, mas porque é uma situação jurídica preexistente que se converte, com o sobrevir de um dado fato, numa situação jurídica nova" (**Teoria geral do negócio jurídico**. Campinas: Servanda, 2008, p. 24). Como leciona Angelo FALZEA, "o gérmen da teoria se encontra nas primeiras tentativas realizadas pela doutrina na segunda metade do século XVIII para a definição e classificação dos atos jurídicos, e mais ainda nos estudos que os pandectistas dedicavam à parte geral dos seus tratados sobre as transformações (constituição, modificação, extinção) dos direitos subjetivos e das obrigações. Era fácil observar que na origem dessas transformações estão certos fatos, os chamados fatos jurídicos (*juristische Tatsachen*) [...]. Daí resultava espontânea a ideia de que essas situações jurídicas fossem efeitos ou consequências daqueles fatos e que entre fato e efeito devesse existir um específico liame de causalidade. Assim gradualmente se constitui a nomenclatura hoje a todos familiar: fato jurídico, efeito jurídico, relação de causalidade jurídica" (Efficacia giuridica, cit., §4. Tradução livre).

[5] PERLINGIERI, Pietro. **O direito civil na legalidade constitucional**, cit., p. 668.

embora, em compreensível metonímia, afirme-se com muita frequência que a valoração jurídica recaia sobre o fato em si.[6] A rigor, o raciocínio deve seguir o caminho inverso: é por meio do efeito (situação jurídica subjetiva) que se pode valorar juridicamente o fato (ato ou negócio jurídico), por ser aquele justamente a manifestação, no âmbito jurídico, deste.[7] Assim, o Direito, ao avaliar os efeitos que o negócio se destina a produzir,[8] conclui então pela compatibilidade ou não do ato com a ordem jurídica.[9] Eis

[6] Por exemplo, afirma-se que não existe "fato que não receba uma valoração expressa ou implícita no âmbito do ordenamento" (PERLINGIERI, Pietro. **O direito civil na legalidade constitucional**, cit., p. 640).

[7] Não se rejeita aqui a inegável interferência mútua entre fato e norma, ressaltando-se apenas a imprescindível qualificação jurídica dos efeitos do fato (i.e., seu enquadramento em categorias jurídicas) como pressuposto para sua valoração pelo ordenamento. Conforme ressalta Emilio BETTI, "as concatenações dos fatos, naturais ou sociais, seguem, cada uma delas, as suas leis; as concatenações dos fatos jurídicos, com as novas situações que lhes correspondem, obedecem, pelo contrário, às normas jurídicas, no plano em que atua o direito: plano que é diferente daquele sobre que atuam as outras concatenações" (**Teoria geral do negócio jurídico**, cit., p. 24). Considera-se, assim, objeto de apreciação jurídica (ou, em outros termos, juridicamente relevante) apenas o "evento que possa ser explicado segundo situações subjetivas, seja aquele que constitui exercício ou execução de uma situação já existente (fato não predeterminado a ter eficácia), seja aquele que se coloca como fonte de uma novidade no ordenamento (fato predeterminado a ter eficácia), inovando o quadro das situações já existentes antes mesmo que surja o fato. Passear por seu próprio terreno é um fato relevante (exercício da situação subjetiva propriedade), mas não eficaz (a situação é exercida, mas não é nem constituída, nem modificada, nem extinta pelo passeio) [...]" (PERLINGIERI, Pietro. **O direito civil na legalidade constitucional**, cit., pp. 639-640).

[8] E não apenas estas situações, como também aquelas concretamente produzidas pelo ato – já que, como se sabe, o perfil dinâmico do ato observado em sua gênese pode diferir do mesmo perfil dinâmico verificado na relação jurídica concretamente desenvolvida a partir do ato. Esta constitui a diferença entre causa negocial abstrata e causa negocial concreta na formulação proposta por Maria Celina BODIN DE MORAES (A causa do contrato. **Civilistica.com**, a. 2, n. 4, 2013, pp. 14 e ss.). Na mesma direção, permita-se remeter a SOUZA, Eduardo Nunes de. Função negocial e função social do contrato: subsídios para um estudo comparativo. **Revista de Direito Privado**, vol. 54. São Paulo: Revista dos Tribunais, abr.-jun./2013, pp. 78-79.

[9] Assim, por exemplo, pode-se compreender que os requisitos de validade do negócio jurídico são, na verdade, pré-condições para a criação, modificação ou extinção de situações jurídicas subjetivas de modo compatível, em regra, com a ordem jurídica – muito embora situações merecedoras de tutela possam, excepcionalmente, ser geradas à revelia de tais requisitos (sobre o ponto, permita-se remeter a SOUZA, Eduardo Nunes de. **Teoria geral das invalidades do negócio jurídico**: nulidade e anulabilidade no direito civil contemporâneo. São Paulo: Almedina, 2017, item 2.4).

por que o estudo de tais situações revela-se imprescindível às diversas instâncias de controle valorativo da autonomia privada.[10]

A qualificação das situações jurídicas subjetivas como *efeitos decorrentes* dos fatos jurídicos pode parecer obscura para aqueles que as associam à mais emblemática das suas hipóteses – o direito subjetivo – e, vislumbrando na situação jurídica uma prerrogativa individual, concluem que ela representa, justamente ao contrário, o poder de *realizar* atos jurídicos. De fato, tornaram-se notórias as concepções de direito subjetivo propugnadas por Savigny e por Jhering, o primeiro sustentando tratar-se de poder da vontade individual,[11] e o segundo afirmando ser o direito subjetivo um interesse juridicamente tutelado.[12] Em ambos os casos, o direito parece concebido, de certo modo, como *pressuposto* para a prática de atos jurídicos: nessa perspectiva, seria *porque* o ordenamento assegura determinado poder à vontade individual, ou confere tutela ao interesse particular, que as partes dispõem de liberdade para praticarem atos juridicamente eficazes (assim, por exemplo, o proprietário apenas pode celebrar o contrato de compra e venda do objeto de seu domínio – vale dizer, realizar o ato de autonomia privada – porque tal prerrogativa lhe é assegurada pelo direito

[10] Inclusive no que tange às invalidades negociais: como se desenvolveu em outra sede, é com base nas situações jurídicas potenciais que decorram de atos com tais ou quais características que o legislador prevê as causas de invalidade negocial; do mesmo modo, é com base nas situações jurídicas concretamente produzidas por determinado ato que se permitirá ao intérprete controlar as consequências de uma eventual invalidade (Ibid., item 2.4).

[11] Segundo SAVIGNY, "o direito, se nós o considerarmos tal como na vida real, cerca-nos e nos penetra de todos os lados, aparece-nos como um poder do indivíduo. Nos limites desse poder, a vontade do indivíduo reina, e reina com o consentimento de todos. Esse poder ou faculdade, nós o chamamos *direito*, e alguns o chamam direito no sentido subjetivo" (**Traité de droit romain**, t. 1. Paris: Firmin Didot Frères, 1840, p. 7. Tradução livre).

[12] Afirma JHERING: "Dois elementos constituem o princípio do direito: um *substancial*, no qual reside o fim prático do direito, e que é a utilidade, a vantagem, o ganho assegurado pelo direito, o outro *formal*, que se relaciona com esse fim unicamente como meio, a saber: a *proteção* do direito, a *ação na justiça*. Por si mesmo o primeiro não cria mais do que um estado de utilidade ou de fruição (*interesse de fato*) que qualquer um, que, de fato, tenha meios para tanto, pode impunemente, a cada instante, enfraquecer ou derrubar. Essa situação não se torna menos precária, menos instável, até que a lei venha protegê-la. A fruição ou a perspectiva da fruição se torna assim mais garantida; ela se torna um *direito*. A garantia jurídica da fruição é a base do princípio do direito. *Os direitos são interesses juridicamente protegidos*" (**L'esprit du droit romain**, vol. IV. Paris: A. Maresq, 1880, p. 326. Grifos do original. Tradução livre).

subjetivo de propriedade que ele titulariza).[13] A questão remete ao antigo debate sobre o reconhecimento da autonomia privada como fonte de direito – questão com implicações mais filosóficas do que propriamente técnicas.

Contudo, o aparente paradoxo na apresentação da situação jurídica subjetiva como um efeito que *decorre* do ato jurídico (e não como um pressuposto que o antecede) pode ser facilmente esclarecido em perspectiva dinâmica do direito, atenta à influência recíproca exercida entre fato e norma, conforme amplamente proposto pela metodologia civil-constitucional.[14] O observador que não se atenha a uma análise meramente estática do fenômeno jurídico poderá verificar que não existe, em verdade, antecedência ou procedência entre o fato jurídico e a situação dele decorrente: a situação, efeito de um fato, via de regra conduz a novo fato jurídico, que a modifica, extingue ou cria uma nova situação, e assim por diante.[15] Uma obrigação, por exemplo – situação jurídica subjetiva contraposta ao direito

[13] Ilustrativamente, mesmo na obra de Pietro PERLINGIERI se reconhece que "o ato jurídico (ou a atividade) é a realização de uma situação, de um poder conferido ao sujeito. O poder é um dos aspectos que caracterizam a situação jurídica subjetiva. O interesse reconhecido a um sujeito se traduz, no momento do seu exercício, em comportamento e, normalmente, em atividade: o reconhecimento, isto é, a existência de um interesse juridicamente relevante, precede logicamente o exercício [...]" (**O direito civil na legalidade constitucional**, cit., p. 670).

[14] Veja-se a esclarecedora lição de Pietro PERLINGIERI: "O fato concreto, quando se realiza, constitui o ponto de confluência entre a norma e a transformação da realidade: é o modo pelo qual o ordenamento se concretiza. A norma existe na sua realização, quando é individuada pelo intérprete em relação ao caso concreto: o momento fático atribui à norma a concretude e a historicidade que lhe são essenciais" (**O direito civil na legalidade constitucional**, cit., p. 636).

[15] Cite-se a insuperável lição de Francesco FERRARA: "Nem sempre, no entanto, as relações jurídicas são fonte imediata de direitos e deveres, por vezes, em vez disso, são apenas a base de possíveis direitos e deveres no futuro. É em seguida a um outro fato que cai como gérmen fértil neste terreno que os direitos e deveres germinam" (**Tratatto di diritto civile italiano**, vol. I. Roma: Athenaeum, 1921, p. 297. Tradução livre). Assim também Angelo FALZEA destaca a existência de um componente de fato no próprio efeito jurídico: "No regime jurídico dos negócios obrigatórios constitui efeito jurídico do contrato de mútuo o interesse da comunidade jurídica na restituição da soma mutuada. Aqui é possível discriminar claramente duas hipóteses fáticas: a primeira é o contrato de mútuo e é o próprio fato jurídico; a segunda é a restituição da soma mutuada e é o componente de fato do efeito jurídico" (Efficacia giuridica, cit., §34). Segundo o autor, os dois casos apresentam como diferença essencial

subjetivo de crédito –, tende naturalmente à realização do pagamento – ato jurídico que, por sua vez, produz como efeito jurídico a extinção dessa mesma situação; feito por terceiro não interessado, o ato do pagamento ocasiona também a criação de nova situação jurídica, a saber, o direito de regresso em face do devedor beneficiado (art. 305 do Código Civil), dentre diversos outros possíveis efeitos.

No ponto, vale ressaltar, portanto, que, quando se afirma que o efeito do fato jurídico será sempre uma situação jurídica subjetiva, trata-se de mera simplificação da linguagem. A rigor, o fato juridicamente relevante não precisa conduzir necessariamente à criação de uma situação nova, mas também à modificação ou à extinção de uma situação anterior[16] – como já sugeria o Código Civil de 1916 com a redação de seu art. 81, não reproduzido pelo Código Civil atual. Embora o dispositivo aludisse apenas aos atos lícitos, não é difícil inferir que os atos ilícitos também provocam o surgimento de situações jurídicas subjetivas (tradicionalmente, o dever de indenizar o dano causado e o direito subjetivo de crédito correlato), bem como que os fatos naturais, do mesmo modo, só podem ser ditos juridicamente relevantes se criarem, modificarem ou extinguirem situações jurídicas (pense-se, por exemplo, na morte, que acarreta a extinção de direitos e deveres personalíssimos, a abertura da sucessão etc.). Pouco importa, assim, se se trata de fatos naturais ou humanos, ou, dentre estes últimos, de atos lícitos ou ilícitos, negociais ou não: de todos decorrem, necessariamente, situações jurídicas subjetivas.

1. Situações jurídicas subjetivas e sua dificuldade conceitual

Tradicionalmente, a única situação jurídica subjetiva a atrair atenção mais minuciosa por parte da doutrina tem sido o direito subjetivo. Contrapõe-se, em geral, à hipótese fática abstrata (*norma agendi* ou direito objetivo) a hipótese fática concreta (o fato jurídico), cuja verificação ocasionava o surgimento do chamado direito subjetivo (*facultas agendi*).[17]

apenas o momento cronológico, tendo em vista que o primeiro acarreta e, portanto, antecede o segundo (o.l.u.c.).

[16] Na formulação de Pietro PERLINGIERI, "o efeito [do fato jurídico] é, portanto, um conjunto simples ou complexo de constituição, modificação ou extinção de situações jurídicas" (**O direito civil na legalidade constitucional**, cit., p. 668).

[17] Segundo Roberto de RUGGIERO, "a palavra 'direito' encerra dois significados diversos. Numa primeira acepção significa a regra ditada à conduta humana, a norma de conduta à

A expressão *situação jurídica subjetiva* deve grande parte de sua difusão à obra de Paul Roubier, jurista francês que, em posição bastante inovadora para a época, atribuiu justamente àquele efeito decorrente do encontro entre as *fattispecie* abstrata e concreta esta designação mais genérica, por ele definida como complexo de direitos e deveres[18] – em substituição à concepção tradicional de direito subjetivo, que implicava uma prerrogativa do titular desacompanhada de qualquer dever – hipótese considerada pelo autor "infinitamente" menos frequente.[19]

Muitas foram as vantagens dessa mudança. A mais imediata foi a de se revelar a complexidade da situação jurídica,[20] abrindo caminho para o estudo de suas diversas modalidades e respectivas funções, para além da figura do direito subjetivo. Mais ainda, a compreensão de que às posições ativas agregam-se necessariamente deveres, que com o tempo se fortaleceu na doutrina, permitiu trazer o exame das situações subjetivas

qual o indivíduo se deve submeter e a cuja observância pode ser forçado mediante coação externa ou física (*jus est norma agendi*). [...] Num segundo sentido, designa uma faculdade reconhecida ao indivíduo pela lei e que lhe permite levar a efeito determinados atos (*ius est facultas agendi*). [...] Na primeira acepção verifica-se o que na linguagem técnica se chama direito objetivo; na segunda o que se chama direito subjetivo" (**Instituições de direito civil**, vol. I. Campinas: Bookseller, 2005, p. 36). Na doutrina brasileira, cf. PEREIRA, Caio Mário da Silva. **Instituições de direito civil**, vol. I. Rio de Janeiro: GEN, 2014, p. 11; GOMES, Orlando. **Introdução ao direito civil**. Rio de Janeiro: Forense, 2007, p. 97.

[18] Na página clássica de ROUBIER, "nós começamos a ganhar consciência, mais claramente do que tínhamos até agora, do entrelaçamento dos direitos e dos deveres, que caracteriza a organização jurídica. É esse entrelaçamento que levou os autores contemporâneos a tomarem por base de suas construções a noção de situação jurídica mais do que aquela de direito subjetivo. A situação jurídica se nos apresenta como constituindo um complexo de direitos e de deveres" (**Droits subjectifs et situations juridiques**. Paris: Dalloz, 1963, p. 52. Tradução livre).

[19] Afirma ROUBIER que a situação jurídica subjetiva é "uma posição infinitamente mais frequente que aquela dos direitos existentes no estado de prerrogativas francas, ou de deveres aos quais não corresponderia nenhuma vantagem" (**Droits subjectifs et situations juridiques**, cit., p. 52. Tradução livre).

[20] Como anota José de Oliveira ASCENSÃO, "o direito subjetivo representa uma posição de vantagem [...]. A ordem jurídica assegura essas vantagens através de normas. Atribui vantagens através de determinações. Estas dirigem-se ao sujeito e a terceiros. São poderes e deveres, que surgem como o conteúdo do direito subjetivo. [...] Do que dissemos, resulta já que o direito subjetivo é uma figura complexa e não simples, por compreender em si situações mais simples" (**Direito civil**, vol. III, cit., pp. 58-59).

para uma perspectiva relacional,[21] segundo a qual cada situação somente pode ser apreciada no âmbito de uma relação jurídica e à luz da situação jurídica a ela contraposta.[22] Além disso, concebida como complexo de prerrogativas e deveres, a noção de situação jurídica subjetiva substituiu a lógica estruturalista adotada pela doutrina até então, segundo a qual o direito subjetivo encerraria, ora relação jurídica de cooperação (em que as partes buscariam um interesse comum, como no contrato de sociedade), ora relação de concorrência (em que as partes perseguiriam interesses antagônicos).[23] Ao revés, passou-se a entender que toda relação jurídica pressupõe a cooperação entre as partes envolvidas para a sua adequada concretização e satisfação dos interesses recíprocos, superando-se o individualismo originalmente predominante no tratamento da matéria.[24]

Superou-se ainda, como consequência lógica, a visão que identificava nas chamadas relações jurídicas de concorrência a simples existência de um polo ativo e outro passivo.[25] Em lugar deles, passou-se a compreender

[21] Segundo Pietro PERLINGIERI, "em uma visão conforme aos princípios de solidariedade social, o conceito de relação representa a superação da tendência que exaure a construção dos institutos civilísticos em termos exclusivos de atribuição de direitos. O ordenamento não é somente um conjunto de normas, mas também um sistema de relações: o ordenamento, no seu aspecto dinâmico, não é nada mais que o nascimento, a realização, a modificação e a extinção de relações jurídicas, isto é, o conjunto das suas vicissitudes" (**O direito civil na legalidade constitucional**, cit., pp. 728-729). Sobre a perspectiva relacional, cf., ainda, FALZEA, Angelo. Efficacia giuridica, cit., §35.

[22] Tal perspectiva, axiomática na metodologia civil-constitucional, encontra ainda hoje resistência na doutrina. Assim, por exemplo, para MENEZES CORDEIRO, "a relação jurídica é apenas uma das várias situações jurídicas possíveis" (**Tratado de direito civil**, vol. I, cit., p. 867).

[23] Cf. CARNELUTTI, Francesco. **Teoria geral do direito**, cit., pp. 286-288.

[24] Bastante ilustrativa, nesse sentido, revela-se a noção de "obrigação como processo", difundida no Brasil por Clóvis do COUTO E SILVA em obra homônima (**A obrigação como processo**. Rio de Janeiro: FGV, 2006). Segundo o autor, a concreção do princípio da boa-fé objetiva implica uma releitura das fontes das obrigações, de modo a permitir que estas sejam entendidas como um processo tendente ao adimplemento, construído a partir da cooperação entre as partes: "visa-se, mediante o princípio da boa-fé, instaurar uma ordem de cooperação entre os figurantes da relação jurídica" (p. 169).

[25] Exemplifica Pietro PERLINGIERI: "A situação chamada de débito, de resto, não se traduz em um mero dever ou obrigação de uma parte para com a outra (dita situação creditória), já que em diversas relações concretas pode-se verificar uma série de poderes a elas relacionáveis.

a relação jurídica como vínculo estabelecido entre dois ou mais centros de interesses, núcleos de imputação dos direitos e deveres que constituem cada situação jurídica subjetiva.[26] Não significa, por evidente, que não se possa identificar na relação obrigacional, ainda e sempre, a figura do credor e a do devedor, nem que na relação jurídica real não se contraponham as prerrogativas sobre a coisa ao dever de abstenção universal. Sem dúvida, ainda é possível identificar no conteúdo das situações jurídicas subjetivas um núcleo predominantemente vantajoso ou desvantajoso para seu titular[27] – do contrário, sequer seria possível o estudo de hipóteses tipificadas dessas situações. Aliás, a perspectiva relacional tem-se mostrado fundamental ao estudo diferencial das diversas modalidades de situações jurídicas justamente porque são, com muita frequência, as situações predominantemente passivas que permitem identificar a natureza das situações (por assim dizer, ativas) que lhes são contrapostas. Contudo, a compreensão de que nenhuma relação se destina unicamente à satisfação do interesse, a todo custo, do chamado polo ativo abriu margem a um amplo controle de abusividade e merecimento de tutela sobre o exercício

Tome-se como exemplo o devedor que tem interesse – protegido pelo concreto regulamento da relação jurídica – a executar a prestação e o relativo poder de constituir em mora o credor se este não cooperar com o adimplemento; considere-se também um contrato de fornecimento entre duas empresas, do qual emerja o interesse, para fins publicitários, da empresa fornecedora a que a outra use a mercadoria fornecida" (**O direito civil na legalidade constitucional**, cit., p. 673).

[26] Leciona, por isso, Pietro PERLINGIERI que "a ligação essencial do ponto de vista estrutural [da relação jurídica] é entre centros de interesses. O sujeito é somente um elemento externo à relação jurídica porque externo à situação: é somente o titular, às vezes ocasional, de uma ou de ambas as situações que compõem a relação jurídica; de maneira que não é indispensável referir-se à noção de sujeito para individuar o núcleo da relação jurídica. O que é essencial é a ligação entre um interesse e um outro, entre uma situação, determinada ou determinável, e uma outra. É preferível, portanto, a doutrina que define a relação jurídica como ligação entre situações subjetivas" (**O direito civil na legalidade constitucional**, cit., p. 734).

[27] Pietro PERLINGIERI alude a um "momento principal" da situação: "Mediante a função do fato e o interesse justificativo da situação se determina ao lado do momento principal (poder ou dever) uma série de qualificações acessórias inversas; daí a complexidade [da situação jurídica subjetiva]" (**Manuale di diritto civile**. Napoli: ESI, 2014, p. 80. Tradução livre).

das situações jurídicas, inspirado pela ideia de cooperação necessária entre centros de interesse.[28]

Amplamente difundida, a expressão *situação jurídica subjetiva* não apresenta, contudo, uniformidade em sua aplicação. De fato, embora doutrina amplamente majoritária considere que figuras como o direito subjetivo, o direito potestativo e o poder jurídico são exemplos de tais situações, frequentemente faz-se alusão a posições muito mais amplas com a mesma designação – pense-se, por exemplo, na frequente referência à "situação jurídica subjetiva do comprador" ou à "situação jurídica subjetiva do mandatário", que fazem alusão a posições contratuais muito mais amplas, a rigor reunindo as diversas situações jurídicas imputáveis a um mesmo centro de interesses nesses contratos.[29] O comprador, por exemplo, ocupa o centro de interesses no contrato de compra e venda ao qual são imputadas, necessariamente, ao menos duas situações jurídicas subjetivas distintas: o direito subjetivo de crédito sobre a entrega da coisa e a obrigação correlata ao direito do vendedor sobre o pagamento do preço – pondo-se de lado os diversos direitos e deveres secundários ou anexos verificáveis em concreto e igualmente titularizados por esse centro de interesses. Uma designação tal como a de "situação jurídica subjetiva do comprador", assim, apenas pode ser compreendida no âmbito de uma investigação mais ampla, em que o interesse do intérprete se volte prioritariamente para a dinâmica contratual, sendo possível cogitar, portanto, de uma *situação jurídica complexa* que congregue diversas situações jurídicas subjetivas (mais) simples, seja por força da pesquisa empreendida, seja, apenas, por uma maior conveniência de linguagem.[30]

[28] A respeito do controle de abusividade e de merecimento de tutela, permita-se remeter a SOUZA, Eduardo Nunes de. Merecimento de tutela: a nova fronteira da legalidade no direito civil. **Revista de Direito Privado**, vol. 58. São Paulo: Revista dos Tribunais, abr-jun/2014.

[29] Dentre tantos outros casos, cite-se José de Oliveira ASCENSÃO (**Direito civil**, vol. III, cit.), que alude à "situação jurídica do mandatário" (p. 13), à do devedor (p. 16) etc.

[30] Na síntese formulada por MENEZES CORDEIRO, "a simplicidade ou complexidade de uma situação jurídica deriva de fatores científicos ou problemas de linguagem. Na figuração e na justificação de situações jurídicas, pode recorrer-se a situações parcelares, de modo a explicar realidades complexas que, de outra forma, ficariam pior conhecidas; há um predomínio científico. Mas a situação é, por vezes, simples ou complexa consoante os quadros linguísticos usados facultem a sua comunicação com recurso a uma única expressão ou, pelo contrário, requeiram composições linguísticas mais vastas" (*Tratado de direito civil*. Volume I,

A noção de situação jurídica complexa costuma ser invocada com frequência no estudo dos reflexos do solidarismo constitucional sobre a autonomia privada.[31] De fato, a compreensão de que princípios como a função social passaram a conformar internamente os direitos individuais (superando-se a concepção tradicional segundo a qual os direitos subjetivos apenas se limitavam excepcional e externamente pelo controle de legalidade)[32] sublinhou a existência de deveres jurídicos mesmo no âmbito de situações jurídicas classicamente vistas como ativas,[33] a justificar a referência à "complexidade" de tais situações. Tais constatações, facilmente reconduzíveis à definição formulada por Roubier da situação jurídica como complexo de direitos e deveres, flexibilizam as fronteiras do conceito de situação jurídica, ao mesmo tempo em que conduzem a casos-limite de difícil qualificação. Como classificar, por exemplo, os deveres anexos decorrentes da boa-fé? Tratar-se-ia de deveres incluídos no conteúdo de situações jurídicas maiores, ou, em vez disso, de situações jurídicas subjetivas autônomas[34] – como leva a crer, inclusive, a doutrina

cit., p. 865). Remata o autor: "o estudo de modalidades de situações jurídicas não deve ser entendido como uma atividade classificatória, dirigida à memorização. Num plano científico, ela procura uma aproximação ao conteúdo das diversas situações, esquema idôneo na busca do seu regime [...]. Num plano pedagógico, ela visa ainda ministrar elementos doutrinários mínimos que, a nível de simples linguagem como no domínio substantivo, sejam necessários para apreender a matéria do Direito civil" (Ibid., p. 864).

[31] Na perspectiva civil-constitucional, a complexidade da situação jurídica se intensifica a partir da heterointegração promovida pelo princípio da solidariedade social: "a complexidade das situações subjetivas – pela qual em cada situação estão presentes momentos de poder e de dever, de modo que a distinção entre situações ativas e passivas não deve ser entendida em sentido absoluto – exprime a configuração solidarista do nosso ordenamento constitucional" (PERLINGIERI, Pietro. **O direito civil na legalidade constitucional**, cit., p. 678).

[32] Emblemático é o caso da propriedade e sua função social. A respeito, cf., por todos,. TEPEDINO, Gustavo. A função social da propriedade e o meio ambiente. **Temas de direito civil**, t. III. Rio de Janeiro: Renovar, 2008.

[33] Basta pensar na clássica disposição do art. 14, "2" da Constituição de Weimar em 1919, segundo a qual "a propriedade obriga. Seu uso deve servir, ao mesmo tempo, ao bem comum".

[34] A distinção, comumente adotada em doutrina, entre deveres de prestação (com fonte contratual) e deveres anexos e de proteção (derivados da cláusula geral de boa-fé objetiva) parece indicar a segunda alternativa. A respeito, cf. MARTINS-COSTA, Judith. **A boa-fé no direito privado:** critérios para a sua aplicação. São Paulo: Marcial Pons, 2015, p. 220-223.

mais contemporânea, que já tem reconhecido em seu descumprimento verdadeira hipótese de inadimplemento contratual?[35]

A questão é, provavelmente, insolúvel, na medida em que a perspectiva dinâmica da relação jurídica impede uma rígida delimitação das situações jurídicas subjetivas. Em outros termos, mais importante do que identificar quais prerrogativas e quais deveres encontram-se "no interior" de uma situação subjetiva e quais formam, por si mesmos, situações subjetivas autônomas é identificar que toda situação jurídica subjetiva tem por núcleo determinado interesse, e que a nenhum centro de interesses é possível atribuir apenas situações de vantagem ou de desvantagem.[36] A própria noção de *faculdade jurídica*, compreendida pela melhor doutrina como o conteúdo de situações jurídicas subjetivas (e não uma situação autônoma),[37] depende da relação concreta para a sua delimitação: ilustrativamente, a faculdade de uso que compõe o direito de propriedade passa a constituir o núcleo de uma situação jurídica subjetiva autônoma quando esse direito se

[35] A respeito, cf., dentre outros autores (e com variados posicionamentos no que tange à utilidade ou ociosidade, no direito brasileiro, da figura da violação positiva do contrato): AGUIAR JÚNIOR, Ruy Rosado. **Extinção dos contratos por incumprimento do devedor.** Rio de Janeiro: AIDE, 2004, p. 124; HAICAL, Gustavo. O inadimplemento pelo descumprimento exclusivo de dever lateral advindo da boa-fé objetiva. **Revista dos Tribunais**, vol. 900. São Paulo: Revista dos Tribunais, out./2010, p. 56; SILVA, Rodrigo da Guia. Em busca do conceito contemporâneo de (in)adimplemento contratual: análise funcional à luz da boa-fé objetiva. **Revista da AGU**, vol. 16, n. 2. Rio de Janeiro: abr.-jun./2017, pp. 309 e ss.

[36] Como afirma Pietro PERLINGIERI, o interesse é o "fundamento justificador da situação" (**O direito civil na legalidade constitucional**, cit., p. 669), entendido como "a relação entre um sujeito e um bem" (Ibid., p. 117).

[37] Leciona Alberto TRABUCCHI: "o direito subjetivo tem um conteúdo próprio formado por aquelas que são ditas as faculdades e que são simples manifestações do próprio direito. Na linguagem corrente se usa frequentemente o termo 'direito' mesmo quando se trata de faculdades, e se fala do direito de usar, gozar, dispor. Sublinha-se, todavia, como tais faculdades não são independentes do direito do qual são expressão; não o precedem, mas logicamente são sucessivas a ele. Elas poderiam de fato mesmo faltar, sem que o direito desapareça; assim o direito de propriedade não se extingue pelo só fato de o proprietário não poder gozar do bem enquanto sobre o mesmo grava um direito de usufruto" (**Istituzioni di diritto civile**. Padova: CEDAM, 2015, p. 66. Tradução livre). No mesmo sentido, cf. MESSINEO, Francesco. **Manuale di diritto civile e commerciale**. Milano: Giuffrè, 1957. Volume I, p. 136, que considera que as faculdades são "a manifestação do direito subjetivo nas suas (normalmente, múltiplas) possibilidades" (Tradução livre).

decompõe no direito real limitado de uso.[38] Embora nebulosa em abstrato, a tênue separação entre conteúdo da situação e situação autônoma não pode, assim, servir de óbice a uma análise dinâmica (em concreto) da relação jurídica.

Talvez um dos melhores exemplos dessa dificuldade de delimitação resida no chamado *status* ou estado pessoal, em certo aspecto um efeito de fatos jurídicos e, como tal, uma situação jurídica subjetiva.[39] Consiste o estado pessoal em posição jurídica[40] complexa atribuída ao seu titular em razão de sua vinculação a determinado grupo:[41] fala-se em *status personae* no que tange ao simples pertencimento à espécie humana (com a consequente tutela dos direitos fundamentais do indivíduo); em *status civitatis* quanto ao pertencimento a determinado Estado (de onde decorrem direitos e deveres de cidadão); em *status familiae* a respeito das relações familiares e suas consequências jurídicas (filiação, conjugalidade etc.); em *status* profissional e assim por diante.[42] Considerado por parte da doutrina como uma categoria do direito objetivo (a abarcar inúmeras

[38] Lembra SAN TIAGO DANTAS: "Os poderes do proprietário são os de usar, gozar e dispor. Os direitos reais sobre coisa alheia, costuma-se dizer, são desmembramentos desses poderes" (**Programa de direito civil**, vol. III. Rio de Janeiro: Editora Rio, 1984, p. 122). O autor alerta, porém, para o fato de que, conquanto didaticamente útil, essa construção encontra pouco respaldo dogmático.

[39] Basta pensar que os fatos jurídicos do nascimento e da morte dão origem ao *status personae*, que o casamento e a adoção modificam o *status familiae* e assim por diante. Francesco CARNELUTTI considera-o uma situação jurídica complexa e ressalta que a relevância do estudo do *status* reside no "na teoria do fato jurídico e nomeadamente na análise daqueles fatos, cuja juridicidade se não representa por uma modificação de uma situação simples, mas de um complexo de situações, isto é, de um estado" (**Teoria geral do direito**, cit., p. 293).

[40] O termo "posição jurídica" costuma designar toda situação jurídica, simples ou complexa, que caiba a um único sujeito (ASCENSÃO, José de Oliveira. **Direito civil**, vol. III, cit., p. 17).

[41] Cf. PERLINGIERI, Pietro. **O direito civil na legalidade constitucional**, cit., pp. 706 e ss.

[42] A respeito, v. BIANCA, Massimo. **Diritto civile**, vol. I. Milano: Giuffrè, 2002, p. 299. Esclarece Francesco CARNELUTTI: "Assim se poderá até considerar como estado o complexo de direitos e deveres de uma pessoa. Mas este conceito só tem relevância jurídica, quando o direito unifica o complexo de situações; fazendo depender a sua mudança de um mesmo fato, unificação que sobressai mais nas situações de direito familiar (*status familiae*) e de direito administrativo (*lato sensu*; *status civitatis*)" (**Teoria geral do direito**, cit., p. 292). Acrescenta o autor que o instituto sucessório apenas pode ser sistematizado por meio do *statuts hereditatis*, resultante da combinação de dois fatos: a abertura da sucessão e a aceitação da herança (Ibid., pp. 292-293).

normas a um só tempo),[43] o estado pessoal também é reputado situação jurídica subjetiva por certos autores,[44] como sinônimo de capacidade por outros[45] e qualificado até mesmo como objeto de direito subjetivo por parte da doutrina, embora não se negue que também constitua fonte de situações jurídicas subjetivas.[46]

A diversidade de entendimentos não pode impedir, porém, a adequada tutela dos interesses jurídicos contidos nos estados pessoais – sobretudo diante de sua íntima ligação ao desenvolvimento existencial de seus titulares. Nesse sentido, a melhor doutrina parece ser a que tem considerado desnecessária a referência ao *status personae* para a atração de um regime jurídico protetivo, na medida em que, diante da cláusula geral de tutela da pessoa humana, a proteção integral do indivíduo decorreria de sua simples existência como ser humano e não de uma situação jurídica subjetiva

[43] Para um histórico das concepções acerca do *status*, cf. PROSPERI, Francesco. Rilevanza della persona e nozione di *status*. **Civilistica.com**, a. 2, n. 4, 2013. Particularmente no que tange à negativa da natureza de situação jurídica subjetiva do *status*, parte da doutrina o considera um "*indice tecnico e legislativamente convenzionale – una* legal formula, *quindi*" (Ibid., p. 11).

[44] Pietro PERLINGIERI defende fortemente o *status* como situação jurídica, criticando os que se opõem a esta tese: "Esta perspectiva reduz o problema das situações subjetivas em geral a uma questão de nomenclatura e, meramente, de linguagem. Ela centra a atenção exclusivamente no aspecto da obrigatoriedade e exclui que a construção de uma situação subjetiva autônoma (o *status*) possa se basear sobre dados normativos que atribuem um conjunto homogêneo de poderes, deveres etc., em função de tutela de um interesse ou de um valor, ainda que exista a possibilidade de obter uma sentença especificamente voltada a verificar a titularidade da situação. Contudo, deixa-se de considerar que o *status* precede, de um ponto de vista lógico e funcional, as ações colocadas para a sua tutela. Trata-se de um interesse ou valor juridicamente relevante, de conteúdo próprio, não de um simples recipiente de previsões normativas" (**O direito civil na legalidade constitucional**, cit., p. 704).

[45] Registra MESSINEO que alguns autores aludem ao *status* para designar a fonte ou o pressuposto da capacidade de direito, ou simplesmente como um sinônimo dela (**Manuale di diritto civile e commerciale**, cit., p. 136).

[46] BIANCA, Massimo. **Diritto civile**, vol. I, cit., p. 300. Tal concepção é criticada por Francesco PROSPERI, segundo o qual, ao se considerar o *status* uma situação jurídica subjetiva, isso já implica determinada tutela por parte do ordenamento, não fazendo sentido, por isso, considerá-lo, ao mesmo tempo, também objeto de uma tutela ulterior, relativa ao próprio reconhecimento jurídico do estado pessoal (Rilevanza della persona e nozione di *status*, cit., p. 12).

específica a ele atribuída, por maior que seja sua amplitude.[47] Tal crítica se assemelha, aliás, àquela dirigida à expressão "direitos da personalidade": a ampla tutela proposta pelo ordenamento à pessoa humana não pode se restringir aos limites estruturais do direito subjetivo ou de uma situação jurídica subjetiva qualquer.[48]

2. Situações jurídicas subjetivas de potestade: direito potestativo e poder jurídico

Ao lado do direito subjetivo (e do dever jurídico a ele contraposto), costumam-se elencar dentre as situações jurídicas subjetivas o direito potestativo (e a posição de sujeição que lhe é correlata), o poder jurídico (e também sua correlata sujeição, denominada por alguns autores de interesse jurídico), o ônus jurídico e a expectativa de direito. Um breve panorama sobre a diferenciação dessas figuras permitirá ilustrar a relevância da perspectiva relacional (e da consequente análise funcional e dinâmica da situação) para a qualificação de hipóteses concretas. Tome-se por exemplo o caso da passagem forçada, direito de vizinhança previsto pelo art. 1.285 do Código Civil e classificado por muitos autores como direito potestativo.[49] Em certa perspectiva, a hipótese se aproxima, de fato, do direito potestativo, na medida em que se autoriza ao titular da passagem forçada uma intervenção compulsória na esfera jurídica alheia.

O direito potestativo caracteriza-se, contudo, pela existência de uma situação de plena sujeição imputada ao outro centro de interesses da relação.[50] Isso significa que não há nada que, na prática, a pessoa que ocupa

[47] Cf. PROSPERI, Francesco. Rilevanza della persona e nozione di *status*, cit., p. 32: "não há nenhuma necessidade de recorrer a velhas ou novas formulações do conceito de *status* com o fim de explicar razões e operatividade no sistema das derrogações sempre mais frequentemente postas ao princípio da igualdade formal, sendo uma óbvia consequência do reconhecimento do valor primário da pessoa humana na sua concreta e individual existência que caracteriza todo moderno Estado social de direito" (Tradução livre).

[48] PERLINGIERI, Pietro. **O direito civil na legalidade constitucional**, cit., pp. 764-765.

[49] Cf., ilustrativamente, GAMA, Guilherme Calmon Nogueira da. **Direitos reais**. São Paulo: Atlas, 2008, p. 437; MELLO, Marco Aurélio Bezerra de. **Direito das coisas**. Rio de Janeiro: Lumen Juris, 2008, p. 196; VENOSA, Silvio de Salvo. **Direito civil**, vol. VI. São Paulo: Atlas, 2003, p. 378.

[50] Nesse sentido, Pietro PERLINGIERI define o direito potestativo como "poder de provocar unilateralmente uma vicissitude jurídica desfavorável para outro sujeito", contrapondo-o a uma situação jurídica subjetiva que denomina "sujeição" (**O direito civil na legalidade**

esse centro de interesses possa ou deva fazer para impedir o exercício do direito potestativo contraposto que irá interferir em sua esfera jurídica.[51] Em outros termos, ao titular do direito potestativo não cabe *exigir* qualquer prestação do titular da sujeição, pelo simples motivo de que não há nenhuma conduta específica, positiva ou negativa, que este último poderia adotar a respeito. A impossibilidade, verdadeiramente conceitual, de ocorrer violação em matéria de direitos potestativos conduz à conclusão de que nestes, ao contrário do que ocorre nos direitos subjetivos, não se verifica a figura da pretensão (*Anspruch*), relacionada justamente com o poder de exigir de outrem a satisfação do conteúdo do direito.[52] Por via de consequência, não há que se falar, em matéria de direitos potestativos,

constitucional, cit., p. 685). Conforme a clássica lição de Giuseppe CHIOVENDA, "A sujeição é um estado jurídico que não requer o concurso da vontade do sujeito nem qualquer comportamento seu" (**Istituzioni di diritto processale civile**. Napoli: Jovene, 1960, p. 41. Tradução livre).

[51] Como anota Agnelo AMORIM, "no máximo a pessoa que sofre a sujeição pode, em algumas hipóteses, se opor a que o ato seja realizado de determinada forma, mas nesse caso o titular do direito pode exercê-lo de outra forma. Ex.: divisão judicial, quando os demais condôminos não concordam com a divisão amigável" (Critério científico para distinguir a prescrição da decadência e para identificar as ações imprescritíveis. **Revista dos Tribunais**, a. 49, vol. 300. São Paulo: Revista dos Tribunais, out./1960, p. 12).

[52] Conforme leciona BARBOSA MOREIRA, o termo *pretensão* mostra-se de uso recente no direito civil brasileiro, tendo sido importado da noção de *Anspruch* mencionada pelo §194, I do BGB. Ao contrário do que ocorre no sistema alemão, em que a figura é definida por lei como um "direito de exigir", entende o autor que a lei brasileira não considera a pretensão como um direito autônomo, mas sim como um poder decorrente, em linhas gerais, da violação de um direito relativo ou do próprio conteúdo dos direitos absolutos. Nesse sentido, "a lei aderiu à concepção da pretensão como poder de exigir, não como pura exigência. Com efeito: a existência do direito e a ocorrência da violação afiguram-se necessárias para que alguém possa exigir (legitimamente) uma prestação de outrem. Não o serão, entretanto, para que alguém de fato exija a prestação. Na perspectiva do novo Código Civil, só mereceria o nome de pretensão a pretensão fundada, aquela que se baseie num genuíno poder de exigir" (Notas sobre pretensão e prescrição no sistema do Novo Código Civil brasileiro. **Revista da Academia Brasileira de Letras Jurídicas**. Volume 19, número 22. Rio de Janeiro: jul.-dez./2002, p. 150). Conclui o autor a respeito dos direitos potestativos: "ora, não havendo obrigação de prestar, a violação é impensável. Logo, nessa esfera, não há cogitar de pretensão" (Ibid., p. 151). Para uma análise da adoção da figura da pretensão pelo Código Civil de 2002, permita-se remeter a SOUZA, Eduardo Nunes de. Problemas atuais de prescrição extintiva no direito civil: das vicissitudes do prazo ao merecimento de tutela. **Civilistica.com**, a. 10, n. 3, 2021, item 2.

em prescrição (que extingue a pretensão nos direitos subjetivos), mas sim em decadência (que fulmina o próprio direito a ela subordinado). Do mesmo modo, a sentença em matéria de direitos subjetivos terá natureza *condenatória* em face do sujeito que violou o direito, ao passo que a sentença que faça valer o direito potestativo apresentará natureza (des)*constitutiva* de uma situação jurídica.[53]

No caso da passagem forçada, diversamente, existe, sim, o risco prático de impedimento do exercício desse direito – que se revela, portanto, dependente da conduta da outra parte: basta pensar na hipótese de aposição de obstáculos ao longo do terreno por seu proprietário para impedir a passagem do dono do prédio encravado. Aliás, a própria previsão legislativa acerca da possível necessidade de fixação judicial do rumo da passagem parece sugerir esse risco de resistência. O verdadeiro objeto dessa relação jurídica, portanto, parece ser, sim, uma prestação por parte do centro de interesses sujeitado – ainda que se trate de prestação negativa, de simples abstenção e tolerância.[54] E a situação jurídica subjetiva caracterizada pela exigibilidade de certa prestação pelo titular do dever jurídico contraposto, como se sabe, é a de direito subjetivo,[55] categoria em que parece se enquadrar, com maior propriedade, o direito à passagem

[53] MOREIRA, José Carlos Barbosa. Notas sobre pretensão e prescrição no sistema do Novo Código Civil brasileiro, cit., p. 155. No mesmo sentido, leciona Agnelo AMORIM: "as ações condenatórias são meio de proteção daqueles direitos suscetíveis de violação ('direitos a uma prestação'); e as ações constitutivas são o meio de exercício daqueles direitos insuscetíveis de violação (direitos potestativos)" (Critério científico para distinguir a prescrição da decadência e para identificar as ações imprescritíveis, cit., p. 16).

[54] Nesse sentido, SERPA LOPES define a passagem forçada como "o direito que assiste ao dono do prédio rústico, ou urbano, que se achar encravado em outro, sem saída pela via pública, fonte ou porto, a *reclamar* do vizinho que lhe deixe passagem, fixando-se a esta judicialmente o rumo, quando necessário" (**Curso de direito civil**, vol. VI. Rio de Janeiro: Freitas Bastos, 1996, p. 531. Grifou-se), a indicar que assiste ao titular do direito à passagem forçada *reclamar uma prestação* do dono do prédio contíguo.

[55] Ao caracterizar o direito potestativo, leciona Caio Mário da Silva PEREIRA: "não há nada que o titular da sujeição possa ou deva fazer, não há dever, mas apenas submissão à manifestação unilateral do titular do direito, embora a manifestação atinja a esfera jurídica do outro, constituindo, modificando ou extinguindo uma sua situação jurídica subjetiva [...] a nota essencial é a ausência de prestação (direitos sem prestação), diferenciando-se, por esta via, e frontalmente, dos direitos subjetivos, desde então também chamados de direitos com prestação" (**Instituições de direito civil**, vol. I, cit., p. 30).

forçada.[56] Não por acaso, sustenta a doutrina que o direito potestativo costuma corresponder à prerrogativa de emitir determinadas declarações de vontade que interferem na esfera alheia[57] (pense-se no direito a pedir o divórcio, renunciar à herança ou revogar um mandato, por exemplo).[58] Tais declarações de vontade, criadoras, modificadoras ou supressoras de situações jurídicas alheias (fala-se classicamente em poderes formativos, modificativos ou extintivos),[59] representam hipóteses em que, de fato, nem

[56] Afirma tal natureza Luiz Edson FACHIN, segundo o qual "não pode ser o titular do bem compelido à clausura, garantindo-lhe a lei admissão à via pública, nascente ou porto. E ela o faz mediante *imposição de deveres*, imunizando o vizinho em face do exercício desse direito de movimentação" (grifou-se). Tal configuração de direito e dever, segundo o autor, seria ínsita à passagem forçada: "Impende, com efeito, adotar essa configuração, que a eleva à condição de direito subjetivo" (In: AZEVEDO, Antônio Junqueira de. **Comentários ao Código Civil**, vol. XV. São Paulo: Saraiva, 2003, pp. 87-88).

[57] Nesse sentido, afirma José de Oliveira ASCENSÃO: "um direito potestativo – direito de, unilateralmente, provocar vicissitudes na ordem jurídica existente – esgota-se no plano das significações normativas. Por exemplo, a faculdade de o obrigado denunciar uma obrigação por tempo indeterminado não se reflete no mundo sensível, mas tão só no das significações intelectuais" (**Direito civil**, vol. III, cit., p. 12). Também Pietro PERLINGIERI afirma que, no direito potestativo, o "titular pode, sozinho, constituir, modificar ou extinguir uma situação, apesar de isso significar invasão da esfera jurídica de outro sujeito que não pode evitar, em termos jurídicos, o exercício do poder. Este exercício dá-se com uma manifestação unilateral de vontade mesmo quando (segundo alguns), para realizar o resultado favorável ao titular, seja necessária (além da manifestação unilateral da vontade) uma sentença do juiz" (p. 685).

[58] Outros exemplos comumente referidos são o poder do doador de revogar a doação; o poder do condômino de pedir a divisão da coisa comum; o poder dos interessados de pedir a invalidação dos atos nulos e anuláveis; o poder do sócio de pedir a dissolução da sociedade; o poder do credor de pedir a resolução do contrato por inadimplemento; o poder do adquirente de pedir a redibição do contrato diante da verificação de vício oculto na coisa; o poder de escolha, a quem ele couber, nas obrigações alternativas; o poder de interpelar, notificar ou protestar para constituir o devedor em mora; o poder de alegar compensação; o poder de resgate do imóvel alienado com cláusula de retrovenda; o poder de adquirir a meação de parede ou muro divisório; o poder do oblato de aceitar a oferta de contratar do policitante; dentre outros (AMORIM, Agnelo. Critério científico para distinguir a prescrição da decadência e para identificar as ações imprescritíveis, cit., p. 11).

[59] Por todos, cf. FERRARA, Francesco. **Trattato di diritto civile italiano**, vol. I, cit., p. 344, que alude a *diritti alla costituzione, al mutamento* e *all'estinzione d'un effetto giuridico*. Contemporaneamente, cf. ASCENSÃO, José de Oliveira. **Direito civil**, vol. III, cit., p. 81.

mesmo uma prestação negativa se espera da pessoa que a elas se sujeita, já que não há nada que ela possa fazer para impedir o exercício do direito.[60]

A diferença estrutural entre direitos subjetivos e direitos potestativos, portanto, consiste em pressuporem os primeiros o direito a uma *prestação*, ao passo que os segundos implicam simplesmente o direito a uma *modificação jurídica*.[61] A existência ou não de uma prestação negativa como núcleo objetivo de imputação da situação jurídica jamais seria descoberta pela análise isolada do conteúdo da situação dita ativa (o direito subjetivo ou potestativo).[62] É a perspectiva relacional que a revela, quando se indaga qual é o papel atribuído ao centro de interesses contraposto. De fato, como tanto o direito subjetivo quanto o direito potestativo caracterizam relações voltadas prioritariamente (se bem que não exclusivamente) à satisfação do interesse de seus titulares, afirmar que o direito potestativo tem por

[60] Poder-se-ia argumentar, não sem razão, que o titular do direito potestativo corre o risco de ter seu exercício obstado pelo recurso, v.g., à *vis absoluta* ou à *vis compulsiva* pelo titular da sujeição – e que, por isso, mesmo para viabilizar simples declarações de vontade exigir-se-ia deste último o dever de se abster de tais atos. Esse dever, porém, de não intervenção na liberdade alheia revela-se tão genérico que seria insuficiente para caracterizar uma situação jurídica subjetiva – a rigor, faz parte do conteúdo de toda e qualquer situação e, por isso, não se presta a caracterizar nenhuma especificamente. De outra parte, a possibilidade de impugnação judicial da declaração de vontade feita pelo titular do direito potestativo (pense-se, v.g., na alegação, pelo mandatário, de que a revogação do mandato teria sido abusiva, ou na contestação pelo empregado da despedida feita pelo empregador) tampouco permite identificar um dever jurídico negativo atribuível ao titular da sujeição. Com efeito, o direito potestativo caracteriza-se por ter seu exercício independente da atuação da contraparte, que nada pode fazer para impedi-lo; é justamente o que ocorre: a vontade é efetivamente declarada, sendo apenas a *legitimidade* desse exercício que se questiona em juízo.

[61] Esta a lição de BARBOSA MOREIRA (Notas sobre pretensão e prescrição no sistema do Novo Código Civil brasileiro, cit., p. 151), que complementa: nos direitos potestativos, "o sujeito passivo não está obrigado a prestar: submete-se, pura e simplesmente, à modificação produzida por ato do sujeito ativo, diretamente (exemplos: a escolha do devedor, na obrigação alternativa; a revogação do mandato) ou por intermédio de sentença judicial (exemplos: a anulação do casamento, o divórcio)".

[62] Por esse motivo, aliás, autores clássicos como Francesco FERRARA se recusavam a reconhecer a natureza de direito aos direitos potestativos: "um direito que não se dirige contra ninguém, que não importa uma exigência do comportamento alheio (um direito sem dever), um direito que não é capaz de violação [...] é a simples possibilidade de produzir por um comportamento consequências jurídicas, é capacidade jurídica, não direito subjetivo (**Trattato di diritto civile italiano**, vol. I, cit., pp. 346-347. Tradução livre).

conteúdo a interferência na esfera jurídica alheia[63] em nada contribui para a distinção entre as duas figuras, pois semelhante interferência também pode ocorrer (e ocorre com frequência) nas relações de direito subjetivo.[64] Apenas observada a inteira dinâmica da relação torna-se possível qualificá-la.

A aproximação funcional entre direito subjetivo e potestativo, por outro lado, permite diferenciá-los de uma terceira situação, qual seja, a do poder jurídico (*potestà*, na doutrina italiana). Corresponde o poder jurídico à possibilidade de interferência na esfera jurídica alheia, exatamente como o direito potestativo se caracteriza do ponto de vista estrutural. No plano funcional, porém, diferenciam-se drasticamente as duas figuras, pois, se o direito potestativo se exerce legitimamente em prol do interesse de seu titular, o poder jurídico, ao contrário, apenas pode ser exercido tendo-se em conta a realização do interesse jurídico que lhe é contraposto, titularizado por aquele que a ele se sujeita.[65] Com efeito, esta espécie de situação jurídica, normalmente verificada nas relações de família, visa, em regra, à proteção da contraparte na relação: trata-se do poder familiar que têm os pais em relação aos filhos ou do poder do qual dispõem tutor ou curador sobre pupilo ou curatelado.[66] O poder que tem o genitor de decidir sobre os rumos da vida de seu filho, absolutamente incapaz, em muito se assemelha estruturalmente ao direito potestativo; cuida-se, porém, de categoria diversa, já que seu exercício inspirado por interesses próprios do pai reputar-se-ia abusivo e passível de repressão pela ordem

[63] Esta é a definição tradicional utilizada pela doutrina, como se extrai da lição de Agnelo AMORIM, que caracteriza os direitos potestativos como "poderes que a lei confere a determinadas pessoas de influírem, com uma declaração de vontade, sobre situações jurídicas de outras, sem o concurso da vontade destas" (Critério científico para distinguir a prescrição da decadência e para identificar as ações imprescritíveis, cit., p. 10).

[64] De fato, como relata Agnelo AMORIM, esta constatação levou à resistência de parte da doutrina em aceitar a categoria do direito potestativo, considerando-se que este nada mais seria do que uma faculdade decorrente de um direito subjetivo. No entanto, como explica o autor, logo se percebeu que, no exercício das faculdades jurídicas, apenas se pode afetar a esfera jurídica de terceiro com a aquiescência deste, ao passo que nos direitos potestativos o terceiro é afetado independentemente de sua vontade (Critério científico para distinguir a prescrição da decadência e para identificar as ações imprescritíveis, cit., p. 13).

[65] PERLINGIERI, Pietro. **O direito civil na legalidade constitucional**, cit., p. 700.

[66] PEREIRA, Caio Mário da Silva. **Instituições de direito civil**, vol. I, cit., p. 31.

jurídica.[67] Por outro lado, o direito potestativo se exerce de modo legítimo predominantemente no interesse do titular. Parte da doutrina cita, ainda, como hipóteses de *potestà* figuras tão diversas quanto o poder atribuído aos membros do conselho fiscal de sociedade anônima[68] e os poderes de que são investidos o representante e o testamenteiro.[69]

Na medida em que as prerrogativas conferidas ao seu titular encontram-se acompanhadas de um necessário direcionamento funcional em prol do melhor interesse da parte que se sujeita ao poder jurídico, o exercício dessa situação subjetiva reputa-se necessário, e não facultativo.[70] Em outros termos, ao contrário do que ocorre nos direitos subjetivo e potestativo, cujos titulares detêm a prerrogativa de não os exercer (sujeitando-se, em regra, apenas à prescrição e à decadência),[71] o titular do poder jurídico não pode optar pelo não exercício. Por isso, costuma-se afirmar, apropriando-se de terminologia do direito administrativo, que o poder jurídico constitui um *munus* de direito privado, verdadeiro poder-dever.[72] A designação "dever", no entanto, apenas poderia ser usada aqui em sentido lato, pois, como já se observou, a exigibilidade desse dever mostra-se muito mais leve do que aquela observada no direito subjetivo.[73]

[67] A respeito, permita-se remeter a SOUZA, Eduardo Nunes de. Abuso do direito: novas perspectivas entre a licitude e o merecimento de tutela. **Revista Trimestral de Direito Civil**, vol. 50. Rio de Janeiro: Padma, abr.-jun./2012, p. 90.

[68] Exemplo mencionado por PERLINGIERI, Pietro. **O direito civil na legalidade constitucional**, cit., p. 701.

[69] Exemplos aludidos por TRABUCCHI, Alberto. **Istituzioni di diritto civile**, cit., p. 74.

[70] Cf., por todos, GOMES, Orlando. **Introdução ao direito civil**, cit., p. 95.

[71] Note-se que, em matéria de direito subjetivo, o não exercício pode manter-se a salvo até mesmo da prescrição, como ocorre nas situações jurídicas de natureza real. Para uma análise contemporânea das consequências do não exercício voluntário dos direitos reais por seus titulares, cf., com ampla bibliografia, SILVA, Rodrigo da Guia. Danos por privação do uso: estudo de responsabilidade civil à luz do paradigma do dano injusto. **Revista de Direito do Consumidor**, vol. 107. São Paulo: Revista dos Tribunais, set.-out./2016, item 3.

[72] Na lição de Pietro PERLINGIERI: "Esta constitui um verdadeiro ofício, uma situação de direito-dever (*diritto-dovere*): como fundamento da atribuição dos poderes existe o dever de exercê-los. O exercício da *potestà* não é livre, arbitrário, mas necessário no interesse de outrem ou, mais especificamente, no interesse de um terceiro ou da coletividade" (**O direito civil na legalidade constitucional**, cit., p. 700).

[73] Segundo Orlando GOMES, o poder jurídico, "embora exigível, está condicionado a uma apreciação subjetiva, com larga faixa de tolerância" (**Introdução ao direito civil**, cit., p. 95).

Sem dúvida, há mecanismos de controle valorativo do exercício do poder jurídico, sendo sempre possível coibir eventual exercício disfuncional; admite-se, ainda, a responsabilidade pelo não exercício e mesmo a destituição do titular em casos graves de omissão (art. 1.637 do Código Civil). A possibilidade de indenização do dano moral causado ao filho pelo abandono moral cometido pelo genitor, amplamente admitida na jurisprudência brasileira,[74] revela-se bastante ilustrativa desse controle, conferindo juridicidade e, em certa medida, exigibilidade ao exercício do assim chamado poder-dever de educação e assistência moral à prole.[75] Tais mecanismos, porém, não abrangem uma espécie de execução específica, como aquela que cada vez mais se oferece ao titular de um direito subjetivo de crédito.[76] Trata-se de exigibilidade mais atenuada do que aquela característica a um dever obrigacional (fala-se da *Haftung*, ou responsabilidade,

[74] Cf., a título meramente ilustrativo "Civil e processual civil. Família. Abandono afetivo. Compensação por dano moral. Possibilidade. 1. Inexistem restrições legais à aplicação das regras concernentes à responsabilidade civil e o consequente dever de indenizar/compensar no Direito de Família. 2. O cuidado como valor jurídico objetivo está incorporado no ordenamento jurídico brasileiro não com essa expressão, mas com locuções e termos que manifestam suas diversas desinências, como se observa do art. 227 da CF/88. 3. Comprovar que a imposição legal de cuidar da prole foi descumprida implica em se reconhecer a ocorrência de ilicitude civil, sob a forma de omissão. Isso porque o *non facere*, que atinge um bem juridicamente tutelado, leia-se, o necessário dever de criação, educação e companhia – de cuidado – importa em vulneração da imposição legal, exsurgindo, daí a possibilidade de se pleitear compensação por danos morais por abandono psicológico. 4. Apesar das inúmeras hipóteses que minimizam a possibilidade de pleno cuidado de um dos genitores em relação à sua prole, existe um núcleo mínimo de cuidados parentais que, para além do mero cumprimento da lei, garantam aos filhos, ao menos quanto à afetividade, condições para uma adequada formação psicológica e inserção social [...]" (STJ, REsp. 1.159.242, 3ª T., Rel. Min. Nancy Andrighi, julg. 24.4.2012).

[75] A respeito, leciona Maria Celina BODIN DE MORAES: "Em virtude da imprescindibilidade (*rectius*, exigibilidade) de tutela por parte dos pais e da dependência e vulnerabilidade dos filhos, a solidariedade familiar alcança aqui o seu grau de intensidade máxima. Em caso de abandono moral ou material, são lesados os direitos implícitos na condição jurídica de filho e de menor, cujo respeito, por parte dos genitores, é pressuposto para o sadio e equilibrado crescimento da criança, além de condição para a sua adequada inserção na sociedade" (Danos morais em família? Conjugalidade, parentalidade e responsabilidade civil. **Na medida da pessoa humana.** Rio de Janeiro: Renovar, 2010, p. 449).

[76] A garantia da execução específica para a satisfação das obrigações revela-se tendência cada vez mais marcante do direito brasileiro, abrangendo contemporaneamente mesmo as obrigações de fazer, que no passado eram consideradas impassíveis dessa espécie de execução.

como componente do vínculo creditício)[77] ou a um dever real (pense-se na sequela que atende ao titular do direito real caso a abstenção universal que lhe é devida seja descumprida).[78]

Em outros termos, o descumprimento de uma obrigação ou a violação à propriedade alheia são, a rigor, ilícitos, violações estruturais ao ordenamento que ensejam mecanismos de coibição específicos oferecidos ao prejudicado. No caso da interferência na esfera jurídica do sujeitado pelo titular do poder jurídico, tratar-se-á, em regra, de interferência lícita, plenamente compatível com o conteúdo do poder que tem o pai em relação ao seu filho;[79] ao contrário, ilícito (e passível de responsabilização – se restar verificado algum dano – ou mesmo de perda da titularidade do poder) é o não exercício, vale dizer, a não intervenção.[80] De outra parte, o controle desse exercício far-se-á no plano funcional, com as muitas consequências possíveis diante da verificação de exercício abusivo de situação jurídica subjetiva, dentre as quais inclui-se o dever de indenizar dano eventualmente caracterizado, o suprimento judicial de manifestação de vontade eventualmente negada pelo titular do poder jurídico etc.[81] Nesses casos, não se trata da violação de dever jurídico específico, mas da violação de um dever geral de respeito ao perfil funcional da situação jurídica subjetiva,

A respeito, permita-se remeter a SOUZA, Eduardo Nunes de. O "equivalente" no direito das obrigações: uma proposta hermenêutica. **Civilistica.com**, a. 12, n. 1, 2023, pp. 26 e ss.

[77] Alude-se aqui à distinção entre *Schuld* (débito) e *Haftung* (responsabilidade) como elementos componentes do conteúdo obrigacional, amplamente difundida em doutrina, em geral atribuída à obra de Alois von BRINZ. O tema foi retomado, na esteira da doutrina crítica italiana, em SOUZA, Eduardo Nunes de. O equivalente no direito das obrigações, cit., itens 6 e 7.

[78] Trata-se da garantia classicamente conferida ao direito de propriedade, contida na parte final do art. 1.228 do Código Civil.

[79] Sobre o controle de abusividade no exercício do poder familiar, permita-se remeter a SOUZA, Eduardo Nunes de. Abuso do direito: novas perspectivas entre a licitude e o merecimento de tutela, cit., p. 90.

[80] *Ipso facto*, a crescente responsabilização, nos últimos anos, de pais pelo que se convencionou denominar abandono moral dos filhos, derivada justamente do ato ilícito consistente no descumprimento do dever de assistência moral à prole atribuído aos genitores.

[81] Tais consequências, possíveis em hipótese de abuso do direito, são aludidas, dentre outros, por SÁ, Fernando Augusto Cunha de. **Abuso do direito**. Coimbra: Almedina, 2005, pp. 649-650.

apenas impropriamente equiparável aos deveres jurídicos contrapostos a direitos subjetivos.

A tormentosa caracterização do grau de exigibilidade desse exercício compulsório e funcionalmente vinculado, se já se afigurava difícil para a doutrina tradicional, ganha novas notas de complexidade à luz da evolução do direito de família, de onde se extraem os exemplos mais célebres de poder jurídico. A crescente necessidade de oitiva do menor para a definição de decisões relevantes para a sua vida,[82] que no passado seriam tomadas unilateralmente pelos pais, cria enormes perplexidades à configuração teórica do poder jurídico – cujo exercício, embora passível de controle do ponto de vista funcional, conferia ao seu titular ampla discricionariedade.[83] Dito de outro modo, tem-se ampliado de tal forma o imperativo de tutela do melhor interesse da criança e do adolescente (vetor funcional do exercício do poder familiar)[84] que o controle das decisões

[82] Destaque-se, a título ilustrativo, as diversas ocasiões em que o Estatuto da Criança e do Adolescente (Lei n. 8.069/1990) prevê a necessidade de oitiva do menor: para colocação em família substituta (art. 28, §1º); para modificação do prenome do menor adotando quando da sua adoção (art. 47, §6º); para a definição da medida de promoção dos direitos e de proteção (art. 100, XII); para a modificação judicial da guarda (art. 161, §3º); dentre outras hipóteses. A oitiva pessoal do menor pela autoridade competência também é considerada garantia processual da criança e do adolescente (art. 111, V).

[83] Conforme anota Maria Celina BODIN DE MORAES, "um obstáculo ao modelo democrático de família pode estar no desempenho da função parental de modo autoritário. Hoje, mais do que antes, é preciso traçar uma linha divisória entre o exercício legítimo da potestade e os espaços de autonomia e autodeterminação do filho como sujeito de direitos fundamentais. O problema maior não diz respeito à proteção patrimonial do filho menor, já controlada pelo legislador e pelo juiz, e sim ao exercício de seus direitos na esfera existencial. Essa esfera, território de formação da personalidade de um indivíduo, não só tem mais relevo hoje, depois de passar pelo processo da despatrimonialização do direito civil, como também constitui o cenário em que o poder educativo parental tem um papel determinante" (A nova família de novo: estruturas e função das famílias contemporâneas. **Pensar**, vol. 18, n. 2. Fortaleza: mai.-ago./2013, pp. 587-628).

[84] Sobre os contornos atuais do princípio, cf. BODIN DE MORAES, Maria Celina. A nova família, de novo, cit., pp. 603-604. Afirma a autora: "os pais não mais têm a missão de transformar seus filhos em função de princípios exteriores; a autoridade parental dilui-se na noção de respeito à originalidade da pessoa do filho, valorizando-se qualidades outras que não a obediência e o respeito. Os pais colocam-se na posição de ajudar os filhos a se tornarem seres autônomos, devendo isso ser considerado o conteúdo atual do princípio do melhor interesse da criança e do adolescente" (p. 609). Sobre o conteúdo do princípio e seu desenvolvimento

tomadas pelos pais, antes restrito à coibição do exercício disfuncional, ora toma a forma de prerrogativas (pretensões) do menor no sentido de interferir em tais escolhas.[85] Cabe à doutrina auxiliar o julgador na difícil tarefa de propor, com alguma objetividade, critérios para o grau legítimo de participação do menor (titular da situação jurídica de sujeição) em tais decisões, sem com isso esvaziar a própria razão de ser do poder familiar, consistente na inexperiência e no discernimento insuficiente da criança e do adolescente para ditar os rumos de sua criação.[86]

3. Situações jurídicas subjetivas instrumentais: ônus jurídico e expectativa de direito

No rol usualmente aludido das situações jurídicas subjetivas, parte-se, em seguida, para a figura *sui generis* do ônus jurídico. Define-se tradicionalmente o ônus como aquele dever a ser necessariamente observado por seu titular caso deseje, futuramente, auferir determinado benefício ou evitar determinado malefício.[87] O exemplo mais frequente dessa situação jurídica, colhido do direito processual, é o ônus da prova: quem alega não é propriamente *obrigado* a provar (no sentido de que a prova não corresponde a dever juridicamente exigível a cujo cumprimento alguém possa ser judicialmente compelido); simplesmente não poderá se beneficiar do que

pelo Estado-juiz, cf. ainda BODIN DE MORAES, Maria Celina. Instrumentos para a proteção dos filhos frente aos próprios pais. **Civilistica.com**, v. 7, n. 3, 2018, itens 1 e 2.

[85] Conforme anota Pietro PERLINGIERI, "a jurisprudência tem atribuído ao menor o direito de frequentar as amizades que considerar mais oportunas, desde que não sejam claramente de 'mau exemplo'. Do mesmo modo, no que diz respeito ao tipo de estudos que o menor queira empreender: na hipótese de contraste sobre o direcionamento dos estudos, o juiz poderá responder mais facilmente com base nos princípios fundamentais do ordenamento que impõem o respeito e o desenvolvimento da pessoa" (**O direito civil na legalidade constitucional**, cit., p. 703).

[86] Pondera Caio Mário da Silva PEREIRA que "o verdor dos anos e a consequente inexperiência, o incompleto desenvolvimento das faculdades intelectuais, a facilidade de se deixar influenciar por outrem, a falta de autodeterminação e auto-orientação impõem ao menor a completa abolição da capacidade de ação" (**Instituições de direito civil**, vol. I, cit., p. 232).

[87] CORDEIRO, António Menezes. **Tratado de direito civil**, vol. I, cit., p. 910. No mesmo sentido, mas com outra formulação, afirma MOTA PINTO tratar-se da "necessidade de adoção de um comportamento para realização de um interesse próprio" (**Teoria geral do direito civil**. Coimbra: Coimbra Editora, 2005, p. 188).

alegou nos autos do processo a parte que não comprovar tais alegações.[88] Nos casos de inversão do ônus da prova, comum, por exemplo, nas relações de consumo[89] ou nas hipóteses de presunções legais,[90] a parte que não lograr produzir a contraprova sofre as consequências indesejadas do que alegou a parte autora. Afirma-se, com frequência, tratar-se o ônus de um "dever potestativo",[91] na medida em que assume, a um só tempo, o conteúdo de situação jurídica subjetiva passiva por um lado e

[88] Cite-se a clássica lição de BARBOSA MOREIRA: "Mesmo diante de material probatório incompleto, o órgão judicial está obrigado a julgar. Essa eventualidade gera riscos para as partes, na medida em que implica para cada uma delas a possibilidade de permanecer obscura a situação fática de cujo esclarecimento se esperava a emergência de dados capazes de influir decisivamente, no sentido desejado, sobre o convencimento do juiz. [...] Cuida então a lei, em geral, de proceder a uma distribuição de riscos: traça critérios destinados a indicar, conforme o caso, qual dos litigantes terá de suportá-los, arcando com as consequências desfavoráveis de não se haver provado o que lhe aproveitava" (Julgamento e ônus da prova. **Temas de direito processual civil**. 2ª série. São Paulo: Saraiva, 1988, pp. 74-75).

[89] A inversão do ônus da prova em favor do consumidor é prevista pelo Código de Defesa do Consumidor (Lei n. 8.078/1990) em seu art. 6º, VIII, que considera direito básico do consumidor "a facilitação da defesa de seus direitos, inclusive com a inversão do ônus da prova, a seu favor, no processo civil, quando, a critério do juiz, for verossímil a alegação ou quando for ele hipossuficiente, segundo as regras ordinárias de experiências". Para uma crítica a respeito da inversão do ônus da prova nas relações de consumo, permita--se remeter a SOUZA, Eduardo Nunes de. **Do erro à culpa na responsabilidade civil do médico**: estudo na perspectiva civil-constitucional. Rio de Janeiro: Renovar, 2015, pp. 202 e ss.

[90] Conforme adverte BARBOSA MOREIRA, "não parece inteiramente exato dizer, todavia, que a presunção legal (relativa) se resolve em inversão do *onus probandi*. Com efeito, o resultado da aplicação da regra especial (contida no dispositivo que estabelece a presunção) pode perfeitamente coincidir, em determinado caso, com o resultado que se obteria aplicando à espécie a regra geral de distribuição daquele ônus" (As presunções e a prova. **Temas de direito processual civil**. 1ª série. São Paulo: Saraiva, 1988, pp. 60-61).

[91] Na lição de Pietro PERLINGIERI, "o ônus é a situação passiva na qual o titular deve comportar-se não no interesse de outrem, mas sim, próprio. O ônus é definido – com expressão de conveniência – como *obbligo* potestativo, no sentido de que o seu titular pode realizá-lo ou não" (**O direito civil na legalidade constitucional**, cit., p. 698). Assim também Pietro RESCIGNO, que ressalta a "posição singular" que ocupa o ônus na relação jurídica, "entre a liberdade e o dever", motivo pelo qual com frequência é definido como "dever livre" – palavras que, em linha de princípio, são contraditórias (RESCIGNO, Pietro. **Manuale del diritto privato italiano**. Napoli: Jovene, 1994, p. 273).

de prerrogativa livre ao seu titular, que pode legitimamente optar pelo descumprimento.[92]

Mais uma vez, a perspectiva relacional mostra-se decisiva para a qualificação de hipóteses concretas. Exemplo de ônus jurídico tipicamente aludido pela doutrina no âmbito do direito civil é o do encargo aposto às doações. Afirma-se com alguma frequência que o cumprimento do encargo corresponderia a ônus imposto ao donatário, caso deseje ser beneficiado pela liberalidade.[93] A disciplina jurídica do encargo nas doações, contudo, põe em xeque tal qualificação. Desde a vigência do Código Civil de 1916, já afirmava o legislador que o cumprimento do encargo pode ser exigido pelo doador ou pelo terceiro interessado e, caso o encargo seja de interesse coletivo, também pelo Ministério Público, após a morte do doador (art. 1.180 do Código Civil de 1916, correspondente ao art. 553 do Código Civil atual). A exigibilidade, porém, como referido acima, não traduz nota característica do ônus jurídico. O Código Civil de 2002 acentuou esse descompasso, prevendo inclusive, em seu art. 562, a possibilidade de notificação judicial do donatário nos casos em que não haja prazo estabelecido para o cumprimento do encargo, uma vez que a mora nesse cumprimento pode dar ensejo à resolução da doação (art. 555 do Código Civil atual, correspondente ao parágrafo único do art. 1.181 do Código Civil de 1916).[94]

[92] "Poder-se-ia, justamente, objetar que não é possível falar de *obbligo* ou de dever deixado à discricionariedade do sujeito obrigado, de maneira a faltar em um outro sujeito o direito de exigir o cumprimento. Isso não obstante, a definição utilizada ajuda a compreender que existem situações passivas que não vinculam o sujeito titular, o qual, com base em uma própria avaliação discricionária, poderá exercê-las, ou não" (PERLINGIERI, Pietro. **O direito civil na legalidade constitucional**, cit., p. 698). No ponto, vale registrar a discordância de MENEZES CORDEIRO quanto à noção de que o ônus não constitui um dever jurídico; segundo o autor, tal posição deveria ser revista, na medida em que "a coercibilidade não é característica da norma jurídica" (**Tratado de direito civil**, vol. I, cit., p. 918).

[93] Dentre os autores estrangeiros, afirma Roberto de RUGGIERO: "*Modus* é, na verdade, um ônus ou peso, que aquele a quem é feita uma liberalidade sofre por vontade de quem a fez" (**Instituições de direito civil**, vol. I, cit., p. 386). Na doutrina nacional, v. Orlando GOMES: "Consiste o modo num ônus que integra, acidentalmente, o conteúdo do negócio" (**Introdução ao direito civil**, cit., p. 365).

[94] Dispõe o Código Civil atual: "Art. 555. A doação pode ser revogada por ingratidão do donatário, ou por inexecução do encargo". Similar era a previsão do Código Civil anterior: "Art. 1.181. [...] Parágrafo único. A doação onerosa poder-se-á revogar por inexecução do encargo, desde que o donatário incorrer em mora".

Como se percebe, semelhante regime jurídico em muito se distancia da noção tradicional de ônus. Com efeito, o donatário não precisa cumprir o encargo apenas para evitar um malefício posterior: é possível *exigir* dele semelhante cumprimento, como se de dever obrigacional se tratasse (e a menção legislativa à "mora" do donatário revela-se bastante significativa nesse sentido).[95] A preocupação central da doutrina em lidar com a ideia de uma doação onerosa, verdadeira *contradictio in terminis*, tem obscurecido o problema da qualificação da situação jurídica passiva do donatário quanto ao cumprimento do encargo, circunscrevendo-se a questão à afirmativa de que, como elemento acidental do negócio, o encargo não poderia corresponder a contraprestação.[96]

Parte desse raciocínio é aparentemente corroborada pelo fato de que, via de regra, o descumprimento do *modus* não impede a aquisição imediata do direito[97] e pela constatação de que não se aplica à hipótese (pelo menos

[95] Alguns autores, por isso mesmo, qualificam-no como autêntica obrigação, como Eduardo ESPÍNOLA: "Observam os autores que o modo, constituindo verdadeira obrigação, se distingue, por traços bem definidos, do simples conselho" (**Manual do Código Civil brasileiro**, vol. III, parte II. Rio de Janeiro: Jacintho Ribeiro dos Santos, 1932, p. 625). Assim também Caio Mário da Silva PEREIRA: "Nos seus efeitos, o encargo impõe obrigação e pode ser exigido seu cumprimento" (**Instituições de direito civil**, vol. I, cit., p. 487). Conquanto no direito português a resolução da doação por inexecução do encargo apenas possa ser exigida se expressamente prevista no ato de liberalidade, José de Oliveira ASCENSÃO é categórico: "o modo traz uma obrigação verdadeira e própria, que por isso pode ser exigida, como qualquer obrigação" (**Direito civil***:* teoria geral, vol. II. São Paulo: Saraiva, 2010, p. 302).

[96] Como observa Orlando GOMES, o encargo "não se integra na estrutura do ato. Em consequência, não funciona como contraprestação. Contrariando essa orientação, algumas legislações incluem a doação com encargo entre as doações onerosas, filiando-se à teoria das duas causas de Savigny, pela qual o ato é cindido em dois, um oneroso até o valor do encargo, o outro gratuito, no que excede, cada qual com o seu conteúdo e a sua causa" (**Introdução ao direito civil**, cit., p. 365). Assim também afirmam autores estrangeiros, como RUGGIERO: "Como autolimitação de vontade [o modo] é sempre um elemento acessório, isto é: arbitrariamente introduzido no negócio por vontade de quem dispõe, distinguindo-se assim nitidamente da contraprestação nos negócios a título oneroso pois, por pesado que seja o ônus, não assume nunca a função de contrapartida [...]" (**Instituições de direito civil**, vol. I, cit., p. 387).

[97] Salvo quando corresponder a condição suspensiva, hipótese prevista pelo art. 136, *in fine* do Código Civil.

por parte do doador) a exceção de contrato não cumprido.[98] No entanto, quer se considere o encargo uma contraprestação à transferência do bem (admitindo-se que o contrato em princípio gratuito e unilateral corresponde, na verdade, a negócio oneroso e sinalagmático),[99] quer se considere que ele cria obrigação meramente secundária ou acessória no contrato, sem a configuração de sinalagma (o que parece fazer mais sentido, já que se afasta a incoerência entre o *animus donandi* e uma suposta contraprestação, mas se reconhece ao dever de executar o encargo natureza suficientemente vinculante para permitir a revogação pelo descumprimento),[100] fato é que a exigibilidade do encargo nas doações – e, por expressa extensão legal de disciplina, nos legados – torna-o incompatível com a noção tradicional de ônus jurídico.

Parecem enquadrar-se adequadamente na categoria do ônus, por outro lado, situações como a do proprietário ou ocupante de um imóvel, que deve notificar previamente seu vizinho quanto à necessidade de ingressar no imóvel deste, para apoderar-se de coisas suas que lá estejam ou quando for necessário para reparo, construção ou limpeza de sua casa ou do muro divisório (art. 1.313 do Código Civil). De fato, nesse caso, ao dispor "mediante prévio aviso", deixa claro o legislador que, se desejar obter o benefício de ingressar em imóvel alheio, deve antes notificar o respectivo ocupante. Também se considera um ônus jurídico a situação do adquirente que, verificando a existência de vícios ocultos na coisa enquanto esteja vigente prazo contratual de garantia, deve notificar o alienante em até

[98] Vale frisar, porém, que mesmo em sede de contratos sinalagmáticos a exceção de contrato não cumprido pode não ser invocável por uma das partes – na própria compra e venda, por exemplo, a regra (a teor do art. 491 do Código Civil) é que, salvo pactuação em contrário, o vendedor não pode ser cobrado da tradição da coisa antes do recebimento do preço, de tal modo que a *exceptio non adimpleti contractus* não socorre ao comprador.

[99] A doação onerosa aproximar-se-ia, nesse sentido, do contrato de troca ou permuta. Contra este entendimento, em estudo específico sobre o tema, cf. PENTEADO, Luciano de Camargo. **Doação com encargo e causa contratual**. São Paulo: Revista dos Tribunais, 2013. O autor faz distinção entre a doação modal, o negócio misto com doação e a troca, ao partir de noção deliberadamente não funcional de causa contratual.

[100] O contrato tornar-se-ia, assim, reconhecidamente oneroso, mas permaneceria unilateral (ou, como classificam alguns autores, bilateral imperfeito). Esta parece ser a posição de Eduardo ESPÍNOLA, ao reconhecer que "*o inadimplemento da obrigação* imposta como encargo acarreta consequências jurídicas importantes, entre as quais a mais radical é a de se revogar o ato *sub modo*" (**Manual do Código Civil brasileiro**, vol. III, parte II, cit., p. 625. Grifou-se).

trinta dias após o descobrimento, sob pena de decadência de seu direito[101] (assim determina o art. 446 do Código Civil). Com efeito, nesse exemplo, pode livremente o comprador nada notificar, mas, neste caso, sujeitar-se-á à perda do direito por força da fluência do prazo decadencial.

No mesmo sentido, aliás, parece possível considerar que, em linhas gerais, o exercício dos direitos sujeitos à prescrição ou à decadência corresponde a certo ônus conferido ao seu titular, caso deseje evitar o malefício, respectivamente, da perda da pretensão ou da perda do próprio direito.[102] Afinal, não se questiona que tal exercício se coloca aberto à livre escolha do titular do direito (subjetivo ou potestativo), e que, no entanto, a opção pelo não exercício, excluídos os casos de interrupção, suspensão ou impedimento da prescrição, surte consequência indesejável a esse mesmo titular. Assim também se pode afirmar do ônus de declarar a vontade por meio da forma prescrita pela lei na celebração do negócio jurídico, para que este seja válido.[103]

A configuração do ônus jurídico conforme acima descrito impõe, no entanto, algum desafio à perspectiva relacional que, conforme se sustentou, deve permear a análise de todas as situações jurídicas subjetivas. De fato, não importando a atuação na esfera jurídica alheia nem comportando qualquer forma de exigibilidade, não parece possível identificar no ônus o outro centro de interesses com o qual se relaciona esta situação jurídica subjetiva.[104] Seria impossível inserir o ônus no âmbito de uma relação

[101] O exemplo, extraído de dispositivo legal equivalente do Código Civil português, é aludido por MENEZES CORDEIRO (**Tratado de direito civil**, vol. I, cit., p. 919).

[102] Afirma-o Carlos Alberto da MOTA PINTO: "o titular de um direito pode ter o ônus de o invocar dentro de certo prazo, sob pena de o não poder exercer plenamente" (**Teoria geral do direito civil**, cit., p. 188). Assim, por exemplo, Pietro PERLINGIERI alude à hipótese da decadência do direito ao benefício de inventário caso não se promova o procedimento de inventário no prazo previsto em lei: "Fazer o inventário – nas hipóteses normais – pode ser considerado não um simples *obbligo*, mas, sim, um ônus, isto é, um *obbligo* potestativo no interesse do titular da situação subjetiva" (**O direito civil na legalidade constitucional**, cit., p. 699).

[103] O exemplo é formulado por RESCIGNO, Pietro. **Manuale del diritto privato italiano**, cit., p. 273.

[104] Afirma MENEZES CORDEIRO: "Atente-se ainda em que ele [o ônus jurídico] não contracena com nenhuma posição ativa que lhe surja como simétrica" (**Tratado de direito civil**, vol. I, cit., p. 919). Em sentido contrário, para José de Oliveira ASCENSÃO tal situação jurídica contraposta seria a de sujeição, semelhante à sujeição que se contrapõe ao direito

jurídica? No ponto, autorizada doutrina tem buscado caracterizar o ônus como situação jurídica absoluta, contraposta à coletividade (isto é, oponível *erga omnes*).[105] A solução, contudo, parece pouco precisa, na medida em que não revela qual seria o conteúdo da situação jurídica ativa atribuída a esse centro de interesses universal que seria correlato ao ônus: certamente, não se trata da possibilidade de exigir o cumprimento do ônus (exigibilidade que, como se afirmou, mostra-se mesmo incompatível com essa espécie de situação jurídica). A própria expressão "oponibilidade *erga omnes*", aliás, parece ser mais adequada para situações de conteúdo predominantemente ativo, o que não é o caso do ônus jurídico, de índole eminentemente passiva.

De fato, do ponto de vista funcional, o ônus se volta, por definição, à satisfação de interesse do seu próprio titular,[106] distanciando-se com isso do dever jurídico correlato ao direito subjetivo e da sujeição contraposta ao direito potestativo. De outra parte, afasta-se o ônus da situação subordinada ao poder jurídico, na medida em que ninguém interfere na esfera jurídica do onerado senão ele próprio.[107] O ônus jurídico costuma

potestativo (**Direito civil**, vol. III, cit., p. 85), desde que se tratasse de ônus como situação jurídica autônoma, não inserido no conteúdo mais amplo de outra situação jurídica. Em outra parte, porém, reconhece uma situação designada "posição ativa contraposta ao ônus", e reconhece: "é esta a figura mais discutível" (Ibid., p. 51).

[105] Afirma-o expressamente, por exemplo, MENEZES CORDEIRO (**Tratado de direito civil**, vol. I, cit., p. 919).

[106] Conforme leciona Francesco CARNELUTTI, ao diferenciar o ônus e a obrigação, "enquanto que a obrigação é subordinação de um interesse do obrigado ao interesse de outrem, o ônus é subordinação de um interesse do onerado a um (outro) interesse próprio. Por este modo, para a resolução de um conflito de interesses intersubjetivo, o direito intervém estabelecendo um conflito entre interesses do mesmo sujeito, de sorte que este, se quiser que um interesse seu prevaleça sobre o de outrem, é forçado a sacrificar um outro interesse próprio. [...] Enquanto que a obrigação é necessidade de subordinar um interesse próprio a um interesse de outrem, o ônus é necessidade de o subordinar a um outro interesse próprio" (**Teoria geral do direito**, cit., p. 276). No mesmo sentido, PERLINGIERI, Pietro. **O direito civil na legalidade constitucional**, cit., p. 699.

[107] Não à toa, alguns autores falam existir no ônus atividade e passividade imputáveis ao mesmo centro de interesses: "Se considerarmos que há figuras autônomas de ônus, caracterizadas pelo aspecto ativo – alguém é titular de uma situação jurídica cujo conteúdo é representado pela outorga de uma vantagem em contrapartida de um sacrifício – vemos que nessa situação há um aspecto ativo e um aspecto passivo, simultaneamente, na mesma

apresentar, ao revés, um caráter instrumental,[108] de pressuposto para que o ordenamento considere certa vantagem buscada pelo onerado como merecedora de tutela, ou, ao revés, repute legítimo que lhe seja imposta determinada desvantagem. Parece, portanto, inserir-se no juízo valorativo que a ordem jurídica realiza sobre o exercício de outras situações jurídicas subjetivas, aí residindo seu perfil do interesse: o interesse indireto de legitimação de uma titularidade mais ampla. Da mesma forma, não se pode afirmar que o descumprimento do ônus crie para outros centros de interesse qualquer pretensão específica, senão a de questionar a legitimidade do exercício dessa situação jurídica maior (no caso da venda de coisa com defeito oculto, por exemplo, o vendedor passa a poder questionar o exercício do direito do comprador à redibição ou à revisão, se transcorrido o prazo legal sem o cumprimento do ônus de notificação do vendedor).

A questão, assim, parece resolver-se de modo mais objetivo em se considerando o ônus simples aspecto inerente ao conteúdo de determinada situação jurídica subjetiva mais ampla. Nessa perspectiva, assim como as já aludidas faculdades são consideradas como conteúdo (ativo) de situações jurídicas subjetivas, os ônus corresponderiam a um aspecto passivo do conteúdo destas.[109] Tratar-se-ia, em outros termos, de limitações internas de seu exercício ínsitas à sua própria estrutura, a corroborar a noção, acima exposta, de situação jurídica como feixe de prerrogativas e deveres. Nesse sentido, por exemplo, o direito do credor em promessa unilateral

titularidade. Esse caráter misto de atividade e passividade é típico do ônus" (ASCENSÃO, José de Oliveira. **Direito civil**, vol. III, cit., p. 85).

[108] Tal instrumentalidade é ressaltada por Pietro PERLINGIEIRI: "o ônus não é somente um *obbligo* potestativo deixado ao arbítrio do obrigado, antes, representa uma situação instrumental para alcançar um resultado útil para o titular" (**O direito civil na legalidade constitucional**, cit., p. 698). No mesmo sentido, José de Oliveira ASCENSÃO: "o ônus pode assim ser instrumental em relação ao exercício dum direito" (**Direito civil**, vol. III, cit., p. 87).

[109] A analogia com as faculdades é feita, dentre outros, por CARNELUTTI (**Teoria geral do direito**, cit., p. 274), muito embora o foco do autor consista principalmente em identificar que tanto as faculdades quanto os ônus dizem respeito exclusivamente aos interesses de seu titular, ao passo que direitos subjetivos e obrigações mostram-se relevantes também para a esfera jurídica alheia. Tomando-se a perspectiva relacional das situações jurídicas subjetivas como um imperativo metodológico, o mesmo motivo que levou as faculdades a serem inseridas no próprio conteúdo dos direitos parece justificar que os ônus também o sejam: trata-se de aspectos desse conteúdo (respectivamente, ativos e passivos) que não se relacionam com o centro de interesses contraposto na relação.

de contrato de finalizar o negócio e vincular o promitente traz em si o ônus da manifestação no prazo previsto (art. 466 do Código Civil); o direito de preferência na compra e venda com cláusula de preempção tem em seu conteúdo o ônus de aceitar o preço encontrado ou ajustado (art. 515 do Código Civil); o direito do destinatário de reclamar de avarias nas mercadorias objeto de transporte de coisas apresenta o ônus de conferir e reclamar no momento da entrega (art. 754 do Código Civil); o direito do segurado à garantia abrange o ônus de notificar a seguradora de eventual incremento do risco (art. 769 do Código Civil) e seu direito à indenização pressupõe o ônus de comunicação imediata do sinistro (art. 771 do Código Civil); o direito potestativo de escusar-se da tutela exige a manifestação em dez dias, sob pena de configurar-se renúncia ao mesmo (art. 1.738 do Código Civil); o direito do tutor de cobrar dívidas que mantenha com o pupilo abrange o ônus de declaração das mesmas antes da assunção da tutela (art. 1.751 do Código Civil) e assim por diante.

Vale fazer menção a uma última situação jurídica subjetiva bastante aludida pela doutrina: trata-se da expectativa de direito,[110] cujo exemplo clássico é o do direito cuja aquisição se encontre submetida a condição suspensiva.[111] Afirma o art. 125 do Código Civil que, ao contrário do termo, cuja previsão apenas suspende o exercício da situação jurídica que a ele se subordina, a condição suspensiva impede a própria aquisição da situação jurídica respectiva. Nesse ínterim, porém, deteria o titular do direito *sub conditione* uma situação jurídica subjetiva mais restrita, denominada expectativa de direito (ou, ainda, segundo alguns autores, direito eventual ou direito expectativo),[112] que lhe permitiria, por exemplo,

[110] Segundo Caio Mário da Silva PEREIRA, consideram-se expectativas de direito "aquelas situações ou relações aderentes ao indivíduo, provenientes de fato aquisitivo incompleto, e por isso mesmo não integradas em definitivo no seu patrimônio" (**Instituições de direito civil**, vol. I, cit., p. 128).

[111] Outros exemplos aludidos por Orlando GOMES (**Introdução ao direito civil**, cit., p. 114) são a situação jurídica do herdeiro fideicomissário, a do substituto do herdeiro na sucessão legítima, a do possuidor *ad usucapionem* e a do adquirente de coisa móvel, por tradição, que a tenha recebido de quem não era proprietário. José de Oliveira ASCENSÃO lembra o exemplo do adquirente na compra e venda com reserva de domínio (**Direito civil**, vol. III, cit., p. 71). MENEZES CORDEIRO, o do preferente (**Tratado de direito civil**, vol. I, cit., p. 909).

[112] A terminologia não é unívoca na doutrina. Assim, por exemplo, Francisco AMARAL denomina "direito eventual" uma categoria à parte: "um direito concebido mas ainda não

realizar atos de conservação da situação jurídica subjetiva que pretende adquirir ao implemento da condição (art. 130 do Código Civil). Na *expectativa de direito*, já ocorreu o fato jurídico que serve de gérmen à situação jurídica subjetiva a ser adquirida ao final (no exemplo tradicional, o negócio condicionado);[113] aí reside, segundo a doutrina, a distinção entre essa hipótese e aquela da mera *expectativa de fato* – nesta última, nem mesmo o fato jurídico que dará origem à situação já se verificou, sendo o exemplo clássico o direito hereditário antes da morte do autor da herança: espera-se ainda a ocorrência do próprio fato (a morte) que criará o direito.[114]

A concepção de uma situação jurídica *sui generis* como a da expectativa de direito oculta discussão muito mais abrangente acerca da eficácia negocial. A rigor, seria possível afirmar, em certa perspectiva, que o negócio condicional não cria propriamente uma situação intermediária ou imperfeita a ser posteriormente convertida em direito,[115] mas dá origem, em vez disso, a efeitos (leia-se, situações jurídicas subjetivas propriamente ditas) instrumentais ou de segunda ordem, com o fulcro de assegurar o interesse que estará contido em seu efeito (situação jurídica) principal,

nascido, por lhe faltar algum elemento constitutivo, como o do proponente em relação ao destinatário da proposta [...] e o do promitente-comprador quanto à venda definitiva" (**Direito civil**, cit., p. 239). Note-se que o próprio codificador, no art. 130, usa a expressão "direito eventual" para fazer referência à expectativa de direito.

113 Exemplo aludido, dentre muitos outros, por PINTO, Carlos Alberto da Mota. **Teoria geral do direito civil**, cit., p. 573; RUGGIERO, Roberto de. **Instituições de direito civil**, vol. I, cit., p. 379; CORDEIRO, António Menezes. **Tratado de direito civil**, vol. I, cit., p. 909.

114 Segundo Pietro PERLINGIERI, "aquele que à morte de um parente poderia receber dinheiro por herança acha-se em uma situação de mera espera de uma utilidade (a chamada expectativa de mero fato), não protegida (diretamente) pelo ordenamento jurídico (o pressuposto da tutela é a aquisição, *ex lege* ou por testamento, da qualidade de chamado a aceitar a herança; isso acontece, porém, apenas no momento da morte do *de cujus*, e não antes)" (**O direito civil na legalidade constitucional**, cit., p. 691). Citam-se também como exemplos de expectativa de fato a situação em que a aquisição do direito depende do arbítrio de seu titular atual, ou, ainda, da vontade de quem espera o direito (GOMES, Orlando. **Introdução ao direito civil**, cit., p. 114).

115 A essa noção, aliás, de situação jurídica "imperfeita" corresponderam os primeiros usos da designação "situação jurídica" (BETTI, Emilio. **Teoria geral do negócio jurídico**, cit., p. 25). Francesco CARNELUTTI considerava, porém, "vulgar designar-se a situação imperfeita ativa pela palavra expectativa, manifestamente alusiva à pendência de um evento e à esperança na sua verificação, de que a sua perfeição é dependente" (**Teoria geral do direito civil**, cit., p. 284).

cuja produção (aquisição) se encontra pendente.[116] A doutrina tradicional, contudo, insiste em negar à expectativa o *status* de situação jurídica propriamente dita, nela entrevendo simplesmente uma "solução virtual" para responder a um "problema prático": a tutela jurídica de um interesse que ainda se encontra em fase de maturação para se tornar um direito juridicamente reconhecido.[117]

A recusa em se qualificar o direito à realização de atos conservatórios como situação jurídica autônoma, restringindo-o a simples conteúdo da expectativa de direito, mais do que refletir a já aludida dificuldade em se delimitarem as fronteiras da situação jurídica subjetiva, parece relacionar-se com a longa controvérsia doutrinária sobre a retroatividade das condições, na medida em que atos realizados durante este período

[116] Este parece ser o entendimento de José de Oliveira ASCENSÃO, segundo o qual "não há razão para divisar sempre mais categorias de situações jurídicas subjetivas: *entia non sunt multiplicanda*. A expectativa cai inteiramente no âmbito do direito subjetivo, como afetação individual, concreta e destinada a criar um espaço de autonomia. O fato de ser instrumental não é razão em contrário, porque muitos direitos subjetivos são instrumentais" (**Direito civil**, vol. III, cit., p. 72). Sobre o referido caráter instrumental da expectativa, leciona Pietro PERLINGIERI: "Define-se expectativa a situação subjetiva instrumental (situação preliminar) para a aquisição de uma ulterior situação (situação final). A expectativa se insere em uma relação instrumental – coligada à relação final – que assume conteúdos específicos em relação ao tipo de interesse e ao tipo de vicissitude que se quer produzir" (**O direito civil na legalidade constitucional**, cit., p. 691). Nesse mesmo sentido, alude MOTA PINTO a "efeitos cautelares que têm em vista garantir a integridade dos efeitos finais, de modo a evitar que estes venham a ser meramente platônicos" (**Teoria geral do direito civil**, cit., p. 574).

[117] As expressões são de Angelo FALZEA, que leciona: "Valores práticos que já no presente se prospectam no seu conteúdo essencial, mesmo se apenas em um futuro próximo a situação de fato amadurecerá até permitir uma tomada de posição definitiva por parte do direito, podem assumir para a comunidade um tal relevo que requeira a imediata predisposição de medidas jurídicas. [...] Quando exigências desse gênero assumem importância prática, a ordem jurídica não pode restar indiferente ao seu processo de progressiva atualização e determinação. Para garantir que esse processo tenha um desenvolvimento normal, para evitar que ele seja turbado por interferências externas ou por diversões ilícitas, ocorre uma intervenção imediata do direito: intervenção de caráter preliminar e cautelativo, voltada apenas para assegurar que o interesse ainda não atual ou ainda não determinado não restará sem defesa no processo de sua formação. O interesse não será assistido senão como interesse incompleto, mediante medidas jurídicas diversas daquelas que assistem os interesses completos. Não se poderá tratar então de situações jurídicas no senso pleno antes definido, mas de simples expectativas" (Efficacia giuridica, cit., §40. Tradução livre).

provisório antes do implemento da condição poderiam vir a ser desfeitos caso esta viesse a não se implementar. No entanto, a autorização legal para a realização de tais atos já deveria bastar para sua caracterização como prerrogativas conferidas por direitos autônomos, na medida em que estes se mantêm a salvo de eventual não implemento da condição e são, portanto, independentes de eventual implemento para a sua legitimação.[118]

De outra parte, a possibilidade de alienar o direito sob condição a terceiro (permanecendo a própria alienação dependente do implemento da condição), ou de transmiti-lo aos herdeiros, bastante aludida pela doutrina,[119] parece revelar, com maior vantagem, a utilidade prática de se reconhecer a expectativa de direito como categoria autônoma: justifica-se, com isso, qual é o objeto de tais transmissões de titularidade, em um momento no qual o direito que verdadeiramente se pretende transmitir ainda não foi adquirido.[120] A consequência mais relevante, porém, no reconhecimento da situação jurídica de expectativa decorre da situação passiva correspondente a ela: a parte que tem o interesse contrário à verificação da condição deve comportar-se de modo a não lesar ou esvaziar o conteúdo do direito que surgirá com o implemento da condição.[121] Em outros termos, ao longo do processo de formação de um direito, pode-se afirmar que, durante a fase de expectativa, busca-se principalmente tutelar o interesse do futuro titular e apenas secundariamente conferir-lhe prerrogativas. Essa distinção funcional, já designada na doutrina italiana como a diferença entre *relevância* e *eficácia jurídica*, parece justificar a diferenciação entre a expectativa e o direito propriamente dito, no qual as faculdades

[118] Nesse sentido, afirma Pietro PERLINGIERI que "a fase de pendência é atributiva de situações jurídicas que não se exaurem na simples espera, sendo conservativas [...] e aquisitivas de um direito (dito direito ao direito: direito à aquisição do direito, direito à extinção do direito etc.) em virtude do qual, ao se verificar o evento futuro e incerto, a parte realizará a situação definitiva" (**O direito civil na legalidade constitucional**, cit., p. 694).

[119] Cf., dentre outros, PINTO, Carlos Alberto da Mota. **Teoria geral do direito civil**, cit., p. 573; RUGGIERO, Roberto de. **Instituições de direito civil**, vol. I, cit., p. 379.

[120] Isso não impede a doutrina de anotar que, nesses casos, "o objeto dos atos de disposição não é um direito atual, e talvez não seja inteiramente conforme a uma visão sincera dessas relações, dizer que se transfere a expectativa e só através desta se dispõe do direito condicionado" (BETTI, Emilio. **Teoria geral do negócio jurídico**, cit., p. 752).

[121] BETTI, Emilio. **Teoria geral do negócio jurídico**, cit., p. 754.

do titular e a possibilidade de tutela jurídica parecem desempenhar um papel igualitário.[122]

Conclusões

O estudo ora empreendido acerca das situações jurídicas subjetivas se presta a variadas funções. Particularmente no que tange ao controle valorativo dos atos de autonomia privada, conhecer a função a que se presta cada categoria de situação jurídica subjetiva e a enorme complexidade que se pode encontrar no interior de cada posição jurídica permite ao intérprete perquirir, com maior precisão, desvios funcionais no exercício de tais situações, coibindo eventuais exercícios abusivos, bem como ponderar, na hipótese de exercícios de autonomia privada colidentes ou antinômicos, qual deles deverá ser considerado merecedor de tutela, à luz dos vetores funcionais fornecidos pelo conhecimento de cada categoria.

A análise funcional das situações jurídicas subjetivas integra, ainda, o itinerário obrigatório do estudo das invalidades do negócio jurídico. De fato, tendo-se em conta que é sobre a eficácia do ato que incide o juízo valorativo do ordenamento que conduz à consideração de sua validade,[123] o conhecimento do perfil funcional das situações jurídicas mais frequentes constitui relevante instrumento para o intérprete, permitindo-lhe localizar os interesses nucleares dos efeitos negociais e, assim, avaliá-los à luz da axiologia do ordenamento, o que lhe permitirá, ao final, concluir pela eventual manutenção de tais efeitos mesmo na hipótese de invalidade do ato que os originou. Quanto mais complexos os negócios,

[122] Como leciona Angelo FALZEA, a expectativa decorre de uma *fattispecie* parcial, o que significa que é dotada de relevância jurídica, mas não de eficácia, atributo que seria destinado às *fattispecie* totais: "A hipótese fática que funda uma expectativa de direito é uma parte da mais complessiva hipótese fática de onde nasce uma situação jurídica. A relação entre expectativa de direito e situação jurídica se reporta assim à relação já estudada entre hipótese fática parcial e hipótese fática total. E como sabemos que à hipótese fática total corresponde a eficácia jurídica, enquanto que à hipótese fática parcial é legada à relevância jurídica, impõe-se concluir que o fato produtivo da expectativa jurídica é um fato relevante mas não eficaz (mais precisamente: não ainda produtivo da sua eficácia típica e fundamental)" (Efficacia giuridica, cit., §40. Tradução livre).

[123] No ponto, permita-se remeter a SOUZA, Eduardo Nunes de. Invalidade do negócio jurídico em uma perspectiva funcional. In TEPEDINO, Gustavo (Org.). **O Código Civil na perspectiva civil-constitucional**: Parte Geral. Rio de Janeiro: Renovar, 2013.

mais diversificado se revela o quadro de sua eficácia, vale dizer, o conjunto de seus efeitos, suas interações, seu conteúdo, suas fontes, enfim, o estudo global das situações jurídicas negocialmente criadas.

Referências

AGUIAR JÚNIOR, Ruy Rosado. **Extinção dos contratos por incumprimento do devedor.** Rio de Janeiro: AIDE, 2004.

AMARAL, Francisco. **Direito civil**: introdução. Rio de Janeiro: Renovar, 2014.

AMORIM, Agnelo. Critério científico para distinguir a prescrição da decadência e para identificar as ações imprescritíveis. **Revista dos Tribunais**, a. 49, vol. 300. São Paulo: Revista dos Tribunais, out./1960.

ASCENSÃO, José de Oliveira. **Direito civil**: teoria geral, vol. II. São Paulo: Saraiva, 2010.

ASCENSÃO, José de Oliveira. **Direito civil**: teoria geral, vol. III: Relações e situações jurídicas. Coimbra: Coimbra Editora, 2002.

AZEVEDO, Antonio Junqueira de. Crítica à Parte Geral do Projeto de Código Civil. **Estudos e pareceres de direito privado**. São Paulo: Saraiva, 2004.

BIANCA, Massimo. **Diritto civile**, vol. I. Milano: Giuffrè, 2002.

BETTI, Emilio. **Teoria geral do negócio jurídico**. Campinas: Servanda, 2008.

BODIN DE MORAES, Maria Celina. A causa do contrato. **Civilistica.com**, a. 2, n. 4, 2013.

BODIN DE MORAES, Maria Celina. A nova família de novo: estruturas e função das famílias contemporâneas. **Pensar**, vol. 18, n. 2. Fortaleza: mai.-ago./2013.

BODIN DE MORAES, Maria Celina. Danos morais em família? Conjugalidade, parentalidade e responsabilidade civil. **Na medida da pessoa humana.** Rio de Janeiro: Renovar, 2010.

BODIN DE MORAES, Maria Celina. Instrumentos para a proteção dos filhos frente aos próprios pais. **Civilistica.com**, v. 7, n. 3, 2018.

CARNELUTTI, Francesco. **Teoria geral do direito**. Rio de Janeiro: Âmbito Cultural, 2006.

CHIOVENDA, Giuseppe. **Istituzioni di diritto processale civile**. Napoli: Jovene, 1960.

CORDEIRO, António Menezes. **Tratado de direito civil**, vol. I. Coimbra: Almedina, 2012.

DANTAS, Francisco Clementino de San Tiago. **Programa de direito civil**, vol. III. Rio de Janeiro: Editora Rio, 1984.

ESPÍNOLA, Eduardo **Manual do Código Civil brasileiro**, vol. III, parte II. Rio de Janeiro: Jacintho Ribeiro dos Santos, 1932.

FACHIN, Luiz Edson. In: AZEVEDO, Antônio Junqueira de. **Comentários ao Código Civil**, vol. XV. São Paulo: Saraiva, 2003.

FALZEA, Angelo. Efficacia giuridica. **Enciclopedia del diritto**, vol. XIV. Milano: Giuffrè, 1958.

FERRARA, Francesco. **Tratatto di diritto civile italiano**, vol. I. Roma: Athenaeum, 1921.

GAMA, Guilherme Calmon Nogueira da. **Direitos reais**. São Paulo: Atlas, 2008.

GOMES, Orlando. **Introdução ao direito civil**. Rio de Janeiro: Forense, 2007.

HAICAL, Gustavo. O inadimplemento pelo descumprimento exclusivo de dever lateral advindo da boa-fé objetiva. **Revista dos Tribunais**, vol. 900. São Paulo: Revista dos Tribunais, out./2010.

JHERING, Rudolf von. **L'esprit du droit romain**, vol. IV. Paris: A. Maresq, 1880.

LOPES, Miguel Maria de Serpa. **Curso de direito civil**, vol. VI. Rio de Janeiro: Freitas Bastos, 1996.

MARTINS-COSTA, Judith. **A boa-fé no direito privado:** critérios para a sua aplicação. São Paulo: Marcial Pons, 2015.

MELLO, Marco Aurélio Bezerra de. **Direito das coisas**. Rio de Janeiro: Lumen Juris, 2008.

MESSINEO, Francesco. **Manuale di diritto civile e commerciale**, vol. I. Milano: Giuffrè, 1957.

MOREIRA, José Carlos Barbosa. As presunções e a prova. **Temas de direito processual civil**. 1ª série. São Paulo: Saraiva, 1988.

MOREIRA, José Carlos Barbosa. Julgamento e ônus da prova. **Temas de direito processual civil**. 2ª série. São Paulo: Saraiva, 1988.

MOREIRA, José Carlos Barbosa. Notas sobre pretensão e prescrição no sistema do Novo Código Civil brasileiro. **Revista da Academia Brasileira de Letras Jurídicas**. Volume 19, número 22. Rio de Janeiro: jul.-dez./2002.

PENTEADO, Luciano de Camargo. **Doação com encargo e causa contratual**. São Paulo: Revista dos Tribunais, 2013.

PEREIRA, Caio Mário da Silva. **Instituições de direito civil**, vol. I. Rio de Janeiro: GEN, 2014.

PERLINGIERI, Pietro. **O direito civil na legalidade constitucional**. Rio de Janeiro: Renovar, 2008.

PERLINGIERI, Pietro. **Manuale di diritto civile**. Napoli: ESI, 2014.

PINTO, Carlos Alberto da Mota. **Teoria geral do direito civil**. Coimbra: Coimbra Editora, 2005.

PROSPERI, Francesco. Rilevanza della persona e nozione di *status*. **Civilistica.com**, a. 2, n. 4, 2013.

RESCIGNO, Pietro. **Manuale del diritto privato italiano**. Napoli: Jovene, 1994.

ROUBIER, Paul. **Droits subjectifs et situations juridiques**. Paris: Dalloz, 1963.

RUGGIERO, Roberto de. **Instituições de direito civil**, vol. I. Campinas: Bookseller, 2005.

SÁ, Fernando Augusto Cunha de. **Abuso do direito**. Coimbra: Almedina, 2005.

SAVIGNY, Friedrich Carl von. **Traité de droit romain**, t. 1. Paris: Firmin Didot Frères, 1840.

SILVA, Clóvis do Couto e. **A obrigação como processo**. Rio de Janeiro: FGV, 2006.

SILVA, Rodrigo da Guia. Danos por privação do uso: estudo de responsabilidade civil à luz do paradigma do dano injusto. **Revista de Direito do Consumidor**, vol. 107. São Paulo: Revista dos Tribunais, set.-out./2016.

SILVA, Rodrigo da Guia. Em busca do conceito contemporâneo de (in)adimplemento contratual: análise funcional à luz da boa-fé objetiva. **Revista da AGU**, vol. 16, n. 2. Rio de Janeiro: abr.-jun./2017.

SOUZA, Eduardo Nunes de. Abuso do direito: novas perspectivas entre a licitude e o merecimento de tutela. **Revista Trimestral de Direito Civil**, vol. 50. Rio de Janeiro: Padma, abr.-jun./2012.

SOUZA, Eduardo Nunes de. **Do erro à culpa na responsabilidade civil do médico**: estudo na perspectiva civil-constitucional. Rio de Janeiro: Renovar, 2015.

SOUZA, Eduardo Nunes de. Função negocial e função social do contrato: subsídios para um estudo comparativo. **Revista de Direito Privado**, vol. 54. São Paulo: Revista dos Tribunais, abr.-jun./2013.

SOUZA, Eduardo Nunes de. Invalidade do negócio jurídico em uma perspectiva funcional. In TEPEDINO, Gustavo (Org.). **O Código Civil na perspectiva civil--constitucional**: Parte Geral. Rio de Janeiro: Renovar, 2013.

SOUZA, Eduardo Nunes de. Merecimento de tutela: a nova fronteira da legalidade no direito civil. **Revista de Direito Privado**, vol. 58. São Paulo: Revista dos Tribunais, abr-jun/2014.

SOUZA, Eduardo Nunes de. O "equivalente" no direito das obrigações: uma proposta hermenêutica. **Civilistica.com**, a. 12, n. 1, 2023.

SOUZA, Eduardo Nunes de. Problemas atuais de prescrição extintiva no direito civil: das vicissitudes do prazo ao merecimento de tutela. **Civilistica.com**, a. 10, n. 3, 2021.

SOUZA, Eduardo Nunes de. **Teoria geral das invalidades do negócio jurídico**: nulidade e anulabilidade no direito civil contemporâneo. São Paulo: Almedina, 2017.

TEPEDINO, Gustavo. A função social da propriedade e o meio ambiente. **Temas de direito civil**, t. III. Rio de Janeiro: Renovar, 2008.

TRABUCCHI, Alberto. **Istituzioni di diritto civile**. Padova: CEDAM, 2014.

VENOSA, Silvio de Salvo. **Direito civil**, vol. VI. São Paulo: Atlas, 2003.